FRANK PAÍS

José Álvarez, Ph.D.

(Autor y Editor)

i

*A las nuevas generaciones de cubanos
en busca de un paradigma que ayude
a rescatar la fibra de nuestra nación
antes de edificar la nueva República.*

*Para Salvador, David y Cristián:
Tres seudónimos y una sola identidad.*

José Álvarez

Un busto de Martí, con rosa blanca al lado,
Preside la oficina donde el tiempo no corre
En frenético esfuerzo para dejar plasmado
El pasado que quiero que el presente no borre.

(De un poema del autor)

PROYECTO:
«REPENSANDO LA REBELIÓN CUBANA DE 1952-1959»

PREFACIO

En una entrevista que el historiador Oscar Puig le hiciera para la *Revista Caminos* en 2012 al poeta cubano César López, quien tuvo una estrecha amistad con Frank País, el entrevistador afirma que País continúa siendo un misterio. ¿Por qué?

Creo que si se eligiera al azar un grupo de cubanos y le preguntáramos «¿qué es Frank País?», recibiríamos respuestas como: «¡Una montaña!». «¡Un antiguo frente guerrillero!» «¡Una escuela!», que retratan el comienzo del documental «David» dirigido por el cineasta cubano Enrique Pineda Barnet en 1967. Más de medio siglo después de estrenado el largometraje, se continúa afirmando en la isla que Frank País sigue siendo un misterio. Ese enigma se puede despejar con un simple paralelo.

César López, a pesar de su relación con Frank País, no participó en la lucha revolucionaria. Estudiaba medicina y, cuando la Universidad de La Habana cerró sus puertas en la víspera del alzamiento del 30 de noviembre de 1956, se marchó a España a terminar su carrera. Allí recibió la noticia del asesinato de su amigo. Diploma en mano, regresa a Cuba después del triunfo revolucionario y desempeña varias posiciones en el área del servicio exterior antes de hacerlo en la cultura. Un buen día desaparece del circuito intelectual. Lo han silenciado. Está «empijamado».

Sería extraño no encontrar un lector que no recuerde la famosa frase que da inicio a *El proceso* que Franz Kafka publicó en 1925: «Alguien tenía que haber calumniado a Josef K, pues fue detenido una mañana sin haber hecho nada malo». El «Plan Pijama» es una especie de sanción (sin sentencia formal) contra quienes son acusados de haber cometido alguna violación de las normas revolucionarias. Se les ha aplicado a funcionarios envueltos en actividades de corrupción en la isla o el extranjero, también a aquellos que habían caído en la recogida de la «dolce vita», o a dirigentes que podían presentar, en el presente o en el futuro, una amenaza de reto al liderazgo absoluto de Fidel Castro, aunque no fuera a su mismo nivel y la víctima ni siquiera hubiera comenzado a elucubrarla. En situaciones más sutiles, los sancionados poseían información que, de ser revelada en el exterior, pudiera dañar seriamente el prestigio del Estado cubano y, cuando eso ocurría, se acudía al Plan Pijama para infligir terror en el sujeto que de seguro guardaría ahora un sepulcral silencio. En la mayoría de los casos, sin embargo, la decisión de Castro era puramente arbitraria para someter al penado en instrumento de su poder. El Plan Pijama implica la exclusión de la vida política, de modo que los sancionados se tornan invisibles para la población y para los medios de información.

El grave delito de López, además de ser poeta y haber condenado los campamentos de trabajo forzado, estaba centrado en su amistad con Frank País, el eterno «empijamado». Por esos grandes pecados lo tuvieron 15 años sin publicar. Pijama puesto, permanece en la isla en espera de una segunda oportunidad. Un día reaparece y el gran poeta obtiene el Premio Nacional de Literatura en 1999. El despertar incluye una actuación genial en la Feria del Libro de 2007, dedicada a su obra, y en la cual elogia a intelectuales del exilio en presencia de Raúl Castro y Abel Prieto.

Y ahora viene el paralelo entre César López y Frank País, a quien llama «todo lo posible». En todo lo que escribió el jefe de la Dirección Nacional del Movimiento 26 de Julio no existe ningún misterio. Existen áreas donde se pudieran percibir ciertas dudas sobre su posible actuación futura, pero no caen dentro del misterio. ¿Qué sucedió? En primer lugar, País muere muy pronto. Lo sacan de este mundo casi al tiempo que su amigo César se marcha a Salamanca a continuar sus estudios de medicina y a incursionar en la literatura y la filosofía. La idea de la Cuba por la que luchan Frank y sus seguidores está más que clara. A Fidel Castro nunca le gustó. Contradice su agenda secreta de comunizar la isla. Entonces, sin excusas ni pretextos, en silencio trapero, lo ingresa en el Plan Pijama. No importa que esté muerto. Lo silencia en silencio, para que el pueblo no se entere. Hablan de él, pero no sobre él. El pueblo de Cuba sabe de su existencia, pero desconoce sus aspiraciones. Al sistema totalitario le conviene que el nombre de País se asocie con obras materiales que ocupan un espacio físico. Pero, amigo lector, Frank País es mucho más. Ese «mucho más» es lo que intenta revelar esta trilogía. Aunque ya ha habido esfuerzos anteriores, ha llegado la hora de despojar del hiriente y humillante pijama al máximo representante de la rebelión contra la dictadura de Fulgencio Batista.

Al hacerlo, el pueblo de Cuba en la isla y la diáspora conocerán su pensamiento y los planes que tenía para después de alcanzada la libertad. En la isla deben conocer la naturaleza democrática que era la parte esencial del Movimiento Revolucionario 26 de Julio y estas páginas muestran además los principios de justicia y equidad que dominaban los planes para hacer de Cuba una nación libre, soberana, democrática, justa y próspera.

No todos conocen lo que sucedió. La revolución democrática en los planes de Frank País y la mayoría de los militantes revolucionarios se convirtió en un sistema totalitario en el que Fidel Castro ejerció el monopolio del poder absoluto. Estas páginas se publican porque el material que contiene no se encuentra disponible en Cuba en su totalidad y, cuando se imprimen algunos libros, solo se distribuyen entre unos escasos privilegiados.

Ofelia Díaz, una amiga que le dio albergue a País en numerosas ocasiones, le contó luego a la escritora Yolanda Portuondo (1986a: 47) que, durante todas las veces que Frank estuvo escondido en su casa, lo había observado escribiendo para luego pedirle que quemara los borradores y ella seguía sus instrucciones al pie de la letra. De no haberlo hecho, se lamentaba después, ella hubiera podido haber preservado todos aquellos documentos.

A pesar de esas pérdidas potenciales, muchos de los originales que escribió en esa y otras casas llegaron a sus destinatarios y fueron preservadas hasta la caída de la dictadura. Frank País dejó tras de sí suficientes documentos y escritos que revelan sus ideas y su personalidad. No hay nada de misterio. Ellos contienen una fuente de información para acercarse al perfil del dirigente más destacado del Movimiento 26 de Julio.

Este proyecto consta de tres partes. La primera parte (LIBRO I) es la biografía de País publicada anteriormente por este autor bajo el título *Frank País y la revolución cubana*, pero que cuenta con nueva información. La segunda parte (LIBRO II) trata de reunir la mayor cantidad posible de documentos y otros escritos salidos de su pluma, clasificados por materia en orden cronológico. Es en el último tomo (LIBRO III) que se revela la verdadera personalidad del héroe revolucionario, sus altas y bajas y muchas de las incógnitas que surgieron a raíz de su asesinato.

Lo que en Cuba llaman «misterio» es en realidad la falta de información producto de una censura encaminada a mantener en la ignorancia al pueblo sobre el verdadero Frank País, el Frank País que revelan estas páginas.

Al final de la entrevista citada al comienzo de este Prefacio, Puig incluye un mensaje que debiera servir de pauta a historiadores y cronistas en la isla y fuera de ella: "No debemos manipular los hechos, ni pretender santificar a quienes en vida fueron seres humanos con virtudes, pero también con defectos, con todas sus características personales, igual que nosotros".

José Álvarez
Wellington, Florida,
Marzo de 2019

FRANK PAÍS

ENTREVISTA A AGUSTÍN PAÍS

Para iniciar esta trilogía sobre la vida y el pensamiento de Frank País, nada más apropiado que una conversación con el sobreviviente de los hermanos País, quien luchó junto a ellos y ha residido en los Estados Unidos desde la muerte de ambos en Santiago de Cuba en 1957. Agustín País **(AP)** conversa con José Álvarez **(JA)** en su hogar del suroeste de la ciudad de Miami.

JA: Buenos días, Agustín, es siempre un placer regresar. Ya te expliqué el objetivo de este encuentro. Vamos a evitar repetir partes del contenido de la trilogía para adentrarnos en aspectos de tu familia y de la lucha contra la dictadura de Fulgencio Batista que no han sido discutidos en este volumen. Sin embargo, creo que al lector le gustaría leer sobre la nueva vida que comenzaron después de fallecer tu padre, el Reverendo Francisco País Pesqueira, cuando Frank, que era el mayor de los tres hijos, contaba apenas con 5 años.

AP: Gracias a tí por este proyecto que lo considero muy importante para ayudar a llenar el vacío de la juventud cubana. En cuanto a la pregunta, te diré que nuestra madre tuvo que enfrentar sola la crianza de tres varones. Ella tenía un carácter fuerte, recto, muy formal y las cosas se hacían bajo su dirección. Así crecimos. Se dividían los deberes diarios y, antes de partir para la escuela, nos sentábamos a leer un capítulo de la Biblia después de orar. Capítulo tras capítulo nos leímos la Biblia entera más de una vez. Es decir, que tuvimos una sólida formación cristiana desde temprano en nuestra niñez.

JA: Conocemos del desarrollo académico de los tres hermanos, de sus labores en la Iglesia Bautista, de su participación en las misiones y de sus aspiraciones debido a las altas calificaciones que ustedes obtenían. Saltemos ya al 10 de marzo de 1952, el día del golpe de estado de Batista. Las edades de Frank, Agustín y Josué son 17, 16 y 14, respectivamente. Cuéntanos algo de ese día.

AP: Fue un día fatídico que tronchó la vida de la juventud, incluyendo la de Frank en la Iglesia, la vida de todo el mundo y de la sociedad en general. Nuestra reacción fue: «Aquí hay que hacer algo» Nos fuimos los tres al Parque Céspedes, donde se estaba realizando la principal protesta, luego marchamos a la Plaza de Marte. Una comisión donde Frank fue seleccionado se dirigió al Cuartel Moncada para pedir armas y defender el ritmo constitucional y esperamos allí varias horas, pero la entrega de las armas al pueblo reunido allí nunca se produjo. Ya por la noche apareció en la escena el oficial Alberto del Río Chaviano y entregó la plaza a los sediciosos. El pueblo, desencantado, regresó a sus hogares.

JA: ¿Qué sucedió después?

AP: Los jóvenes principalmente comenzamos a reunirnos, se formaron organizaciones, protestas donde terminábamos en el Vivac molidos a palos, luego el asunto se volvió más serio y los esbirros comenzaron a asesinar jóvenes y adultos. El dictador Fulgencio Batista se negó a salir del poder mediante una solución pacífica y tan solo convocó a unas elecciones que se sabía iba a salir electo Batista. Esto reforzó a la juventud, frente a la negativa oficial de una solución pacífica, a buscar una solución por la vía de las armas. Así se produjo el asalto a los cuarteles de Santiago de Cuba y Bayamo el 26 de julio de 1953.

JA: Para esa época, Frank ha militado en varias organizaciones y ha fundado otras. Su Acción Nacional Revolucionaria (ANR) cuenta con miembros en varias partes del país, un arsenal pequeño de armas y una disciplina envidiable. Se produce entonces la amnistía a los del Moncada. El 15 de mayo de 1955 son liberados Fidel Castro y sus compañeros. Días después, antes de marcharse para México, Castro funda el Movimiento Revolucionario 26 de Julio (M-26-7). Sus principales colaboradores le aconsejan que la primera persona para reclutarse es Frank País. Cuéntanos cómo y por qué tu hermano fusiona su ANR con el M-26-7.

AP: Bueno, ese tema ha permanecido en el misterio y han sido pocos los cronistas e historiadores que se han referido a él, aunque sea de pasada. Cuando el Movimiento se funda en La Habana en mayo de 1955, comenzaron a enviarle a Frank varios emisarios, entre ellos, María Antonia Figueroa, Léster Rodríguez y Pedro Miret, los tres santiagueros. Frank sostuvo largas conversaciones desde junio hasta casi el final del año, pero no se decidía. Él pensaba que Fidel Castro estaba en busca de una oportunidad electoral y repudiaba su pasado gansteril en sus días universitarios. Consultaba casi a diario con sus compañeros más allegados y pensaba. Al fin, todo parece indicar que fue a fines del mes de noviembre que irrumpió en la casa de María Antonia, donde se estaba celebrando una reunión, y exclamó el famoso: «¡ahora somos 26 de Julio!», fusionando de esa manera su organización, ANR, con el 26 de Julio.

JA: Una vez dentro del Movimiento, ¿cuáles fueron sus relaciones con Fidel Castro?

AP: Con un comienzo cargado de recelos, no es difícil imaginar que tuvo que existir cierto grado de desconfianza. Y para resolver ese problema Frank viaja a México dos veces durante el año 1956, para hacerle ver a Fidel Castro que el Movimiento no contaba con los recursos suficientes para provocar un alzamiento militar en Cuba, pero Fidel lo convence que hay que cumplir la promesa de que en ese año serían libres o mártires. Esa es una parte importante de este libro e invito al lector a que no solo la lea de pasada, sino que la estudie porque ahí se encuentran las respuestas a muchas interrogantes que le van a surgir desde el mismo instante en que comience la lectura.

JA: A pesar de que Frank estaba convencido de que no había preparación para el levantamiento, precisamente un día como hoy, hace 62 años, se produce el alzamiento en Santiago de Cuba y otros lugares. Tú estuviste en la casa de Punta Gorda, junto a los miembros de la dirección provincial y nacional y, al amanecer, se dirigieron a la casa que iba a convertirse en el comando central. ¿Recuerdas algo especial que quisieras compartir con los lectores?

AP: De Punta Gorda todavía me parece sentir el olor de la brisa subiendo de la bahía, tomando una taza de café y pensando quiénes iban a estar vivos al final del día. Del puesto de mando en casa de los Rousseau recuerdo cuando mi comando partió a asaltar las ferreterías de la Plaza Dolores y la sonrisa de Frank cuando me vio regresar vivo. Luego llegó la noticia de las muertes de Pepito Tey, Tony Alomá y Otto Parellada, que todos sentimos profundamente. El final fue muy triste. Al no tenerse noticias del desembarco de Fidel, y no encontrar una vía para llegar a las montañas, mi hermano dio la orden de desalojar el lugar y esconderse en espera de noticias. Nos fuimos caminando él y yo.

FRANK PAÍS

Creo que atravesamos media ciudad. En silencio. En un momento, tal vez usando algo de cinismo, le pregunté por el paradero de Fidel Castro. Solo me contestó: «Ya él llegará».

JA: Quisiera cambiar para otro aspecto de tu vida y de la rebelión. Háblanos de Josué, en todos los contextos.

AP: Mi hermano menor era de un temperamento distinto al de Frank y al mío. Era temerario, utilizaba un lenguaje claro nada diplomático, se enredaba a golpes cuando creía que era necesario. Cuando creció, no mostró el entusiasmo por la iglesia del resto de la familia. Hacía lo que quería. Era en extremo inteligente. A pesar de lo anterior, se dejaba querer. Era muy noble con sus allegados. Lo mató su exceso de coraje. Salió a la calle con dos compañeros desafiando una orden superior y fueron directos a enfrentarse con un enjambre de soldados y policías.

JA: ¿Cómo te enteraste de su muerte?

AP: Yo estaba a cargo de la instalación de una fábrica de granadas en Santiago y, después de visitarla, me dirijo a la casa donde estaba escondido. Ahí me entero. Enseguida me llama Frank para prohibirme que saliera a cometer ninguna idiotez. Mi reacción fue decirle: «Mira, Frank, este señor Salas Cañizares ha venido con la misión de hacernos desaparecer. Nosotros tenemos que acabar con este señor antes que él termine con nosotros». Treinta días después se cumplía mi premonición.

JA: Dinos de ese día y los siguientes.

AP: Yo no sabía dónde estaba Frank. A mediados de julio yo había ido a visitarlo con un contacto para que me explicara mis nuevas funciones al nombrarme jefe de acción provincial del Movimiento. Fue nuestra despedida final. El día 30 salí a supervisar la instalación de la fábrica de granadas y cuando regresé me dieron la noticia. Me mudaron enseguida para la casa del frente. Es difícil racionalizar la pérdida de dos hermanos en 30 días. Ya no me quedaba ninguno. Ni siquiera pude asistir a sus entierros. Tenía a toda la fuerza pública detrás de mí. Estaba seguro que no tardarían mucho en encontrarme.

JA: Agustín, era obvio que solo tenías dos opciones: o te marchabas del país o Doña Rosario perdería al último hijo que le quedaba. La pregunta parece tonta, pero ¿por qué elegiste la primera opción?

AP: El Consulado de España en Santiago de Cuba se negó a darme las garantías para salir de Cuba, a pesar de ser hijo de padres españoles, y no fue hasta que Enrique Canto, tesorero del Movimiento nombrado por Frank y miembro influyente de la Iglesia Católica, obtuvo que la embajada española en La Habana enviara al attaché militar a Santiago para hablar con el comandante militar de la plaza y obtener la garantía para salir de Santiago a La Habana y de ahí a Costa Rica como asilado sin pasaporte cubano, el cual tuve que comprar en Costa Rica para poder ingresar en los Estados Unidos como estudiante. Al cabo de un tiempo matriculé ingeniería en la Universidad de Carolina del Norte, en Raleigh, y tuve que alternar el trabajo con los estudios. Después del triunfo de la revolución regresé dos veces a visitar a mi madre. En mi segunda visita, creo que ocurrió en el verano de 1960, me pidió que no regresara. No le pregunté el motivo porque era obvio: la revolución concebida por Frank había dejado de existir.

JA: Voy a tocar un tema necesario porque se relaciona con otro que se menciona luego. Conozco que mantuviste comunicación con Doña Rosario a través de una carta mensual. ¿Cómo te enteras de su fallecimiento?

AP: Yo sabía que estaba enferma, pero desconocía los detalles. Alguien me había llegado a decir que el gobierno la espiaba, aunque no le faltaba nada. La «atendían», como se dice en el lenguaje oficial actual. Un día, caminando por una calle de San

FRANK PAÍS

Juan en Puerto Rico, la noticia salió del radio de una casa cercana...

JA: Disculpa la interrupción. pero es que lo considero muy importante. Yo tengo aquí lo que con toda seguridad escuchaste, que es la escueta nota oficial publicada en el periódico *Sierra Maestra* de Santiago de Cuba. Dice así: «El 5 de agosto de 1977, la ciudad de Santiago de Cuba se vistió de luto, cuando a la edad de 78 años se despedía Doña Rosario García Calviño, la madre de los hermanos Frank y Josué País».

AP: El gobierno cubano me «desapareció» ya que sabían que yo estaba en contra del sistema comunista que ellos estaban implantando en Cuba y no querían darle publicidad a la convicción democrática de Frank y al hecho de que Frank en todas sus comunicaciones firmaba «Por la Dirección Nacional del Movimiento 26 de Julio». En su carta dirigida a Fidel Castro el 7 de julio de 1957 le explicaba como él, Frank, había reorganizado la dirección nacional del Movimiento, en la que la Sierra estaba representada por una sola persona, Celia Sánchez.

JA: Yo lo considero un acto criminal. Pero es que no tenían la opción de decir la verdad. Hasta entonces habían negado tu existencia. Resultaría embarazoso decirle al pueblo que existía un hermano sobreviviente de Frank y Josué y que se encontraba en el exilio. Esas son las contradicciones que los mentirosos tienen que enfrentar en alguna oportunidad. Tengo que reconocer que esta tendencia ha disminuido en los últimos años y ya los historiadores oficiales «resucitan» para la historia a protagonistas fallecidos por omisión e incluso aparecen en fotos al lado de quienes negaban o llamaban «traidores». Me gustaría escuchar tus comentarios al respecto.

AP: Con mucho gusto, aunque con cierta repugnancia al referirme a los que mienten al escribir la historia con el solo propósito de ensalzar a los hermanos Castro. Para esos historiadores de la propaganda, Agustín País, el hermano de Frank y Josué País, no existía hasta hace poco. A veces me mencionaban seguido del epíteto de «traidor» entre paréntesis, o la aclaración de que «abandonó el país». No han faltado los comentarios de que estoy loco en un sanatorio de este país o de que he muerto. Ellos siempre han sabido que yo no he muerto y que estoy aquí. Y que siempre he dicho la verdad y he cooperado con los proyectos que intentan revelarle al pueblo cubano que mi hermano Frank no es solo el nombre de un aeropuerto, varias escuelas, un hospital ortopédico, varias calles y avenidas y otras cosas materiales como esas...

JA: Aprovechemos el momento. Dime quién era Frank País y qué quería para Cuba.

AP: Frank era un joven religioso, amante de la libertad y la democracia, respetuoso del pensamiento de los demás y, sobre todo, un hombre de acción, un lector apasionado, amante de la música y la pintura... Pudiera continuar por esa vía, pero quiero aprovechar esta interesante oportunidad para dar mi aprobación a esta publicación con tanta información condensada sobre Frank, su vida y sus aspiraciones y sobre la estructura del Movimiento 26 de Julio que dejó. Quiero agregar que debemos entender sus aspiraciones como evangelista, tal vez Pastor. Conocer la importancia que tuvo en su vida la obra *El progreso del peregrino* de John Bunyan y de su protagonista «Christian» (cuyo nombre adopta como su último seudónimo pocos días antes de morir). Todo eso se vuelca, pero permanece, con el cambio a revolucionario, a jefe de grupo, sus viajes a México, el choque de personalidades y objetivos, el deshacerse de militantes comunistas dentro del 26. Su autoridad nacional dentro del Movimiento cuando cambia la sede de la Dirección Nacional a Santiago de Cuba. Su carta definitoria a Fidel Castro, fechada el 7 de julio de 1957, donde define la organización nacional del 26 de Julio sin decir cuál sería la posición de Castro en esa nueva reorganización. Esta carta la firma a nombre de la Dirección Nacional. El envío de Léster Rodríguez a la Florida con autoridad para representarlo en varias gestiones. El decirle a Enrique Canto y al Dr. Roca que no quería que Vilma Espín supiera de su paradero, cuando era buscado por Salas Cañizares, indicaba el futuro reemplazo de ella en la Dirección. Creo que apostaba al proceso democrático del Movimiento 26 de Julio, como lo dijo en su carta a Fidel Castro fechada el 7 de julio de 1957. Pero creo que nunca contó con la traición de Fidel, no solo a él sino a Cuba, y eso le costó la vida. Veo que te sonríes porque tú sí crees que Frank se dio cuenta de la traición al final de su vida y estás trabajando en eso para probarlo. Esperemos los resultados. Mientras tanto, es un verdadero placer comprobar que esta nueva obra, esta trilogía, ha puesto todas estas verdades dentro del proceso histórico. Es necesario dar a conocer todo esto a las nuevas generaciones de cubanos. Que sepan que les han mentido. ¡Y es hora ya de que se conozca toda la verdad!

JA: Gracias, Agustín, como siempre, por tu cooperación.

AGRADECIMIENTOS DE LA TRILOGÍA

Un trabajo de esta magnitud es el producto de un largo tiempo de dedicación y la contribución de muchas personas. Cuando hace ya muchos años le pedí ayuda a mi amigo Federico Fernández para transcribir documentos y escritos a la forma digital, su respuesta no se hizo esperar: «Para Frank, lo que sea. Manda el primer grupo de materiales». Así lo hice y, entre los dos, comenzamos a transcribir los escritos del dirigente nacional del Movimiento 26 de Julio. Quedaba mucho por hacer cuando tuvimos que hacer una pausa. Tiempo después le detectaron cáncer. Nunca he visto a nadie luchar tanto contra esa maldita enfermedad, junto a su esposa Nancy. Estoy seguro de la alegría que le proporcionará la salida de este libro. Las fotos que él y Nancy tomaron en Santiago de Cuba a petición mía durante su última visita a la isla han servido para ilustrar lugares donde estuvo escondido Frank País y cuyas fotos estuvieron ausentes de la literatura hasta este momento.

Gracias a Agustín País por toda su ayuda a lo largo de más de una década. Sus colaboraciones escritas y orales han sido puntales importantes en el desarrollo de todas estas publicaciones.

Mi agradecimiento a Francisco J. Proenza, Mario Ariet y Roberto Balbis por haber revisado versiones anteriores de estos materiales y ofrecido valiosas sugerencias. Producto de sus minuciosas revisiones, Roberto no solamente contribuyó en la corrección de errores sino que aportó comentarios y sugerencias que sin duda mejoraron la caidad de cada borrador. Gracias especiales a él.

14

Libro I

Biografía de Frank País

José Álvarez

(Autor)

16

¿Qué será nuestro camino también? Dios sabe.
A veces el dolor me hace pensar que si hasta sería preferible
morir y no ver malogrado tanto sacrifico, tanta sangre noble,
tantas vidas preciosas, tantos compañeros queridos.
Me aterroriza pensar que algún ambicioso un día
enlodara algo tan precioso;
que estos ideales, que tan caro nos cuestan, se malograran.
Ojalá que el destino no sea tan cruel.

Carta de Frank País a su amiga Alina Jiménez,
fechada el 28 de mayo de 1957, enfrascado en
la reorganización del Movimiento 26 de Julio.

Gálvez Rodríguez (1991: 499).

NOTA A LA SEGUNDA
EDICIÓN

Han transcurrido ocho años desde que publiqué la primera edición de la biografía de Frank País en los idiomas inglés y castellano. Desde entonces han salido a la luz publicaciones que revelan información no disponible en aquel momento. Las más importantes se relacionan con las muertes de Josué y Frank País, y la casi certeza de que la traición al ideal democrático perpetrada por Fidel y Raúl Castro estaba ya planeada cuando el yate *Granma* surcaba las aguas del Golfo de México rumbo a la costa occidental de la provincia de Oriente. A lo anterior hay que agregar la muerte de Fidel Castro ocurrida en noviembre de 2016.

En 2010 se publicó en Cuba un libro titulado *La complejidad de la rebeldía*. Uno de sus propósitos era el refutar las pruebas que presentaban en tres de mis libros sobre las inexactitudes históricas oficiales: *Principio y fin del mito fidelista* (2008), *Frank País: Architect of Cuba's betrayed revolution* (2009a) y *Frank País y la revolución cubana* (2009b). Dicho objetivo lo revela una pregunta que aparece al comienzo del capítulo 7: "Varias obras fuera del país, escritas principalmente por enemigos de la Revolución Cubana, se han esforzado por confrontar a Frank País con Fidel Castro. Sin rodeos: ¿Frank participó en algún intento para limitar o condicionar la proyección política de Fidel?"

Se cumplía así el pronóstico que me había hecho uno de mis amigos residentes en la isla cuando, a raíz de la publicación de mi primer libro, me afirmó que me iba a contestar un historiador. Fueron dos: Reinaldo Suárez Suárez y Oscar Puig Corral, quienes desarrollan el libro por medio de una entrevista que le hacen a Enzo Infante Urivazo, miembro de la Dirección Nacional del Movimiento 26 de Julio durante un tiempo y persona allegada a

FRANK PAÍS

País en la Escuela Normal para Maestros y la lucha clandestina.

Hay que reconocer que algunas de las denuncias contenidas en esos libros se encuentran en proceso de revisión oficial. Una de ellas consistía en la omisión del nombre de Agustín País y otros dirigentes y militantes como Enrique Canto, José Antonio y Carmelina Roca y muchos otros que ya van apareciendo en los escritos de las nuevas generaciones de historiadores. Se nota también el esfuerzo en eliminar los epítetos de "traidor" o "desertor" junto a los nombres de muchos otros.

En la revisión de la literatura que Cruz Ruiz (2012: 334-351) escribió para el libro coordinado por Fernández Carcassés y Escalona Chádez (2012), el historiador santiaguero celebra los avances obtenidos aunque señala "los obstáculos que aún subsisten [como] la revisión de toda la bibliografía del período, el análisis crítico de los testimonios, tanto los que fueron divulgados en los primeros años del triunfo revolucionario como los posteriores y el tener acceso a fuentes que quizás todavía se consideren 'confidenciales', lo que haría posible a los investigadores aproximarnos cada día más a la verdad histórica".

Las observaciones anteriores hablan por sí solas. No hay necesidad de comentarios adicionales. Creo cercano el día en que los cubanos interesados en estos temas, independiente de su ideología política y lugar de residencia, se reúnan a confrontar notas, ideas, evidencias para ir tejiendo una versión más realista y despojada de sectarismo y adulación sobre el proceso de la rebelión en el que jóvenes como los hermanos País desempeñaron un papel tan importante y controversial que todavía nos es difícil imaginarlo como parte integral de la versión oficial.

Los esfuerzos para investigar el proceso de la rebelión y desmenuzar "la complejidad de la rebeldía" deben continuar. Ese fue el motivo principal que me llevó a preparar esta segunda edición de *Frank País y la revolución cubana*.

INTRODUCCIÓN A LA PRIMERA EDICIÓN

En la calurosa tarde del 30 de julio de 1957, mi amigo Eduardo y yo nos dirigíamos hacia una importante reunión con los dirigentes de un poderoso sindicato obrero en el pueblo de Antilla, en la costa norte de la provincia más oriental de Cuba. Frank País, dirigente máximo del Movimiento 26 de Julio, había enviado instrucciones a nuestra célula para que contactáramos a las agrupaciones obreras en vista a una huelga general que él estaba organizando contra la dictadura de Fulgencio Batista.

Ya habíamos alcanzado un acuerdo con casi todos los sindicatos; nos faltaba sólo uno. Sus dirigentes nos habían pedido tiempo para consultarlo con sus jefes en La Habana debido a su militancia en el Partido Socialista Popular (PSP), la organización política de los comunistas criollos en aquel entonces. Su local estaba situado en la calle Martí, muy cerca de otro sindicato del mismo ramo, ambos en el lado opuesto a la acera por donde caminábamos.

El significado estratégico de la participación de ese grupo para que la huelga triunfara en una comunidad con un intenso movimiento portuario no había pasado inadvertido a Frank País. Si el capítulo local del Sindicato Portuario de la Federación Obrera Marítima Nacional (FOMN) acataba el llamado a la huelga, los buques mercantes no podrían transportar los cargamentos de azúcar. Los impactos económico y político podían resultar devastadores para la dictadura.

Los obreros descansaban en los portales de sus Uniones. Los altoparlantes colocados en su exterior dejaban escuchar la música proveniente de un par de estaciones radiales de otras ciudades. Decidimos cruzar en una esquina justo frente al otro gremio situado a unos 25 metros de nuestro objetivo final. Ya en medio de la calle, la música cesó y salió al aire la señal que anunciaba una importante noticia. El locutor de la estación CMKC de Santiago de Cuba leyó el parte con un tono desgarrador en su voz: "Hace unos minutos, el líder del Movimiento 26 de Julio Frank País resultó muerto durante un tiroteo con la policía en las calles de Santiago de Cuba... Seguiremos informando." El corto anuncio nos impactó de una manera difícil de describir. Tuve que sostener a Eduardo por un brazo debido a un aparente intento de desmayo. Todos nos observaban desde los portales cercanos. Aquello de "pueblo chiquito, infierno grande" generaba el conocimiento de que estábamos involucrados en el Movimiento. Gestos de solidaridad nos llegaron de parte de algunos de los obreros mientras continuábamos nuestro camino hacia la cita.

Para sorpresa nuestra aquel día (y seguramente con mucha más para los lectores de hoy), alrededor de una docena de los presentes se pusieron de pie cuando entramos en el portal en señal de tributo hacia nuestro difunto dirigente. Estibadores que se ganaban la vida cargando pesados sacos de azúcar en sus hombros, hombres curtidos por el tiempo, estaban mostrando su solidaridad a los dos jovencitos de 16 años de edad que llegaban al local solicitando su apoyo para una huelga. Más difícil debe resultar el creer que dirigentes sindicales se tomaran la molestia de recibirnos para discutir problemas laborales, y que el jefe nacional de nuestra organización contara con 22 años de edad. El proceso de cómo se adquirió ese grado de credibilidad, a pesar de la corta edad, está explicado en las páginas de este libro.

El secretario general del sindicato y del PSP, acudió a darnos la bienvenida cuando ya nos encontrábamos dentro del moderno edificio. Nos expresó su pésame y nos condujo a una oficina donde aguardaban otros tres dirigentes. Más condolencias fueron seguidas por la misma negativa brindada días atrás. La lucha armada estaba en contra de la línea de su Partido, nos dijeron. Los comunistas creían en un movimiento de masas que derribaría al régimen, aunque no excluían la posibilidad de una salida negociada con el dictador. Era la misma respuesta que el PSP le había dado a Frank País cuando tocó a sus puertas la víspera del alzamiento del 30 de noviembre del año anterior. Ocho meses después, con su cuerpo inerte en una calle santiaguera, los comunistas reiteraban la vieja excusa. Dos años más tarde, se convertirían en los beneficiarios del nuevo orden político que Fidel Castro había impuesto con su apoyo secreto. El dolor que sentimos aquel martes no puede ser descrito. Tal vez el rumbo que Frank País había trazado para la revolución cubana comenzó a desviarse aquella tarde de julio. El multitudinario sepelio del día siguiente demostró que, a pesar de su corta edad, su muerte lo había convertido en bandera. Esa es la historia que cuentan estas páginas.

El entierro de las víctimas se produjo en horas de la tarde del siguiente día. Según la edición del periódico *Oriente* del 1 de agosto de 1957, fue "*... la más grande manifestación de duelo en esta ciudad* [de Santiago de Cuba]".

En efecto, en la tarde del miércoles 31 de julio de 1957 la ciudad de Santiago de Cuba protagonizó el entierro más multitudinario de su historia. Decenas de miles de santiagueros, detrás del carro fúnebre, en las aceras o en los balcones y azoteas lanzando flores, dieron el último adiós a Frank País y Raúl Pujol, asesinados la tarde anterior por miembros de los cuerpos represivos de la dictadura de Fulgencio Batista. Durante el largo trayecto al cementerio "Santa Ifigenia" se entonaron las notas del "Himno nacional" y la "Marcha del 26 de Julio" —organización que lideraba el joven País. Al finalizar la emotiva ceremonia en el cementerio, cuando los asistentes regresaban a sus hogares con la caída de la tarde, de manera espontánea, se comenzaron a escuchar gritos de "¡Huelga!" Poco a poco, la consigna corrió de boca en boca por toda la ciudad y los establecimientos, que ya habían cerrado sus puertas el día anterior en gesto de solidaridad con los caídos, permanecieron cerrados al día siguiente. El paro espontáneo se generalizó por gran parte de la provincia de Oriente y otros lugares de Cuba por espacio de varios días. Comprendiendo que el éxito de extender el esfuerzo a toda la isla y convertirlo en una huelga general era a la vez remoto y peligroso, la Dirección Nacional del Movimiento 26 de Julio ordenó el regreso al trabajo y el estudio.

Medio siglo después, aunque la figura de Frank País se mantiene vigente en la historia de Cuba, su vida, muerte y legado son interpretados de una manera que se aleja bastante de la realidad. Sobre todo, resulta increíble que, para muchos, sea una figura totalmente desconocida. Esa, y otras razones, nos han impulsado a escribir este libro.

Nuestra primera apreciación es que, a pesar de la gran cantidad de publicaciones que han salido a la luz en Cuba, éstas no han mostrado la verdad completa. El objetivo principal de las mismas no es el presentar los hechos tal como ocurrieron sino hacer resaltar la figura de Fidel Castro. De ahí se deduce que el rol de Frank País es severamente reducido. Escritores y reporteros han escondido, torcido, distorsionado, ocultado, corrompido, nublado, contradicho y mentido de plano para alcanzar ese objetivo. Si los más de cincuenta años de un sistemático culto a la personalidad de Fidel Castro no fueran suficientes, las páginas de este libro están repletas de revelaciones que dan credibilidad a la afirmación anterior. En ese sentido, los historiadores de la isla han seguido la metodología de la vieja Unión Soviética donde el futuro era conocido y lo único que cambiaba constantemente era el pasado.

De haberse escrito años atrás, este libro hubiera caído en oídos sordos. Además, en los últimos años, a medida que los protagonistas que permanecieron en Cuba se jubilan de sus posiciones en las fuerzas armadas o el gobierno civil, la publicación de sus memorias ha aumentado la disponibilidad de fuentes de información. Una tercera razón es que, con ocasión del quincuagésimo aniversario del alzamiento de Santiago de Cuba el 30 de noviembre de 1956 y del asesinato de Frank País el 30 de julio de 1957, el régimen cubano realizó un esfuerzo extraordinario para aumentar la información disponible a las nuevas generaciones –información que se ha alejado aún más de la verdad.

Los libros publicados en Cuba en años recientes no están accesibles a la población en general. Sus tiradas sólo alcanzan un par de centenares o algo más, para distribuirse dentro del círculo íntimo del régimen. El hecho de que publicaciones anteriores están agotadas, no disponibles, y las nuevas se entregan a personas selectas, pudiera despertar sospechas de que, tal vez, el gobierno cubano aparenta honrar a País mientras que lo esconde de la juventud cubana.

Finalmente, la mayoría de los cubanos ignora que los hermanos País no fueron dos, sino tres. El hermano "desaparecido" en los textos oficiales (a quien se refieren como "traidor" o "abandonó el país" en las pocas instancias que lo han mencionado), jugó también un papel importante en la insurrección. La flagrante omisión ha sido condenada por Juan Antonio Monroy, un escritor extranjero que visita frecuentemente la isla y es autor de una biografía de Frank País, quien considera el hecho una injusticia. Afirma Monroy que la talla de la personalidad de Agustín País desbordó la de su propia vida. Y agrega: "Puede que la habilidad de un escritor acaso pueda medirse mejor por su capacidad para omitir, pero esto es maltratar la Historia" (2003: 147-148).

Agustín País se ha decidido finalmente a aclarar las cosas. El segundo hijo de Francisco País y Rosario García ha brindado información muy útil, obtenida también de varios militantes de Santiago de Cuba que pudieron hablar libremente para rectificar enfoques erróneos de los escritos de la isla.

Existe también otra razón igualmente poderosa para presentarle al mundo esta historia. En muchos países, especialmente entre la juventud, persiste la creencia de que Cuba fue liberada de una tiranía por dos hombres que la propaganda ha convertido en figuras mitológicas: Ernesto Guevara y Fidel Castro. El pueblo de Cuba, y el resto del mundo, deben conocer la historia verdadera de Frank País, el revolucionario cubano que debiera ser un paradigma para la juventud de su país y del resto del mundo.

AGRADECIMIENTOS DE LA PRIMERA EDICIÓN

Las contribuciones a este esfuerzo estuvieron mucho "más allá del llamado del deber". Por una u otra razón, estoy en deuda con Eugenio Aguilera, Ariel Arias, Roberto Balbis, Patricia Baloyra, Ernesto Betancourt, José Cervera, Ivonne Danger, Tania de la Nuez, Melinda Esquibel, Alejandro Fernández, Federico Fernández, Remigio Fernández, Jorge Gómez, Teresa González, G.B. Hagelberg, Ana Elba Morales, Luis Pedrón, José Pujol, José Antonio y Carmelina Roca, Roberto Roca, Loida Romero, Marta San Martín, Bilín Santa Cruz Pacheco, Ramón Valdés y muchos otros que escapan a mi memoria.

La investigación de tanto material bibliográfico fue posible debido a la ayuda de personas como Lesbia Varona en la Universidad de Miami, y Kathleen L. Krawchuk, Paul S. Losch, Richard F. Phillips, Patricia G. Prevatt y Melissa Ware en la Universidad de la Florida. Mi profunda gratitud a Agustín País, quien me pidió un día que escribiera esta hermosa y triste historia. A pesar de la esperada carga emocional, y un sorpresivo problema colateral, la tarea me trajo la paz de saber que la verdadera historia de Frank permanecerá viva hasta después que nosotros nos hayamos ido. Gracias también a Jeff Young y el personal técnico de Universal Publishers, especialmente Christie Mayer y Shereen Siddiqui, por su apoyo y ayuda constante en el desarrollo de la versión en inglés, que sirvió de base a la presente.

Para esta traducción al castellano conté con la ayuda de Mario Ariet, Federico A. Fernández y Remigio Fernández, y también de María Teresa García. Federico complementó el trabajo anterior con una detallada revisión del manuscrito que no sólo eliminó errores tipográficos, sino que añadió valiosas sugerencias que enriquecieron el texto. Para esta segunda edición, Federico y su esposa Nancy cumplieron mi petición de tomar fotos de tres lugares históricos en Santiago de Cuba y las mismas se publican tal vez por primera vez. Como siempre, Jerry Hagelberg ofreció valiosas sugerencias de reorganización para el manuscrito en inglés que fueron utilizadas en la primera versión. Al igual que Federico, Jerry falleció antes de que esta segunda versión comenzara a prepararse.

No fue fácil encontrar una casa editorial para este proyecto. Estoy en deuda con Outskirts Press y su personal, especialmente Jennifer Jensen, mi enlace con la editorial, siempre presente y dispuesta a ayudar. Tal vez el mayor agradecimiento debiera ir a la causa (Dios, el destino, el azar) que dio lugar a que dos personas, procedentes del mismo poblado en Galicia, España, se encontraran en Santiago de Cuba para formar una familia poco común. Francisco y Rosario se sembraron en la capital oriental y trajeron al mundo a Frank, Agustín y Josué. Su legado vivirá por siempre.

CAPÍTULO 1

LA FAMILIA PAÍS GARCÍA: SUS PRIMEROS AÑOS

El Matrimonio País García

Francisco País Pesqueira y Rosario García Calviño nacieron en el municipio de Marín, Galicia, España, pero con 37 años de diferencia: Francisco, en 1862; Rosario, en 1899. Rosario fue criada en una familia de la fe evangélica, mientras que Francisco visitó una capilla evangélica por primera vez cuando tenía 19 años, y se convirtió y bautizó al año siguiente.[1]

Antes de casarse con Rosario, el Reverendo Francisco País contrajo matrimonio con una joven llamada María Dolores, y tuvieron una hija a quien ambos nombraron Sara. El matrimonio marchó a Cuba en 1907, radicándose en Santiago de Cuba,

---

[1] Este capítulo se basa en numerosas fuentes: Monroy (2003). Portuondo (1988: 36-71), Gálvez Rodríguez (1991: 49-60), Lupiáñez Reinlein (1985), y García Oliveras (1979). Agustín País ofreció importantes contribuciones vía correo electrónico y en varias entrevistas realizadas en su residencia de Miami durante el año 2008.

aunque vivieron también en La Habana y Sancti Spíritus. Fue en esa ciudad donde su esposa enfermó. Los médicos aconsejaron su traslado a España para un cambio de clima. Francisco regresó solo a Sancti Spíritus, donde recibió la noticia de la muerte de su esposa.

Después de tres años en Sancti Spíritus, Francisco decidió regresar a Santiago de Cuba, donde estaba su hija Sara con su esposo e hijos. Es ahí cuando conoce a Rosario, quien había sido invitada a Cuba por Sara País. Dura trabajadora, siempre dispuesta a ayudar en cualquier tarea, llegó a convertirse en la asistente del reverendo. Para ese entonces, ya sabía tocar el órgano y el piano con habilidad magistral.

En 1925, Francisco fue atropellado por un tranvía y no se recuperó hasta casi un año después. Rosario se hizo cargo de él, llegando a convertirse en su compañera indispensable. No fue nada extraño que el amor floreciera en esas circunstancias. Sin importarles la diferencia de edad, Francisco y Rosario se enamoraron. El pastor encontró opiniones divididas cuando lo consultó con sus allegados de mayor experiencia. La oposición más dura vino de su hija Sara, quien decidió marcharse a los Estados Unidos, regresando poco tiempo después. Francisco le declaró su amor a Rosario. Él tenía 65 años y Rosario 28. Se casaron en el poblado de El Cristo. Seis años pasaron sin hijos. En 1933, la pareja hizo un viaje a España, donde Rosario fue tratada por un especialista en fertilidad. Poco después anunció que estaba esperando.

El matrimonio País García llegó a Cuba en el momento en que se había liberado de una dictadura. Frank País nació el 7 de diciembre de 1934, en la casa pastoral del templo bautista de Santiago de Cuba, marcada con el número 22 en la calle José Antonio Saco (Enramada). El haber nacido en cuna Bautista, que representaba a una minoría en un país donde dominaba el catolicismo, no sería un factor de división. Evangélicos, católicos y santeros convivían en una atmósfera que se extendía más allá de la tolerancia debido a la falta de diferencias radicales. Por ello,

FRANK PAÍS

Bautistas como los hermanos País, serían aceptados como líderes en el proceso insurreccional. Junto a Frank País, otros hermanos de religión escalarían posiciones cimeras y serían también asesinados, como Oscar Lucero y Marcelo Salado. Otros, como Faustino Pérez, sobrevivieron hasta el triunfo. Presbiterianos como José A. Naranjo, Manuel Ray y Mario Llerena llegarían también a altas posiciones de liderazgo. En pocas palabras, la militancia religiosa no era un factor de discriminación política.

Frank fue seguido por Agustín, el 8 de enero de 1936, nacido en la misma casa. Rosario ya estaba embarazada de su tercer hijo cuando la familia tuvo que mudarse porque el edificio iba a ser sustituido por uno nuevo. Lo hicieron el 15 de noviembre de 1937 a un amplio garaje que habían convertido en viviendas en la Avenida Garzón. Fue en ese lugar donde Josué nació el 28 de diciembre de 1937, festividad religiosa de los "Santos Inocentes".

La construcción de la nueva iglesia —pagada por la Junta Misionera de New York— se terminó en octubre del año siguiente, y la familia País regresó a una nueva casa pastoral. Los cinco miembros de la familia País García vivían muy felices. Sin embargo, el 29 de octubre de 1939, el reverendo Francisco País Pesqueira murió en Santiago de Cuba como resultado de un derrame cerebral que había sufrido un año antes. Tenía 77 años. Parecía casi imposible que un hombre de carácter tan fuerte, "el coloso, el hombre de hierro, que había trabajado con intensidad a lo largo de toda su vida", como ha expuesto Monroy (2003: 35), podía morir algún día. Sus tres hijos no participaron en las ceremonias fúnebres. Sin embargo, a pesar de las quejas de la mayoría de los adultos más cercanos a la comunidad religiosa, los tres niños fueron llevados a un balcón que conectaba con la casa parroquial de la iglesia para mostrarles el ataúd de su padre durante el velorio "para que se recuerden." Agustín País recuerda que, a pesar de contar algo menos de cinco años, Frank estaba consciente de la situación. Los hermanitos más jóvenes no captaban la relevancia del suceso ya que Agustín tenía 3 años y 9 meses de edad, y a Josué le faltaban dos meses para celebrar su segundo cumpleaños. El Reverendo País dejó tras de sí una viuda y tres pequeños niños. La familia de cuatro personas iba a ser probada una y otra vez.

La Religiosa Madre Soltera

Pocos meses después de la muerte del reverendo, la familia se mudó a una pequeña casa que País había comprado en la calle General Banderas (San Bartolomé) # 226. En aquel entonces, no había pensión para los pastores. Sin embargo, después de su muerte, Rosario recibió una pequeña suma de dinero que, siguiendo los consejos de los ancianos de su iglesia, invirtió en un par de pequeñas casas antiguas que pudo alquilar después de haber sido reparadas con la ayuda de su comunidad.

Como el dinero era escaso, la familia no vivía cómodamente, pero Rosario logró que sus hijos estuvieran limpios, alimentados y se comportaran muy bien. Ella les enseñó el valor del dinero, a no mal gastar, que Frank aplicaría a su gestión del Movimiento 26 de Julio.

Al recordar cuando sus tres hijos iban creciendo, Rosario dijo: "Eran muy unidos los hermanos; yo los apodaba 'los tres Villalobos' [una serie radial de acción muy popular durante las décadas de 1940 y 1950]. Frank era el guía y los otros lo obedecían como corderitos. "Cuando yo enfermaba, él distribuía las responsabilidades. *Agustín, ve tú a hacer los mandados. Josué, quédate tú al lado de mamá; así, si ella te necesita, no tiene que llamarte.* ¡Ay, ese Frank! Tenía un carácter muy dulce, sencillo. Era muy observador" (Portuondo 1988: 23).

Agustín recuerda a su madre distribuyendo las tareas del hogar. Ir a la bodega (tienda de víveres) para comprar los alimentos se hacía semanalmente, y ella lo rotaba entre sus hijos. Él recuerda yendo a la habitación para saludarla el Día de la Madre y, como siempre era domingo, no podían estar con ella todo el día porque Rosario tenía numerosas funciones en la iglesia que cubrían la mayor parte del día. Contrario a lo que aparece en varios libros, Agustín no recuerda a Frank tocando el piano casero debido a que estaba desafinado. Frank iba muy a menudo a la iglesia en la tarde a tocar el órgano de la iglesia.

Existen infinidad de testimonios de las etapas tempranas en la vida de los hermanos País que son tributos a la labor maternal. Su hijo Agustín nos brindó la siguiente valoración cándida sobre el carácter de su madre y la manera en que los crió. En un correo electrónico del 7 de marzo de 2008 y entrevista personal del 26 de julio siguiente, me confesó: "Mi madre no fue nunca tan dulce como las madres cubanas; al menos, yo no tengo dulce recuerdos de ella, aún cuando de niño, regresando de la iglesia los domingos por la noche, paraba en una dulcería, en Carnicería y San Germán, para comprarme un duro frío (pequeña pieza cuadrada de jugo congelado muy popular entre los niños) por un centavo. Ella era recta y al grano... Dicen que las madres españolas son amorosas, pero duras de carácter."

Los hermanos País nacieron con unas cualidades muy difíciles de encontrar, pero fue Rosario quien formó sus caracteres, sacando a relucir sus virtudes, y llenándolos con amor para que pudieran transmitirlo a otras personas. A muchos en Santiago de Cuba se les ocurrió en el momento de la muerte de dos de los tres hermanos que se imponía un paralelo entre Mariana Grajales, la madre de los Maceo a quien Martí llamó "la raíz del alma, madre de héroes" y Rosario García. Muchas personas en Santiago comenzaron a llamarla "la Mariana Grajales de la era republicana."

El Enclave Familiar

Con el transcurso del tiempo, la casa de los País en la calle San Bartolomé se iba a convertir, primero, en un lugar que guardaba numerosos secretos y sueños acerca del cambio del *status quo* de Cuba; y, segundo, en un templo de la historia de ese país.

Era un hogar modesto y dinámico. El edificio era rústico: las paredes eran de junco enlazado, pequeñas ramas cubrían ambos lados con una mezcla de cal, arena y cemento, con madera cubiertas de tejas por techo y lozas de cerámica en el piso. Era una casa de estilo típico español, construida al final del siglo XIX, sin portal ni acera al lado de una calle estrecha. La puerta del frente era inmensa, con una ventana a cada lado. No era una casa pequeña pues contaba con una sala, un comedor de diario y otro formal, cuatro dormitorios, una cocina y un baño.

Casi todas las actividades se realizaban al fondo de la casa. Saliendo del comedor formal había un piso de concreto con una vid trepándose por una enredadera de alambre. A lo lejos, a la izquierda, había un largo y estrecho piso de tierra. Creciendo en esta área, había varios árboles frutales. Los muebles de la casa eran muy modestos. La pieza más importante era el piano.

Este era el ambiente hogareño donde vivieron los tres hermanos País. Esta casa tuvo un rol muy importante en el proceso revolucionario. Estaba llena de historia y con el paso del tiempo, después que los dos hermanos murieron y el otro se marchó, Doña Rosario permaneció sola, acompañada por sus memorias, recibiendo visitas que deseaban compartir con la madre más popular de la ciudad. La casa se convirtió en una especie de santuario. Hoy, es un museo.

FRANK PAÍS

Educación y Actividades Tempranas: Las Personalidades Comienzan a Revelarse

Frank País pasó de kindergarten a la escuela de enseñanza primaria en el "Instituto Martí" en septiembre de 1941. La escuela funcionaba en el edificio de la Primera Iglesia Bautista. Su padre había sido uno de sus fundadores. Como las finanzas del hogar no eran suficientes para pagar la matrícula, los tres hermanos País disfrutaron de una beca durante la enseñanza primaria.

Es ahí cuando los hermanos País empezaron a mostrar diferentes personalidades. Su guía en el colegio era el director Manuel Díaz Piferrer, quien estaba encargado de su educación académica y religiosa. De Frank decía que compartía con sus amigos, y "era muy noble, muy generoso, pero no un bobo". No hacía nada cuando se le obligaba. Frank País evolucionó de grado en grado, aumentando su conocimiento de la religión, pero también de sus estudios patrióticos. Se volvió un lector ávido, dando igual importancia a la Biblia y a libros de Martí (1979), como "La Edad de Oro", sus poemas, y también una composición que Martí escribió acerca de la prisión política en la época Colonial de Cuba. Su madre confirma que su primogénito disfrutaba de los textos bíblicos, así como los libros sobre la historia de Cuba. Una amiga cercana lo describe de la siguiente manera: "Frank era único... Era un muchacho que ya con doce años, poseía una edad mental ocho o diez años de mayor madurez que la edad cronológica que tenía. Era maduro desde pequeño. Frank nunca fue niño" (Portuondo 1988: 25).

La descripción pudiera parecer exagerada a personas de esta época. En tiempos de Frank País, cuando un niño asistía a una buena escuela, y se dedicaba a sus estudios y a la buena lectura, al finalizar los ocho años de la educación primaria, poseía una sólida formación, equivalente a un doceno grado en la actualidad. Como expresan varias personas, Frank País parece haber excedido esas expectativas. Sus condiciones de dirigente se mostraron a temprana edad cuando lo nombraron jefe de lectura en los debates de historia que se hacían los viernes. Además de sus condiciones de conductor, adquirió un profundo conocimiento de la historia de Cuba, y también de la historia de Europa y de geografía. Iba a la biblioteca antes de los debates para aumentar sus conocimientos de la materia. Frank fue seleccionado director de todas las actividades que se celebraban cada 28 de enero, para celebrar el nacimiento de José Martí.

Agustín era un niño muy tranquilo y un excelente estudiante que sabía seguir las reglas. Nunca tuvo Rosario una queja de la administración del colegio relacionada con algún acto de indisciplina. El espíritu libre de Josué, sin embargo, empezó a mostrarse desde el primer grado. Agustín nos relató que, aparte de ser un niño inteligente, a Josué no le gustaba el colegio, tanto desde el punto de vista académico como el de disciplina. Cuando estaba aprendiendo a leer, a Josué se le asignaba un párrafo para estudiarlo en la casa y luego leerlo en clase. El maestro lo leería en clase varias veces al final del día. A la mañana siguiente, Josué, quien no le había dedicado ningún tiempo a la tarea, leería el párrafo perfectamente. Esta práctica continuó hasta que un día, quizás por su comportamiento, el maestro sospechó que algo pasaba, y después que Josué había leído el párrafo, notó como un dedo del maestro le doblaba la página y apuntaba a otro párrafo en el medio de la página. El niño levantó sus ojos grandes para mirar al maestro en desconcierto; luego, los bajó esperando un regaño. La explicación era que Josué podía aprenderse el párrafo de memoria cuando el maestro lo estaba leyendo y recitarlo al día siguiente, pretendiendo que lo estaba leyendo. Cuando le daban uno diferente, mostraba que aparte de sus "habilidades para leer", era todavía un estudiante analfabeto. Siempre estaba buscando la manera de salirse con la suya con el mínimo esfuerzo. Su capacidad intelectual se lo permitía. Con el paso del tiempo, pero aún en la escuela de enseñanza primaria, continuó demostrando que él era diferente a sus hermanos en ese aspecto. La verdad es que a Josué no le gustaba ir al colegio. Algunas veces se quedaba detrás cuando caminaban al colegio, llegando tarde al mismo. Él regresaba a la casa al mediodía con cualquier excusa que podía encontrar, esperando que su mamá le permitiera quedarse en el hogar. Doña Rosario, que sabía la importancia de una educación y la disciplina, lo devolvía al colegio sin importarle la hora. Durante el recorrido, le recordaba a su hijo el por qué ella hacía eso.

No pasó mucho tiempo antes que Frank empezara a mostrar su pasión por la música, tocando el órgano en la iglesia. La música

lo iba a ayudar de muchas maneras en su corta vida.

Fue a esta temprana edad que Frank aprendió a combinar los estudios académicos y religiosos con su amor por la naturaleza. Durante sus años en la escuela primaria, y también más frecuentemente después, Frank organizaría excursiones al campo. Agustín y él estaban enamorados de la naturaleza. Las historias son numerosas. Ellos iban en excursiones juntos, con algunos amigos personales o con otros grupos. A estos grupos pertenecían las "excursiones de la naturaleza" que la Primera Iglesia Bautista organizaba durante los fines de semanas cuando los carnavales estaban andando en la ciudad. Su fe religiosa no les permitía bailar o tomar; si lo hacían, no se les permitía asistir a las excursiones. Los niños mayores, acompañados por los famosos chaperones, llevaban a los niños y niñas más pequeños a una playa cercana, granja, parque o lugares similares para un día de sano esparcimiento.

El único contacto con la naturaleza que los tres hermanos pudieron disfrutar juntos, y uno que en particular Josué disfrutó, fue un recorrido que hicieron en más de una ocasión en las aguas de la bahía de Santiago. Temprano en la mañana de verano los hermanos País iban a un pequeño muelle en la Alameda Michaelsen para rentar un bote de remos. Ellos pasarían el día entero bajo el sol ardiente, remando en dirección de la entrada de la bahía, hasta llegar a Ciudamar. Luego girarían hasta una pequeña ensenada llamada "Bahía del Níspero" para almorzar en una cafetería construida sobre el agua. De ahí, remarían de vuelta al lugar de partida, mostrando serias quemaduras del sol, pero alegres por haber compartido la jornada.

Agustín fue el protagonista de una de las más intrépidas excursiones algunos años más tarde, probablemente en el verano de 1955. Mientras disfrutaban de las vacaciones de verano, él y dos de sus amigos decidieron caminar a través de la jungla entre Santiago de Cuba y Guantánamo, a 86 kilómetros de distancia. A este viaje le siguieron muchos más a playas cercanas, como Juraguá, Damajayabo, Siboney y El Níspero. Frank era también visita frecuente de estos lugares. Josué era más un tipo de la ciudad. Amaba los deportes, especialmente la pelota, que jugaba cada vez que tenía una oportunidad.

Frank, el niño, nunca cesó de crecer y desarrollarse, hasta volverse un adolescente maduro. Es en ese tiempo cuando se convirtió en un escritor de prosa y poesía, comenzando a pintar, tocando también música en el órgano y el piano, desarrollando un gusto por la música clásica sin abandonar la música popular.

Las cosas serias no borraron completamente la niñez de Frank. Disfrutaba salir a la calle con Agustín y Josué para volar cometas. Los tres también jugaban dentro de la casa "al escondido" y a los "vaqueros". Jugando juntos dentro de la casa aumentó su cercanía y una mutua dependencia. Irónicamente, en muy poco tiempo, los tres hermanos harían lo mismo en las calles. Una trágica situación para los tres hermanos que pasaron de adolescentes a jóvenes muy rápidamente, en medio de una lucha cruel. Estar "escondidos" sería constante en sus vidas, escapando de la policía, siendo perseguidos sin tregua, tratando de evadir un final fatal. Jugar "a los vaqueros" con la policía se convirtió en algo muy real. Las armas eran pesadas y las balas no eran falsas. Dos de los tres perderían al final del episodio jugando contra poderosos adversarios.

Su medio-hermana Sara los visitó desde La Habana cuando Frank tenía 10 y Agustín 8 años. Fue en el tiempo de esta visita que Agustín recuerda ver a su medio-hermana por primera vez. La falta de contacto entre ambas familias se debía a la distancia geográfica. Su medio-hermana era una señora de cultura, una intelectual de la Iglesia Bautista, quien entró en la arena política cuando decidió aspirar a un asiento en la Cámara de Representantes.

Sara se llevó a Frank a La Habana al terminar su corta visita a Santiago porque lucía delgado y pálido y ella deseaba que un buen especialista lo viera. Sara recordaría luego que Frank prefirió quedarse con ella, después de la muerte de su esposo, para confortarla en vez de regresar al resto de sus vacaciones de verano en Santiago. "No, hermana", Sara recuerda que Frank le decía, "yo quiero quedarme para acompañarte y luego me iré contigo" (País de Molina 1959: 115). Sus sentimientos de solidaridad aparecieron a temprana edad.

Al resumir el carácter y la personalidad de los tres hermanos, todo el mundo está de acuerdo en que eran "pequeños caballeros" a una temprana edad. En los siguientes capítulos vamos a ver que los tres eran verdaderos patriotas, muy valientes, excelentes estudiantes que obtuvieron siempre las mejores calificaciones. Eran, además, buenos hijos, buenos hermanos y excelentes amigos. Por último, esta vez en la vida social, muy difícil de creer para personas que conocen a Santiago de Cuba, estos tres niños/jóvenes nunca asistieron a un carnaval. El

José Álvarez

mencionarlo parecería sin importancia para muchas personas, pero no para un santiaguero. En una ciudad donde este tiempo del año se esperaba con ansiedad, quien no asistía a los carnavales era de alguna forma diferente del resto de sus 160,000 habitantes. ¿Era eso bueno o malo? Quién sabe, pero pensamos que esta característica que los diferenciaba de la mayoría de sus amigos debe ser mencionada. Tal vez sea Monroy (2003: 148) quien haya señalado mejor sus características personales: Frank tenía una personalidad que rebasaba los límites físicos. Era una potencia calculada, controlada, cerebral, lo opuesto de Josué, cuya acción era más emocional que cerebral, pues no calculaba suficientemente las consecuencias de sus actos. Agustín era introvertido. Como sus dos hermanos, quería ser útil a la revolución, pero rechazaba el protagonismo porque era celoso de su individualidad.

Al final de su educación primaria, Frank País tenía una libreta llena de notas tomadas durante las lecturas llamadas "Compendio Cívico" en el octavo grado. Sus anotaciones revelan que cuando él termina su educación primaria, ya era un incipiente adulto con cierta madurez. Frank País estaba más que listo para empezar la educación secundaria después de su graduación al final del año 1947-1948. Las notas excelentes de Agustín le permitirían acompañar a su hermano sin haberse graduado de la escuela de enseñanza primaria, al pasar del séptimo grado al bachillerato. Josué se graduó de octavo grado con las notas más altas al final del año 1950-1951, matriculándose en la escuela pública para comenzar el bachillerato.

Su Paso por Bachillerato

La escuela primaria, y sus experiencias extracurriculares, facilitaron el desarrollo de las cualidades de liderazgo de Frank País. Las puertas de la Escuela Normal para Maestros no iban a ser el umbral inmediato. Antes, País pasaría por la experiencia de otro nivel de enseñanza secundaria: el bachillerato.

FRANK PAÍS

La enseñanza primaria en Cuba abarcaba ocho años. El diploma correspondiente le daba derecho al estudiante a inscribirse en una escuela secundaria pública o privada. En ausencia de un diploma, era necesario pasar un examen de ingreso. Ese fue el caso de Frank y Agustín. Cuando Frank terminó el séptimo grado, el director del Instituto Martí le dijo a Doña Rosario que, dado el desempeño de su hijo, sería una pérdida de tiempo que cursara el último año. Frank contaba con tan sólo 13 años y la Escuela Normal de Maestros requería tener 14 para inscribirse. El Sr. Díaz Piferrer indicó que el niño se beneficiaría más académicamente cursando el primer año de bachillerato que cursando el octavo grado. Frank debía omitirlo y tomar el examen de ingreso en la escuela secundaria. Así lo hizo.

El 15 de mayo de 1948, a la edad de 13 años, Frank País entró en el mundo de la enseñanza secundaria con su admisión al Instituto de Segunda Enseñanza de Santiago de Cuba. Se le concedió una beca por pertenecer a una familia de bajos ingresos. No asistiría a clases durante el horario regular, sino que aprovecharía la opción de no asistir a clases y sólo tomar los exámenes. Este sistema permitía obtener una educación a jóvenes trabajadores. Frank utilizaría las tardes libres como tutor de inglés, idioma que había estudiado por correspondencia.

Comenzó el 8 de septiembre, y sus asignaturas incluían español, matemática, inglés, geografía, historia antigua y media, y educación física. Su hermano Agustín hizo lo mismo un año más tarde, tras la recomendación del director a su madre. Frank continuaría con sus planes y pasaría a la Escuela Normal después de ese año, mientras que Agustín se mantendría en ambas.

Entrada a la Escuela Normal para Maestros

La verdadera vocación de País era la arquitectura. Pero requería cinco años de bachillerato y otros cinco en la universidad, y las finanzas del hogar no podían esperar diez años. Puesto que él estaba también inclinado a la enseñanza, y lo había hecho ya en la escuela dominical de su iglesia, no resultó difícil que la considerara una buena alternativa. Él no iba a diseñar edificios escolares, sino que iba a forjar el carácter de los niños que asistirían a esas escuelas.

Muchos lectores se estarán preguntando, ¿cómo un adolescente de catorce años puede comenzar a estudiar la carrera de magisterio? En la Cuba de entonces, para hacerse maestro, una vez terminada la escuela primaria, no había necesidad de asistir a una escuela secundaria para estudiar el bachillerato, y pasar allí otros cinco años, y cinco más si se aspiraba a un título universitario. La carrera atraía especialmente a los estudiantes cuyas familias no podían costear estudios por más tiempo ni enfrentar el costo de oportunidad laboral por tantos años. Las mujeres tendían a elegir esa carrera, no así los varones.

La presión para obtener la admisión fue tremenda. Cientos de estudiantes competían por los escasos 75 nuevos ingresos, distribuidos de la siguiente manera: 38 para los estudiantes en el sistema de escuelas públicas, principalmente con influencias políticas, 8 para estudiantes de escuelas privadas, 19 para bachilleres con la opción de no asistir a clases. En realidad, sólo había seis o siete plazas para estos últimos.

Doña Rosario confiaba en la capacidad de su hijo, pero tenía que competir contra los mejores candidatos y también contra los políticos que solicitaban plazas para pagar favores. Rosario fue a hablar con los hermanos Ibarra en la escuela "Juan Bautista Sagarra", para solicitar sus servicios de tutor. El final no pudo ser más asombroso: ¡Frank País obtuvo el primer lugar en su grupo! Los testimonios al respecto son realmente impresionantes (Portuondo 1988: 38-39): "Frank... rindió unos exámenes de ingreso excelentes. Aquello se regó. Todo el mundo comentaba la prueba del niño Frank País." "El ingreso había sido reñido. Frank lo logró con notas brillantes. El prestigio adquirido lo mantuvo con sus promedios durante la carrera." "Al presentarse a los exámenes de ingreso de la Normal, obtuvo calificaciones que hasta aquel momento nadie había logrado..."

FRANK PAÍS

Las más altas calificaciones parecían ser inherentes a los tres hermanos. El record impuesto por Frank fue roto por su hermano Agustín al año siguiente. Unos años más tarde, Josué recibió el "Premio Heredia" en su graduación de bachillerato, que sólo era concedido a los estudiantes que se destacaban durante todo el período de cinco años de educación (Velázquez Fuentes 1979: 45-46). Sin dudas, los hermanos País tenían la brillantez y la dedicación para llegar a ocupar los más altos lugares en las disciplinas que eligieran. Sus destinos, sin embargo, estaban encaminados a sobresalir en un ámbito muy diferente de la vida.

Aprendiendo y Dirigiendo

La Escuela para Maestros radicaba en un edificio rodeado por un enorme terreno situado entre las calles San Jerónimo, Trinidad, Calle Nueva, y la Clínica "Los Ángeles". La arquitectura del edificio era moderna, con influencia norteamericana, porque parte de su construcción había sido financiada por algunas familias de soldados de Estados Unidos muertos en la guerra de 1895. Fue construido en uno de los sitios más altos de la ciudad.

Seguido por la fama adquirida con sus calificaciones en los exámenes de admisión, País continuó añadiendo elementos positivos a su reputación. Fue a comienzos del año escolar cuando sorprendió a sus compañeros de clase con uno de sus delicados gestos hacia la mujer. A cada alumno se le asignaba un asiento en el aula y todos estaban ocupados, cuando llegó una joven. Frank era uno de los pocos varones en el aula. Se levantó y ofreció su lugar a la recién llegada. "A los 14 años, ésta era la mejor manera de captar la atención de una dama", dice su hermano Agustín. Su nombre era Elia Frómeta, quien iba a jugar un papel importante en la vida de País.

Como lo había hecho en la escuela secundaria el año anterior, País finalizaría su primer año en la Escuela de Maestros con las más altas calificaciones. Se había dado cuenta de que estaba enamorado de la profesión docente.

José Álvarez

En la Escuela Normal conoció a José (Pepito) Tey Saint-Blanckard. Su amistad duró hasta que la muerte los separó. La personalidad de Pepito era opuesta a la de Frank. Estaba siempre alegre, haciendo maldades y peleando. Era sincero al máximo, y muy popular entre las muchachas por su constante piropear, elegancia, y ser un bailador excelente en las comparsas. Desde el día que Pepito y Frank se encontraron, los demás comentaban lo disparejo del dúo. Su amistad se convirtió en una verdadera hermandad, ratificada por la madre de Tey (Portuondo López 2006).

Tanto para su educación académica como política, País dependía en gran medida de Rafaela (Fela) Fornés, la principal bibliotecaria de la escuela. Se convirtió en su mentora en literatura. Tenía una vasta cultura. Fela inculcaba en los alumnos el interés por los buenos libros. Veterana de las luchas contra Machado, introdujo a Frank a los patriotas de la época republicana, como Julio Antonio Mella, y sobre todo Antonio Guiteras, a quien ella había conocido personalmente. Compartía con País desde sus poemas hasta sus pasadas actividades revolucionarias. Su contribución a la formación cultural y política de Frank País fue importante.

Pero no todo era estudio y militancia estudiantil. Al final del segundo año, los estudiantes organizaron una velada cultural, donde también cantaron y personificaron a algunos de sus maestros.

Estos fueron los estudiantes que rodearon a Frank País en la última etapa de sus estudios en la Escuela Normal para Maestros, junto con su hermano Agustín, quien continuaba siendo un estudiante brillante después de ingresar un año después que Frank. Éstos eran también los estudiantes que habían dedicado sus vidas a la profesión docente, que amaban mucho a su país, y que morirían por él poco tiempo después.

FRANK PAÍS

El Último Año en la Escuela Normal

Cuando el curso 1952-1953 comenzó en septiembre, la masa estudiantil estaba ya en rebelión contra la nueva dictadura. Fue un año muy interesante, lleno de declaraciones de principios, de marchas, discursos, y de luchas callejeras contra las fuerzas represivas de la dictadura. Diez meses que marcaron la vida de Frank País.

El último año de País en la Escuela Normal estuvo lleno de acontecimientos. El 8 de noviembre de 1952, País se convirtió en el nuevo presidente de la asociación de estudiantes de la Escuela Normal para Maestros. Él había ganado las elecciones contra su amigo Pepito Tey, designándolo como delegado especial a la asociación. Para secretario de actas había sido elegido Agustín País. Irónico, la elección de País era el resultado de las fuerzas más conservadoras del cuerpo estudiantil, que no deseaba interrupciones de huelgas o las protestas que el más radical Pepito traería al plantel. Estos hechos no eran nada excepcional en la Cuba de entonces. En épocas de tensión política, muchos estudiantes de secundaria se envolvían en actividades políticas, que son una gran contradicción con la afición a las patinetas, las visitas a centros comerciales, y otros menesteres de hoy día. El aniversario de la caída de Antonio Maceo, el 7 de diciembre, se conmemoró con una marcha que terminó en violencia. Los tres hermanos País estaban presentes. El 27 de enero, un libro para recoger firmas de los estudiantes comprometidos con la lucha fue colocado al lado del busto del héroe cubano en la Plaza de Marte. Entre los centenares de signatarios estaban de nuevo los tres hermanos País García, presentes también en las protestas del día siguiente. El entierro del estudiante Rubén Batista el 14 de febrero, herido durante un disturbio en La Habana el mes anterior, tuvo repercusiones a través de toda la isla. Los estudiantes en Santiago se lanzaron de nuevo a las calles y organizaron varios eventos para desafiar la dictadura.

José Álvarez

Marzo estuvo lleno de actos contra el régimen. El 20, tomaron el edificio del Instituto de Segunda Enseñanza, resultando apresados 21 de ellos. País fue llevado a la cárcel por primera vez. El juicio se celebró el día 29, liberando el juez a los acusados. Más protestas ocurrieron el 14 de abril, dando por resultado la detención de estudiantes y abogados que los apoyaban. País escribió una corta declaración que condenaba la represión brutal que fue publicada en el diario local *Prensa Universal* el 14 de abril de 1953. Durante la celebración del día del trabajo, el 1 de mayo, los estudiantes unieron sus fuerzas a las de los sindicatos y organizaron varias protestas en Santiago. En uno de los encuentros con la policía, País y Tey recibieron su primera golpiza. Ambos fueron conducidos a la cárcel, junto con una docena de otros manifestantes, y liberados más tarde. Para conmemorar el 18 aniversario de la muerte de Antonio Guiteras, el Bloque Estudiantil Martiano (BEM) fue fundado el 8 de mayo. Los tres hermanos País se hicieron miembros activos. Este grupo resultó crucial en la organización de los estudiantes en los diversos niveles. Durante los últimos dos días de mayo se llevó a cabo un congreso nacional de estudiantes secundarios en la Universidad de Oriente, con la lucha contra la dictadura al tope de la agenda.

Las actividades anteriores dan fe de que el último año de País en la Escuela Normal para Maestros no sólo estuvo lleno de rebeldía, sino también de organización y de meditación sobre el destino del país. Llegó a ser obvio en los discursos que hizo, los manifiestos que escribió y sus intervenciones en reuniones estudiantiles. Se puede afirmar que la combinación de estudios, asistencia a clases, y de aspectos públicos, desarrolló su capacidad, primero para conducir, y en segundo lugar, poder ocuparse de varios asuntos al mismo tiempo. En medio de esas actividades, fue sorprendido por el final de su último curso escolar.

FRANK PAÍS

La Graduación:
De Dirigente Estudiantil a Maestro

El largo andar por las aulas, la angustia de exámenes y de plazos, interrumpida por protestas y marchas, las celebraciones patrióticas, las visitas esporádicas a la cárcel, las actividades religiosas y familiares habían llegado al final. El paso por la Escuela Normal culminó con la ceremonia de graduación efectuada en la institución educativa.

El diploma muestra fecha 6 de julio de 1953. Llevaron a cabo la ceremonia académica, incluyendo los discursos, entrega de diplomas, y las fotografías. Rosario García estaba acompañada por sus otros dos hijos. Lucía orgullosa y feliz en las fotos tomadas. Frank País se mostraba más bien serio. A sugerencia de País, no hubo fiesta de graduación, sino una cena privada. La guerra golpearía en sus puertas cuando las vacaciones bien merecidas del verano acababan de comenzar. Desde ese momento, sus vidas cambiarían para siempre.

CAPÍTULO 2

EL SER HUMANO Y EL REVOLUCIONARIO

Cualidades Humanas y Formación Patriótica e Intelectual

Cualidades humanas

Un dirigente de la estatura de Frank País no se puede describir, y mucho menos comprender, a través de unas pocas notas biográficas. Es necesario penetrar en sus sentimientos, ideas y acciones que pudieran revelar el fuero interno del ser humano que engendró al revolucionario.

No existen dudas de que, para desarrollar una empresa de la magnitud descrita en estas páginas, una persona necesita un conjunto de cualidades muy difícil de concurrir en un individuo. Uno de sus compañeros elaboró una larga lista de sus atributos:

FRANK PAÍS

"modesto, sencillo, sensible, melancólico, profundo, fiel, reflexivo, tenaz, inteligente, estudioso, trabajador, serio, disciplinado, discreto, exigente, valiente, responsable, crítico, firme, humano, apasionado, maduro, consecuente, persuasivo, aglutinador, austero, honesto, audaz, inflexible, noble..." (Portuondo 1988: 173). Para algunos lectores, la lista pudiera resultar exagerada.

Su Religiosidad

Frank País, con los tropiezos de todo ser humano, era un digno miembro de su iglesia. Uno de sus biógrafos, hurgando en su vida religiosa, afirma que Frank sabía que la fe demanda "un esfuerzo constante y positivo, esto es, una renovación y crecimiento permanentes. Porque la fe jamás es absolutamente perfecta. La fe está siempre haciéndose, está siempre en camino. Frank mantuvo la fe hasta el final de sus días" (Monroy 2003: 93).

Frank País fue un cristiano auténtico. Sin embargo, quienes conocen algo del proceso revolucionario que lo envolvió se estarán preguntando si se puede justificar el comportamiento de un cristiano cuando, en nombre de la justicia, viola el quinto mandamiento más de una vez. El "No matarás" estaba escrito bien claro en las tablas que Dios entregó a Moisés.

Después del ataque a la jefatura de policía de El Caney, donde murió un policía debido a los disparos de Frank, Doña Rosario confrontó a su hijo en el hogar. Frank le dijo que había tenido que disparar porque él lo iba a hacer contra sus compañeros. "Pero no debiste hacerlo, porque está contra nuestros principios religiosos; tú sabes que esa es una acción que el Señor no aprueba; es un pecado mortal", le dijo con la voz alterada. Frank intentó calmarla con varios razonamientos, pero Rosario no quedó satisfecha, y le pidió que evitara la repetición de un hecho semejante. Frank se despidió con un "así será, madre; pero recuerde que combatimos el mal". Como continuó en la lucha, se le presentaron otras oportunidades donde, de forma directa o indirecta, atentó contra la vida humana. Se puede esgrimir el argumento de la santidad de la vida humana. Por otra parte, existen justificaciones teológicas del tiranicidio y jurídicas cuando se mata en defensa propia. ¿Se puede justificar el salir a disparar indiscriminadamente sin saber siquiera la identidad de quienes van a morir? Eso le hicieron saber a Frank muchos adultos que prestaban valiosos servicios al Movimiento. El dirigente aceptó los argumentos, y la práctica fue suspendida de inmediato.

De una importancia menor, por no estar explícitamente en las dos tablas del decálogo, existen tres restricciones en la iglesia bautista: abstenerse de bailar, fumar y consumir bebidas alcohólicas. No vamos a cuestionar la racionalidad de estas medidas porque no somos quiénes para hacerlo, sino analizar el comportamiento de País frente a ellas con la información existente.

No existe una referencia que revele que Frank País fumaba habanos o cigarrillos. A pesar de que era en extremo popular entre los jóvenes de la época, País nunca adquirió ese hábito. En cuanto a bailar, parecer que Frank sí lo hacía con bastante frecuencia, a pesar de que sus amigos lo consideraban un "patón". El consumo de bebidas alcohólicas ocurrió en contadas ocasiones. Parece que Frank y América celebraron su compromiso, junto a su amiga Graciela Aguiar, una tarde del mes de octubre de 1955 en el Club Kon Tiki, donde brindaron con daiquiri (Gálvez Rodríguez 1991: 245). A fines del mes siguiente, mientras se encontraba en La Habana para reunirse con José Antonio Echeverría, le expresó al amigo que le había dado albergue su deseo de tomarse un trago. Su amigo, también Bautista, lo complació llevándolo a un bar cercano donde compartieron confidencias (Gálvez Rodríguez 1991: 222).

En un par de líneas pudiéramos resumir diciendo que Frank País fue un cristiano auténtico, que pecó como todos los mortales, y que cometió unas pocas violaciones a normas de conducta impuestas por su Iglesia, que cristianos de otras pudieran considerar carentes de base.

FRANK PAÍS

Formación Académica en la Escuela Normal

Uno tiene que analizar sus acciones en el ámbito académico separadas de la esfera política como dirigente estudiantil. En cuanto a su formación académica, se destacó en prácticamente todos los temas. Demostró un profundo conocimiento del idioma inglés. Tenía gran dominio de Historia Antigua y servía de tutor a varios compañeros de clase a quienes no les gustaba el tema. Gozaba de la pintura. La historia de Cuba era un tema favorito. Como vicesecretario de cultura de la asociación estudiantil, se le asignó un pequeño presupuesto para comprar libros. Mostrando su devoción hacia quien los cubanos llaman apóstol, gastó todo el dinero en la compra de libros sobre José Martí. Su formación era estrictamente martiana. Más adelante en su carrera, cuando era presidente de la asociación, creó "El rincón martiano" para leer, discutir y ofrecer conferencias sobre el pensamiento de Martí. Dado que la escuela estaba rodeada por muros de concreto, el presidente propuso, y fue aprobado por la asociación estudiantil, pintar pensamientos de Martí en ellos. Él escribió el primero: "La sangre de los buenos no se derrama en vano". El segundo se relacionaba con la educación. De igual manera, redactaba composiciones, pintaba sobre lienzo u otros medios, componía poemas, escribía ensayos, y utilizaba todas las formas de expresión intelectual disponibles.

Un Autodidacta de Vasta Cultura

Frank País era una persona culta. Quería disfrutar de los aspectos más finos de la vida, no sólo para aprender más sobre la cultura cubana, sino sobre otras del resto del mundo. Fue un ávido lector que se convirtió en un autodidacta en muchas ramas del saber.

Uno de sus biógrafos (Monroy 2003: 74-76) ha investigado las preferencias de lectura de País. El resultado muestra una persona madura que leía, no sólo para el disfrute, sino para prepararse para la tarea que tenía: el derrocamiento de la dictadura y la edificación de una Cuba nueva. Era obvio que, después de la Biblia, su autor preferido era José Martí (1853-1895), de quien poseía varios volúmenes en su biblioteca personal. Leía La edad de Oro, Historia de la literatura cubana, El presidio político en Cuba, La república española ante la revolución cubana, Cuba y los Estados Unidos, sus ensayos y, por supuesto, su poesía. También leía la poesía de otros autores, cuyos preferidos eran: Julián del Casal, Federico García Lorca, Nicolás Guillén, Pablo Neruda, Rubén Darío, Rubén Martínez Villena y otros. "Frank leía y releía a sus poetas preferidos como una especie de música que le ayudaban, en frase del Duque de Rivas, a sentir hondo, pensar claro y hablar alto." También le atraían la novela de mensaje y el ensayo sobre temas que dignificaran al hombre y trataran del misterio de la existencia. Leía a los grandes psicólogos del siglo como el austríaco Segismundo Freud y a uno de sus discípulos, el suizo Carlos Gustavo Jung. Fue un lector ávido de Albert Camus y Jean Paul Sartre, los dos famosos filósofos existencialistas y escritores de su tiempo. Prefería "La peste" de Camus a "El muro" de Sartre, pero leía a ambos. Monroy se sorprende de que a País le gustara Kafka, quien expresa el desaliento del hombre ante el absurdo del mundo, y su literatura está marcada por la desesperanza. También leyó "El proceso", "Las cartas", "La muralla china" y otras de sus obras.

País devoraba los libros relacionados con la guerra, las revoluciones, y su historia, como le comunicó a Elia Frómeta tres meses después de haber cumplido 20 años. Le detallaba sus últimas lecturas: Historia de la Revolución Norteamericana, Historia completa de todos los E.U., Técnica del Golpe de Estado de Trotsky contra Stalin. También sobre temas como la contrarrevolución rusa de los 'Junkers' contra Lenin, el Golpe de Estado fascista de Mussolini contra Giobitti, Golpe de Estado de Kapp contra Bauer en Alemania, Golpe de Estado de Primo de Rivera, Golpe de Estado de Tilsudski en Polonia, Golpe de Estado del 18 Brumario de Napoleón Bonaparte, Golpe de Estado de Hitler, y algo sobre las tentativas revolucionarias de Catalina contra Cicerón e Historia de la Resistencia maqui francesa, al igual que la Invasión Europea, labor de los comandos y algo de reformas agrarias y políticas en América Central.

Poseía una gran sensibilidad musical. Le gustaba mucho la música. Una amiga lo recuerda asomado a la ventana de una casa vecina, con su pipa apagada en la boca, tranquilo, con su mirada serena y profunda, oyéndola tocar. Desde la ventana le pedía que tocara La Polonesa Militar de Chopin, La Pasionata de Beethoven, La Patética del mismo autor, los estudios sinfónicos de Schumann y el Vals Brillante de Chopin. También sabía interpretar música de todo tipo al piano y al órgano, y sabía tocar el acordeón. Se deleitaba tocando el Claro de Luna de Beethoven y el de Debussy; las melodías gallegas que su madre le enseñaba: Quiéreme mucho, la que también cantaba, lo mismo que sus propias composiciones musicales e himnos religiosos. Interpretaba el Himno Invasor con la mayor devoción. Llegó a componer y parece que hacía bien. Por ejemplo, Espín recordaba ("Vilma" 1975: 81) que, cuando se encontraban escondidos en la casa de San Jerónimo, compuso al piano una canción que se llamaba *Melancolía*, y por muchos años se le quedó la melodía y después se le borró. Tenía una canción dedicaba a América y otra a su mamá, compuesta un Día de la Madre.

Resulta obvio que, a la edad que murió, Frank no tuvo tiempo de desarrollar sus numerosas vocaciones y aptitudes musicales y literarias. Su amigo César López (2005: 29-30) le dedicó un hermoso poema en el que se lamenta de ese hecho:

No puedo hablar de él como no era:
No fue poeta,
los versos que escribiera balbuceaban la voz,
iban saliendo, pero por muchas cosas se quedaron
a mitad del camino.

No fue pintor:
He visto emocionado los dibujos.

Y, sin embargo, la mente, el corazón, la mano,
quedaron en el aire como un trazo empezado.

No fue músico.
Porque aquellas sonatas
eran signos borrosos, no cuajados,
que solo algunos pocos escucharon.

No fue padre.
Se guardó su simiente en la pureza
de los hijos futuros.
....
Fue un niño a quien recuerdo
diciendo afirmativamente y siempre:
Quiero.
¡El ser que mutilasteis,
asesinos,
era, en resumen, todo lo posible!

Surge el Dirigente Estudiantil

El prestigio que obtuvo en el área académica fue su trampolín, quizás inadvertido y seguramente no deseado, para una posición de liderazgo en la asociación estudiantil. En su primer año, fue delegado de curso. En el segundo año, fue elegido vice-secretario de cultura. En su tercer año, su clase lanzó su candidatura a la Presidencia sin obtenerla. La segunda vez resultó vencedor. Si uno quiere encontrar el punto de inflexión en el liderazgo, y tal vez la vida, de Frank País, pudiera ser el final del silencioso y taciturno estudiante para dar paso a una persona más abierta y extrovertida. Su carácter no cambió, pero él adquirió nuevas responsabilidades que lo empujaron a ser más abierto. El cambio fue observado por todos. Era un Frank más gregario. Tenía la facultad de poder escuchar a los demás y transmitir a la otra parte que él estaba procesando su confianza, y la gente amaba

FRANK PAÍS

esa cualidad suya. A pesar de su seriedad, tenía una personalidad encantadora. Y eso iba a influir en su vida desde el momento en que fue elegido presidente de la Asociación de Estudiantes.

Es importante destacar que, en sus años de dirigente estudiantil, viajó con frecuencia por su provincia y por toda la isla. Existen referencias de su asistencia a numerosos congresos estudiantiles donde se reunía con dirigentes locales y nacionales. Durante esas visitas —algunas de varios días de estadía— fomentaría nuevas amistades y contactos que le servirían luego para vertebrar una organización revolucionaria en casi todo el país. Fueron esos viajes los que permitieron a País hacer nuevos contactos que luego reclutaría para el Movimiento 26 de Julio, estableciendo redes a niveles provinciales y nacionales, lo que hoy llamamos *networking*.

Los Factores Externos

El Golpe de Estado del 10 de Marzo de 1952

El lunes 10 de marzo de 1952, cuando los habaneros terminaban de disfrutar de una feliz noche de carnaval, alrededor de las dos de la madrugada, varios automóviles salieron de la "Finca Kukine," la casa campestre de Fulgencio Batista Zaldívar, no lejos de la capital. Los pasajeros eran conocidos oficiales militares. El destino de la caravana era el campamento militar de Columbia, que esperaban tomar por la fuerza, para iniciar un intento de golpe de estado (Existe una literatura prolífica sobre el golpe de estado de Batista. Ver, por ejemplo, Batista (1960); Chester (1954); Mencía (2007: 12-31); y el artículo en http://www. amigospais-guaracabuya.org/oages024.php). A los conspiradores no parecía importarles el hecho de que el país se encontrara a menos de tres meses de la celebración de elecciones generales. Tal vez esa era la razón principal para el golpe, ya que Batista contaba con escasas probabilidades de ganar.

Cuando llegaron al campamento militar les informaron que ya estaba en sus manos. Batista se dirigió a los soldados formados en

José Álvarez

el polígono mientras tanques y camiones llenos de soldados iban rumbo a varios objetivos en la capital. A pesar de los pandilleros y la corrupción en algunas esferas del gobierno, el país participaba en la campaña electoral, amparado por sus nuevas instituciones democráticas. Tal vez por eso, iba a experimentar un asombroso e incrédulo despertar, sin saber cómo reaccionar. Algunas personas opinan que la sorpresa paralizó a los cubanos, pero la reacción fue más de estupefacción que de indiferencia.

Uno tras otro, los cuarteles de la capital fueron cayendo en manos de los sediciosos. Mientras esto ocurría, algunos miembros del gobierno comenzaron a llegar al Palacio Presidencial. El presidente Prío Socarrás se unió al grupo un poco después de las cuatro de la madrugada. Diferentes opiniones fueron recibidas con una peligrosa indecisión. Un grupo de miembros de la Federación Estudiantil Universitaria (FEU), aunque en la oposición, llegó a ofrecer su apoyo al orden constitucional. Exigieron que enviaran armas a la universidad para defender el imperio de la ley. El grupo en el poder, sin embargo, no fue capaz de reaccionar. La inacción se convirtió casi en complicidad mientras corrían las horas. Entonces, alguien se atrevió a decir lo que casi todos los presentes estaban esperando: "¡Vámonos de aquí!" El presidente y sus acompañantes salieron de Palacio unos minutos antes de las ocho de la mañana. Horas más tarde, pedía asilo en la Embajada de México.

El camino se abría con increíble facilidad a los conspiradores. Cuando los residentes de la capital se despertaron, se encontraron con las estaciones de radio en silencio y las fuerzas militares ocupando estaciones de policía y edificios públicos. Después de un efímero intento de lanzar una huelga general, el liderazgo de los trabajadores cayó en manos de oportunistas. La valentía de los estudiantes universitarios no fue más allá de ser un gesto heroico y honorable. Sin armas, y sin poder civil que defender, se marcharon de los predios universitarios antes que cayera la tarde.

La situación era algo diferente en otras partes de la isla. Las guarniciones militares en las provincias de Las Villas, Camagüey y Oriente continuaban oponiéndose al golpe. El abortado intento de huelga en la capital contrastó con el apoyo masivo de dirigentes sindicales y trabajadores en esas provincias. Sin embargo, unas horas más tarde, Las Villas y Camagüey también cayeron en manos de los rebeldes. Quedaba, pues, la indómita provincial oriental.

El asalto de Batista se produjo cuando los tres hermanos País estaban asistiendo a dos escuelas diferentes. Frank y Agustín eran estudiantes de la Escuela Normal para Maestros, mientras que Josué era un estudiante de primer año en la escuela secundaria. Temprano en la mañana, los tres hermanos habían marchado a la escuela. La ciudad estaba llena de rumores. Algo estaba sucediendo en La Habana, pero nadie podía decir exactamente lo que era.

Cuando los estudiantes de la Escuela Normal conocieron lo que estaba pasando, salieron del edificio y caminaron en dirección al Parque Céspedes, donde les habían dicho que la gente se estaba congregando. Desde las primeras horas de la mañana, cientos de personas comenzaron a llegar para averiguar qué estaba sucediendo. Cuando los grupos de la Universidad de Oriente, el Instituto de Segunda Enseñanza y la Escuela para Maestros se unieron a ellos, la multitud llegó a alrededor de siete mil personas. El rechazo al golpe fue unánime. Allí se encontraban los hermanos País gritando: "¡Abajo Batista!" "¡Queremos armas!"

Algunos en la multitud gritaron "¡Al Moncada!" y todos emprendieron la marcha por la calle Aguilera en la dirección del Cuartel Moncada, siendo interceptados en la Plaza Marte por el capitán Delfín y un pequeño número de soldados. Delfín propuso el nombramiento de una delegación para visitar la guarnición y explicar su posición. Lo hicieron, y Frank fue uno de los elegidos. En el interior del Moncada hablaron con los jefes y les pidieron armas para apoyar a los soldados leales. Se las prometieron, pero nunca llegaron a la Plaza Marte.

Mientras esperaban en la Plaza Marte, en el interior del

José Álvarez

Moncada los oficiales leales al gobierno constitucional eran sustituidos. Los tanques comenzaron a rodar por las calles de Santiago y camiones llenos de soldados que gritaban "¡Viva Batista!" se dirigían a lugares estratégicos. Batista les había prometido un aumento salarial.

A pesar del ambiente de rebeldía, la realidad se imponía. Por la tarde, el coronel Álvarez Margolles, jefe militar de Oriente, se dio cuenta de que el esfuerzo era inútil. De las sombras emergió el Capitán Alberto del Río Chaviano para asumir el mando del Regimiento Nº 1. Estaba ya anocheciendo cuando el golpe de estado se proclamaba victorioso en todo el país. Batista era el nuevo dictador de turno.

El pueblo de Cuba lo conocía muy bien. Nacido en un humilde hogar en las afueras de Banes, una pequeña ciudad en el norte de Oriente había asistido a la escuela primaria antes de trasladarse a Santiago de Cuba para asistir a la escuela secundaria. Todavía joven, entró en el Ejército, donde fue ascendido a sargento al terminar sus estudios de taquigrafía. En casi nada, se convirtió en un sargento taquígrafo del jefe del Estado Mayor del Ejército Constitucional, una posición clave para conocer los próximos eventos.

Eso es exactamente lo que sucedió. Días después del derrocamiento de la dictadura de Machado el 12 de agosto de 1933, Batista apareció firmando un documento, junto con otros, solicitando al gobierno provisional de Carlos Manuel de Céspedes, la celebración de una asamblea constituyente. Unos días más tarde, Batista dirigió una insurrección conocida después como "la revolución del 4 de septiembre." A pesar de su origen castrense, tenía raíces civilistas. Batista ya había sido ascendido de sargento a coronel jefe del ejército. El país pasó a la celebración de una asamblea constituyente y elecciones generales en 1940. Seis presidentes ascendieron al poder, incluyendo a Batista, quien gobernó democráticamente durante el período 1940-1944. Después de un auto-exilio en Daytona Beach, Florida, se le permitió regresar en 1948 para asumir el puesto de senador que había ganado por la provincia de Las Villas. El benefactor era Prío, derrocado luego por Batista.

Ya bien entrada la noche del 10 de marzo de 1952, se podía adelantar una evaluación objetiva: Había un nuevo dictador en Cuba. La mayoría del pueblo permaneció indiferente. Sólo unos pocos, principalmente en Santiago de Cuba, resistieron sin armas hasta que el golpe se había consumado. Un pronóstico indicaba un largo período de recuperación. Pero no todo el mundo iba a esperar a que ocurriera un milagro. Muchos jóvenes estaban dispuestos a enfrentar el nuevo régimen despótico. Los hermanos País se encontraban entre ellos.

Después que los esfuerzos iniciales para oponerse a la toma del poder por la fuerza resultaron infructuosos, los estudiantes regresaron a las aulas a fingir una vida normal. Si la elección de País a la presidencia de la asociación de estudiantes era el momento crucial para convertirse en una persona más abierta, el golpe de estado iba a resultar el segundo momento crucial en su vida porque le dio una indicación de que su existencia estaba destinada a la causa de la libertad de su pueblo. Si durante su paso por la escuela primaria País consideraba que Jesús lo llamaba al ministerio, y así lo había oído de su madre, quien esperaba que él siguiera los pasos de su padre, más adelante se convenció que su vocación a servir podría ser extendida de una congregación a la nación cubana entera. Y nació el revolucionario. Quizás es posible afirmar que el revolucionario y el líder surgieron casi simultáneamente. El proceso de un estudiante tímido a líder revolucionario había tomado cerca de un año.

Los Sucesos del 26 de Julio de 1953

Cuando muchos santiagueros y visitantes se dieron la "buena noche" al amanecer del domingo 26 de julio, después de disfrutar del último sábado del carnaval, no sospechaban que despertarían en un escenario político radicalmente distinto. Quienes asistían al carnaval ignoraban que, desde un par de días antes, grupos de

hombres jóvenes habían estado llegando de diversas partes del país, principalmente de La Habana y Pinar del Río, alojándose en hoteles y pensiones hasta ser llevados a una pequeña granja avícola situada en el camino a la playa Siboney. No sabían que más de 150 hombres estaban ya allí y en Bayamo cuando las congas todavía barrían el polvo de las calles santiagueras. Su objetivo: atacar simultáneamente las jefaturas del ejército en Bayamo y Santiago para comenzar una revolución contra la dictadura de Fulgencio Batista. El grupo, que se llamó la "juventud del centenario" porque ese año los cubanos conmemoraban el 100 aniversario del nacimiento de José Martí, seguía una tradición dada a ellos por las generaciones anteriores. Se estaban preparando para enfrentar violencia con violencia, mantenida aún después del nacimiento de la república en 1902. Combatiendo las balas con balas era la norma y la "juventud del centenario" no iba a ser la excepción.

Frank País había salido de su hogar aproximadamente a las 8:00 PM. (Gálvez Rodríguez 1991: 99-114). Junto a su amigo Eduardo Yasells y dos muchachas que trabajaban como empleadas domésticas caminaron hasta el local de la sociedad de Gran Cataluña, donde permanecieron conversando y bailando hasta después de las cuatro de la madrugada. Luego comenzaron a escucharse disparos en la distancia. Los policías que llegaban a la estación cercana a donde habían permanecido los dos amigos decían que los guardias del Moncada se tiraban entre ellos. País se fue a su casa, donde lo esperaba preocupada su madre. Sus dos hermanos estaban despiertos. El amanecer de la festividad de Santa Ana había traído incertidumbre y miedo.

En los días y las semanas siguientes, los rumores originales dieron paso a la verdad, al menos parcialmente. Habían ocurrido no uno, sino dos ataques. Uno en Santiago; el otro en Bayamo. A las 5:15, los cuarteles militares de ambas ciudades habían sido el blanco de la primera rebelión armada contra la dictadura de Fulgencio Batista. Lo que siguió después de terminado el combate era una combinación de luchas heroicas e historias macabras. Los nombres de los asesinos, con el coronel Alberto del Río Chaviano a la cabeza, comenzaron a ser el tema de conversación de la ciudad. Había también los comentarios que el líder del grupo había podido salvar su vida por la intercesión de Enrique Pérez Serantes, Arzobispo de Santiago de Cuba. Se supo después que el arzobispo había salvado numerosas vidas, pero que la vida del líder, identificado después como Fidel Castro Ruz, tenía que ser acreditada a un teniente nombrado Pedro Sarría. Muchos años después, dictaría sus experiencias para un libro (Barredo Medina 1992), donde omite una realidad contaba más abajo. La actitud valiente de los médicos y del personal en instituciones privadas había protegido a los heridos ingresados en la clínica "Los Ángeles" y la "Colonia Española". El saldo final era de 19 soldados muertos y 61 revolucionarios muertos o asesinados (de la Cova 2007: 261-269).

Frank País y algunos de sus amigos fueron al Moncada a intentar descubrir si había una rebelión en marcha para incorporarse a ella, pero fallaron en sus esfuerzos. Entonces se dirigieron a Siboney y al área alrededor de la Gran Piedra. No pudieron rescatar a ninguna persona, pero tuvieron la triste experiencia de contemplar algunos cadáveres de gente joven asesinada, incluyendo un combatiente colgando de un árbol, con su cuerpo meciéndose en el aire. País recibió un impacto muy fuerte de ese recorrido. Se refirió a esos eventos en cartas separadas a Elia Frómeta y Ruth Gaínza, indicando que no estaba involucrado en el evento, aunque lo hubiera deseado. Sentía impotencia y le causaban dolor los asesinatos.

No hay dudas del impacto que las acciones del Moncada y de Bayamo tuvieron en Frank País. Su admiración por el asalto en sí mismo, y las decenas de gente joven que habían ido a una muerte casi segura, contrastaban con su silencio referente al líder de la rebelión. En muchos de sus escritos sobre los acontecimientos no se puede encontrar una palabra de alabanza para el líder.

Más información se pudo obtener durante el juicio a los acusados de participar en los asaltos. El juicio de la causa 37 de 1953 comenzó el lunes 21 de septiembre. Los jóvenes acusados se tornaron acusadores. De sus bocas se escucharon acusaciones y descripciones de crímenes horrendos. Las autoridades sacaron a Fidel Castro del grupo después de la primera sesión. El juicio continuó por algunos días más. Al final, el día 6 de octubre, 29 de los 102 acusados fueron condenados entre siete meses y trece años de privación de libertad. Siete días después, fueron trasladados a la prisión modelo de Isla de Pinos.

El juicio contra el líder del grupo se celebró el 16 de octubre en un cuarto pequeño del hospital civil. Junto con Fidel Castro fue juzgado Abelardo Crespo, acostado en una cama como resultado de las heridas que recibió y, como en el primer juicio, el acusado Fidel Castro se convirtió en acusador, aunque confiesa no haber podido entrar a la fortaleza por haber chocado los neumáticos del auto que conducía contra el contén de una acera a unos 150 metros de la posta por donde debía ingresar al cuartel. Denunció los crímenes, expuso a la dictadura por su inhabilidad de conducir el país, y detalló su programa de haber alcanzado la victoria. Al final de cuatro horas, la mitad consumida por Castro, los jueces lo condenaron a 15 años. Su alegato jurídico fue luego escrito en la prisión de Isla de Pinos y distribuido por toda Cuba bajo el título "La historia me absolverá" (ver Álvarez 2008), causando un extraordinario impacto positivo a la causa de los moncadistas.

El impacto de las acciones, del juicio posterior y de la avalancha de información escrita e informes gráficos de los asesinatos, hizo un impacto indeleble en la conciencia nacional. En La Habana, José Antonio Echeverría entendía que finalmente había llegado el momento para el cambio. Se había abierto una nueva opción. En la capital oriental, las repercusiones del ataque del 26 de julio tuvieron que ser mayores que en la capital habanera. Entre los estudiantes, incluyendo a Frank País, emergió la convicción de que la lucha armada era la manera de terminar la dictadura. Apenas veinte días después del asalto, las fuerzas represivas irrumpieron en un negocio de impresión situado en la calle Estrada Palma # 272 con la excusa de que imprimían volantes y manifiestos subversivos. Un manifiesto titulado "Asesinato" sobre los acontecimientos del 26 de julio estaba firmado por Frank País, de 18 años.

El manifiesto fue leído en una reunión celebrada en la oficina del Partido Ortodoxo en la calle Santo Tomás, frente al Parque Céspedes, y aprobado para su distribución. En la mañana del 12 de agosto, el capitán Bonifacio Haza, también un miembro de la congregación Bautista, tocó en la puerta del hogar de la familia País, buscando a Frank. Le dijo a su madre que era para aconsejarlo a no continuar implicado en problemas. De hecho, él tenía órdenes de llevarlo a la cárcel, lo que hizo días después cuando lo encontró en la iglesia. En las oficinas del Servicio de Inteligencia Regimental (SIR) le preguntaron sobre la firma del manifiesto. Él negó el hecho evidente. La escena se repitió de una manera idéntica varias veces. Durante los 21 días que País estuvo detenido en la cárcel local, él hizo contactos con la gente joven de diversas ciudades, leyó, dibujó y, el 2 de octubre, fue encontrado no culpable debido a la ausencia de pruebas.

Para combatir la atmósfera de rebeldía en aumento, la dictadura comenzó a desarrollar un plan para la vuelta a una normalidad ficticia. El gobierno restauró las garantías constitucionales y anunció la celebración de elecciones generales para el 1 de noviembre de 1954. Días después, Batista lanzó una declaración que fue publicada en la prensa el 3 de noviembre con el anuncio que todos esperaban: No sabía si iba a ser candidato. El pueblo, según él, tomaría esa decisión.

Los meses siguientes demostrarían que el dictador no tenía ninguna intención de abandonar el poder. La respuesta de los estudiantes en Santiago fue organizarse para repudiar la farsa electoral. Racimos de explosiones sacudieron la ciudad durante las dos semanas siguientes. Trabajando ya como maestro, Frank País se encontraba profundamente enfrascado en sus dobles papeles como profesor/estudiante y profesor/revolucionario.

A pesar de todo lo publicado sobre los sucesos del 26 de julio de 1953, el pueblo estuvo ignorante de su verdadera naturaleza. En general, nadie creyó que los comunistas hubieran tenido participación alguna en los mismos. No es hasta que César Reynel Aguilera publicara su libro *El soviet caribeño: la otra historia de la revolución cubana* en el año 2018 que la verdad comienza a conocerse. Sus páginas revelan que, desde aquel entonces, Fidel y Raúl Castro trabajaban en coordinación con el ala secreta del Partido Socialista Popular (PSP) con el propósito de instaurar un régimen totalitario comunista en Cuba. Eso parecen indicar los siguientes hechos:

• La rapidez del evento, apenas 16 meses después del golpe de estado, contrasta con la incapacidad organizativa de Fidel Castro y hace sospechar que las acciones de Santiago y Bayamo tuvieron «más padrinos que los que al castrismo le conviene reconocer».

• Conocimiento previo del ataque. Parte del entrenamiento tuvo lugar en la Universidad de La Habana, con el conocimiento de Alfredo Guevara. En su entrevista con TadSzulc, Universo Sánchez, viejo militante comunista de Colón, provincia de Matanzas, le revela los planes y las instrucciones recibidas con anticipación al ataque. Días antes del mismo, Fidel Castro se reúne con Flavio Brazo en la librería del PSP.

• Participación de simpatizantes y militantes comunistas. Los nombres mencionados por Aguilera cubren el 20% de los asaltantes, norma seguida por los comunistas en este tipo de acciones.

• El costo de la operación, estimado por Fidel Castro en unos $16,480 (recogidos en unos meses), contrasta con el desglose de este autor ascendiente a más de $70,000. Esa diferencia revela la existencia de una donación procedente de fuentes que necesitan ser ocultadas.

• La plana mayor del PSP estaba presente en Santiago de Cuba el día del ataque. Alegaban estar celebrando el cumpleaños de

Blas Roca, su secretario general, lo cual no era cierto por las siguientes razones: 1) el supuesto homenajeado era de Manzanillo, no de Santiago, y había nacido el 24 de julio, no el 26. 2) El PSP nunca se manifestó con hábitos festivos y eran considerados aburridos.

- Las actividades de salvamento después del fracaso, relatadas por Alfredo Guevara, limpiando las casas de seguridad de literatura marxista y de cualquier otra cosa que pudiera vincularlos con el comunismo.
- La intervención del teniente Pedro Sarría quien, siguiendo instrucciones del Partido, condujo a Fidel Castro al Vivac Municipal y no al Cuartel Moncada para salvarle la vida.
- Los comunistas organizaron también la protección a Fidel Castro en la cárcel de Boniato y luego lanzaron una campaña mundial para su liberación.

De las acciones de País se deduce que, al igual que el resto de la población, estuvo ignorante de esos hechos. Lo importante del tema es tratar de descubrir cuándo se entera, si es que eso sucedió.

El Colegio "El Salvador"

En la Cuba de los años 50 el curso académico para las escuelas primarias y secundarias comenzaba alrededor de la segunda semana de septiembre. Frank País tenía un diploma de maestro en sus manos y ningún empleo para el curso escolar que se avecinaba. Su detención en el vivac municipal le había impedido tomar los exámenes para obtener una posición de maestro en el sistema escolar público. El Reverendo Agustín González Seisdedos vino al rescate. Viejo amigo de la familia, González era el Pastor de la Segunda Iglesia Bautista de Santiago de Cuba, con la escuela contigua al templo. Le ofreció una posición para enseñar tercer y cuarto grados con un sueldo mensual de 50 Pesos (1 dólar de los EE.UU. = 1 Peso cubano), debajo del sueldo pagado a los profesores en el sistema escolar público. Cuando el colegio "El Salvador" abrió sus puertas una soleada mañana de septiembre del año 1953, Frank País se bajó de un ómnibus local en la esquina de la avenida Garzón y la calle 3ra en el Reparto Sueño y caminó a su primer día como profesor. (Algunos pasajes en Gálvez Rodríguez (1991: 115-137) fueron usados como el marco para escribir esta sección. El lector interesado puede consultar a Portuondo (1988: 95-102), donde existen testimonios de muchos de sus amigos y compañeros sobre su estadía en "El Salvador").

La escuela, contigua al templo, estaba situada en la esquina de las calles tercera e I, en el Reparto Sueño. País fue siempre una persona con seguridad, pero su experiencia pedagógica era con la religión, no los estudiantes del nivel elemental a quienes tendría que impartir aritmética, lenguaje, historia, geografía, estudios de la naturaleza, e incluso dibujo.

Como se mencionó anteriormente, la profesión del magisterio estaba dominada por las mujeres. Por lo tanto, no resulta extraño que los estudiantes miraran a País al principio con cierta desconfianza. Tener un profesor varón no era la norma, sino la excepción. Pero Frank tenía una personalidad especial y poco por poco se fue ganando las mentes y los corazones de sus alumnos. Escasas semanas después, cuando se bajó del autobús en la parada, un grupo de sus estudiantes lo estaban esperando y discutían sobre quién iba a llevarle su maletín y sujetar su mano.

FRANK PAÍS

El profesor, ayudado por sus habilidades en la pintura, la música, artes manuales, y sus gentiles maneras, comenzaba a comprender que el trabajo que había tomado iba mucho más allá de los límites de las ciencias y las letras.

Sus alumnos apreciaban su manera de comunicarse con ellos. País tomaba su silla detrás del escritorio y la colocaba en un lado del aula para dar una conferencia, o para conversar, desde allí. Ese hábito demostró que, sin ceder su autoridad moral, él bajaba de su nivel para convertirse en "uno de ellos." Ese gesto contribuyó a aumentar y profundizar la relación mutua.

Su método de enseñanza y educación estaban presente en todas las materias y actividades. Por ejemplo, País era un entusiasta promotor del deporte. Aunque no eran sus favoritos, jugaba baloncesto, y especialmente béisbol, con sus alumnos. Durante la "semana del niño" organizaba excursiones al campo y las aprovechaba para transmitir su conocimiento. Sus dos lugares favoritos eran el campo y la playa. Allí los hacía interesarse en la flora y fauna de Cuba. Sus clases de Historia incluían visitas a lugares históricos en Santiago de Cuba y sus alrededores. Las fábricas tampoco eran visitas extrañas.

De importancia especial era el período llamado "la capilla." Ésta era la última actividad de la semana porque tenía lugar la tarde de los viernes. La mayoría de las veces se elegía un tema religioso, excepto cuando se acercaba un aniversario patriótico. Los maestros se rotaban cada viernes, pero País ayudaba a sus colegas que no se sentían cómodos con esa tarea.

Una antigua alumna me narró sus experiencias de una forma tan vívida como si todo hubiera ocurrido escasas semanas antes. Según ella, Frank País era "un profesor extraordinario, pero también un amigo y un compañero." Él basó su relación con sus pupilos en el respeto mutuo, lleno de dulzura, delicadeza y comprensión. Sus estudiantes lo esperaban en la parada de autobuses; él entonces los escuchaba en privado, haciendo comentarios respecto a sus problemas de familia y ofreciendo el consejo apropiado. No le agradaba castigar a sus alumnos, sino que hablaba con ellos. País también tenía la costumbre de llevar a los varones, en su mayoría de 10 años, a la capilla para calmarlos mientras tocaba todo tipo de música en el piano. En una conversación con Tania de la Nuez, en Miami, Florida, 30 de noviembre de 2008, la testigo nos reveló un aspecto de la proyección de su maestro en el aula: "Todas las hembras estaban enamoradas de él; todos los varones querían ser como él." No había oído ni había leído esa expresión antes. Pero ella me dijo algo más: Aun presente en su memoria está el día en que la policía lo vino a detener en la escuela. Se llevaron al maestro. Ella sabía bien lo que estaba sucediendo porque su padre era uno de los cercanos colaboradores de su maestro en el Movimiento. Como los estudiantes no sabían qué otra cosa hacer, varios de ellos se dirigieron al hogar de los País para expresarle su solidaridad a la madre que aún no había recibido la noticia. Doña Rosario reaccionó con sorpresa y agradecimiento.

La responsabilidad y el compromiso de Frank País con su patria estuvieron también presente en su aula. Muy pronto, casi sin notarlo, Frank se transformó más en educador que en maestro. El primer paso que dio fue fundar la "República Escolar Democrática".[2]

La república escolar, establecida en un aula con alrededor de 50 estudiantes menores de 10 años, estaba basada en una constitución que fue aprobada por los estudiantes, y consistía de nueve artículos, cuyo funcionamiento se basaba en otorgar responsabilidades a los estudiantes para motivar su espíritu creador; los estudiantes eran nominados para las diversas posiciones y votados por sus condiscípulos; la república tenía un presidente y un consejo de ministros; cada persona tenía el derecho de expresar su sistema de valores libremente; los ciudadanos no reconocían ningún privilegio; todo tipo de discriminación fue declarada ilegal; la disciplina era rigurosa; y tenía un presupuesto con las contribuciones de los ciudadanos y

---

[2] Ver LIBRO II, Parte 1, Artículos y Discursos.

ellos determinaban la manera de gastar los fondos.

La Dualidad Maestro/Estudiante

Pepito Tey había aconsejado a País que se matriculara en la Universidad de Oriente. Ya Tey lo había hecho en el departamento de Pedagogía, cuando Frank lo hizo en el curso 1953-1954. En la primera semana de noviembre, la Federación Estudiantil Universitaria de Oriente (FEUO) celebró elecciones y Frank País fue elegido secretario del ejecutivo de su departamento. Las posiciones de presidente y Vice recayeron en Jorge Ibarra y Pepito Tey, respectivamente.

En los pasillos de la Universidad, País apoyó a sus compañeros en su lucha contra el Consejo Universitario, cuyos miembros estaban tratando de mantener el centro de educación superior alejado de la "política" y los estudiantes creían que lo opuesto era lo correcto. La confrontación filosófica revelaba la consabida brecha generacional, que tomó un significado especial en la Cuba de mediados de la década de 1950. Los mayores poseían el eterno temor de que, después de desviar las vidas de profesores y estudiantes, la lucha terminara en otro fracaso, igual o peor que el de la revolución de 1933.

En ese contexto ocurrió un incidente que aún no se ha sido aclarado por completo. El 27 de junio de 1954 el presidente electo de Guatemala Jacobo Arbenz fue forzado a renunciar por invasores apoyados por el gobierno de Estados Unidos. Como el rector de la Universidad de Oriente Felipe Salcines ostentaba el cargo de cónsul de Guatemala, País y otros cinco estudiantes firmaron una carta dirigida al Consejo Universitario solicitando su repulsa al ese golpe de estado. El Rector decidió expulsarlos de la Universidad. Aunque Ibarra (2007: 108), uno de los firmantes, afirma que se les permitió continuar como estudiantes bajo severas penalidades, Sansó Fernández (2003: 199, 200) asegura que "el supuesto hecho está todavía sin resolver" pues el expediente de Frank País desapareció de los archivos universitarios. Según ese autor, "estos hechos llevaron a que la madre de Frank País, Doña Rosario García, no viera con simpatía a la universidad después del triunfo revolucionario."

La Dualidad Maestro/Revolucionario

Frank País llevaba al aula sus sentimientos patrióticos e ideas revolucionarias. La asignatura apropiada para comunicarlos era su clase de Historia. No seguía el texto literalmente, sino que daba una conferencia de su interpretación y también la aplicaba a los tiempos actuales. Los cristianos como ellos, les decía a sus alumnos, no podían permanecer indiferentes. Uno tiene que, o ayudar a quienes luchan, o comprometerse en la lucha. Sus alusiones a los patriotas cubanos estaban cargadas de entusiasmo, celebrando su heroísmo. Era un método didáctico distinto a la enseñanza convencional de la historia.

Durante una de esas conferencias, el viernes 4 de diciembre de 1953, estaba explicando la caída del General Antonio Maceo, expresando que ese día había sido elegido para honrar a todos los que habían sacrificado sus vidas por Cuba. País explicó que muchas veces los libros no exponen toda la realidad. A Maceo, por ejemplo, lo tratan sólo como a un guerrero, pero no mencionan que fue también un hombre de mucho carácter y un pensador.

La clase cayó entre dos eventos importantes que tuvieron lugar a fines de 1953. Resultando de un acuerdo hecho a principios de noviembre, los estudiantes estaban listos para conmemorar el 82do aniversario de la muerte de ocho estudiantes de medicina frente a un pelotón de fusilamiento durante la España colonial. Una velada solemne se celebró en el patio central de la Universidad de Oriente, terminando sin la intervención de la fuerza pública.

No sucedió lo mismo con la conmemoración del 7 de diciembre, el 57mo. aniversario de la caída del General Antonio Maceo y su asistente Panchito Gómez Toro. Paralelo a los eventos oficiales, los estudiantes solicitaron permiso para marchar desde la Escuela Normal hasta el hogar de la familia Maceo. Apenas comenzada la marcha, ocurrió el primer incidente cuando agentes policíacos trataron de evitar que se desplegaran telas con lemas en contra de la dictadura. La mayoría de los jóvenes fueron detenidos. Agustín y Josué País se encontraban entre ellos. El reporte de la policía indicaba que no alcanzaban a haber cumplido 17 y 16 años. También entre los detenidos estaban Pepito Tey y otros dirigentes hasta el número de 34 personas. Fueron liberados al día siguiente debido a una orden emitida por el tribunal de urgencia, pero las autoridades militares, mostrando su desacato a la ley, irrumpieron en el edificio del Instituto de Segunda Enseñanza disparando sus armas y llevándose del recinto a 27 menores de edad y tres adultos. El acontecimiento dio lugar a que la mayor parte de las escuelas locales convocaran a una huelga. De esa manera, la capital oriental dijo adiós al año 1953.

El Fin de las Dualidades

Después de su primer año como maestro, Frank País se dio cuenta de que había adquirido gran destreza en el aula. El cierre del curso escolar 1953-1954 coincidió con la graduación de Agustín. Contrario a la de Frank, celebrada en el patio de la escuela, la de Agustín tuvo lugar en el famoso Teatro Aguilera. Una orgullosa Doña Rosario caminó por la isla del brazo de su segundo hijo. Agustín había sido un estudiante de Honores en cada año de la carrera. Como premio, recibió un reloj de pulsera. Como Frank iba a comenzar su segundo curso escolar como maestro sin un reloj por el cual guiarse, Agustín le entregó el premio a su hermano mayor. Frank lo llevó consigo hasta el día de su muerte (Correo electrónico al autor de fecha 14 de abril de 2008). En una entrevista personal, Agustín País me explicó que él nunca ejerció como maestro. Pasó los exámenes para obtener una posición en el sistema escolar público, pero nunca se abrió una vacante. Entonces fue a trabajar para su sobrino Daniel Molina (el

José Álvarez

hijo de Sara) en su negocio de los muelles de Santiago de Cuba. Trabajó como operador de la pizarra telefónica mientras asistía a clases nocturnas de bachillerato. Josué asistía a clases durante el día y ambos se mantenían con calificaciones brillantes.

Frank País enseñaría otro curso escolar. Al final del curso 1955-1956, País estaba inmerso por completo en sus trajines revolucionarios. Tenía sobre sus hombros una inmensa tarea: desarrollar las condiciones y preparar el material de apoyo para el levantamiento que se avecinaba. Aunque amaba su labor docente, tenía que hacer una pausa. Su papel como estudiante, profesor y revolucionario se había convertido en un dilema y Frank País necesitaba tomar una decisión. Fue obvia. Se dirigió al director del colegio y le comunicó su dimisión. Cuando el Reverendo González le preguntó la razón, le respondió: "Porque Cuba me necesita."

Observando la Realidad Rural: Viaje al "Realengo 18"

Preocupado con la situación del campesinado y los trabajadores agrícolas, y a raíz de ser nombrado secretario de la oficina agraria de la FEUO, Frank País visitó el "Realengo 18". Tal vez se decidió después de leer el famoso artículo que Pablo de la Torriente Brau (periodista muerto en la guerra civil española defendiendo la República) escribió en 1934, que decía: "El que quiera conocer otro país, sin ir al extranjero, que se vaya a Oriente; que se vaya a las montañas de Oriente donde está el Realengo 18... Allí encontrará no sólo una naturaleza distinta sino también costumbres diferentes y hasta hombres con sentido diverso de la vida".

Los incidentes del viaje y sus experiencias fueron tomados del artículo de País titulado "Cinco estudiantes y el bosque", publicado en "El Mercurio," periódico estudiantil de la Escuela Profesional de Comercio de Santiago de Cuba, en junio de 1954 (Miranda 1983: 163-179).

FRANK PAÍS

La excursión, en unión de varios compañeros, tuvo lugar en la primera semana de marzo de 1954. ¿Dónde se originó el nombre "Realengo 18"? La palabra "real" significa "perteneciente al rey". El nombre fue aplicado a los pedazos de tierra poseída por la corona que caían entre los círculos que fueron entregados por España a los primeros colonos. Era ilegal ocupar esas tierras ociosas, pero resultaban muy atractivas para los campesinos sin tierras.

El conflicto legal y violento por el Realengo 18 se convirtió en el símbolo de la lucha de los desposeídos de tierras y de quienes los apoyaban [Ver Corbitt (1939), y de la Torriente Brau (1979)]. Está situado en la provincia de Oriente, en la región montañosa del noroeste de Guantánamo. Por varios años, desde agosto de 1934, los campesinos respondieron con violencia los esfuerzos por ser desalojados. Cientos de hombres mal armados resumieron su decisión de lucha con el lema "Tierra o sangre".

Allí llegó, después de un viaje azaroso por montañas enlodadas y ríos crecidos, el joven de 19 años Frank País, junto a cuatro compañeros. Querían conocer de primera mano qué había sucedido, qué estaba involucrado en el problema agrario de Cuba, y cuáles eran las soluciones que ellos proponían para aliviar o terminar con esos males.

Frank País se impresionó con la gente que conoció y con lo que le contaron, como que habían sido engañados por todas las administraciones. Consideraban la educación la primera prioridad, al igual que la tierra, la que trabajaban y no poseían.

Al llegar la noche, cuatro durmieron en una cama, mientras que País se echó en el piso en medio de la noche; el otro durmió en una hamaca.

El viaje de vuelta resultó varias veces más peligroso que el del día anterior. Hicieron una parada en un lugar llamado Bonuco. Después de comer, estaban listos para irse a dormir cuando otro campesino entró en la casa. Les dijo: "Cuba está mal, hermanos. Cuba está mal. Dios oiga a sus hijos más desamparados."

Se fueron al día siguiente. La preocupación de País por los

temas rurales, ignorados por la mayoría de los estudiantes de su edad, revela a una persona con pensamientos y planes para una Cuba futura más compleja de lo que se conoce. Su narrativa de los numerosos inconvenientes surgidos durante ese viaje revela su interés por el campesinado. Si hubiera sido la agricultura en general, pudo haber visitado un moderno central azucarero, primer generador de divisas y de empleo de Cuba. Esa hubiera sido una opción lógica. Pudo haber visitado una finca ganadera cerca de Bayamo. O quizás una de las numerosas fincas frutales que rodeaban a EL Caney. El cultivo del arroz estaba también disponible en Oriente occidental. Pero eligió el "Realengo 18" porque deseaba constatar en persona la historia de su lucha, el aislamiento innecesario, la miseria desenfrenada debido a la negligencia del Estado. Esa miseria desenfrenada fue documentada con estadísticas tres años después por la Agrupación Católica Universitaria (ACU) (Gastón y otros 1957).

De esa realidad, Frank País regresó a Santiago de Cuba una persona diferente. Él había indicado que el objetivo principal del viaje era "ir a pulsar el corazón del hombre de campo. ¿Qué sienten? ¿Qué padecen? ¿Qué anhelan? ¿Qué cosas que se dicen son ciertas y cuáles falsas?" Más tarde confesó haber satisfecho su curiosidad. No perdió un momento en escribir su artículo "Cinco estudiantes y el bosque". Frank tuvo que haberse impactado por la petición del campesino que les dijo: "No lo olviden... No lo olviden" (Miranda 1983: 177-178).

Elecciones Espurias Justifican el Llamado a la Guerra

Después de varios meses de una campaña electoral casi ignorada, parte de la población cubana de edad electoral y debidamente inscripta, fue a las urnas el 1 de noviembre de 1954, demostrando su futilidad, ya que Batista había declarado a la "Revista Carteles" el 31 de octubre: "No admito la hipótesis de perder contra Grau."

FRANK PAÍS

Batista era el candidato de una coalición de cuatro partidos, mientras que el ex-presidente Grau San Martín lo era del Partido Auténtico. En comparación con campañas electorales anteriores, la de 1954 fue insípida y descolorida. Enfrentando incontables irregularidades, el Dr. Grau San Martín anunció su retiro de la contienda electoral. El candidato del gobierno –el mismo dictador- había sido elegido ya.

A pesar de ello, en el par de días que precedieron a la elección, se reportaron numerosos actos violentos a través del país. Finalmente, el 1 de noviembre, muy pocos respondieron al llamado a las urnas. En Santiago de Cuba, después de no recibir la ayuda solicitada a La Habana del liderazgo del Movimiento Nacional Revolucionario (MNR), País y un grupo pequeño de sus seguidores, entre diez y doce, había decidido "hacer algo". Con unas pocas armas viejas fueron por la ciudad buscando militares para despojarlos de sus armas e interrumpir el proceso electoral. La acción fue un fracaso. Frank País sufrió una decepción. Días después, le confió a un amigo: "Así es muy difícil realizar algo; con lo que tenemos no podremos llevar a cabo la Revolución. Tendremos que crear una organización fuerte" (Gálvez Rodríguez 1991: 166).

Batista fue "elegido" presidente de Cuba. El 22 de diciembre Batista ratificó el proceso espurio por un Decreto, y al mes siguiente concedió una amnistía a los responsables de todas las ofensas y crímenes cometidos por sus seguidores durante el proceso electoral, incluyendo la falsificación de boletas y resultados.

Diálogo Cívico:
"La Transición Pacífica que Nunca Fue"

Muy pocos cubanos creían en la violencia al comienzo del régimen. Eran indolentes y estaban distanciados de la política. A medida que el nuevo régimen utilizaba la fuerza para reprimir opositores, más cubanos se pasaban al lado de la violencia.

José Álvarez

Otros muchos todavía creían que el país merecía un esfuerzo por la paz. El proceso llamado "diálogo cívico" tuvo lugar en la capital entre el verano de 1955 y marzo de 1956, bajo el liderazgo de Cosme de la Torriente, presidente de la Sociedad de Amigos de la República (SAR). Fue respaldado por todos los grupos de oposición en el país, excepto el 26 de Julio, porque desde México Castro organizaba una invasión.

Al final de ocho meses de esfuerzos se hizo obvio que el régimen no estaba dispuesto a ceder el poder y Torriente declaró que la SAR cancelaba sus esfuerzos. Una investigadora cubano-americana ha llamado a este esfuerzo "la transición pacífica que nunca fue" (Pérez-Stable s/f). El presidente de la SAR envió una carta al gobierno expresando que Batista había escogido "el siniestro camino de la violencia."

CAPÍTULO 3

SURGE EL DIRIGENTE: PRIMERAS ACTIVIDADES POLÍTICAS

Los lectores se preguntarán cómo un joven de tan corta edad pudo llegar a alcanzar la posición cimera de la organización clandestina más numerosa y poderosa de las que se enfrentaron a la dictadura de Fulgencio Batista. Había infinidad de militantes mayores que él, conocidos por el público, con más experiencia en las contiendas cívicas, políticas y revolucionarias. Pero País llegó a ocupar el cargo más importante de la dirección nacional del M-26-7. La explicación hay que buscarla en su personalidad y carácter.

Evolución al Liderazgo

Sucedió poco a poco, pero en un período de tiempo relativamente corto. Frank País contaba con 17 años cuando el golpe de estado y murió a los 22; es decir, su protagonismo en la vida revolucionaria duró apenas cinco años. El proceso pareció natural, pero había razones poderosas que lo hicieron materializar. Al momento de comenzar su carrera de magisterio, País mostraba las características de un joven de la época dedicado a los estudios y a algunas actividades patrióticas. Un testigo de entonces lo describe de la siguiente manera: "La preocupación de Frank en el momento en que ingresa en la Escuela Normal en Santiago de Cuba, parecía ser estudiar y destacarse como alumno. Quien lo viera entonces, no era capaz de imaginarse que poseyera las dotes que luego demostró durante la lucha" (Miranda 1983: 129). Otro testigo (Ibarra 2007: 96) va aún más lejos cuando afirma que, a primera vista, País no presentaba las condiciones para dirigir un movimiento revolucionario. Algunos de sus condiscípulos en la Escuela Normal lo identificaban como "un joven filomático, un soñador, que gustaba escribir poesía y tocar el piano". De hecho, su elección a la presidencia de la asociación de estudiantes, cuyos votantes en su mayoría eran hembras, se debió a que, a diferencia de Pepito Tey, tenía un aspecto sosegado, pacífico, incapaz de promover disturbios públicos y agitaciones políticas en la Escuela. Algunos testimonios que se han recogido entre sus compañeros coinciden en que no fumaba, no bebía, ni decía malas palabras. Por otra parte, era profundamente religioso. Se trataba de un arquetipo poco frecuente entre los jóvenes cubanos de la época. Esas cualidades no lo ponían en condiciones para reemplazar a los dirigentes estudiantiles de entonces.

¿Dónde radica, entonces, la clave de su transformación? Ibarra considera que aparece en sus palabras del 28 de enero de 1953 conmemorando el natalicio de José Martí. En aquel momento afirmó: "[José Martí] fue un hombre ante el que se presentaron las mismas y aún mayores dificultades [de las] que se nos presentaron a nosotros, que tuvo todos nuestros sentimientos y tuvo lo que nos falta a nosotros, un amor muy grande, un amor de sacrificio, una espina de dolor y sacrificio y de amor ardiente y profundo por su amada patria" (2007: 98). Ahí está la característica esencial de la personalidad de País que lo condujo, casi a la fuerza, a la posición que llegó. Ibarra continúa diciendo que ninguno de sus amigos y compañeros más cercanos sintió tan acabadamente que la realización de la misión que se habían asignado implicaba su entrega en cuerpo y alma a la causa y al sacrificio personal más profundos. En la medida que se convenció de que el proyecto revolucionario suponía la preparación hasta en sus detalles más insignificantes de las acciones revolucionarias, Frank se convirtió en un hombre de acción, pero, ante todo, en el hombre que debía gestar las condiciones para la realización de los planes revolucionarios. Y finaliza su antiguo compañero: "No es casual que entre los compañeros que acataban su dirección se encontrasen hombres y mujeres que se destacaban por tener una edad mayor y en algunos casos una experiencia política mayor" (2007: 98-99).

La primera muestra del potencial oculto salió a la superficie durante la parte final de su estadía en su centro de estudios. Como se ha visto anteriormente, sus compañeros lo eligieron a posiciones de liderazgo en su asociación. Y Frank cumplió con la encomienda: dirigió y dirigió bien. Cuando abandonó las aulas con su diploma de maestro, llevaba consigo la experiencia estudiantil, que lo había preparado para fundar y organizar varios grupos revolucionarios. Este proceso lo conduce luego a su fusión con el Movimiento 26 de Julio. Es aquí donde sus dotes de dirigente cruzan las fronteras de Santiago de Cuba y de su provincia oriental para abarcar toda la isla. Esos hechos se narran en otras partes de este libro.

Con motivo de la conmemoración del cincuentenario de su muerte, uno de sus antiguos compañeros, cinco años mayor que él, afirmó a un Diario de la isla: "Realmente todos quedábamos sorprendidos ante la forma de dirigir, de tomar decisiones y de hacerse sentir como dirigente; resulta que, jamás en la vida, Frank nos dijo: 'Yo soy el jefe'. Se fue imponiendo de una manera espontánea mediante sus hechos, de la forma de dar las órdenes... se fue convirtiendo, poco a poco, en el jefe al que queríamos y respetábamos" (Vicet Gómez 2007: 2). En la misma oportunidad otro de sus subalternos en la DN afirmó: "Tenía... una abierta y sincera vocación de dirigente. Quien hablara dos veces con él, sabía que había nacido para mandar. Y mandaba, con moral espartana y noble espíritu de justicia" (Hart Dávalos 2007: 2).

Otro de sus más íntimos colaboradores, quien compartió sus últimos escondites, ha expandido lo anterior para darnos un perfil del dirigente máximo del 26 de Julio que revela hasta dónde llegaba la confianza en Frank. Dice Agustín Navarrete que País era el jefe a quien había que acatar necesariamente, pues convencía con su conversación, con su aplicación, con su proceder, con su actuación, e infundía en todos ellos respeto y admiración. Quien lo acompañó en numerosas ocasiones, afirmaba que, "el estar con Frank era para nosotros, para mí en particular, una garantía. A tal grado llegaba la confianza en el jefe, la confianza de su decisión, que hasta perdíamos en algunos momentos nuestras propias decisiones." La confianza absoluta en la decisión del jefe los hacía abstenerse de decidir, debido al respeto, admiración y obediencia que irradiaba desde que se le conocía. Y aclaraba: "No quiere decir que él fuera dogmático en sus decisiones; él escuchaba las opiniones de compañeros y daba la suya después de analizar cuidadosamente los hechos de que se tratara" (Portuondo 1986a: 105).

Esto lo reafirma uno de los jóvenes elegidos por País para formar parte del grupo del primer refuerzo enviado a la Sierra Maestra: "Cuando Frank participaba en nuestras reuniones, parecía uno más de la célula; permanecía callado, pensando en la respuesta que daría, y al hablar lo hacía con suma modestia. Era enérgico e intransigente con lo mal hecho y, a la vez, capaz de escuchar los criterios de los compañeros y hasta de variar una decisión en atención a las razones de éstos" (Rodríguez Téllez 1998: 43).

No se puede eludir aquí una comparación con el estilo de

dirección de Fidel Castro. Basado en el culto a su personalidad, Fidel se apoyó en personas de bajo nivel cultural para que nadie cuestionara sus órdenes. Existen numerosos testimonios (Álvarez 2008) que avalan dicha afirmación.

Sin embargo, el estilo de dirección de Frank País era diametralmente opuesto, como acabamos de leer en las citas anteriores. De igual manera, una vieja luchadora del Partido Ortodoxo quien combatió junto a Frank, afirmó: "La voz de Frank era dulce, nunca se alteraba. Nunca una palabra mal dicha, nunca una frase grosera; pero con esa dulzura precisamente, sabía imponer una disciplina recia, pues sabía castigar cuando había que hacerlo. Frank introdujo la disciplina en la Revolución. El Movimiento 26 de Julio se caracterizó por tener miembros serios y responsables." (Portuondo 1986a: 106).

Cuenta otro de los protagonistas que, al ingresar en el Movimiento, se percató de su certeza, de su constante búsqueda de soluciones, de lo convincente que era, impartiendo seguridad a los militantes marchando siempre al frente en los momentos difíciles (Miranda 1983: 34-35).

La clave, se pudiera afirmar, radica en que, a diferencia de los demás combatientes, Frank País se entregó por completo a la causa revolucionaria. Fue él "quien vivía cada momento de su vida para llevar a efecto los designios revolucionarios, quien vivía dedicado por completo a la revolución era él y el que hacía las cosas antes que nadie era él. En su devoción a la causa revolucionaria se encontraba ese carisma que todos hoy invocan y del que se alimenta la leyenda de Frank País" (Ibarra 2007: 99). Revelación de un valor extraordinario para poder comprender la evolución del dirigente santiaguero.

Esa dedicación total por su causa sale a relucir en la carta que le dirige a su novia Elia Frómeta. Es, tal vez, el documento que contiene el grado más exuberante de su patriotismo, rompiendo su compromiso con ella debido a "la otra" en su vida: "Soy distinto, sí; tienes una rival... que me ha robado el corazón por entero... Ha tomado mi vida de una manera que no soñé nunca entregar más que a Dios. Soy suyo y ella es mía porque la quiero, la amo profundamente de corazón... No me interesa ya nada de nada, solo ella, me siento como poseído y en mis venas arde un solo deseo: servirla" (Gálvez Rodríguez 1991: 178).

Otra característica de suma importancia es que País siempre estuvo al frente de sus hombres. Era el primero en correr los riesgos. Cuando en una ocasión encargó la impresión de una proclama a nombre de Acción Revolucionaria Oriental (ARO), "Frank permaneció junto a mí casi todo el tiempo y después que concluyó la impresión me ayudó a distribuirla. Su presencia no era únicamente la del jefe que toma constancia de cómo marcha la encomienda, sino la del compañero que ayuda, instruye, brinda aliento y respalda" (Miranda 1983: 132-133). Cuidaba tanto a sus compañeros que prefería afrontar todos los peligros si estaba en su decisión salvar la vida de un compañero (Portuondo 1986a: 123). No enviaba a sus hombres a enfrentar el peligro mientras él quedaba a buen resguardo: otra nota contrastante entre él y Fidel Castro. Una persona de su extrema confianza en los últimos meses de su vida agrega: "Para muchos, Frank era el ídolo que le hacía sombra a Fidel. El hombre de acción que marchaba al frente de los suyos. La inteligencia clara que planeaba los golpes decisivos y los ejecutaba" (Canto Bory 1993: 247). En una entrevista personal con José Cervera, el 13 de septiembre de 2008, me hizo la siguiente afirmación: "Frank era un jefe muy humilde, incapaz de engañar a nadie; siempre con una sonrisa en su cara; nada arrogante..." Su último acto de liderazgo lo escenificó en el hogar de la familia Pujol el 30 de julio de 1957. Todos insistían en que Frank debía salir con Basilio y Canseco en el vehículo que tenían estacionado justo frente a la puerta de la casa. Frank mantuvo la calma durante todo el tiempo. Opinaba que se debían marchar ellos dos solos. Como el tiempo apremiaba, Frank alzó algo su voz y les dijo: "Váyanse ustedes dos; que Raúl salga a despedirlos como si fueran familia." Al verlos vacilar, les ordenó: "¡Hagan lo que les digo!" (Portuondo 1986a:

FRANK PAÍS

135; Gálvez Rodríguez 1991: 594-595). El líder había impartido la última orden que le costaría la vida.

En Busca de la Organización Correcta

El verano que siguió al golpe de estado no fue tranquilo. Hubo reuniones y protestas del estudiantado. En el mes de mayo, Rafael García Bárcena, profesor universitario, había fundado el Movimiento Nacional Revolucionario (MNR) en la Universidad de La Habana, publicando su manifiesto el 10 de junio. También en el mes de junio, un grupo de profesionales y de estudiantes de la universidad fundó en La Habana una nueva organización, Acción Libertadora (AL). País y Tey ingresaron en ambas organizaciones.

Del MNR a ARO

La decepción de País debida a la inercia del MNR, lo condujo a él y a sus colaboradores más cercanos del MNR a abandonar esa organización antes del final de 1954 para crear Acción Revolucionaria Oriental (ARO). La decisión final fue tomada después de las elecciones del 1 de noviembre en una reunión convocada por País para analizar las razones para dejar el MNR. Primero, los del MNR no creían en emprender una guerra en el campo y las ciudades sino en una rebelión de los militares. En segundo lugar, no tenían bastantes recursos para dar al grupo de Santiago. Tercero, demostraron ambiciones políticas, que era el principal argumento de País contra algunos de los líderes.

País deseaba fundar una organización bien distinta a las existentes. La anhelaba fuerte, disciplinada, con revolucionarios verdaderos. El programa fue discutido y elaborado en la escuela "Úrsula Céspedes". Después de su fundación, País se dedicó a organizar ARO en Oriente, como un primer paso en su meta de extenderlo a toda la isla. Fue a Manzanillo y a Guantánamo, sin abandonar sus otras tareas en Santiago. La búsqueda de armas y explosivos no se detuvo, incluyendo un intento en un almacén situado en La Socapa, a la entrada de la bahía.

José Álvarez

A pesar de haber estructurado una nueva organización en un período de tiempo relativamente corto, País no estaba totalmente complacido. Exigía más. La provincia oriental había sido estructurada, pero él deseaba extenderse.

De ARO a ANR

Fue a través de Pepito Tey, con sus contactos en la compañía del ferrocarril de Camagüey, donde él había vivido con su familia, que ARO cruzó los límites de su provincia. Ésa es la razón para cambiar el nombre de ARO a Acción Nacional Revolucionaria (ANR). Aunque sólo cambiaba el nombre, ese era ya un paso importante pues representaba la presencia en otras partes de la isla.

La Búsqueda de Armas y Explosivos

País y su grupo no contaban con el armamento y otros tipos de materiales necesarios para iniciar la guerra. Por esa razón, a finales de julio de 1954, no dejaron pasar inadvertida una oportunidad. País viajó con un compañero a Palma Soriano después de conocer que el dueño de cierta finca tenía armas a la venta. El botín incluía tres escopetas, un revólver calibre 38 y varias cajas de cartuchos para la escopeta. Adquirieron el botín. En vez de regresar a Santiago por la carretera central, tomaron el camino interior a San Luis. Ya estaba oscuro. Algunos kilómetros más adelante, un par de guardias rurales les hicieron señas de parar el auto. Calmado como de costumbre, País contestó a la pregunta planteada por Colomé, quien conducía: "Tú sabes lo que tenemos en el maletero, así que no pares." Y así fue. El guardia que sostenía la linterna saltó a la hierba mientras que el otro disparó varias veces inútilmente porque el auto desapareció tan rápidamente como había aparecido en una curva del camino. De regreso en Santiago, tuvieron que arreglar los dos agujeros que el auto mostraba en el maletero. El viaje había sido un éxito. Ayudó a aliviar el desastre que había ocurrido al principio del mes al tener que suspenderse un intento de sustraer dinamita de un almacén que la guardaba para explotarla en la operación minera de EL Cristo.

El regreso a El Cristo se produjo algunos días después, el 14 de julio de 1954. La hora elegida era las nueve de la noche. Viajaron por separado y se juntaron en un lugar predeterminado. Cuatro de los hombres jóvenes caminaron a través de un campo, cruzando una línea del ferrocarril hasta que pudieron observar el objetivo, que era una casa donde se almacenaban explosivos. Notaron a civiles que visitaban a sus parientes soldados que hacían guardia cerca de allí. Decidieron esperar. Mientras tanto, a la pareja que había permanecido en el auto incautado en el camino (Colomé y Nilsa Espín), unos soldados les ordenaron que salieran del mismo. La excusa de divertirse con una muchacha dio sus frutos y les permitieron marcharse.

Ignorando que la pareja en el auto había tenido que abandonar la escena, los jóvenes entraron en acción. Cubrieron sus caras con un pañuelo y ordenaron a los soldados a permanecer en sus puestos. Uno de los soldados fue herido al intentar alcanzar su arma. El factor sorpresa no había trabajado en su favor y País decidió la retirada. La pareja había detenido el auto cerca de allí y, luego de varias peripecias, lograron recoger a Frank y al resto de los compañeros. El auto se marchó a alta velocidad, entrando en Santiago vía EL Caney.[3]

Días después, como parte de una campaña de propaganda, Josué colocaba volantes en las ventanas de cristal localizadas en calle San Félix, entre Enramada y San Jerónimo. Estaba terminando cuando un vehículo de la policía lo notó y se lo llevaron a punta de pistola a la jefatura en la loma del Intendente. Atado a una silla, lo interrogaron, insultaron, y abofetearon. Josué contestó a cada una de sus acciones con un comentario obsceno.

---

[3] En un libro dedicado a la contribución del pueblo de EL Cristo a la causa revolucionaria (Lorente Ferrera 2003: 24-30) se describen las acciones realizadas en las minas con el objetivo de obtener dinamita.

José Álvarez

Era obvio que no les temía, aun cuando no podía moverse para defenderse físicamente. Entonces comenzaron a torturarlo. Él no les daría la información que deseaban. Finalmente, uno de los esbirros les dijo al resto que él era un menor de edad y tenían que entregarlo a su familia. Estaba lastimado y no podían devolverlo en esas condiciones. Entonces la policía decidió transferirlo a la cárcel municipal. Los amigos que estaban en cárcel en aquel entonces atestiguaron que, cuando llegó Josué, había sido sometido a tales torturan que no podía pararse por sí mismo al día siguiente.

A pesar de que el ministerio público había retirado los cargos contra Josué, este fue condenado a un año de reclusión domiciliaria, permitiéndosele solamente salir a clases, al médico, o a una audiencia judicial. Nunca juzgaron al teniente Carlos Durán, aun cuando incluso había cargos contra él por haber dirigido las sesiones de torturas.

Las Autoridades Encuentran las Armas

La tarde del 17 de febrero de 1955, País fue avisado de que era buscado por la policía. Lo acusaban de participar en enterrar unas armas encontradas en la vecindad de El Caney. Enterado, dejó la escuela y se fue a esconder, enviándole un mensaje al abogado José A. Grillo Longoria, pidiéndole consejo. País le había entregado esas armas a un amigo en quien confiaba para que las ocultara, pero, confrontado por la policía, él confesó y Frank País fue entonces acusado de ese delito. Los estudiantes comenzaron una movilización para protestar por la persecución de que País estaba siendo objeto. Grillo Longoria llevó a País al Palacio de Justicia y lo presentó al tribunal. El día del juicio fue fijado cuando la defensa estaba más que preparada. La acusación descansaba en el hecho de que la policía había encontrado una caja con armas y la declaración de un testigo de que País le había entregado esas armas. La fiscalía tenía varios testigos. Un hombre uniformado afirmó haber sido quien había ocupado la evidencia. Bajo el interrogatorio de la defensa, él declaró que, sí, ésas eran las armas que él había encontrado. Sí, ésa era la caja que contenía las armas. El Dr. Grillo le pidió que pusiera las armas dentro de la caja como él las había encontrado. ¡El rifle no cabía en la caja! Los revolucionarios habían jugado un truco brillante otra vez. El rifle no estaba montado cuando fue descubierto; ahora, estaba en una sola pieza y, no podría ser colocado obviamente dentro de la caja (Gálvez Rodríguez 1991: 170-176).

Contrario a lo que dice esta fuente, el autor recuerda una larga conversación que sostuvo con el Dr. Grillo Longoria cuando éste era su profesor en la Universidad de La Habana en 1961. En esa ocasión, Grillo me dijo que, a través de un contacto en el edificio de la corte, pudieron entrar para cambiara la caja por otra idéntica, excepto por sus dimensiones, apenas perceptibles a simple vista, pero lo suficiente menores para producir el resultado deseado. El relato del abogado defensor debe ser el correcto. De nuevo, País fue puesto en libertad. Los días siguientes retornó a una calma fingida.

El Asalto al Club de Cazadores: Frank País se Convierte en "Salvador"

Sabiendo que lo estaban siguiendo para apresarlo si era sorprendido en alguna acción ilegal, Frank País aparentaba vivir una existencia normal durante la segunda mitad del mes de marzo de 1955. Asistía a la Universidad de Oriente todos los sábados, continuaba sus actividades religiosas y nunca faltaba a sus clases en "El Salvador". A principios de abril, País y su grupo estaban listos para reanudar sus actividades. La primera acción era sustraer armas de un elegante club privado.

El "Club de Cazadores" era una institución elegante, exclusiva y privada que estaba situada en "Loma Colorada" en las afueras de Santiago de Cuba. El edificio fue construido cerca de la entrada de la bahía. La idea de entrar en ese lugar fue de Frank. Se le ocurrió cuando leía un periódico que anunciaba un evento en el club el domingo 10 de abril de 1955 y se lo comentó a su amigo Emiliano (Nano) Díaz que estaba de visita en su casa (Diario Oriente, 8 de abril de 1955). Dos días más tarde ambos amigos se mezclaban con los asistentes al evento y exploraron inadvertidos todos los rincones del lugar y anotaron en sus mentes los detalles necesarios para planear el asalto. Sólo les faltaba saber la hora en que el sereno iba a su cuarto a dormir.

Regresaron la noche siguiente acompañados de tres compañeros y obtuvieron el resto de la información. La noche del 17 de abril, en un jeep alquilado, País decidió iniciar la acción a pesar de que no pudo localizar a dos de sus hombres. Esta vez no fueron directamente al Club de Cazadores, sino que fueron primero al "Club Níspero", un pequeño cabaret medio escondido en uno de los recodos de la bahía. El lugar tenía mala reputación. Se sentaron en una mesa alejados de los pocos parroquianos que quedaban. Revisaron el plan y por primera vez decidieron cambiarse los nombres para no ser identificados más tarde. La noche del 17 de abril, a punto de dirigir su primera acción armada, Frank País se convirtió en "Salvador".

Los cinco amigos llegaron al Club de Cazadores cuando el sereno estaba terminando su ronda con su escopeta de cartuchos, protegido por dos perros. El encargado del bar del Club estaba terminando de limpiar y preparaba su catre, pues dormía en el mismo bar. El mozo de la limpieza, terminada su labor, había decidido pasar la noche en el cuarto de los empleados pues se le había hecho tarde. Eran pasadas las once de la noche. País decidió comenzar la acción y ordenó a tres de sus hombres que detuvieran al que estaba en el salón mientras él y Nano iban a capturar a los dos que estaban en el cuarto. Los cinco asaltantes, con las caras cubiertas por un pañuelo, pistola en mano, avanzaron hacia el edificio.

Minutos más tarde estaban juntos en el salón pidiéndoles a los detenidos que abrieran el cuarto donde estaban las armas. Al no hacerlo, uno de los jóvenes se introdujo por la apertura sobre la puerta. Se llevaron 10 escopetas de cartucho, 200 cartuchos, y

21 pesos, para aparentar un robo de ladrones y así ocultar el verdadero propósito del asalto.

Abordaron el jeep y salieron a la carretera del Morro, cruzándose con dos carros de policía. Después de ese momento de tensión, mientras comentaban y reían, llegaron a la calle Trocha, donde los ocupantes de dos jeeps del ejército los observaron, pero los dejaron pasar. El primero se bajó en Trocha, y Frank y Nano llegaron a casa de Frank donde Josué los ayudó a bajar las armas. Cuando debatían el lugar para esconder las armas, de la oscuridad se escuchó la voz de Rosario: "No se preocupen..., hace rato que estoy despierta, apúrense y acaben de hacer lo que van a hacer". Otro de los participantes, sin embargo, ofreció otra versión. Alfonso Verdaguer le dijo a Portuondo: "Frank, ¿qué son esas armas?" y Frank le responde que habían sido robadas; nada más (1988: 145).

El primer asalto armado produjo una gran conmoción en Santiago. Los periódicos locales publicaron la descripción del evento junto a los testimonios de los tres testigos afirmando que los habían tratado correctamente. Los investigadores de la policía decidieron cerrar el caso.

Acción Nacional Revolucionaria (ANR) se había anotado un gran triunfo. Las autoridades no sospechaban de ellos y la organización había aumentado su arsenal en más de 20 armas de distintos calibres, dinamita, balas y cartuchos. Salvador había salido victorioso de su primer asalto armado. Días más tarde emprendió un viaje a la capital. En este punto es necesario al menos señalar uno de los temas menos discutidos del proceso de la rebelión en esta época.

El Binomio Temible que Nunca fue

Los que vivieron en aquellos tiempos de la lucha contra la dictadura de Fulgencio Batista siempre han lamentado que Echeverría y País no hubieran coincidido en la misma organización, no hubieran podido establecer juntos un esfuerzo y que ambos tuvieran que morir en 1957. Quienes los conocieron aseguran que inmediatamente desarrollaron un mutuo respeto y simpatía.

Todo lo que pudiera añadirse ahora es sólo especulación. Sin embargo, hay datos y señales que nos hacen creer que la desaparición de estos dos jóvenes que dedicaron sus vidas a la causa de la libertad de Cuba tuvo que ver con el éxito de la agenda secreta de Fidel Castro. Aunque la biografía de Echeverría no es parte del objetivo de este libro (ver a Fernández León 2007), debemos presentar algunos comentarios sobre su relación con País. Como es frecuente, hay algunas discrepancias de datos y fechas en distintas fuentes.

El primer encuentro parece haber ocurrido en Santiago de Cuba cuando el líder de la FEU de la Universidad de La Habana asistió al Foro "Canal Vía Cuba" en la Universidad de Oriente en enero de 1955. Echeverría regresó a la capital en la tarde del día 28 (Gálvez Rodríguez (1991: 169). Fernández León (2007: 180-185) describe que se celebró un foro similar en la Universidad de La Habana del 18 al 20 de enero de 1955, y no menciona que él haya viajado a Oriente para asistir a otro foro la semana siguiente. Además, el autor menciona un viaje de Echeverría a Costa Rica para defender al gobierno constitucional de una invasión.

En mayo de 1955, inmediatamente después del asalto al Club de Cazadores, Frank fue a La Habana a reanudar sus contactos con la FEU. Según Faure Chomón [(Gálvez Rodríguez (1991: 193)] hubo varias conversaciones entre los dos grupos. José Antonio invitó a Frank a unirse al Directorio Revolucionario, pues ese era uno de los objetivos que tenía Ibarra cuando trajo a Frank a La Habana. Frank estuvo de acuerdo en organizarlo "en Santiago de Cuba o en Oriente". Los testigos recuerdan el mutuo respeto y simpatía entre ambos líderes, lo similar de sus personalidades y como esta relación fraternal había entusiasmado a todos los dirigentes universitarios en La Habana.

Esta es la época en que Fidel Castro y los moncadistas salen de la cárcel de Isla de Pinos debido a la amnistía general aprobada por el Congreso del país. País regresó a Santiago sin conocer personalmente a Fidel Castro. Tal vez eso fue debido a su entusiasmo por unir su organización con la de Echeverría, o quizás porque pensaba que Fidel Castro tenía aspiraciones electorales que lo alejaban de la línea insurreccional.

A fines de diciembre, durante un viaje por la isla para respaldar el llamado a una huelga del Sindicato de Trabajadores Azucareros, José Antonio visitó Santiago de Cuba. Llegó el 30 de diciembre de 1955 y su primera visita fue a casa de la familia Guitart, cuyo hijo había caído en el ataque al Moncada y de quien había sido un buen amigo. Fue visitado brevemente por Frank País, Pepito Tey y Léster Rodríguez. Después de reunirse con varios líderes universitarios la mañana siguiente, se fue de Santiago (Fernández León 2007: 285-286). Cuando ocurrió esta visita, ya Frank País había unido su ANR con el Movimiento 26 de Julio. No volvieron a encontrarse personalmente. Yo lo he llamado "el binomio temible que nunca fue".

Asalto a la Estación de Policía de El Caney

La Justificación

La nota de la edición del "Diario de Cuba" del martes 26 de julio de 1955 decía: "A las 6:00 AM del domingo, cuando era ingresado en el hospital militar "Dr. Castillo Duany" falleció el policía Ernesto Castillo Moya, a consecuencia de heridas que recibiera en la cabeza, al ser alcanzado por un disparo de escopeta, en circunstancias que se están investigando, cuando se hallaba de servicio en la jefatura de la Policía de El Caney, la madrugada de ese día."

La nota anunciaba la primera acción armada de la organización dirigida por Frank País contra un objetivo militar. El evento fue tal vez un punto de inflexión en la suerte del grupo de personas que ya seguían al joven maestro. Durante los meses de junio y julio de 1955, Frank País participó en conversaciones con algunos miembros del recientemente fundado Movimiento 26 de

Julio, que querían convencerlo de unir fuerzas con ellos. Independientemente del resultado que arrojaran las negociaciones, País creyó que su grupo tenía que rendir homenaje a los mártires en su segundo aniversario.

Contaban con algunas de las pocas armas del asalto realizado al Club de Cazadores. Frank País consideraba que una forma nueva y eficaz para conmemorar el segundo aniversario del asalto al cuartel Moncada era reproduciendo dicha acción en una escala menor.

La estación de policía de El Caney fue elegida porque estaba a unos seis kilómetros de Santiago y la mayoría de ellos estaba familiarizada con el pueblo debido a sus actividades religiosas. Además, Taras Domitro había observado el arribo de un cargamento de armas y a unos policías haciendo prácticas con los fusiles recibidos. Frank le pidió a Taras que dibujara un croquis del edificio y la zona, y continuara observando junto a Roberto Lamela, otro residente de El Caney.

El Plan de Ataque

Además del impacto propagandístico que produciría el ataque, el objetivo era apoderarse de las armas en el interior del edificio. La fecha elegida fue la noche del 23 de julio de 1955, para hacerla coincidir con la acción de Castro en la madrugada del domingo.

Frank y Pepito Tey desarrollaron el plan, después de probar los fusiles incautados en el Club de Cazadores. Tey le informó a País sobre el objetivo y la disponibilidad de los automóviles de cuya obtención era responsable. Tres comandos entrarían por la puerta trasera y otros dos por la delantera, donde el centinela acostumbraba a dormirse en su silla, alrededor de las 22:00 horas. Después de decidir quién iría y dónde se encontrarían, los dos amigos salieron a distraerse antes de la acción.

FRANK PAÍS

Un Esfuerzo Serio en un Alegre Carnaval

Los dos amigos se fueron a imbuir del fascinante mundo del carnaval santiaguero. Las avenidas Trocha y Martí estaban llenas de kioscos y decoraciones carnavalescas. La gente se divertía. Pero Pepito, Frank y sus amigos no tenían el espíritu del carnaval. Su objetivo era relajarse en espera de la hora cero.

Un kiosco de tiro al blanco en la Trocha les llamó la atención. Cuando se acercaron, un soldado hacía alarde de su puntería. Sólo había fallado una de las diez veces que disparó. Frank pidió un fusil y le dijo a Pepito: "Voy a enseñar cómo se apagan todas las velas." El soldado pensó que Frank lo estaba desafiando y le propuso que quien tuviera el menor rendimiento, debía pagar la cuenta. Frank aceptó el desafío. El soldado fue primero, pero falló dos tiros. Frank golpeó las diez. La multitud celebró con asombro. El soldado dijo que había sido pura suerte. "¿Estás pidiendo otra oportunidad?", le preguntó Frank. Esta vez, el soldado sugirió disparar con pistola. Frank aceptó. Pepito notaba el peligro y así se lo dijo a Frank al oído. La respuesta sorprendió a Pepito. Frank estaba elaborando una coartada en caso de que la prueba de la parafina arrojara un resultado positivo más tarde y necesitaba un testigo para corroborar la misma. Frank ganó de nuevo y el soldado lo felicitó. Después de eso, Tey disparó varias veces antes de continuar hacia la calle San Pío, donde dos de sus compañeros los estaban esperando. Con ellos tomaron una cerveza antes de partir, después de las once, hacia La Placita de Santo Tomás.

El Ataque: Objeto de Versiones Divergentes

El plan no era muy elaborado. Tenían que evitar la patrulla militar que bajaba durante la noche en un jeep del fuerte El Viso para recorrer la pequeña ciudad. El objetivo era tomar las armas que estaban en el interior de la estación. Los diferentes relatos y testimonios impresos en la isla están llenos de discrepancias, contradicciones y mentiras.

Existen serias diferencias en cuanto al número y la identidad

José Álvarez

de los participantes. Gálvez Rodríguez (1991: 202) menciona nueve personas y se refiere varias veces a la utilización de un solo auto, lo que haría imposible su traslado con las armas. Ibarra (2007: 110) tiene una lista de ocho. En Malo de Molina (1979: 38), Martínez Hinojosa no parece recordar el número exacto y la identidad de los participantes, pero implica que había más de cinco. Los tres testimonios a Portuondo (1986a: 76) no se refieren a los participantes. Miranda (1983: 34-35) tiene un testimonio de la acción, sin nombres. Portuondo (1988: 176-179) fue informado por Rodríguez Rivera, que él había sido sustituido por Santa Cruz cuando él no había podido encontrar el grupo, lo cual es corroborado por Perdomo, quien afirma que eran siete (Portuondo López 2006b: 201). Siete es también el número de pasajeros que Santa Cruz Pacheco recordaba durante una conversación telefónica con el autor el 22 de agosto de 2008. Había tres en la parte delantera y cuatro en el asiento trasero. Este participante afirma que Montes de Oca fue el conductor, y que el resto de los ocupantes eran: Tey, País, Jiménez, Perdomo, uno o los dos hermanos Díaz, y él.

El problema con tener más de siete personas se basa en el tamaño del coche que habían alquilado: un pequeño "Henry J" que la corporación Kaiser-Frazer había introducido en el mercado cuatro años antes. Siete personas en el vehículo hubieran hecho el viaje muy incómodo, pero, un mayor número de personas, lo hubieran hecho imposible.

Sin considerar las diversas maneras de contabilizar el uso del tiempo por los conspiradores aparte de Frank y Pepito antes de partir hacia El Caney, existen serias dudas de credibilidad de la historia oficial de Cuba sobre la forma en que el ataque tuvo lugar. Es sorprendente que las personas que estaban allí, y otras que tenían acceso a la mayoría de los participantes y testigos, puedan cambiar los hechos hasta el punto de impedir que el lector pueda tener una apreciación objetiva de este importante acontecimiento en la vida de Frank País. Ese fue el primer acto de guerra de País, donde tuvo que hacer una terrible elección, y donde el resultado final fue un total fracaso. Dichos factores ameritan acercarse lo más posible a la verdad.

Según Gálvez Rodríguez, el grupo salió de la famosa Placita de Santo Tomás. De los testimonios recopilados y resumidos por él, mientras que Chago se mantendría al volante del auto, Bilín, Perdomo, y Jiménez atacarían la parte trasera del edificio. Tey y Carlitos tenían que sorprender la posta, y Nano y Frank entrarían a la estación para dominar al resto de los policías. Ya en la ciudad, el automóvil se detuvo dos cuadras antes del objetivo. Todos se bajaron, tomaron sus armas y cruzaron la carretera delante de ellos. Cuatro se refugiaron detrás de una cerca alta y un poste eléctrico para dar tiempo a los otros cuatro a llegar a la puerta trasera. En el patio interior del edificio, un policía estaba enfrascado en una escena amorosa con una mujer, mientras que un joven local detenido estaba mirando la puerta principal, y otros tres descansaban en el dormitorio. En esta versión, había cinco personas dentro del objetivo.

Pepito y Frank ya estaban caminando hacia su objetivo, cuando la posta de la puerta vio venir un coche a alta velocidad desde el parque con sus luces largas. Apuntando al auto gritó infructuosamente "¡Pare! ¡Pare!" En vano. Los gritos hicieron creer a los combatientes que habían sido descubiertos. El auto se detuvo finalmente a unos 50 metros del edificio y la policía se dirigió a buscar a los pasajeros. Cuando Frank y Pepito vieron esto, trataron de regresar a sus antiguos puestos, pero el policía los vio y rastrilló su arma. Cuando estaba dispuesto a disparar, País levantó su arma a la altura de la cadera y le disparó dos veces con su escopeta calibre 12, con más rapidez que el hombre uniformado. Frank fue junto al caído y tomó su fusil y trató de quitarle su gorra militar. Mientras esto ocurría en la parte delantera del edificio, los cuatro en la parte de atrás (que no esperaban escuchar ningún disparo), pensaron que los estaban esperando. El conductor del auto intruso aprovechó la confusión para acelerar en dirección a Santiago. El auto de los revolucionarios iba dando marcha atrás hacia el frente de la estación cuando Carlos le disparó al auto en fuga, rompiendo sus vidrios, pero sin impactar al conductor que continuó su marcha. Carlos, Pepito y Nano fueron hacia su auto, al igual que Perdomo, pero Frank insistió en tomar la gorra del policía muerto. Los jóvenes en el auto comenzaron a gritarle a Frank que subiera al auto, pero no lo hizo hasta que pudo hacerse del rifle y la gorra. El coche comenzó el viaje de regreso. Mientras tanto, los tres hombres en la parte trasera se marcharon en direcciones diferentes.

Cuando el auto conducido por Montes de Oca entró en Santiago, los dos hermanos y Perdomo se bajaron en la calle San Agustín. El auto continuó hacia el barrio de Los Olmos para ocultar las armas en la casa de Nene Álvarez. Ellos descargaron dos escopetas, una pistola calibre 45, un arma de deportiva de bajo calibre, y un fusil Cracker. Faltaban dos escopetas utilizadas en la parte trasera del edificio, y un revólver calibre 38 que Carlos había dejador caer cuando subía al auto. Fueron a Santiago a dejar a Tey cerca de La Placita y a Frank en la casa de Vilma Espín.

El testimonio que César Perdomo ofreció a Portuondo es algo diferente. Afirma que, cuando llegaron a la entrada de El Caney, el automóvil se detuvo y sus ocupantes recogieron sus armas del maletero. Frank, Pepito, César y Bilín atacarían por la parte frontal, y los hermanos Díaz por la parte trasera. Cerca de la estación, Bilín sufrió fuertes dolores de estómago y se le cayó la billetera con documentos de identidad de sus pantalones, más tarde encontrada por la policía, lo cual es solo mencionado por Perdomo a Portuondo (1988: 17) pero aparece como corroborado en la investigación oficial. Para empeorar las cosas, Bilín también perdió una pistola que le había quitado a un sereno en Vista Alegre, la que, al ser encontraba, la atribuyeron a él. Cuando los hombres se acercaban a la estación, un coche de la ciudad venía a exceso de velocidad por la calle, pasando frente a la estación sin obedecer la orden de detenerse. El auto, que no estaba relacionada con los atacantes, alertó a la policía acerca de la presencia de estos últimos. Cuando empezó el tiroteo, los revolucionarios se acercaban al edificio donde los policías se habían quedado después de perseguir al auto intruso. Una lluvia de balas circulaba en todas direcciones, mientras que los recién llegados se bajaban del auto para tomar posiciones. El ruido alertó a la reserva dentro de la estación, que salió a la calle disparando hasta que llegaron cerca del lugar donde se encontraba su colega herido en el suelo. Un simple ataque se hizo más complejo y los combatientes corrieron hacia su auto, marchando en la dirección opuesta. Frank no lo hizo. Corrió de nuevo a la estación para sustraer el fusil Cracker y el peine de la cintura del policía herido. Fue la realización de uno de los actos temerarios a que él estaba acostumbrado. Cuando Chago se dio cuenta de lo que estaba sucediendo, puso el auto en marcha atrás y volvió a la parte frontal del edificio, recibiendo el auto numerosos impactos de bala de armas disparadas por Nano y Carlitos quienes, en la oscuridad, se imaginaban que su propio auto era un posible refuerzo. Después que recogió a Frank, el auto aceleró hacia Santiago. Carlitos dejó caer la escopeta y regresó a la ciudad por sí mismo, mientras que Santa Cruz regresó con Jiménez a través de Cuabitas a la casa de Enrique Fernández Castro, quien más tarde condujo a Bilín a su casa, después de recoger ropa limpia, e hizo lo mismo con Jiménez.

La Secuela

El asalto a la comisaría de policía en El Caney fue el primer ataque armado de los hombres de Frank País. Fue en ese primer asalto armado que el líder revolucionario le dispara a una persona por primera vez. También fue su primer gran fracaso, ya que no sólo se quedó sin nuevas armas, sino que perdió dos pistolas. Frank fue arrestado días más tarde. Uno de los abogados contactó al militar del kiosco de tiro al blanco y País fue liberado un par de horas más tarde.

Días después, País se reunió en su hogar con los principales participantes para evaluar la acción Gálvez Rodríguez (1991: 213-

214). Los hermanos Díaz y Tey alegaron que no podían culpar a nadie del fracaso; que no habían tenido suerte esa noche. Frank, sin embargo, se mostraba profundamente decepcionado. Su principal preocupación era la falta de justificación para dejar armas detrás, ya que terminaron cambiando tres por una.

Finalmente, uno pudiera preguntarse la razón de tantas discrepancias y contradicciones entre los participantes y testigos de esa acción. Los testimonios de la isla no están de acuerdo en el número y la identidad de los participantes, la manera en que la acción se llevó a cabo de principio a fin, y en las detenciones y las repercusiones. ¿Por qué Gálvez Rodríguez introduce a nueve personas en un "Henry J"? ¿Por qué incluye a dos personas que no habían tomado parte en la acción? Obviamente, esta parte de la narración está equivocada a no ser que parte del comando viajara en el baúl del coche.

CAPÍTULO 4

"AHORA SOMOS 26 DE JULIO": ACCIONES E IDEOLOGÍA

La Amnistía.
Fundación del Movimiento 26 de Julio

La presión que produjo la campaña en los medios de difusión, alentada por los simpatizantes de los eventos del 26 de julio de 1953, terminó en victoria cuando los sentenciados en ese proceso recibieron una amnistía firmada por los miembros del Congreso Cubano. El domingo 15 de mayo de 1955, después de cumplir 22 meses de una sentencia de 15 años (el 12.2%), Fidel Castro y sus 29 compañeros abandonaron el Presidio Modelo de Isla de Pinos, abordaron la barcaza "Pineros" y llegaron al poblado de Batabanó en la costa sur de la isla. Familiares, parientes, amigos y simpatizantes los esperaban ansiosos.

En ese lugar, Carlos Franqui (1976: 116), un reportero de la

José Álvarez

"Revista Carteles", comenzó una entrevista que continuó en el tren que condujo al grupo a La Habana. Las declaraciones de Castro incluyeron, textualmente:

• Sí, pienso permanecer en Cuba, luchando a visera descubierta. Combatiendo al gobierno, señalando sus errores, denunciando sus lacras, desenmascarando gánsteres, porristas y ladrones.
• Lucharemos por unir bajo las banderas del Chibasismo revolucionario a todo el país. Junto con Bárcena, Conte Agüero y otras figuras y movimientos recientes, trataremos de crear un frente revolucionario. Soy Ortodoxo. [Castro se refiere a su militancia en el Partido Ortodoxo fundado por Eduardo Chibás]. Pero en cuanto a las responsabilidades que se me han ofrecido, consultaré antes con mis compañeros del Moncada.
• La posibilidad de fundar una nueva organización no existe ni remotamente. Estamos por una solución democrática. El único que se ha opuesto aquí a soluciones pacíficas es el régimen. La única salida que le veo a la situación cubana es a través de elecciones generales inmediatas. Lo de la Constituyente es una maniobra del régimen para elegir a Batista, a través de una oposición prefabricada, en otro bochornoso primero de noviembre. No debe olvidarse que los cubanos amamos la paz, pero más la libertad.

Fidel Castro, sin embargo, dedicó los días que siguieron a su llegada a la capital a reunirse con personas afines y, poco a poco, la idea sobre la cual había ponderado durante los meses de encierro, de fundar su propia organización, comenzó a tomar forma. Finalmente, Castro convocó a una reunión en el local capitalino de la calle Factoría # 62 para fundar su organización. Era el 12 de junio de 1955. Había transcurrido menos de un mes desde su excarcelación. No hubo un gran debate durante las deliberaciones. La Dirección Nacional (DN) del ya oficial "Movimiento Revolucionario 26 de Julio" quedó compuesta por Fidel Castro, Pedro Miret, Jesús Montané, Haydée Santamaría, José Suárez, Antonio (Ñico) López y Melba Hernández, todos ellos veteranos del Moncada e íntimos seguidores de Castro. Otras dos personas fueron incorporadas: Armando Hart y Faustino Pérez, del Movimiento Nacional Revolucionario (MNR).

Las reuniones continuaron, pero, días después, el 7 de Julio, Fidel Castro decidió abandonar el país y le dijo a la prensa: "Ya estoy haciendo la maleta para marcharme de Cuba... Las puertas adecuadas a la lucha civil me las han cerrado todas... De viajes como éste, no se regresa, y si se regresa, es con la tiranía decapitada a mis pies" (Franqui 1976: 117).

Tres días después de arribar a Ciudad México, declaraba: "Ya no creo ni en elecciones generales. Así que no queda más solución que la del 68 y la del 95" (Franqui 1976: 117).

Su paso por la Habana había sido en extremo fugaz, pero más rápido había sido el cambio experimentado en sus planes. Tan solo 56 días habían transcurrido desde sus declaraciones tajantes al salir de la prisión y Castro ya estaba envuelto en serias contradicciones:

• *Esa posibilidad* [de fundar una nueva organización] *no existe ni remotamente:* 28 días después, funda el Movimiento Revolucionario 26 de Julio.

• *Sí, pienso permanecer en Cuba, luchando a visera descubierta:* 53 días después, salía rumbo a Ciudad México.

• *La única salida que le veo a la situación cubana es elecciones generales inmediatas:* 56 días después, ya no creía en elecciones sino en la lucha armada de 1868 y 1895.

El Reclutamiento de Frank País

Una vez establecida la DN del M-26-7, se celebraron varias reuniones para decidir cómo establecer las delegaciones provinciales y a quiénes reclutar. En una de ellas, los santiagueros Léster Rodríguez, Pedro Miret y María Antonia Figueroa fueron asignados a organizar el Movimiento en la provincia de Oriente. Fue en esa reunión que María Antonia le habló a Fidel Castro sobre Frank País. Castro le pidió que tratara de reclutarlo.

José Álvarez

El Tormentoso Proceso de la Toma de Decisión

Frank País era una persona extremadamente reservada en cuanto a sus asuntos conspirativos y parece existir un consenso en este aspecto de su personalidad. Espín considera que Frank tenía un carácter discreto, hablaba poco, y tenía una vida interior intensa (Portuondo 1986a: 50). Hart lo veía reservado en extremo (Portuondo 1986a: 50). No podía ser de otra manera. Santiago de Cuba era una ciudad relativamente pequeña –alrededor de 160,000 habitantes a mediados de la década de 1950—y el grupo de revolucionarios era más bien reducido en los comienzos de la lucha. Su militancia en AL, el MNR y varias organizaciones estudiantiles de corte insurreccional, le habían dado una experiencia que lo llevó, a causa de la decepción, a fundar dos organizaciones. Como vimos anteriormente, no eran numerosas. Acción Revolucionaria Oriental (ARO) era más bien una organización local y provincial. Acción Nacional Revolucionaria (ANR) fue su primer esfuerzo que traspasó los límites de Oriente.

Que existieron preocupaciones serias –o que Frank tuvo algunas dudas—en cuanto a fusionar su grupo con el de Fidel Castro para fortalecer el M-26-7 resulta ahora obvio. Lo que no se conoce es la magnitud más que la naturaleza de esas preocupaciones y dudas. Tal vez nunca se conozcan en su totalidad. Su confidente en estos asuntos, Pepito Tey, debe haberlo sabido, pero nunca hizo un comentario al respecto. Después de la muerte de Tey, René Ramos Latour, quien murió un año después de País, tampoco lo comentó con nadie. Con el paso del tiempo, se ha vuelto evidente que País tuvo serios problemas al respecto.

En Oltuski Ozacki y otros (2007), el tema se discute en forma más directa que nunca antes por un antiguo compañero de País. Afirma Ibarra que la decisión no se produjo de inmediato "como ha aparecido en algunas versiones periodísticas". No fue hasta después de reunirse con Miret, un mes después de haberse marchado Castro a México, que Frank decidió ingresar en el M-26-

7. Pero aclara: "**Todavía no se conocen las discusiones y las contradicciones o capitulaciones previas que puso para ingresar** con las fuerzas revolucionarias que dirigía" (Énfasis nuestro) (2007: 111-112).

¿Qué había en la mente de Frank País que estaba frenando su decisión? ¿Tenía acaso algún reparo sobre el pasado gansteril de Castro? Esas actividades eran harto conocidas e iban desde reyertas entre grupos enemigos a serias acusaciones de asesinatos políticos.

¿Pensó acaso que Castro intentaba organizar un partido político? Recordemos que Fidel Castro fue miembro activo del Partido del Pueblo Cubano (Ortodoxo) (PPC), fundado por Eduardo Chibás. En las elecciones frustradas por el golpe de estado de Fulgencio Batista el 10 de marzo de 1952, Castro aparecía en la boleta electoral como candidato a Representante por la provincia de La Habana.

José Álvarez

Las Versiones Divergentes de las Negociaciones

Trece días después que el M-26-7 fue organizado oficialmente en La Habana, País visitó el hogar de María Antonia Figueroa en la calle Carnicería # 315, quien lo esperaba con Léster Rodríguez. Ambos emisarios le comunicaron el mensaje de Castro sobre su deseo de que ANR se fusionara con el 26 de Julio. Frank asumiría una posición de liderazgo en la Dirección Provincial. Gálvez Rodríguez afirma que País "escuchó atentamente, pero continuaba pensando que Fidel pretendía organizar un partido político y no una organización para la guerra. Su respuesta fue delicada: 'Debo consultar lo que ustedes me han dicho con los demás compañeros. Nos parece que Fidel ha dado un ejemplo con lo del Moncada, pero debo consultar'" (1991: 197).

El principal biógrafo de País no era un protagonista en estos hechos. Se refiere a Figueroa, quien conserva un recuerdo algo diferente (Gálvez Rodríguez 1991: 197; Portuondo 1986a: 28-29). En realidad, tiene más de uno. Afirma que, a su regreso a Santiago, habló con Rodríguez y llamaron a Frank: "Hablamos varias veces con él. De primera instancia no quedó comprometido a nada con nosotros sino a pensarlo y a comunicarlo a su organización. Tú sabes que eso no es de hoy para mañana, que hay que reunir a toda una serie de personas, oír argumentos, en fin. Así es que yo calculo que Frank ingresó en el Movimiento para el mes de octubre o noviembre."

Sin embargo, ella había proporcionado ya una versión diferente. [En Portuondo López (1986: 32) se cita el artículo "Un centavo del más humilde", con los testimonios de Figueroa a la "Revista Santiago," junio-septiembre 1975, pp. 99-112].

Esa vez afirmó que, cuando ella y Léster se reunieron con País en su casa (en lugar de reunirse con él varias veces porque estaba indeciso), País había respondido: "Ya soy uno de ustedes. Ya estoy dentro de la lucha del Movimiento Revolucionario 26 de Julio." Y también alega que afirmó: "Bueno, ya que coincidimos en todo, ya Fidel tiene la estatua de un gesto como el Moncada, ya me pueden considerar uno más." Obviamente, Figueroa no está diciendo la verdad en esta ocasión. ¿Por qué? Tampoco dice la verdad cuando, años más tarde, afirmaba que, después de regresar a Santiago, ella había hablado con Frank País y Baudilio Castellanos para pedirles que ingresaran en el Movimiento y ellos "aceptaron enseguida" (Portuondo López 2006: 192).

Rodríguez tiene también una versión diferente (Gálvez Rodríguez 1991: 200). Se refiere a una primera reunión organizativa donde se eligió una dirección provincial en la que País aún estaba ausente. Entonces llegó a Santiago Pedro Miret y pidió hablar con Frank. La primera –primera, repito— reunión se celebró en el hogar de los padres de Miret, en una pequeña finca situada en Boniato, en el mes de julio. Hablaron en términos generales, sin llegar a nada concreto, porque tanto Miret como País, eran más observadores que conversadores. Se habló muy poco durante la reunión porque no se entendieron.

Miret fija la fecha de su viaje a Santiago después que Fidel se había marchado a México, ya que él se iría también en las próximas dos o tres semanas y quería despedirse de su familia y la de su esposa (Gálvez Rodríguez 1991: 200). También la fija antes del evento de El Caney. Pero dice que el lugar de las conversaciones fue en Dos Bocas, cerca de Santa María, en el camino hacia Boniato. Era de noche, cerca de un tanque de agua. Hablaron en un auto. Era la primera vez que Miret conversaba con País. Léster se encontraba presente. Después de conversaron un rato, País se marchó, y Miret le comentó a Léster: "no está muy convencido."

Rodríguez estaba decepcionado. Le dijo a Miret que no se había abierto a País y era por eso que no había tenido suficiente información para tomar una decisión sabia. Miret reconoció su falta y le prometió abrirse más en la siguiente reunión. Léster se lo comunicó luego a Frank.

Todo parece indicar que, antes que la ANR de Frank País se fusionara con el M-26-7, varios miembros de su Dirección Nacional estuvieron visitando la provincia de Oriente para organizar los municipios. Como paraban primero en Santiago, todos se reunían con Frank País. El hecho agrega complejidad a la decisión que País debía tomar. Estaba lleno de incertidumbre. ¿Por qué se demoró tanto si tanto admiraba las acciones del Moncada y Bayamo?

Veamos lo que tienen que decir cinco testigos acerca de la forma en que se tomó la decisión final: "A mí me parece que a Frank se le habló por varios conductos, pero no es que hubiera una instrucción concreta de que fulano fuera y hablara con él. Puede ser que antes de su ingreso definitivo haya sostenido conversaciones con Hart y Faustino" (Pedro Miret). "Yo estoy casi convencido de que Frank no ingresó inmediatamente en el Movimiento 26 de Julio. Pienso que pudo ser entre septiembre y octubre" (Faustino Pérez). Arsenio Stable relató su importante reunión con País: "Te mandé a buscar porque pensamos integrarnos al Movimiento 26 de Julio encabezado por Fidel... Yo estoy de acuerdo, pero tú debes decidir si aceptas o no". Stable aceptó, situando la fecha a finales de octubre o principios de noviembre (Arsenio Stable). "A finales de octubre ya Frank decidió incorporar ANR al Movimiento Revolucionario 26 de Julio, convencido de que Fidel estaba organizando en México un contingente para desembarcar en un punto de Cuba e iniciar la lucha armada" (Enzo Infante). "Antes de comenzar la reunión hablé con Frank para saber cómo quedábamos nosotros. Nos dijo que pasábamos a ser del Movimiento 26 de Julio y que él iba a ser el jefe de acción" (Carlos Iglesias).

La Contribución de ANR al 26 de Julio

Los frutos de la labor organizativa de País dentro de los grupos clandestinos no son del todo conocidos. Para el tiempo en que tomó la decisión de unirse al M-26-7, Frank País tenía 20 años. Había creado la organización revolucionaria más prestigiosa y cohesiva de la provincia de Oriente con una membresía de unas 200 personas, y un formidable aparato de propaganda. La mayoría de sus hombres estaban en Oriente y el resto en la vecina provincia de Camagüey, pero estaba trabajando en expandirla al resto del país. ANR poseía un pequeño arsenal de armas y explosivos. Ahora los manejaría bajo una nueva organización. Un militante de la época explicó que el aporte es una organización bien definida, aspecto que no se ha valorado como merece. En Santiago, a diferencia de otros lugares donde hubo que empezar desde cero, no hubo que organizar nada, sólo cambiar de nombre.

El nombre que heredaba, sin embargo, era de suma importancia pues traía consigo el bagaje de heroísmo de las acciones de Santiago y Bayamo, así como también el prestigio adquirido por Fidel Castro, como resultado de esas acciones, entre los que apoyaban la vía de las armas, pues dichas acciones lo habían elevado a la cima de la dirigencia insurreccional. Heredaba también Frank País un himno, inspirado en las acciones de aquella mañana del 26 de julio, y que se convertiría en una poderosa arma de propaganda en las ondas de la radio clandestina y en las calles de Cuba, especialmente en las de Santiago de Cuba. Lo había compuesto Agustín Díaz Cartaya antes de marchar al ataque. El título y la letra originales fueron cambiados días después del asalto cuando, en la prisión de Boniato, Castro le hizo esa petición al compositor. El "Himno de la libertad" se convirtió en la "Marcha del 26 de Julio" y la letra mencionaba ahora la sangre derramada en Oriente, que más tarde se cambió a la sangre derramada en Cuba.

Nace la Primera Dirección Provincial: Reclutamiento y Organización

Una vez que se tomó la decisión, se celebraron varias reuniones antes de que se pudiera seleccionar la primera Dirección Provincial del Movimiento 26 de Julio. La misma quedó conformada de la siguiente manera: Coordinador provincial: Léster Rodríguez Pérez; Acción y sabotaje: Frank País García, asistido por José Tey; Finanzas: María Antonia Figueroa;

José Álvarez

Propaganda: Gloria Cuadras; Obreros: Ramón Álvarez; Asuntos legales y doctrinales: Baudilio Castellanos; Brigadas Juveniles: Félix Pena.

Además de ser un hombre de acción, Frank era un tremendo organizador. Con otros miembros de la Dirección Provincial o Nacional viajó por toda la provincia, celebrando reuniones. Fue en esas reuniones donde mostró su habilidad para escuchar, convencer, dirigir y muchas otras cualidades de un dirigente innato –cualidades adquiridas durante sus viajes relacionados con ARO y ANR. No solo dejó los grupos estructurados sino con tareas asignadas. Al comienzo, País dependía de personas ya conocidas como opositores al régimen mientras se realizaba el reclutamiento de nuevos militantes. Después de ese proceso, se podían conformar las células. Eso no ocurría en lugares donde ANR estaba ya estructurada, o donde había un suficiente número de personas para darle al Movimiento su propia naturaleza organizativa. Después de unos meses de intenso trabajo, el Movimiento 26 de Julio estaba organizado y trabajando en cada rincón de la provincia de Oriente.

Existen testimonios de los viajes de País por Oriente antes y después de que el Movimiento fuera organizado. Los que tenían como objetivo organizar el M-26-7 comenzaron a fines de noviembre o principios de diciembre de 1955. La primera fase comenzó por San Luis, luego Palma Soriano, Guantánamo, Bayamo, Manzanillo, Victoria de las Tunas, Holguín, y Gibara. Continuó luego acompañado por otras personas, generalmente Pepito Tey. Existen descripciones de su presencia en muchos otros lugares, tanto nuevos como ya visitados: Palma Soriano, Mayarí, Gibara, Sagua de Tánamo, Baracoa, Charco Redondo, El Cristo, Pilón, Manzanillo, Niquero, Santa Rita, Jiguaní, Contramaestre, San Luis, Baire, y otros. La importante conexión con Celia Sánchez Manduley en Manzanillo se hizo a través de su prima santiaguera María Teresa Taquechel Manduley, quien la presentó a Frank País en casa de Léster Rodríguez.

Le gustaban sus visitas al norte de la provincia. Estuvo en

FRANK PAÍS

Holguín, Gibara, Mayarí, Nicaro, y Cueto a mediados de febrero de 1956. Existen testimonios de sus visitas a Santa Rita en Bayamo. De especial relevancia eran sus viajes al central Miranda, donde viajaba para organizar el grupo bajo Oscar Lucero. Declaraciones hay también de sus múltiples visitas a La Habana con varias personas y propósitos. El suroeste de Oriente era también un lugar favorito para visitar. Celia Sánchez era una de las razones, y con ella iba a Pilón, Niquero y Manzanillo.

Fue en uno de sus viajes a la costa norte de Oriente que nacieron los emblemas del Movimiento 26 de Julio. En el hogar de Luis D. Piñeda en la ciudad de Gibara, éste y País diseñaron el brazalete, la bandera y las escarapelas del M-26-7. El imperante evento parece haber ocurrido a fines de abril de 1956.Piñeda no puede precisar la fecha: "Un sábado por la noche, en el año 1956 cuyo día y mes no recuerdo". La fecha se puede aproximar por simple deducción. Se han documentado tres viajes de País a la costa norte de la provincia de Oriente; en los dos primeros, iba siempre acompañado, mientras que el último, que se afirma haber ocurrido a fines del mes de abril de 1956, lo realizó solo, y es en éste donde se supone que ocurrió el evento. Como Piñeda afirma que la reunión entre ambos se celebró un sábado a fines de mes, sólo habría dos opciones: el 21 o 28 de abril. Resulta que los sucesos de la Audiencia santiaguera descritos en este capítulo tuvieron lugar el día 19 y la secuela se extendió más allá de dicho mes; por lo tanto, si fue en abril, tuvo que haber sido el sábado día 14. El importante hecho amerita una más exhaustiva investigación.

Las conversaciones, reuniones y negociaciones fueron también intensas en Santiago de Cuba. País y sus colaboradores cercanos hablaron con los militantes de ANR y con otras personas (Portuondo López 1986).

Respecto a la decisión sobre la forma de organizar a los reclutas, parece que, hasta el alzamiento del 30 de noviembre de 1956, el M-26-7 en Santiago de Cuba y otros lugares estaba estructurado en forma de células. Cada célula tenía cinco, seis, siete miembros. Más adelante, después de muchas discusiones sobre el campo de acción de cada célula, se decidió que el número debiera estar entre cinco y ocho miembros. Esas células se asignaron a un grupo que era el último nivel del Movimiento.

A fines de 1955, aunque aún en la fase organizativa, el M-26-7 estaba listo para mostrar su presencia. El siguiente año iba a resultar muy movido, especialmente para su jefe de acción en la provincia de Oriente: Frank País.

ACCIÓN

Actividades de País a Comienzos de 1956

Su responsabilidad en la nueva organización le trajo a País más actividades que las que ya poseía. A sus deberes docentes, su asistencia a la Universidad de Oriente, reuniones clandestinas, recogida de fondos, organización de sabotajes, dirección de manifestaciones estudiantiles callejeras, y el apagar constante de fuegos en el grupo, constituían una empresa agotadora.

El año comenzó con la explosión de varios artefactos la noche del día primero. Cuatro días después, mientras conversaba con un amigo en la esquina de las calles Trocha y Martí, País fue detenido y conducido al vivac municipal acusado de conspirar en público. Fue puesto en libertad la mañana siguiente. La acción representaba una señal de que lo estaban siguiendo y las autoridades le iban a hacer la vida imposible. Sin reparar en el peligro, Frank continuó sus actividades conspirativas

En febrero acompañó a Luis Felipe Rosell, Pepito Tey y Tony Alomá, a una finca cercana a Puerto Boniato. Juan José Otero era el propietario de "La Rosalía," que los militantes cambiarían luego por "El cañón" debido a que se entrenarían allí. Dichas actividades tenían lugar cerca de un río, entre dos acantilados, que amortiguaban el sonido de los disparos. El lugar se convirtió tan importante en labores de apoyo a la insurrección y el Movimiento que se escribió un libro para describir su importante papel (Velázquez Fuentes 2004).

FRANK PAÍS

Fue también en el mes de febrero que los estudiantes protestaron por la clausura de la estación radial CMKC después que sus empleados fueron golpeados por la policía. Días después, los estudiantes volvieron a las calles para denunciar la desaparición del estudiante Narciso Martínez. Josué se las arregló para escapar de un seguro viaje al vivac municipal.

No permaneció en libertad por mucho tiempo. Días después, la policía tocó en la puerta del hogar de los País cerca del amanecer [Testimonio de Doña Rosario en Velázquez Fuentes (1979: 41-42), corroborado por Agustín País en correo electrónico a este autor fechado el 20 de agosto de 2008].

Frank pudo escapar por el techo. Josué abrió una ventana y Agustín la puerta principal. Ambos fueron detenidos. Josué no llevaba puesta una camisa. Los obligaron a caminar, descalzos y con las manos en la cabeza, hasta el Cuartel Moncada. ¡Más de un kilómetro! Después de los consabidos insultos de bienvenida, los encerraron en una pequeña celda. Dormían en el piso, sin comida, y tomaban agua de un grifo cercano. Fueron puestos en libertad sin acusarlos de delito alguno. Obviamente, el propósito era amedrentarlos.

Fue en el mes de abril cuando País tuvo que apagar un peligroso fuego. Félix Pena, uno de los dirigentes estudiantiles más populares, ya incorporado al M-26-7 como jefe de las Brigadas Juveniles, visitó a Frank para ventilar un problema. Pena rechazaba la orden de País de que los miembros de las Brigadas Juveniles se abstuvieran de participar en las marchas o protestas callejeras hasta que llegara la hora cero. País le dio a Pena una explicación directa. Frank se había opuesto a la designación de Pena como jefe de las brigadas porque anticipaba chocar con él en materias tácticas. País fue más allá, extendiéndose a un problema de personalidades existente en la ciudad. Gálvez Rodríguez, quien había acompañado a Pena a la visita, estaba sentado junto a Josué a prudente distancia. El argumento de País radicaba en el hecho de que las reyertas callejeras que terminaban en los calabozos de la policía no era la mejor táctica, y que muchos líderes buscaban la publicidad que les proporcionaba salir en la prensa al día siguiente. Félix Pena, el dirigente endurecido en las luchas callejeras y sus periódicas estadías en la cárcel, quien había cumplido 26 años el mes anterior, se estaba enfrentando a su jefe de 21 años. Cruzaron argumentos varias veces hasta que, en un momento de la discusión, Pena mencionó su creencia de que, si se retiraban de la calle, los dirigentes estudiantiles apoyados por los políticos se ganarían el favor de los estudiantes que querían mantenerse en las calles. El rostro de País mostró un gesto que reflejaba su comprensión de lo alejados que estaban sus dos criterios como para no poder llegar a un acuerdo.

Fue entonces que intervino Josué. Les dijo que ambos estaban correctos pero que, mientras se esperaba por la hora cero, los estudiantes debieran permanecer en las calles denunciando a Batista. Frank replicó que pudiera suceder que, en ese momento, los calabozos estuvieran llenos de estudiantes y él no quería tener que enfrentar ese problema. Dijo que les iba a costar más trabajo convencer a los estudiantes de que el M-26-7 iba a hacer la guerra. Frank comprendió el punto de vista de su hermano. Ambos tenían razón: el problema radicaba en el momento de ambos eventos. Finalmente, llegaron a un acuerdo: ningún militante de las brigadas podía pertenecer a un grupo de acción; Pena los debía entrenar bajo la supervisión de País; y separar a los elementos ligados a los políticos tradicionales.

Después de otra gira por el norte de la provincia, Frank dedicó más tiempo a sus labores docentes. Las alternaba con su constante supervisión del entrenamiento, la recogida de armamento, dinero y vituallas. Dedicó tiempo a entrenarse. No deseaba otra cosa que confrontar al régimen con las armas en la mano, lo cual aún no estaba cercano.

Frank se pasó el verano de 1956 organizando, preparando para realizar su sueño. A principios del mes de agosto conocería personalmente a Fidel Castro, mucho después del mes de abril que estaba corriendo.

FRANK PAÍS

"Ojo por Ojo; Diente por Diente": Una Estrategia Equivocada

La famosa *lex talionis* (ley del talión, o de la retribución), que se menciona tres veces en el Antiguo Testamento, iba a cobrar vigencia en la noche santiaguera del 19 de abril de 1956 con resultados tan trágicos como inesperados.

Todo comenzó en la mañana de ese viernes en que estaba programado el comienzo del proceso judicial contra dos estudiantes que habían sido detenidos el mes anterior llevando un saco que contenía granadas de mano. Las organizaciones estudiantiles acordaron reunirse en el edificio del palacio de justicia pero, al ser negado el acceso del público, comenzaron a agruparse en el área al otro lado de la calle, frente a los soldados armados con sus rifles.

Las protestas aumentaron. El clímax fue alcanzado cuando, después de negarse la petición de libertad bajo fianza, y suspenderse el juicio debido a la ausencia de un juez, la muchedumbre comenzó a gritar pidiendo la libertad de los estudiantes detenidos, pasando a los lemas subversivos, respondidos por la fuerza pública con golpes. Luego entraron en acción piedras y palos y los hombres en uniforme comenzaron a disparar. Cuando finalmente la calma volvió al lugar, había cuatro estudiantes heridos de bala, más de treinta golpeados o heridos seriamente por palos o culatas de fusiles, y más de sesenta encarcelados.

Frank País recibió la noticia en la escuela El Salvador. Varias veces, después de escuchar las quejas durante un recorrido por la ciudad, País decía: "¡Esto no se va a quedar así!" Se reunió con sus jefes de grupo a las 2:00 de la tarde en una casa situada en la carretera a Cuabita. País expresó que se hacía necesario demostrarle al régimen que el Movimiento no iba a permanecer con sus brazos cruzados, y demostrarle al pueblo que estaban listos a combatir con las armas en sus manos. Su plan consistía en salir esa noche en tres autos, cuatro hombres en cada uno, y dispararle a un hombre uniformado antes de retirarse de las calles después de diez minutos.

Los tres grupos comenzaron a llegar a sus lugares respectivos a las 7:30 de la noche. Cada comando logró incautar un taxi por la fuerza. Después, todos condujeron a una playa pública pequeña llamada "Los coquitos". Una vez allí, se distribuyeron las armas. Pepito Tey y Carlos Díaz recibieron cada uno un M-1 por ser jefes de comandos. Frank País se quedó con la ametralladora Baby Thompson. A los nueve restantes les fueron entregadas pistolas. Las últimas instrucciones fueron seguidas por los lugares en que cada comando funcionaría. No podían permanecer en las calles por más de diez minutos. Si no localizaban un blanco, debían retirarse y devolver las armas antes de irse a casa. País les dio un número de teléfono donde debían llamar en caso de emergencia. La última orden: "Si alguien es detenido, no puede hablar." Los doce jóvenes estaban resueltos a matar o a morir. Entrando en Santiago, tomaron distintas direcciones.

El Comando de Frank País. El auto conducido por Walfredo, con País, Enzo, y Emiliano (Nano) Díaz, tomó por la calle Corona en busca de la estación de policía situada cerca de las esquinas de Corona y Santa Rita. Llegaron a la hora del intercambio de guardia. País le dijo al chofer que detuviera el auto delante de los dos policías quienes, al darse cuenta de lo que sucedía, intentaron sacar sus armas. La ametralladora de Frank descansaba en la ventanilla. Apretó el gatillo y las balas golpearon a un policía; el otro ya se había lanzado al suelo. Se intercambiaron disparos mientras el auto se alejaba rápidamente Corona abajo. Seis cuadras después, el auto tuvo que detenerse en la calle Aguilera, arteria principal, sufriendo los disparos de un policía situado detrás de un poste eléctrico. Después de cruzar la intersección, un auto interrumpía el flujo del tráfico debido a una falla mecánica. En ese momento, el policía que les había disparado varias cuadras atrás llegaba acertando en el maletero. Los cuatro jóvenes estaban atrapados. La reacción de País fue vaciar el peine de su Thompson, que hizo huir al policía y abrir un claro en la parte trasera. Cuando el coche estaba ya fuera de la trampa, Frank pidió dirigirse a la casa del comandante Izquierdo, de la policía, en San Francisco y San Agustín. Una vez allí, vieron al guardia sentarse en un taburete —silla típica del campo de Cuba, con el asiento y el espaldar generalmente hechos con piel de chivo sin curar.

Cuando el soldado vio el coche, levantó su rifle y apuntó al mismo, pero la ametralladora de País tiró primero y el policía cayó en la acera. País miró su reloj y dijo que debían dejar primero a Nano Díaz en su casa y luego a él. Josué lo esperaba en la puerta y Frank le entregó el saco con las armas. Él entró tenso en su casa pero con un control absoluto, como si no acabara de matar a dos hombres. Varias cuadras abajo, el chofer limpió las posibles huellas digitales del auto antes de abandonarlo.

El Comando de Pepito Tey. El auto conducido por Sotús, con Tey, Iglesias y Bauzá, hizo dos recorridos por Vista Alegre sin encontrar un blanco. Salieron entonces por la avenida Victoriano Garzón. Un hombre uniformado se bajaba de un autobús frente al edificio del Instituto de Segunda Enseñanza. Después de que Tey lo tenía apuntado con su M-1, Jorge Sotús le gritó que era un guardia de seguridad, y no un policía, y Pepito no apretó el gatillo. Continuaron al Reparto Sueño. Cerca de la calle K, vieron a soldado a la izquierda del coche. El conductor paró el auto, Pepito cambió de asiento y disparó su M-1. El hombre se desplomó. Mientras disparaban al aire para mantener a los peatones alejados, encaminaron el auto hacia el Paseo de Martí. Allí encontraron un soldado sentado en una banqueta del "Bar Normandí" disfrutando de una cerveza. Mientras apuntaba al individuo, Pepito preguntó si debía dispararle. El conductor le recordó que ya habían cumplido la misión. Los otros dos lo aprobaron y Tey bajó su carabina.

En la casa de los País, Pepito le dio el saco con las armas a Josué, y éste les dijo que Frank ya había regresado.

El Comando de Carlos Díaz. El auto conducido por Carlos, que llevaba a José (Nene) Álvarez, Carvajal y Cala, no encontró un blanco mientras recorrían la Alameda. Entonces se dirigieron sin suerte a la Plaza Dolores. Al salir vieron dos soldados de guardia con sus rifles en la oficina de correos. El auto se detuvo y Carlos apuntó a uno de ellos con su M-1 pero no disparó, comentando que el soldado era "buena gente". Después de no encontrar un blanco en los alrededores de la Plaza Marte, decidieron ir a la casa del comandante Izquierdo porque recordaron la posta. Cerca de la casa divisaron algunos carros patrulleros. El tiempo volaba mientras recordaban el límite de 10 minutos, pero los cuatro hombres decidieron hacer un último esfuerzo para cumplir su misión. Yendo hacia la calle Martí tuvieron que abandonar el coche debido a un neumático ponchado. El chofer dijo que él iba a su casa a tomar su coche y volvería para continuar la misión. Los que esperaban caminaron hacia el punto donde habían decidido rencontrarse, pero, antes de llegar, pararon en un bar para tomar algo y no parecer muy visibles. Cuando el coche vino a recogerlos, todos reconocieron que había transcurrido demasiado tiempo y debían poner las armas en el saco para devolverlas.

Un soldado que había escuchado su conversación comenzó a disparar desde un portal cercano, hiriendo a Carlos. El único que mantuvo su arma comenzó a responder el fuego. Después de que desapareciera el soldado, cargaron a Carlos, quien sangraba de una herida en el vientre. Carlos pidió a sus amigos que lo dejaran allí y huyeran, pero no le prestaron atención. Armados de nuevo, llegaron a una esquina iluminada en el momento en que dos soldados a caballo se acercaban al área. El lugar se volvió un infierno. Dos de los comandos recibieron varios impactos de bala. Después de que los soldados huyeron, uno de los comandos fue en busca de un teléfono para llamar al número que su jefe les había dado. Los heridos comenzaron a buscar ayuda. Un auto y un jeep los llevaron al hospital de emergencia, donde un doctor se negó a atenderlos. Cuando se decidía a hacerlo, se recibió una orden del coronel Río Chaviano exigiendo su traslado al hospital militar, pero fueron llevados a medianoche al Cuartel Moncada, donde los torturaron y asesinaron.

Parecía que el largo día del 19 de abril se negaba a terminar. Santiago había vivido casi 24 horas de disturbios y una violencia marcadas por la violencia bipolar. Al inventario de la mañana se agregaban nuevas víctimas: tres hombres uniformados muertos y dos de los comandos (Carlos Díaz Fontaine y Orlando Carvajal), ambos 21. Otros dos fueron heridos: José Cala y José (Nene) Álvarez.

Al día siguiente Río Chaviano publicó una nota escrita. Frank País escribió una declaración "al pueblo de Cuba en general y a las Fuerzas Armadas en particular" (Gálvez Rodríguez 1991: 281). Esclarecía conceptos, posturas, hechos y acusaba directamente a quienes habían participado en el asesinato de sus dos compañeros. "Nosotros atacamos hombres cara a cara, no personas heridas o indefensas."

El pensamiento de País en aquellos días era que la brutalidad tenía que combatirse con terror revolucionario. Muchos consideraban increíble que los jóvenes del Movimiento 26 de Julio, de tendencia moderada dentro de la línea insurreccional, que alguien de la naturaleza sensible y humana de Frank País procurara imprimirle una violencia brutal por medio de atentados ciegos. Mentes sensibles se le acercaron luego para convencerlo del error. Se reconoce ahora que tanto Frank País como el Movimiento 26 de Julio rectificaron el procedimiento usado en esta ocasión (Suárez Suárez 2007: 57).

Armas, Traición y más Sangre en Santiago

El antagonismo entre los dictadores Batista y Trujillo en la República Dominicana fue la fuente de algunas armas que cayeron en manos del 26 de Julio en Santiago de Cuba. Trujillo estaba enviando armas a la Triple A en Cuba para derrocar a Batista. En mayo de 1956, un cargamento fue transferido de un barco dominicano a un yate cerca de Santiago y llevado a Mar Verde. Como las armas no estaban siendo usadas, el M-26-7 negoció su adquisición con militantes de la Triple A. País y otros compañeros llevaron las armas desde donde estaban a algunos lugares en la ciudad y más tarde a la finca "La Caridad" en las cercanías de El Caney. Después de un registro en el vecindario, el encargado de la finca pidió que se retiraran las armas. Las llevaron entonces a la casa de Manuel Sosa ("el boxeador").

Las razones para confiar en Sosa no estaban bien fundadas. Tan pronto como quedó en control de las armas, inició el rumor de que estaba en otra organización y hasta intentó reclutar a militantes del 26 de Julio. Su amigo Pedro Otaño convenció a Sosa de que podían obtener dinero de la venta de las armas. Así hicieron, pero el robo fue descubierto pronto por el 26 de Julio. La traición no pasaría inadvertida. País se reunió con los dos ladrones y les ordenó que devolvieran las armas no vendidas. Se negaron; esa misma noche pagarían con sus vidas. El 23 de junio, y el lunes siguiente, la prensa anunció las muertes de esos individuos encontrados en las afueras de la ciudad.

Las autoridades presentaron cargos contra Carlos Iglesias como autor intelectual de los crímenes, y contra Frank País e Idelfredo Figueredo, sin fianza, pero no realizaron más investigaciones. Josué País y Pepito Tey recuperaron las armas de la casa del ladrón.

IDEOLOGÍA Y PROGRAMA

En "La ciudad antigua", el historiador francés Fustel de Coulanges (1830-1889) afirma: "Los hombres sienten en sus corazones que son una misma persona cuando tienen una comunidad de ideas, de intereses, de afecto, de recuerdos, y de esperanzas. Eso es lo que hace la patria. Ese es el por qué los hombres desean marchar juntos, juntos trabajar, juntos luchar, vivir y morir uno por el otro." (www.theancientcity.net/2005/11/23/who-was-fustel-de-coulanges).

Sin acudir a José Martí, se puede explicar el concepto de país, nación, patria, que albergó Frank País en su corazón durante los 22 años de su vida. Como era tan espiritual, creía en el concepto de nación como alma. La mitad de esa alma la encontró en la Historia; la otra mitad, en la comunión con su pueblo. Y él supo cómo enseñar esa historia a sus alumnos, mientras que arriesgaba la vida para cambiar su curso en la dirección de una verdadera democracia. País estaba convencido de la necesidad de un programa. Ese programa se presenta en esta Sección. Ese programa estaba basado en la ideología de José Martí.

Frank País, y sus compañeros allegados en la Dirección Nacional del Movimiento 26 de Julio, estaban profundamente convencidos de las razones que tenían para tomar las armas contra la dictadura de Fulgencio Batista. Desde muy temprano en la lucha, País vio la necesidad de comunicar sus ideales y propósitos al pueblo de Cuba. Cuando le escribió a Castro el 7 de julio de 1957, que el Movimiento sufría de "la falta de un programa de lineamientos claros y precisos", no estaba más que repitiendo su convicción de la necesidad de decirle a los cubanos los planes y propósitos de su organización una vez alcanzado el poder.

Tesis económica del Movimiento 26 de Julio

El líder del M-26-7 quería limpiar y reconstruir la República que la dictadura había saturado de corrupción, injusticias e inequidades. Como se explicó anteriormente, cuando País regresó de su primer viaje a México, le encargó a un pequeño grupo la tarea de desarrollar un borrador con las ideas y planes de lo que el Movimiento debía ofrecerles a los cubanos después del derrocamiento de la dictadura. El objetivo era su discusión a varios niveles y, una vez aprobado por la DN, sería un adecuado

José Álvarez

complemento a "La historia me absolverá" de Fidel Castro. Cómo se hizo y por quiénes revela mucho de la formación política de País y sus planes para Cuba. La aceptación de esa tarea por los cuatro autores, personas maduras, profesionales de gran prestigio a nivel nacional e internacional, nos enseña que el liderazgo del joven santiaguero no era cuestionado por personas mayores que él y más conocidas que él.

Los elegidos por País fueron Baudilio Castellanos, Regino Boti, Max Figueroa y Felipe Pazos, quienes elaboraron un documento titulado "Tesis económica del Movimiento Revolucionario 26 de Julio." País basó su selección en su creencia de que los miembros del equipo eran profesionales altamente calificados, con un conocimiento completo de la sociedad cubana y de lo que se necesitaba para reformarla. Baudilio Castellanos ejercía la abogacía y había defendido a revolucionarios santiagueros en numerosos procesos judiciales. Su formación política lo había llevado a formar parte de la primera Dirección Provincial del M-26-7 como encargado de asuntos legales y doctrinales. País lo conocía bien. Max Figueroa era otro abogado local, militante del Movimiento y profesor de la Universidad de Oriente, también ligado a País. Regino Boti, después de obtener su licenciatura en economía, partió a cursar una Maestría en la Universidad de Harvard. Fundador de la CEPAL (Comisión Económica para América Latina) en 1949, pertenecía al Comité del Exilio en México, desde donde contribuyó en la redacción de documentos. Felipe Pazos cursó la carrera de derecho en Cuba y estudió economía en la Universidad de Columbia, New York. Fue miembro de la delegación cubana a la conferencia de Bretton Woods en 1944, cuando se crearon el Fondo Monetario Internacional y el Banco Mundial. Fundador y primer presidente del Banco Nacional de Cuba (banco central) de 1950 a 1952, renunció a raíz del golpe de estado de Batista.

La selección de esos cuatro personajes por País no había sido arbitraria. Castellanos y Figueroa eran juristas versados en la formación de un estado de derecho que garantizara las libertades individuales. Boti y Pazos eran economistas convencidos de la eficiencia del sistema de economía de mercado donde el Estado debe jugar un importante papel en la creación y distribución del ingreso nacional. Los cuatro produjeron un documento que el responsable nacional del M-26-7 no tuvo dudas en aprobar para su distribución. Sin embargo, sólo unas pocas copias fueron impresas y distribuidas, interrumpidas tal vez por la muerte de Frank País meses más tarde. El pueblo de Cuba tuvo la oportunidad de leer el manifiesto después del triunfo de la revolución, cuando fue publicado en la *Revista Bimestre Cubana* (Boti y Pazos 1958: 249-282). La Tesis Económica del Movimiento 26 de Julio aparece en la sección de Documentos Oficiales de la Parte II del Libro II de esta trilogía.

Movimiento de Resistencia Cívica

Reflejando su prolífica agenda, y también su visión de una revolución dirigida por civiles en lugar de caudillos militares, poco tiempo después del alzamiento del 30 de noviembre de 1956, Frank País fundó el Movimiento de Resistencia Cívica (MRC) en Santiago de Cuba. Su propósito era el separar lo que luego llamaría "milicias" de los militantes que se ocupaban de proveer apoyo a los combatientes de las montañas y las ciudades. Invitó a los profesionales más prestigiosos a que se unieran a la nueva organización antes de que él, y el resto de la DN, fueran a la Sierra Maestra para celebrar la primera reunión después del desembarco de Castro y sus expedicionarios. La DN aprobó su creación y responsabilizó a País con escribir sus estatutos. Lo hizo de inmediato a su regreso a Santiago de Cuba (Cuesta Braniella 1997: 317-322). Los Estatutos de la Fundación del Movimiento de Resistencia Cívica aparecen en la sección de Documentos Oficiales de la Parte II del Libro II de esta trilogía.

José Álvarez

Nuestra Razón: Manifiesto Programa del Movimiento 26 de Julio

Como la tesis económica no atrajo la atención de Castro y su grupo, País decidió realizar otro intento. En una carta fechada el 21 de junio de 1957, nombró al Dr. Mario Llerena representante de relaciones públicas del M-26-7 en el extranjero. País le reiteraba su confianza en su capacidad y disciplina. Llerena se convertiría en el autor de "Nuestra razón – Manifiesto programa del Movimiento 26 de Julio".

Aunque "Nuestra razón" se publicó a fines de junio o principios de julio de 1957, el autor le puso fecha de noviembre de 1956, para hacerlo coincidir con el mes del alzamiento en Santiago y la esperada llegada de Fidel Castro a las costas cubanas. Dicho escrito se puede encontrar en la sección de Documentos Oficiales de la Parte II del Libro II de esta trilogía.

Objetivos de la Revolución Cubana

¿Qué tenía en su mente la dirección revolucionaria para la puesta en práctica de su programa? Ellos creían que los principios contenidos en su programa estaban basados en la realidad de Cuba. Frente al pesimismo negativo de los que veían como extranjeros los problemas cubanos y atribuían a los defectos de la gente las injusticias de nuestra historia, el 26 de Julio no adoptaba la postura ingenua y simplista del realismo constructivo. Finalmente, se aspiraba a ocupar la posición digna y honorable que le corresponde en la lucha por la libertad, la democracia y la justicia. Otro objetivo es convertir el mundo en una confederación de países libres, uno de los ideales de Martí y también de la revolución cubana, que ha costado miles de vidas jóvenes y ha dado forma a nuestra historia hasta este momento, y hará libre y próspero al pueblo cubano.

Ahora sabemos que Fidel Castro no formaba parte del consenso.

CAPITULO 5

«HÉROES O MÁRTIRES EN 1956»

Fidel Castro lo dijo en Miami el 30 de octubre de 1955: "Puedo informar con toda responsabilidad que en el año 1956 seremos libres o seremos mártires". Lo repitió en la capital azteca, el 26 de agosto de 1956: "Les ratifico con serenidad, cuatro meses y seis días antes de diciembre 31, que en 1956 seremos libres o mártires".

Fidel Castro y Frank País nunca se conocieron en Cuba. Cuando Castro salió de prisión el 15 de mayo de 1955, País estaba en Oriente y el jefe de los moncadistas abandonó el país poco después. Su primer encuentro no se produjo hasta el año siguiente, cuando País hizo su primer viaje a México el 8 de agosto. Un segundo viaje tuvo lugar el 23 de octubre. Existe poca información sobre estas dos reuniones.

En un libro dedicado al exilio mexicano de Castro (Hernández Garcini y otros 2004), se le da muy poca atención a estas dos visitas. Por ejemplo, de la primera visita solo se describe su llegada a la casa de Arsacio Vanegas y las recolecciones de éste en menos de una página (pp. 215-216); y en menos de cuatro líneas la segunda (p. 241). No existen fotos, aunque tomaron más de una durante la visita de José Antonio Echeverría.

José Álvarez

Este capítulo intenta explorar lo que ocurrió en Ciudad México entre ambos líderes, porque pudiera haber sido el inicio de los primeros desacuerdos entre Alejandro y Salvador (su primer nombre de guerra) en el primer viaje de Frank, y entre Alejandro y David (su segundo nombre de guerra) en el siguiente viaje.

Primer Viaje de Frank País (Salvador) a México

El 28 de julio de 1956 tuvo lugar en La Habana una reunión de la DN del M-26-7. El tema principal en la agenda era discutir cómo ayudar a los moncadistas presos en México. Se preparó una lista con los nombres quienes debían viajar a México. País estaba en ella, pero, a diferencia de los otros cuya intención era acompañar a Castro en la expedición, él retornaría a su puesto. El objetivo de su viaje, además del encuentro personal, era discutir cuestiones de organización y logísticas. Ésta era la sugerencia que había traído María Antonia Figueroa de México.

País estuvo listo para marchar a principios de agosto. Cuando Rosario se enteró, se opuso, pero luego ella afirmó que Frank le explicó y la convenció. Frank necesitó comprar alguna ropa para parecer un turista de clase media antes de marcharse. País fue primero al Hotel Chulavista en Cuernavaca. Cerca del mediodía del 8 de agosto, tocó en el portón de una casa en Calle Segunda de Penitenciaría número 27. El hombre de la casa, un mexicano llamado Arsacio Vanegas, abrió la verja y lo dejó entrar. Le solicitó el pasaporte para verificar su identidad y le mostró la casa para romper el hielo, porque País no hablaba. Ni Arsacio ni María Antonia González, a quien éste había llamado, podían localizar a Alejandro. A la hora de la comida, Arsacio le ofreció un bistec con arroz y frijoles, junto con un refresco y un cigarrillo. Aceptó todo menos el cigarrillo. Pasaron varias horas y Salvador se impacientaba. El anfitrión lo trató de calmar diciéndole que vendrían pronto por él, pero no fue hasta diez horas después de su arribo que Cándido González estacionó su auto frente a la casa para recogerlo.

No tuvieron que ir muy lejos porque Castro estaba en la ciudad, en una casa que había alquilado en una de las esquinas de Kepler y Copérnico. Se estrecharon la mano y se abrazaron. En frente de País estaba el hombre sobre quien él había sospechado de tener una posible agenda electoral secreta. El temor parecía haber desaparecido muchos meses atrás cuando tomó la decisión de fusionar su ANR con el Movimiento de Castro. Ahora estaban los dos frente a frente para planificar la próxima rebelión. La primera reunión duró hasta el amanecer. La conversación giró sobre cómo hacer realidad su objetivo de la manera más efectiva y eficiente.

País tuvo también algún tiempo libre para visitar unos pocos lugares en la capital mexicana. Desde Xochimilco envió una tarjeta a su novia en la que escribió: "Sabes que a pesar de la distancia no te puedo olvidar. Esto es muy bonito, pero yo suspiro por ti."

Aunque aparentemente se marchó diez días más tarde, el 18 de agosto, no hay mucha información sobre sus actividades en la capital mexicana. Después de llegar a Santiago, llamó a una reunión de la Dirección Nacional. Llevaba una carta para María Antonia Figueroa, donde Fidel expresaba su opinión de Frank: "He podido comprobar cuanto me habías dicho sobre las magníficas cualidades de organizador, el valor y la capacidad de Frank. Nos hemos entendido muy bien. Su viaje ha resultado muy beneficioso. Aunque no pueda decir nada, él lleva noticias muy alentadoras" (Gálvez Rodríguez 1991: 311).

Tan pronto como se celebró la reunión, Frank asignó una tarea importante a un pequeño grupo. Debían preparar la "Tesis Económica del Movimiento Revolucionario 26 de Julio". Frank País siempre consideró de suma importancia decirle al pueblo el por qué de su lucha. Después de terminado, el documento se imprimió pero sólo un pequeño número fue distribuido entre los militantes.

José Álvarez

Segundo Viaje de Frank País (David) a México

El motivo de este viaje no está claro. Se sabe que País envió una carta a Castro el 11 de septiembre, cuyo contenido no se ha revelado. Se supone que fue reportando éxitos y dificultades en la organización del levantamiento. Castro respondió con una carta traída por Manuel Echavarría a mediados de septiembre. País necesitaba viajar de nuevo a México.

A principios de octubre, País fue a La Habana con varios compañeros. País y Léster asistieron a una reunión de la DN el 6 de octubre. El objetivo de la reunión era discutir las acciones después del desembarco de Castro. Frank opinaba que no estaban listos todavía. Obtuvo una visa mexicana el 22 de octubre y salió para México al día siguiente.

Un evento que el régimen cubano ha ocultado tuvo lugar durante la segunda visita de Frank País a la capital azteca El evento, sin embargo, captó la atención de escritores fuera de Cuba, entre ellos, Casuso (1961: 115), Geyer (1991: 153-154); Llerena Rodríguez (1981: 86-89), Quirk (1993: 115), Szulc (1986: 370-371). En Cuba, el incidente fue reportado en la edición del 23 de diciembre de 1956 de la *Revista Bohemia*. Nada se ha publicado después del 1 de enero de 1959.

Aunque de carácter familiar, el mismo tuvo implicaciones políticas. Al más de un mes atrás, el 17 de septiembre de 1956, el hijo de Castro de seis años, Fidelito, había viajado desde Cuba para pasar dos semanas con su padre. El viaje se había originado en una petición hecha telefónicamente por Castro a su ex-esposa.[4] Le había dicho a ella que podía morir antes de fin de año y que quería pasar algún tiempo con su hijo. Ella había consentido

---

4 Fidel Castro y Mirta Díaz-Balart, de familias que eran enemigas políticas, se casaron el 10 de octubre de 1948. Se divorciaron mientras Castro guardaba prisión. Inicialmente, se argumentó que Mirta recibía un cheque del Estado sin trabajar. Fidel estaría furioso. También se dijo que ella había recibido una carta de Castro dirigida a su amante Naty Revuelta. Uno de los custodios, o el mismo Fidel, habría colocado las cartas en sobres equivocados.

después haber dado él su palabra de que el niño volvería dos semanas más tarde. Frank llegó tres semanas después de vencerse el plazo. Fidel Castro no había cumplido la promesa y había "secuestrado" a su propio hijo. Castro le cambió el nombre a Juan Ramírez, lo inscribió en los Boy Scouts, y lo puso bajo la custodia de Alfonso Gutiérrez y Orquídea Pino para que viviera con ellos en su lujosa villa. Castro alegaba que, como su esposa no había podido romper con la influencia de su familia, su hijo no podía criarse en un ambiente con las ideas deplorables contra las que él luchaba. Castro había decidido no devolver su hijo a la madre. Pero hizo más. Fidel Castro escribió una carta a su hermana Lidia declarando que dejaba a su hijo Fidelito con el matrimonio Gutiérrez-Pino, quienes le podían dar, según él, una educación mejor. "También le dejo mi hijo a México para que pueda crecer y estudiar en esta tierra libre y hospitalaria. Él no puede regresar a Cuba hasta que sea libre o hasta que pueda luchar por una Cuba libre." Fidelito fue tomado por la fuerza en la mañana del domingo 8 de diciembre mientras caminaba con las hermanas de Castro en Chapultepec, y llevado a la Embajada de Cuba donde su madre y su nuevo esposo, Emilio Núñez, hijo del Embajador Cubano ante Naciones Unidas, estaban esperando. El presidente de México tuvo que firmar la autorización para la salida del país.

Aunque no hay una referencia específica de que País estuviera consciente del secuestro, y tampoco está mencionado en la versión oficial del exilio mexicano de Castro (Hernández Garcini y otros 2004) es fácil de entender que el evento fuera tópico de conversación entre los revolucionarios mientras David estuvo en México. Quienes han reportado este incidente refieren que después que pasaran "cinco semanas", la madre estaba furiosa. Lidia Castro --una de las hermanas de Castro y amiga suya-- le dijo que su hermano había decidido retener al niño. Las cinco semanas se cumplieron el lunes 22 de octubre (Fidelito había llegado a México el lunes 17 de septiembre), y Frank País llegó al día siguiente. Pero existe un indicio de que País supiera lo que estaba sucediendo.

Apenas arribó a la capital mexicana, País se dirigió a la casa de la cubana Orquídea Pino, en la Calle Fuego # 100. Casada con un rico comerciante mexicano, era una colaboradora de los moncadistas. Su espléndida mansión era punto de reuniones y contactos de exiliados y visitantes. Mientras esperaba que localizaran a Fidel, Frank se puso a tocar un pequeño piano, lo que resultó una agradable sorpresa para la familia. A lo anterior hay que agregar que Lidia Castro, hermana mayor de los Castro, estaba viviendo en la casa de Orquídea Pino cuando llegó Frank País; ella describió su emoción cuando escuchó a País tocando el piano (Portuondo 1986a: 110). Todo parece indicar que, si Fidelito estaba viviendo en esa casa, Frank debió al menos haberlo visto y tal vez haber charlado con él. Como era su residencia, también es obvio que el tema sería un tópico importante de conversación entre sus moradores. Pocas horas después, recogieron a País. Uno no puede sino preguntarse qué pensaría Frank País mientras recorría los 85 kilómetros a Cuernavaca, "la ciudad de la primavera eterna", a su segundo encuentro con Fidel Castro.

En contraste con la primera reunión, ésta fue un poco tensa. País expuso su punto de vista con su franqueza habitual. En su opinión, las condiciones para el desembarco y el levantamiento no eran todavía muy adecuadas y el evento debía posponerse hasta principios del año siguiente. Resumió la situación en tres puntos principales. El primero, que no creía en la entonces organización del Movimiento. El segundo, que el trabajo realizado para apoyar una huelga general era flojo. El tercero, que no creía en la eficacia de los comandos de acción porque estaban indefensos, sin preparación y sin coordinación. Castro reconoció la verdad de estos argumentos, pero rechazó la idea de posponer la fecha. Había hecho una promesa a los cubanos de que estaría en Cuba, peleando o muerto, antes del final de 1956, y nada le haría cambiar de opinión. David insistió durante cinco días, pero Alejandro "no se movería de esa posición" (Quirk 1993: 114). Castro también argumentó que la policía mexicana los perseguía y podían perder las armas adquiridas después de la confiscación sufrida pocos meses antes.

Testimonios escritos hasta 1975 indican que el plan era que el levantamiento en Santiago de Cuba coincidiera con el desembarco de Castro. Sin embargo, Castro sorprendió a Herbert L. Matthews (1975: 69) diciéndole que él quería que el desembarco precediera al levantamiento para establecer una cabeza de playa que atrajera a las tropas de Batista, alejándolas de Santiago, para facilitar el levantamiento de Frank y sus hombres, quienes se apoderarían de la ciudad y tendrían entonces al ejército atrapado.

Al final de la visita de País, Castro lo ascendió a jefe nacional de acción. País le escribió una nota a Arturo Duque de Estrada, diciéndole: "Tengo formidables noticias, conseguí todo lo que vine a buscar, con excepción del viaje, hasta hoy estoy esperando una llamada telefónica. Conseguí también un ascenso; nada, que me están sobreestimando."

No hay ninguna referencia en la literatura publicada en la isla de cambios en el comportamiento de País después de su segundo encuentro con Castro. Tampoco existen indicios de que País descubriera las relaciones estrechas que Castro estaba manteniendo con los dirigentes del Partido Socialista Popular (PSP) exiliados en la capital mexicana y con los que llegaban a visitarlo del extranjero. Lo mismo ocurre con los militantes de su organización que se relacionaban con personal de la Embajada de la Unión Soviética en el D.F., con algunos de los cuales conversó Fidel Castro extensamente (Aguilera 2018).

Por otra parte, ¿consideraba Frank País que el poco respeto de Castro a la palabra de honor dada a su ex-esposa tuviera implicaciones políticas? No hay ningún testimonio escrito pero uno puede presumir que País tuvo al menos dos experiencias desagradables de la personalidad de Castro: su irresponsabilidad con respecto a la custodia del hijo y su despreocupación por el hecho de que no estuvieran listos para el desembarco.

Tuvieron que transcurrir muchos años antes de que Castro reconociera el error de su empecinamiento. En sus conversaciones con Blanco Castiñeira (2011: 400, 425) le confiesa:

> Fue una decisión muy audaz. No voy a decir que correcta... Si lo miro retrospectivamente y me pregunto si era necesario, puedo responder convencido que no era necesario ni imprescindible, no había que atenerse con todo rigor a tal compromiso para hacer la Revolución... Aposté fuerte y puse una fecha precisa, algo peligroso que nos colocó en una posición muy comprometida. Con más experiencia no lanzaría la consigna, habría dejado una reserva de tiempo...

La Carrera Frenética para Cumplir la Promesa

Cuando volvió de México el 28 de octubre, lo hizo vía Camagüey y, en vez de ir a Santiago, hizo breves visitas a Camagüey, Santa Clara y La Habana, porque quería estar seguro de quién iba a recibir el aviso del día de la sublevación además de resolver algunos asuntos organizativos. El objetivo era organizar los avisos para el levantamiento. A esas alturas, Frank País había ampliado sus contactos a toda la isla, a quienes visita en esta ocasión para coordinador el levantamiento que se avecina.

A pesar de no haber podido convencer a Castro de lo inapropiado del compromiso público, País se dedicó a preparar las condiciones para apoyar el desembarco de las fuerzas expedicionarias.[5] Algunas semanas antes, él había dimitido de la escuela "El Salvador" en una conversación corta e impactante con el director. "Pastor, puede disponer de mi posición." Cuando su jefe le pidió la razón, País contestó: "Cuba me necesita."[6]. La tarea

---

[5] La mayor parte de este capítulo fue resumido de Miranda (1983), Gálvez Rodríguez (1991: 312-348), y Portuondo (1988: 226-251). Algunos de los participantes que residen en el exilio también brindaron sus recuerdos de los hechos. Ellos incluyen: Eugenio Aguilera, José Cervera, Jorge Gómez, Agustín País, Luis Pedrón, José Pujol, y Roberto Roca. Como se ha dicho ya anteriormente en este libro, tratamos de explicar los relatos divergentes publicados en la isla.

que País enfrentaba era una empresa de gran envergadura que él satisfaría hasta el último detalle.

Recogida y Preparación del Armamento

Las armas provinieron de diversas fuentes: las donaciones y las compras a individuos privados, compras en la base naval de Guantánamo, la porción robada del Club de Cazadores, las tomadas de un finquero rico en Palma Soriano, varias adquisiciones en EL Cristo y San Luis, incluyendo la dinamita, y algunas entregas de lotes pequeños al grupo. No sólo recolectaron las armas, sino que ellos mismos construyeron algunas, como granadas que aprendieron a producir durante una visita a La Habana.

Los materiales de guerra fueron ocultados y rotados en varios lugares, como la florería "Los Ángeles", la tienda de azulejos "El Carrusel", un almacén en Barracones, y los hogares de varios líderes y militantes.

Muchos incidentes peculiares ocurrieron durante la preparación de la sublevación. Agustín País recuerda ir caminando por las calles de Santiago la tarde del 29 de noviembre, llevando un bolso marrón grande lleno por completo con armas de pequeño calibre. Él ayudaba a trasladar esas armas de "Los Ángeles" a "El Carrusel". Poco antes de llegar, el bolso se rompió y el contenido se esparció en la calle. Cuando varios peatones próximos se percataron de lo que sucedía, lo rodearon mientras él recogía las armas y las envolvía en los restos del bolso. Cuando terminó, los peatones continuaron su andar como si no hubiera sucedido nada.

En la mayoría de los casos, el material de guerra tuvo que ser limpiado y preparado antes de usarse. Hay referencias a sesiones diarias de limpieza con seis o siete militantes reunidos para

---

[6] Adela Morlot, la esposa del Pastor le dijo a Portuondo "Cuba y la revolución me necesitan" (1988: 228). Gálvez Rodríguez escribió "la patria me necesita" (1991: 313).

limpiar las armas, las balas, la dinamita, y cada pedazo de material que se proponían utilizar en la sublevación. Rosell menciona a Almenares, los tres País, Léster, Alomá, y otros (Portuondo 1988: 229).

Agustín País recuerda haber escondido algunas armas del lote del club de cazadores y otros lotes en el ático de su casa, todas muy sucias. Él las limpió durante varias noches. Largo e incómodo resultó el proceso de separar la dinamita sustraída de las minas del El Cristo.

Entrenamiento de los Combatientes

Los revolucionarios se entrenaron en varios lugares en las afueras de Santiago, como la finca propiedad de Luis Felipe Rosell. Algo después, Rosell le pidió permiso a Juan José Otero para utilizar su finca como lugar de entrenamiento. Iban los domingos, porque los soldados cazaban allí durante la semana.

Pepito Tey estaba a cargo del entrenamiento, que comenzó con prácticas de tiro, luego se hacían ejercicios militares, y más tarde hubo necesidad de construir una cueva para ocultar las armas. La finca "El Cañón" rindió incontables servicios al M-26-7 (Velázquez Fuentes 2004).

Confección de los Uniformes

Fidel Castro le había enviado instrucciones a País de que el color de los uniformes fuera verde olivo. A su regreso de su segundo viaje a México, País obtuvo varias muestras y escogió uno. El material para 200 uniformes fue comprado mayormente en la tienda por departamentos "La Francia", donde trabajaba Salvador Pascual y Enrique Canto era el gerente.[7]

País puso a Nayibe Atala a cargo de coser los uniformes. Una joven que trabajaba en una tienda de ropa masculina hizo el corte

---

[7] Gálvez Rodríguez (1991: 325) menciona a Pascual, pero se le olvida —o no quiere—incluir a Enrique Canto Bory, la persona a quien Frank País le encomendó la responsabilidad de buscarle refugios y transportarlo a ellos, además de nombrarlo tesorero nacional del M-26-7.

y los entregó con una letra y un número que correspondían a la célula a la cual habían sido asignados. Esa operación parece haber estado bajo Miguel Ángel Yero y su célula, que hicieron la mayor parte del trabajo en la casa principal de la célula (Borges Betancourt y Cruz Ruiz 2006: 62). Cada uniforme salió con las medidas en una etiqueta. Nayibe y su hermana iban al almacén a recoger los uniformes cortados para coserlos en su hogar con la ayuda de otras mujeres.

Los Botiquines de Primeros Auxilios

Esta tarea fue asignada a Vilma Espín. Debían estar situados en varios lugares de la ciudad con las personas encargadas de atender a los heridos durante y después del combate. Los cursos cortos fueron tomados por la gente que ayudaba a las enfermeras y a los médicos que se habían ofrecido voluntariamente para el trabajo.

Las clases de primeros auxilios comenzaron en el hogar del Dr. Armaignac. Después de tres o cuatro clases, País no estaba satisfecho con el contenido del entrenamiento y solicitó una cobertura más profunda, que fue hecha, incluyendo clases en la clínica "Colonia Española." Después de que la operación fuera reorganizada, más de veinte muchachas recibieron el entrenamiento de cinco médicos y un enfermero.

Las localizaciones de las clínicas de primeros auxilios estaban cerca de los lugares de mayor acción bélica. Las medicinas y los materiales recogidos por donaciones de médicos privados se llevaron a casa de Nayibe. Dos días antes de la sublevación, dos muchachas vinieron por ellos y los llevaron a la "Colonia Española" para esterilizarlos en su autoclave. Las muchachas confeccionaron banderas de la cruz roja para enviarlas con el equipo y el personal.

Los Lugares de Acuartelamiento

José Álvarez

País les solicitó a sus colaboradores más cercanos localizar albergues cerca de las acciones para alojar a los combatientes antes del ataque (Gálvez Rodríguez 1991: 345-346, 348-349). Él también le pidió a Figueroa que consiguiera una casa fuera de la ciudad que serviría como la jefatura de la Dirección Provincial y ella lo hizo en Punta Gorda.

La noche antes del ataque, aproximadamente a las once, Frank visitó a América en el hogar de la familia Aguiar, en la calle Princesa # 666, entre Reloj y Clarín. Hablaron durante algunos minutos y, quizás temiendo lo peor, él le dio su colección de estampillas de correos y varios documentos personales. De allí, País fue a la casa de Vilma a escuchar la grabación supuesta a ser airada la mañana siguiente, puso varios paquetes en el maletero del auto y, se marchó rumbo a la salida de la ciudad. Hizo una breve parada para comprar galletas para el desayuno de la mañana próxima. País no dejaba pasar el más mínimo detalle.

De allí, Frank impartió la orden de partir para Punta Gorda, fuera de la ciudad, por la bahía, para pasar las horas que los separaban de la sublevación. Los miembros de la dirección provincial y nacional deseaban pasar esa noche juntos, evitando ser detenidos por el régimen, pero también para compartir esas horas en aislamiento. Eran: Frank País, Agustín País, Haydée Santamaría, Gloria Cuadras, María Antonia Figueroa, Baudilio Castellanos, Armando Hart, Ramón Álvarez, y Taras Domitro.

Existen diferentes versiones sobre los nombres de las personas que pasaron aquella noche en Punta Gorda. En Portuondo (1986b), María Antonia Figueroa dice que fueron en tres grupos. Ella llegó primero con Castellanos, encontrando allí a otros tres que se fueron más tarde. El segundo grupo estaba compuesto por Álvarez y Cuadras. Finalmente, Frank, Hart, Santamaría, y Domitro llegaron alrededor de la medianoche (p. 178). Agustín País está ausente de su grupo de ocho personas. Sin embargo, este último es mencionado en el grupo de diez de Domitro: País, Santamaría, Cuadra, Figueroa, Castellanos, Hart, Álvarez, Clergé, Agustín País y él (p. 179). Agustín País no coincidió con la afirmación de que Clergé estuvo presente (mensaje electrónico del 10 de octubre de 2008). Es posible que formara parte del grupo de combatientes que armaba granadas cuando llegaron los del puesto de mando, marchándose luego (p. 178). Hernández Garcini et al. (2004: 279), quienes no estaban allí, mencionan a País, Domitro, Castellanos, Hart, Santamaría, Figueroa, y Cuadra, pero no a Agustín.

Una tarea más difícil fue encontrar escondites para los diversos comandos, pero fueron distribuidos en una docena de lugares situados a través de la ciudad.

La Propaganda

País era un firme creyente en el impacto positivo de la propaganda. Haydée Santamaría grabó un llamado a la acción con el himno nacional de fondo. País creyó que un grupo debía asumir el control la estación de radio CMKC para airear la grabación, pero otros lo convencieron de que era mejor hablar con los dueños. El ingeniero de la estación estuvo de acuerdo en cooperar y le dijeron para esperara una nota con las instrucciones. La cinta fue grabada por Gloria Cuadras, Armando Hart, Haydée Santamaría, y Ramón Álvarez.

País también solicitó la redacción e impresión de un volanteque llamaba a la población a apoyar la sublevación. Aunque no pudieron hacerlo en la Escuela Normal, según lo previsto, fue hecha en una casa con un mimeógrafo que habían obtenido.

El Plan Militar: Los Toques Finales

El martes 27 de noviembre, un grupo de estudiantes se lanzó a las calles de Santiago de Cuba para honrar a los ocho estudiantes de medicina muertos por el gobierno colonial en La Habana en 1871. No lejos de uno de los disturbios callejeros, un mensajero de la oficina de correos golpeó en la puerta de la casa situada en calle San Fermín # 356, entregando un telegrama dirigido a Arturo Duque de Estrada: "Libro pedido agotado.

José Álvarez

Editorial Divulgación." El mensaje anunciaba la salida de México de Fidel Castro y su grupo, pero Arturo no lo sabía porque País sólo le había dicho que él iba a recibir un mensaje de Fidel. Arturo se apresuró a llevar el telegrama a Pepito Tey, quien lo llevó a Frank.

Frank País había convenido con Castro en México el mes anterior que la sublevación debía ocurrir tres días después de recibir el mensaje. País había demostrado su vocación de militar mientras desarrollaba el plan para la sublevación. Él les había explicado las acciones a Pepito y a Léster unos días antes. Frank comenzó la descripción de los lugares que él había seleccionado como blancos, en primer lugar, la estación central de la policía, situada en la loma del Intendente. Siendo el blanco principal, su ataque estaría a cargo del grupo de Tey y el de Parellada. Había seleccionado a Jorge Sotús para el asalto al Distrito Naval, situado por la bahía en la avenida de Michaelsen. Un grupo dirigido por Léster Rodríguez accionaría el mortero de 81 milímetros para intentar darle al edificio donde radica el Estado Mayor General, junto a Josué de ayudante. Se van a construir barricadas alrededor del Moncada, con autobuses y otros vehículos en llamas, para evitar que salgan refuerzos. A propósito, el sonido del primer disparo del mortero será la señal para que varios grupos comiencen sus misiones. El grupo de Enzo Infante debería irrumpir en los dos almacenes de ferretería para incautar las armas para llevarlas al puesto de mando, donde se decidirá su asignación para reforzar, probablemente, el grupo de Léster. Es importante mantener a los soldados en sus cuarteles, para así poder asumir el control la ciudad. Había planes para el aeropuerto, la escapada de la prisión de Boniato, y misiones que se asignarían a otros diez comandos, incluyendo las brigadas juveniles conducidas por Félix Pena.

Habría acciones también en Manzanillo, Guantánamo, y en el Central Ermita. Se les enviarían instrucciones a los líderes del M-26-7 en Las Villas, Camagüey, Habana, Matanzas y Pinar del Río, y los diversos municipios de la provincia de Oriente, porque País había desarrollado los planes de acción para cada provincia en Cuba.

Las armas serían distribuidas de "El Carrusel". El grupo que ha estado funcionando en esa tarea está compuesto por Taras Domitro, Miguel Deulofeu, Rafael Infante y Agustín País. No hay armas suficientes para los objetivos, y mucho menos para otras acciones en el resto de la provincia. Quedaban muchas cosas por resolver. Entonces los tres salieron de la casa en distintas direcciones.

País necesitaba comprobar los objetivos en auto y eso hizo después de salir de la casa de Pepito. Dio citas separadas a cada líder de grupo para la tarde del 28 en la casa de Arturo, que era sede de la secretaría. Cada líder había reportado alrededor del 26. Dos días más tarde, País era muy específico. Uno por uno le comunicó a cada jefe de acción cuál sería su asignación: El plan para el ataque a la Policía Marítima: Jorge Sotús. El cerco al Cuartel Moncada, cada una de las secciones del cerco por separado, a los jefes José Cala, Emiliano (Nano) Díaz, Enrique Hermus, Ignacio Alomá, y José (Nene) Álvarez. Los que recibirían a los escapados de la Prisión de Boniato para unirse luego al grupo de Hermus: Agustín Navarrete. Para dirigir las Brigadas Juveniles y asignarle a cada grupo su objetivo: Félix Pena.

La dirección se reunió otra vez para dar los toques finales al plan y, después de eso, ya de noche, País, Tey y Rodríguez hicieron un recorrido visitando a otros grupos de oposición para recabar su ayuda. Ninguna suerte. Los líderes de la Triple A hicieron la promesa de tomar el aeropuerto y realizar otras acciones, pero los tres amigos sabían que mentían. Los líderes de Acción Libertadora, a quienes los tres habían pertenecido en el pasado, les dijeron que no podían hacer nada sin ser autorizados por sus líderes nacionales en La Habana. La puerta siguiente que golpearon fue la casa de Ramón Álvarez, donde se reunieron con dos líderes del partido comunista. Obtuvieron la misma respuesta que antes: "La línea del Partido sigue siendo la movilización de masas, no de apoyo a la lucha armada." Harían un llamado a la huelga que luego fue suspendido por la jefatura nacional del PSP.

El día siguiente, el 29, País y sus dos ayudantes principales acabaron el trabajo proveyendo las casas seguras con el equipo, distribuyendo las armas, los materiales de primeros auxilios en las clínicas que habían instalado a través de la ciudad, y dando las instrucciones finales a los diversos grupos. Cuando la noche cayó sobre la ciudad, los que habían recibido el honor de participar en las acciones del día siguiente, fueron a sus lugares asignados a pasar la noche. ¡El momento que habían esperado había llegado! La promesa de "héroes o mártires en el 56" sería satisfecha al día siguiente, un mes y un día antes de vencerse el plazo.

El mismo día, jueves 29, Josué visitó la prisión de Boniato para entregar las instrucciones a los compañeros allí encarcelados sobre un plan de escape. Debían unirse a las fuerzas en el cerco al Moncada después de atacar el puesto de Quintero.

Doña Rosario recordó más adelante: "El día 29 por la noche, Agustín recogió su jacket. 'Bueno, mamá, me voy' – para significarme que no dormiría en la casa, y cuando pregunté '¿a dónde vas?' se limitó a decirme: 'Me voy con Frank'. Esa misma noche, Josué vino, me echó los brazos y también me dijo: 'Me voy con Frank', agregando: 'Dame un beso, y ora por mí'".

Después de esa escena, desapareció en la oscuridad de la noche otoñal. Como Frank País había venido ya a visitarla y decir adiós, Rosario quedó sola en la casa. Esa noche, fuerte como ella era, temió para las vidas de sus tres muchachos. Camino de su habitación, repetía balbuceando: "¡Oh, Señor, cuida a mis hijos!"

El jefe del Regimiento No. 1 Santiago de Cuba,
general Martín Díaz Tamayo, informa al Estado
Mayor del Ejército en la Habana, que el
Movimiento 26 de Julio le ha tomado la ciudad.
Gálvez Rodríguez (1991: 378).

Frank País y la DN en el Puesto de Mando: Las Primeras Horas[8]

FRANK PAÍS

En la casa de Punta Gorda, algunos lograron dormir. Frank y Taras se vistieron con el uniforme verde olivo y fueron al auto a intentar dormir. "Despiértanos a las cinco," le confiaron a María Antonia. Ella lo hizo faltando un cuarto de hora para las siete de la mañana del viernes del último día de noviembre. La escena debe haber sido una experiencia inolvidable para los nueve revolucionarios. Punta Gorda es  una península pequeña a lo largo de la carretera turística que limita con la bahía en su orilla del este. Está a ocho kilómetros al sur de la ciudad, cerca de la boca de la bahía. Debe haber sido una noche silenciosa. Agustín País fue despertado "por el olor dulce del café recién colado". Él recuerda vívidamente cuando tomó una taza y se fue a beberlo en la puerta mientras miraba hacia afuera y sentía la brisa fresca subiendo de la bahía, y preguntarse "cuántos de nosotros estarían vivos al final del día". Después de algunos minutos, el grupo estaba listo para averiguarlo.

Cargaron los autos y se dirigieron a Santiago de Cuba para realizar el acto de guerra más impactante que esa ciudad había presenciado desde el 26 de julio de 1953. En esta oportunidad, sin embargo, la lucha se iba a extender por toda la ciudad.

El viaje fue hecho en dos autos conducidos por País y Baudilio Castellanos. Aunque tomaron rutas diferentes, llegaron a la casa al mismo tiempo: un poco antes de las seis y media de la mañana.

País había elegido un hogar privado para establecer lajefatura. Pertenecía a Suzette Bueno de Rousseau ("la casa de

---

[8] El bosquejo original fue basado en los testimonios que aparecen en Gálvez Rodríguez (1991), Miranda (1983), Portuondo (1986; 2006), y Rubiera y Sierra (1978). Dicho borrador fue revisado y complementado más adelante con los testimonios de varios participantes que viven en el exilio: Eugenio Aguilera, José Cervera, Jorge Gómez, Agustín País, Luis Pedrón, y Roberto Roca.

los Rousseau"), situada en las esquinas de las calles Santa Lucía y San Félix, a escasos pasos del Parque Céspedes. Seguido por el resto del grupo, País fue al segundo piso. Los empleados se sorprendieron por la llegada de la gente. Frank les dijo que eran revolucionarios. País pidió a los dueños de la casa que se marcharan. La enorme casa colonial de dos pisos pronto comenzó a transformarse en el puesto de mando.

En medio de esa tarea, mientras trabajaban en un relativo silencio para evitar ser descubiertos, los nuevos inquilinos de la casa de Rousseau oyeron fuertes ruidos venir de la calle San Félix. Algunos fueron a los balcones a ver qué sucedía. Vieron a los hombres de Pepito Tey pasar cerca en varios autos rumbo a su objetivo. Tey sacó su brazo izquierdo agitando su M-1 mientras gritaba: "¡Viva Cuba libre!", que País contestó con el mismo lema antes de retirarse al interior de la casa para continuar trabajando.

La Señal del Mortero:
Comando de Léster Rodríguez

El mortero había sido adquirido algunos meses atrás de un grupo comprometido con el derrocamiento del dictador Trujillo y debía ser colocado detrás de la escuela "Sagrado Corazón" - situada a tres cuadras del Moncada en la entrada del reparto Terrazas de Vista Alegre, muy cerca del Instituto de Segunda Enseñanza. Un ingeniero había medido exactamente la distancia hasta las oficinas del estado mayor general, asegurándose que los disparos darían en el blanco. El primer disparo contra el Moncada, a las 7:00 am., era la señal para entrar en acción.

Léster Rodríguez estaba al frente del grupo a cargo de esta operación, quien también operaría el mortero con Caleb de Quesada, encargado de proporcionar las municiones. Josué País debía accionar la ametralladora 30.06 trípode, asistido por Regalado y Oliva. Un auto estacionado fuera de la casa cuartel de este comando contenía la ametralladora y el mortero.

Después de pasar la noche haciendo diligencias por toda la

ciudad, Rodríguez fue a recoger a su grupo. Ahí recibió una llamada de un amigo que lo alertó que las autoridades tenían indicaciones de la sublevación. Incapaz de localizar a País, regresó por su grupo.

Todos vestían ropas de civiles. Para evitar un encuentro con la policía si estaban en el auto, Rodríguez decidió caminar las diez cuadras que los separaban del lugar asignado al mortero. Los otros dos combatientes salieron antes que él y Josué. Eran algunos minutos después de las seis de la mañana. Ambos combatientes habían avanzado la mitad de la distancia cuando un coche patrulla los interceptó. Encontraron el dibujo para la acción del mortero en uno de los bolsillos de Rodríguez (véase también Velázquez Fuentes 1979: 57-61). Ya sus dos compañeros habían sido detenidos. Los cuatro fueron conducidos al Cuartel Moncada y más tarde a la prisión de Boniato.

Plaza Dolores:
Comando de Enzo Infante[9]

La presencia de los jóvenes en uniforme, con el brazalete del 26 de Julio, causaron sorpresa entre los habitantes que estaban ya en pie y listos para el último día del mes. Era un viernes.

Enzo Infante dirigía el grupo asignado para asaltar los almacenes de ferretería situados en la Plaza Dolores. Tenían dos tareas: imprimir 1,000 copias de un volante que se distribuiría a la población, y ocupar las armas deportivas de las ferreterías. Pasaron la noche en una escuela pequeña de los hermanos

---

[9] La descripción inicial de las actividades en el puesto de mando durante el día fue revisada con base a los testimonios de dos de los participantes: Agustín País, miembro del comando de Enzo Infante, quien estaba en el grupo que pasó la noche en Punta Gorda, y quien abandonó el puesto de mando con su hermano cuando dio la orden; y Roberto Roca, miembro del comando de Jorge Sotús, quien se mantuvo en el puesto de mando hasta que se dio la orden de retirada. Otra revisión surgió de los testimonios de Eugenio Aguilera y Agustín País, durante entrevistas personales sostenidas el 30 de agosto de 2008.

Infante en Cuartel de Pardo # 311. De allí salieron poco después de las seis de la mañana hacia el puesto de mando.

Como en la mayor parte de las acciones de ese día, hay discrepancias sobre el número y la identidad de los participantes.[10] Parece que había cuatro en el puesto de mando esperando a la persona asignada para conducir el auto. Después de algunos minutos, Frank le ordenó a Taras que sustituyera a la persona ausente y llevara al comando en el auto asignado al puesto de mando. Faltaban diez minutos para las siete de la mañana cuando el comando salió a cumplir su misión. Domitro iba al timón y los pasajeros incluían a Eugenio Aguilera, Agustín País, Enzo Infante, y José Cause; quizás dos más. Infante debía irrumpir en la "Ferretería Dolores" y Cause en la "Ferretería Marcé". El chofer no eligió la ruta más corta. Salió de la casa por la calle Santa Lucía. Al llegar a su objetivo, dejó el auto en el medio de la calle con sus puertas abiertas. La afirmación reiterada de que la acción había sido planeada cuidadosamente por los jóvenes días antes observando los movimientos en el área ha sido negada por dos de los participantes. Más aún, los militantes estaban prácticamente desarmados, que se pudiera justificar de alguna manera por la ausencia de un objetivo militar, aunque un encuentro fortuito con hombres del régimen era posible, como sucedió en otras partes de la ciudad. En ese caso, la escopeta calibre 16 llevada por Agustín País y las pistolas Starr calibres 32 y 25 llevadas por

---

[10] Gálvez Rodríguez (1991: 340, 365-366) afirma que solo dos de los 13 hombres de esta célula pudieron ser localizados antes de la acción, pero no identifica a todos los que participaron en el asalto a la ferretería, exceptuando a Taras Domitro ("el flaco"), Enzo Infante y José Cause. El jefe de la célula, Enzo Infante, menciona a Taras Domitro, José Cause, Agustín País, Eugenio Aguilera, un hombre de apellido Carmenate y su primo (Rubiera y Sierra 1978: 71, 72), para un total de siete. En una entrevista personal con Eugenio Aguilera y Agustín País el 30 de agosto de 2008, Aguilera no recordó el número total ni la identidad de todos los asaltantes, pero coincidió con Agustín País en la presencia de Taras Domitro, Enzo Infante, José Cause, y ellos dos, para un total de cinco. Es posible que hubiera otros dos, pero ellos no recuerdan quiénes eran.

FRANK PAÍS

Eugenio Aguilera habría puesto al grupo en una posición muy peligrosa; el anterior tenía cuatro cartuchos y el último algunas balas en sus bolsillos.

Resulta extraño que, aunque el objetivo incluía ambos almacenes de ferretería, sólo uno fue asaltado. Hay una escueta mención de Infante frente a la Ferretería Dolores, la cual abandona al no poder encontrar armas, regresando al grupo para tomar una posición en la calle Heredia.

AgustínPaís cubrió la intersección de las calles Aguilera y Calvario. Domitro y Cause fueron a la Ferretería Marcé. Cause se hirió al romper el cristal de la ventana con una palanca, haciendo un ruido demoledor.

Los combatientes comenzaron a cargar las cajas, no tantas como habían pensado, en su auto. Fue en ese momento en que un autobús local, que subía por la calle Aguilera, arribó a la escena, parando a algunos metros de la calle Calvario. Dentro del autobús, un sargento del ejército estaba listo a ser el primer pasajero que se bajaba. El oficial del ejército vio a País con su uniforme verde olivo y una escopeta en sus manos. Cuando País notó que el soldado intentaba alcanzar su funda con la mano derecha para sacar su arma corta, País levantó su escopeta, apretó el gatillo, y el hombre cayó en el piso del autobús,[11] justo en el momento que el chofer había comenzado a acelerar, dejando detrás una nube gruesa de humo gris que contaminó el aire fresco de la mañana.

---

[11] Esta es la manera en que Agustín País recuerda el evento (correo electrónico del 14 de febrero de 2008). Gálvez Rodríguez (1991), sin embargo, dice que "al darse cuenta [el oficial] de que un cañón le apuntaba, se tiró al suelo del vehículo y los perdigones le picaron cerca" (pp. 365-366). La versión que aparece en *Revista Bohemia* (Gutiérrez 1959, Vol. II: 98), identifica cuatro personas heridas "en el ataque a un autobús en la esquina de Aguilera y Calvario": Digna Martínez, el chofer del autobús, y los pasajeros Carlos Legrá y el menor Arnaldo Morales.

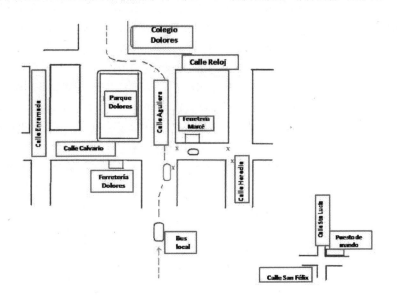

Cuando todas las cajas estuvieron en el maletero del auto, Infante gritó "¡vámonos!" Taras, quien había dejado funcionando el motor, puso la marcha atrás, y aceleró de regreso a la calle Heredia, para recoger a dos combatientes donde los habían dejado apostados, y luego se dirigieron al puesto de mando. Estaban eufóricos porque habían tenido éxito en la misión que Frank les había confiado. Para demostrar que el M-26-7 cumplía su promesa de "héroes o mártires en 1956", gritaban sus consignas: "¡Viva Cuba libre!" "¡Viva el Movimiento 26 de Julio!" "¡Abajo Batista!" y, no podía faltar: "¡Viva Fidel!" "¡Viva Fidel Castro!" Los jóvenes estaban felices. El día finalmente había llegado y habían alcanzado éxito en su misión. Ahora irían a reforzar a otros grupos con las armas en su posesión. Una cuadra antes de llegar a la casa en San Félix y Santa Lucía, había un auto abandonado con sus puertas abiertas obstruyendo la vía, el cual empujaron hasta sacarlo del medio de la calle.

No podían ocultar su felicidad al entrar en el puesto de mando, riendo ruidosamente por el éxito de su misión. Todos en la casa suspendieron sus tareas y pusieron su atención en los recién llegados. País no fue una excepción; era obvio que ver regresar vivo a su hermano Agustín le dio una satisfacción enorme en un día que estaría lleno de malas noticias y tristeza. Cuando el auto fue descargado minutos después, Frank y Taras se dieron cuenta de que las cajas no contenían armas útiles. La decepción reinó entre los participantes más adelante en la mañana, porque Frank no deseaba perturbar la sensación de victoria que envolvió a sus hombres por un corto período de tiempo. Luego empezó la preocupación por el silencio sobre el desembarco de Castro, y las malas noticias comenzaban a llegar al puesto de mando.

Policía Marítima:
Comando de Jorge Sotús[12]

El lugar de acopio para este grupo era una casa situada en la Calle 3ra # 217, esquina a la calle 10, en el Reparto Sorribes. Algunas publicaciones afirman que la casa fue alquilada por el Movimiento para ese propósito bajo el nombre de Enrique Chacón, quien se mudó a ella con su familia. Uno de los participantes (Roberto Roca) dice que este era el hogar de José (Pepín) Quiala.

La persona responsable era Jorge Sotús. Los 19 miembros de este comando estaban presentes en el anochecer, pero dos decidieron no participar y se marcharon antes de la medianoche. El líder del comando distribuyó los uniformes, exceptuando siete que vestirían ropas de civiles. La distribución de armas siguió: una ametralladora Thompson, una escopeta calibre 12, siete rifles de calibre bajo, una pistola, y cinco revólveres. Eran dos armas menos de las 17 que necesitaban,[13] porque varios cócteles

---

[12] El borrador inicial fue complementado con el testimonio de Roberto Roca, conductor del primer auto y quien resultó herido durante el ataque.
[13] Otros combatientes dieron testimonios contradictorios a los que aparecen en Portuondo López (1986). Por ejemplo, que ellos solo contaban con 9 armas, incluyendo dos rifles calibre 22, una pistola y un revólver (p. 211); que tres autos fueron utilizados en el ataque (p. 213;

Molotov no podrían compensar el déficit. El denominador común se repitió aquí: más gente que armas, y éstas eran de calibre pequeño y sin suficientes municiones. El grupo de hombres jóvenes siguió a su jefe a una mesa donde desplegó un mapa con el blanco: la Policía Marítima, donde estaban también las oficinas de Aduanas y las operaciones del Distrito Naval de Oriente de la Marina de Guerra cubana. Sotús iba paso a paso sobre el plan desarrollado por País.

Una vez que supieron lo que iban a enfrentar la mañana siguiente, todos se preocuparon: sus armas no eran adecuadas para el objetivo, sin contar las escasas municiones. Uno de los combatientes recordó más adelante estar impresionado "por el valiente Roberto Roca, con una escopeta de calibre 12 y solamente un cartucho" (Portuondo López 1986b: 215). Contestando a la preocupación de Roca por su cartucho único, Sotús dijo que ocuparían las armas y las municiones después de asumir el control del objetivo. ¿Qué sucedería si se les terminara la exigua cantidad antes que ocuparan más? Fue en ese momento en que alguien hizo una sugerencia: Como no sabemos si vamos a morir mañana, ¿por qué no dedicamos un tiempo para dejar un recuerdo a quienes amamos?" Un susurro de aprobación fue seguido por una tierna escena repetida muchas veces. Uno escribió una nota a sus padres pidiéndoles perdón por el dolor que estaba a punto de infligirles. Un jovencito de 17 años escribió un poema corto donde agradecía a sus abuelos el haberlo educado en ausencia de sus padres. Muchos escribieron versos y pensamientos poéticos a sus novias y amores, diciéndoles que su acción era dictada por el amor patrio. Muchos terminaron el mensaje con el último verso del himno nacional: "Morir por la patria es vivir." Cada uno decía adiós a la vida, pero nadie estaba triste. Eran felices y cualquier extraño hubiera podido notar eso con tan solo mirar a sus ojos, que permanecieron abiertos la mayor parte de la noche y madrugada.

---

220); y que participaron 19 personas (p. 216).

FRANK PAÍS

Aproximadamente a las dos de la mañana, Sotús y Roca se pusieron una camisa de civil encima de sus uniformes y fueron a chequear el blanco. No había nada de qué preocuparse. Hicieron una parada en la casa de Pepito Tey, pero él no estaba allí. Un chequeo de última hora en el blanco se repitió a la salida del sol antes de partir para el ataque. Necesitaban cerciorarse de que no había llegado ningún refuerzo la noche anterior. Rafael Armiñán condujo su coche personal al edificio con ese propósito y encontró que todo parecía estar en su lugar.

Ésta es la acción donde el número y la identidad de los participantes está menos en duda o sujeto a controversia. La siguiente lista parece estar cerca de un consenso: Rafael A. Armiñán Figueredo (coche personal; delante, sólo él). En autobús: Armando Alonso, Ulises Díaz Chacón, Carlos García, Romérico Navarro, José (Pepín) Quiala, y Mario Ramírez Riverí. Coche 1: Roberto Roca (conductor), Jorge Sotús (líder del comando), Álvaro Barriel Cruz, Jorge Barriel Cruz, y Danny Fong. Coche 2: Alberto Vázquez García (conductor), Francisco Betancourt Serpa, Oscar Somoza, Osvaldo Souza, y Enrique Chacón Estrada.

Los jóvenes revolucionarios comenzaron a salir de la casa exactamente a las 6:30. El primer par (José Quiala y Armando Alonso, llevando también un arma de pequeño calibre a la cintura) salieron primero; dos más pares (Carlos García y Romérico Navarro, y Ulises Díaz Chacón y Mario Ramírez Riverí, cada par sosteniendo un saco con cócteles Molotov), los siguieron cinco minutos después. Subieron a un autobús en la parada de la carretera de Cuabita y la sexta calle pocos minutos más tarde.

El área donde el blanco estaba situado comenzaba a mostrar señales de actividad cuando García y Navarro se bajaron del ómnibus justo a la entrada de la estación de tren; Díaz y Ramírez lo hicieron cien metros detrás de ellos. Los dos primeros en salir – Quiala y Alonso-- ya se habían bajado en la parada cercana a la torre del reloj. Ahora debían esperar a los dos autos para neutralizar las postas delante de la Aduana y la Policía Marítima para permitir a sus compañeros la entrada a la parte posterior.

José Álvarez

No sería una espera larga puesto que los dos autos dejaron la casa algunos minutos después de las seis y media. El auto principal - un Chrysler Windsor 1955, propiedad de la familia Roca, era conducido por Roberto Roca, con Jorge Sotús a su lado, seguido por un Chevrolet alquilado y conducido por Alberto Vázquez.[14] Ambos se movían a una velocidad reducida y sincronizada. Al salir del Reparto Sorribes, tomaron por Paseo de Martí hasta el final, para doblar izquierda en la Avenida Lorraine en busca de su objetivo. Los pasajeros de ambos coches, y los seis que esperaban en sus posiciones, estaban nerviosos pues sus relojes se acercaban a las siete. ¿Oirían la señal enviada por el primer disparo del mortero? De todos modos, las órdenes eran de comenzar el ataque en aquel momento oyeran o no el mortero. Los dos autos se acercaban al edificio. Había movimiento en la terminal del tren y negocios aledaños, pero el nuevo día no estaba en plena actividad todavía.

El despliegue y la sincronización habían sido perfectos. Exactamente a las siete de la mañana, los dos automóviles llegaban a la escena. Como habían ensayado muchas veces durante la noche, y habían comprobado los líderes en los días anteriores, todas las piezas se habían puesto en movimiento. Quiala y Alonso comenzaron a caminar los cincuenta metros que los separaban de la parte posterior del edificio mientras que los otros cuatro tomaban sus posiciones.

Había dos soldados cuidando la entrada principal. Quiala y Alonso comenzaron a disparar. El guardia sentado en el taburete cayó al piso, pero el otro comenzó a correr perseguido por Quiala, quien consiguió llegar a un portal desde donde pudo apuntar con su arma al policía que corría. No falló esta vez.

---

[14] En Portuondo López (1986), Ariel Vázquez García menciona un Dodge de color negro y un Chevrolet alquilado (p. 211); Jorge Barriel Cruz afirma que los dos autos utilizados pertenecían a Oscar Somoza y Roberto Roca (p. 216).

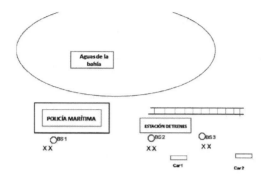

En la parte posterior del edificio, Griñán se aprovechó de la confusión cuando el de la posta estaba parado para dispararle, consiguiendo colocarse más cerca del edificio. En aquel momento, los cócteles Molotov volaban ya hacia el edificio.

Los dos autos aparecieron en ambos lados del edificio cuando Quiala y Alonso habían comenzado ya el tiroteo; el de Roca, por el lado derecho que hace frente a las aguas. Antes de parar en la puerta trasera principal del edificio, Danny Fong bajó y se colocó para proteger al resto del grupo mientras salían del coche. Con sus Winchester 44, él le acertó con un disparo al marinero que tiraba desde una ventana en el piso superior.

Aunque los militares fueron tomados por sorpresa, se las arreglaron para cerrar la puerta principal por el interior. Sotús ordenó a un grupo pequeño a comenzar a tirar al interior del edificio a través de las celosías. Es en ese momento que Roca fue herido en su pie derecho. Los asaltantes lograron abrir la puerta después de golpearla con el pie y entraron a la planta baja del edificio disparando de derecha e izquierda. Encontraron a dos guardias en el mostrador; uno se desplomó al ser alcanzado por una corta ráfaga de la ametralladora de Sotús, y el segundo se rindió. Subieron a la planta alta donde un marinero herido y el resto depusieron las armas.

El auto de Vázquez había encontrado un obstáculo antes de doblar izquierda para parar frente al objetivo. Una reja encadenada les hizo parar. Los cinco hombres reaccionaron inmediatamente. Fueron a una oficina adyacente al edificio y comenzaron a romper la pared de madera con sus armas mientras que disparaban a través del agujero. Pronto oyeron a gente gritar que se rendían. Entonces avisaron su llegada a los compañeros en el piso superior. En medio de la lucha, el navío "Patria" de la Marina de Guerra permaneció silencioso en la bahía y algunos de los marineros saludaban a los jóvenes asaltantes.

No es cierto que los revolucionarios respondieron el fuego procedente del barco de guerra, como afirma Jorge Barriel Cruz en Portuondo López (1986b: 217), y Alberto Vázquez García en Rubiera y Sierra (1978: 96). Incorrecta es también la versión atribuída a Frank País en Rubiera y Sierra (1978: 131) del "Patria" huyendo hacia la boca de la bahía cuando los revolucionarios colocaron una ametralladora calibre 30 apuntando a la nave. Afirma Roca, allí presente, que el buque se encontraba en el mismo sitio cuando ellos abandonaron el lugar. La realidad es que, si el buque hubiera operado su ametralladora de 50 mm, el resultado hubiera sido muy distinto.

El objetivo había caído en las manos de los revolucionarios sin bajas de su parte. Es en ese momento, Quiala y Alonso, visiblemente enfadados y empuñando sus armas, caminaban rápidamente hacia los hombres bajo custodia. Convencidos de que deseaban matarlos, sus compañeros comenzaron a gritarles que eran presos. Los dos no prestaron ninguna atención. Cuando llegaron al grupo, asieron a uno de ellos y lo llevaron por sus brazos al rompeolas. Todos estaban tensos. Esperaban lo peor. Una vez allí, dejaron ir al detenido porque podía lastimarse. Después de la sugerencia, el hombre se zambulló y desapareció al otro lado de la pared de concreto.

Una vez que el edificio estuvo bajo el control del comando, algunos prestaron los primeros auxilios a los heridos mientras que el resto recolectaba alrededor de veinte rifles y varias cajas de municiones. Más relajados, fueron al primer auto para comenzar a cargar las armas ocupadas. Resultó imposible. El auto estaba inutilizado debido al impacto de más de 30 balas. Se escuchan disparos de ametralladora que impactaron la entrada principal. La llegada de refuerzos era el resultado del silencio del mortero que impidió el bloqueo total de los cuarteles.

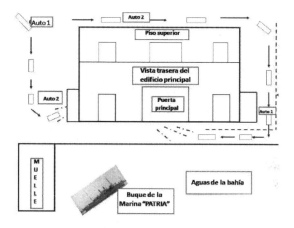

Los recién llegados se colocaron en lugares apropiados para tirar contra los asaltantes, atrincherados para defender su posesión. Los sonidos de la guerra rompieron de nuevo el silencio de la Alameda. El área estaba desierta. Sotús se dio cuenta de que era muy probable el envío de refuerzos del enemigo y ellos estaban en una especie de trampa. Además, su misión no era mantener el objetivo en su poder sino sólo tomarlo y recoger las armas que ya tenían. Entonces ordenó la retirada. Puesto que el enemigo estaba frente al edificio y las aguas de la bahía de Santiago estaban detrás, la vía menos peligrosa estaba al norte, a través del paso entre las líneas del ferrocarril y los embarcaderos en las aguas de la bahía. Sotús ordenó a sus hombres cargar las armas en el segundo carro, y disponerse a partir.

Éste era el único auto que se podría utilizar y dejó la escena con ocho combatientes. Los nueve restantes tuvieron que irse a pie. Asignaron cuatro hombres para cubrir la retirada. El coche conducido por Vázquez se fue rápidamente, paralelo a las aguas hasta que alcanzó la calle San Antonio; allí cruzó las líneas del ferrocarril y la avenida Lorraine. Entonces tomaron la calle San

Félix para subir hasta el puesto de mando. Cerca de la Placita, fueron vitoreados por la población cuando notaron los uniformes verde olivo y los brazaletes rojinegros, y lo mismo sucedió al cruzar la calle Enramada. Eran ya pasadas las 8:30 de la mañana cuando llegaron al puesto de mando a descargar su botín.

Mientras el otro grupo se retiraba. Sotús tuvo que disparar su ametralladora contra cuatro policías que intentaban acercarse. Betancourt y Armiñán cubrían, pero el primero fue herido en su brazo derecho. Intentando contener la sangre con un pañuelo, caminó alejándose del lugar junto a sus tres compañeros. Armiñán no podía poner en marcha su auto. Cuando trataba de cruzar entre dos almacenes, un soldado que lo estaba apuntando desde la planta alta del edificio que albergaba la zona fiscal lo hirió en la pierna derecha, cayendo al piso. Un grupo de soldados, bajo el mando de un teniente, llegó a la escena. El oficial sacó su pistola y le disparó al hombre herido, partiéndole la mandíbula.

El balance fue de dos asaltantes heridos que lograron escapar y un detenido que fue llevado a prisión hasta el 1 de enero de 1959. De las fuerzas del régimen murieron dos marineros y dos recibieron heridas graves. El éxito de la misión fue el resultado del factor sorpresa, la ametralladora de Jorge Sotús, y el valor de los combatientes, especialmente el de José Quiala.

Estación de Policía:
Comandos de Pepito Tey y Otto Parellada[15]

El lugar donde debía reunirse el grupo de Tey la víspera era su propia casa. El grupo de Otto Parellada se acuarteló en la casa de Emiliano Corral, en el piso superior del "Club Lido", a la entrada del Reparto Vista Alegre.

El edificio principal de la comisaría de policía estaba en la parte más elevada del distrito Tivolí, sobre la cima de una de las numerosas colinas que le dan forma y carácter a la ciudad,

---

[15]Esta sección contiene aclaraciones de Luis Pedrón (entrevista personal del 28 de junio de 2008), y José Cervera (entrevista del 13 de septiembre de 2008), residentes en el extranjero.

llamada "el Intendente" porque alojaba al jefe militar máximo y al administrador de impuestos durante la Colonia. A su derecha, otro edificio fue levantado en 1863 para albergar al hospital de caridad, convirtiéndose más adelante en una escuela secundaria pública durante la república y, finalmente, en el momento de la sublevación, era una escuela de artes plásticas.

La estación de policía estaba compuesta de tres partes principales: la primera planta, el piso superior, y el patio. La planta baja estaba dedicada a labores administrativas. Contenía la carpeta, la autoridad de tránsito, los servicios especiales, y otros cuartos para los oficiales. El piso superior tenía la jefatura del teniente coronel, la secretaría, los dormitorios, y la barbería. El patio estaba reservado para las celdas, un cuadrilátero de boxeo, y los cuartos de baño.  Vista desde abajo, con una pared de concreta alta a su derecha, a una distancia respetable de la calle delantera, la jefatura de policía parecía ser un blanco inexpugnable.

Al amanecer, los jóvenes congregados en la casa de Tey comenzaron a vestirse, luciendo por primera vez el uniforme verde olivo que representaba la fuerza armada de su Movimiento. Intercambiaron bromas, principalmente sobre los tamaños de algunos uniformes. Emocionado, pero sereno, Tey se dirigió a sus hombres: "Vamos a luchar por Cuba. ¡Viva la revolución! ¡Viva el 26 de julio!" Antes de salir de la casa, Tey – consciente de que los estaban esperando debido a que el factor sorpresa había desaparecido con las detenciones de la noche anterior-- llamó a la estación de policía, gritándoles insultos y diciéndoles que se prepararan para pelear porque ya iban para allá. A pesar de que el factor sorpresa había desaparecido, la llamada de Tey alertó a los policías del pronto arribo de los asaltantes.

José Álvarez

El grupo de Otto Parellada estaba supuesto a proveer el transporte al comando de Tey, pero su ocupación fue frustrada por un encuentro con un carro patrulla que dio lugar a un tiroteo, llegando a la casa de Tey con solamente un vehículo. El comando de Tey, de unos 20 hombres, tomó en la calle los dos vehículos que faltaban y salieron conduciendo contra el tráfico. Iban gritando consignas. La gente en las aceras no lo podía creer.

Tey estaba al timón del automóvil en la vanguardia de la pequeña caravana. Bajó por la calle San y viró en la calle San Félix hasta la calle Santa Lucía. El puesto de mando estaba allí, y ya explicamos cómo los dos grupos gritaron mientras continuaban bajando por Santa Lucía en busca de su objetivo. El plan original desarrollado por País era sólido y factible (Rubiera y Sierra 1978: 85-86). Consistía en dos grupos que atacarían el frente del edificio, apoyado por otro grupo que atacaría por detrás, en la azotea de la escuela de artes plásticas. Cinco a seis hombres, conducidos por Francisco Cruz, llegarían por la calle San Carlos y darían vuelta en la calle Jesús Rabí para colocarse en esa área para evitar que las fuerzas oficiales salieran del edificio. Este grupo tenía las mejores armas: una ametralladora brasileña calibre 30, una Thompson calibre 45, algunas pistolas, y otras armas pequeñas. Cruz fue detenido la noche anterior. El grupo de Tey, en dos autos, también atacaría por el frente. Tey tenía una carabina M-1, Pedrón tenía una escopeta de calibre 12, y el resto contaba con menos de una docena de rifles Mendoza y dos rifles Springfield. Su grupo estaba supuesto a llegar simultáneamente con el de Cruz a la puerta principal. Uno de los autos de Tey iba contra el tráfico por la calle Santa Rita para juntarse con el otro auto que venía por la calle Santa Lucía después de doblar a la izquierda en el callejón Santiago, circundando la rotonda en la parte baja de la estación para llegar a la puerta principal. César Perdomo afirma que "Pepito debía entrar por Santa Rita, pero no a pie como lo hicieron. Ellos dejaron la máquina abajo y subieron la escalinata, perdiendo tiempo y se arriesgaron demasiado" (Portuondo 2006: 291).

El grupo de apoyo, en ropas de civiles y conducido por Parellada, llevaba una carabina M-1, una Winchester calibre 30, un rifle automático de calibre 22, un rifle Mendoza, y una pistola calibre 22 y otra de calibre 32. Este grupo forzaría la entrada de la escuela de artes plásticas y subiría a su azotea.

A las siete en punto dos vehículos con ocho hombres comandados por Parellada llegaron a la esquina de San Carlos y Padre Pico. Algunos habían viajado en la caravana de Tey por falta de transporte. Fueron recibidos con una explosión de disparos que venían del piso superior de una casa situada una cuadra más abajo, en San Carlos y Rabí, que era utilizada como posta de vigilancia. Los hombres respondieron y corrieron por la calle Padre Pico, buscando la puerta de la escuela de artes plásticas. Forzaron su entrada en el recinto después de que Parellada le disparara al perno con su M-1.

Una vez adentro, tomaron una mesa de la escuela, cruzaron el patio y la usaron para subir a la azotea y se situaron donde pudieran ver la parte posterior de la comisaría. Los hombres de Cruz, después de desandar por la ciudad, pudieron unirse al grupo de Parellada cuando la lucha ya había comenzado. Traían la ametralladora Madsen de calibre 30 que estaba supuesta a funcionar delante del edificio. Cuando Cruz salió del lugar donde se acuartelaba fue detenido por la policía. Sus hombres en la casa estaban ansiosos por ir al combate y Cruz no regresaba. Tomaron la ametralladora Madsen y bastantes municiones, se vistieron con los uniformes y salieron a la calle.

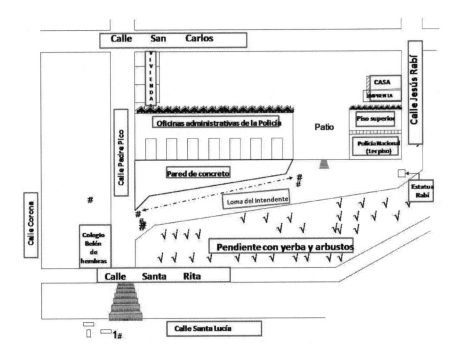

Una vez adentro, tomaron una mesa de la escuela, cruzaron el patio y la usaron para subir a la azotea y se situaron donde pudieran ver la parte posterior de la comisaría. Los hombres de Cruz, después de desandar por la ciudad, pudieron unirse al grupo de Parellada cuando la lucha ya había comenzado. Traían la ametralladora Madsen de calibre 30 que estaba supuesta a funcionar delante del edificio. Cuando Cruz salió del lugar donde se acuartelaba fue detenido por la policía. Sus hombres en la casa estaban ansiosos por ir al combate y Cruz no regresaba. Tomaron la ametralladora Madsen y bastantes municiones, se vistieron con los uniformes y salieron a la calle.

Tres de los comandos fueron a la azotea a instalarla, y comenzaron a tirar enseguida puesto que el enemigo estaba ya enterado de su presencia. Pero estaban en desventaja puesto que alcanzaron la azotea de la primera planta en la parte posterior del edificio y había un policía disparando desde la azotea del segundo piso.

FRANK PAÍS

Sin haber llegado a sus posiciones, los 28 revolucionarios tuvieron que hacer frente a 70 policías y 15 soldados: ¡una fuerza tres veces mayor que la suya! Los dos autos del grupo de Tey estaban cerca del objetivo cuando se escucharon los primeros disparos. El auto de Tey y otros dos detrás del suyo todavía rodaban por la calle Santa Lucía; el otro auto estaba en la calle Santa Rita. Quizás pensando que sus hombres no podrían esperar hasta que su grupo pudiera darle la vuelta al callejón Santiago para alcanzar la puerta del frente. Tey realizó un cambio: decidió parar al pie de la famosa escalera de concreto que conduce a la loma del Intendente, donde su blanco estaba localizado. Delante de ellos estaba el difícil obstáculo, compuesto de 52 escalones,

agrupado en 13 bloques de 4 escalones cada uno, y 12 más anchos agregados al resto.

Y así fueron recibidos cuando aún no habían completado el ascenso. Los policías tenían la ventaja de disparar desde lo alto a quienes, moviéndose allá abajo tratado de alcanzar el tope de la escalinata, debía haber sido un blanco fácil. Poco después, Tony Alomá era el primer en caer, cuando aún no había llegado a la mitad de la escalinata. Sus compañeros vieron cuando una bala alcanzaba la cabeza de Tony; el impacto lo hizo saltar hacia atrás y rodar hasta el final de la última sección de la escalinata. Pero tenían que continuar el ascenso. Pepito fue el primero en llegar a la cima, seguido por Pedrón. Una vez allí, Tey les ordenó a sus hombres tomar posiciones y comenzar a dispararle al edificio. Los hombres de Otto, en una posición clave, le estaban causando bajas a los policías que corrían por el patio.

Tey había tomado una posición con Luis Pedrón detrás de la

pared de concreto en el extremo de la escalera.[16] Le preguntó a Pedrón si quería seguirlo. Después de la esperada respuesta positiva, ambos comenzaron a correr intentando cruzar la "tierra de nadie" para alcanzar los escalones que conducían a la puerta principal de la comisaría de policía para lanzar cinco granadas de mano al interior del edificio. Lo hicieron, pero ninguna explotó. Ésta era otra parte del plan. Habían asumido que, después de las explosiones, la policía se retiraría a la parte posterior del edificio para que entonces les dispararan los comandos en la azotea, y los revolucionarios delante del edificio podrían entrar al edificio. Eso falló también. Los hombres que estaban adentro devolvieron dos de las granadas, que regresaron humeantes, pero sin explotar. Tey y Pedrón entonces decidieron retirarse de nuevo a la calle Santa Rita. Cuando estaban aun debajo del balcón pequeño de la entrada principal, Tey le dice a Pedrón que lo habían alcanzado en su pierna izquierda. Parece que a Pedrón le habían disparado desde arriba porque la bala lo había golpeado en el muslo, pasando a través de su pierna y saliendo por la planta del pie y de su zapato. A pesar de eso, ambos corrieron hasta una pared pequeña en la esquina de Santa Rita y Padre Pico y comenzaron a disparar desde esa posición.

A esas alturas, los cócteles Molotov volaban hacia el frente y el fondo del edificio, y también caían en el patio, provocando un principio de fuego con llamas largas y columnas densas de humo.

---

[16] La descripción que sigue a continuación es el testimonio que Luis Pedrón dio a un reportero de la *Revista Bohemia* a fines de 1959. Pedrón lo corroboró durante una entrevista personal en Miami, Florida, el 28 de junio de 2008.Cuando fue reproducido en Portuondo (1986: 228-229), en vez de identificarlo por su nombre, la compiladora identifica a la fuente como "combatiente de Pepito". La razón parece ser que, para esa época, Pedrón se había marchado ya del país. Como se ha visto en varias partes de este libro, los historiadores y reporteros de la isla, cuando se enfrentan a esta situación, optan por una de las alternativas siguientes: 1) omiten el nombre del participante; 2) reconocen su identidad, pero agregan "traidor" o "abandonó el país" después del nombre; o 3) atribuyen la acción a un compañero residente de Cuba. La práctica pone en serias dudas la credibilidad de las crónicas escritas en Cuba.

FRANK PAÍS

Tey y Pedrón, apoyándose en las espaldas del otro, tomaban turno para pararse y disparar sus armas desde el parapeto que habían alcanzado después de retirarse de la entrada principal. Tey también intentó lanzar las granadas de mano otra vez, pero inútilmente. En una de las paradas de Pepito, Pedrón no oyó el arma; cuando se dio vuelta para chequear qué había sucedido, vio a Pepito sentado con sus piernas para arriba y una gota de la sangre que rodaba por su mejilla de un agujero pequeño en su frente. Pedrón lo tomó en sus brazos y sintió una abertura enorme en la parte posterior del cuello de Tey. Se dio cuenta de que estaba muerto. Tey había caído a algunos pasos de la escuela católica para señoritas que estaba en la esquina. Al enterarse de los riesgos que la operación ofrecería a dicha escuela, Tey no pudo evitar llamar a la madre superiora la noche anterior para que no permitiera a las internas abrir las ventanas cuando se levantaran. El dormitorio estaba en el segundo piso, frente a la comisaría. La religiosa le hizo caso y ninguna de las jovencitas resultó víctima de las docenas de plomos que golpearon esa pared y las ventanas.

Algunos minutos antes de la muerte de Tey, cuando Parellada se convenció de que el otro grupo no podría alcanzar la entrada del edificio, hizo un esfuerzo para concentrar el fuego hacia el patio. Al levantar su cabeza, fue alcanzado varias veces. Uno de sus hombres lo vio sangrar profusamente. Nada podía hacer para salvarle la vida. Más tarde describió ese momento de rabia e impotencia: "Avancé más aún. Concebía muy fácil la muerte del enemigo, pero no la muerte de los nuestros. Disparaba a ciegas contra todo, con la venganza en cada bala... Al poco rato comenzó a arder [el edifico de la policía]... El calor del fuego, la parte de la madera vieja quemada era penetrante, pero aquello parecía una fiesta dantesca. La más hermosa de las fiestas, la fiesta de la venganza. A mi lado estaba el cadáver de Otto y más adelante las llamas que consumían el reducto de los policías. [Otto] estaba vengado" (Portuondo López 1986b: 236).

La misma persona que le acertó a Parellada también hirió a

José Cervera. Lo alcanzaron varias veces y tuvo que ser retirado por sus compañeros a la clínica "Colonia Española". Abajo en el parapeto, Pedrón alertó al resto de su grupo de la muerte de Tey. Él entonces remontó sus pasos de vuelta al auto, arrastrándose hasta que alcanzó las escaleras. El tiroteo no cesaba. Después de unos quince minutos, pudo continuar su bajada, pasando por el cadáver de Alomá, alcanzando uno de los autos para llegar a la clínica "Los ángeles", donde días más tarde le tuvieron que amputar su pierna.

En una posición desventajosa, sus líderes muertos, y víctimas de una lluvia intensa de fuego, los revolucionarios comenzaron la retirada triste que estaba cubierta por el fuego de la ametralladora calibre 30 que había llegado al combate casi de forma milagrosa. Habían causado cinco bajas fatales al enemigo, pero habían perdido tres de sus compañeros más valiosos. Los que estaban en la azotea escaparon saltando de patio en patio, y también escondidos por vecinos, quienes los llevaron a un refugio seguro después que las búsquedas terminaran. El edificio ardía. Uno de los policías, antes de irse, buscó las llaves de una celda donde había varios detenidos de la noche anterior. "¡Dejen que se quemen!" fue la orden que recibió de un oficial que él no podía ver. No se quemaron, sin embargo, debido a la llegada oportuna de los bomberos.

El Cerco al Cuartel Moncada

La falla de la operación del mortero impidió la implementación de esta parte del plan. El comando bajo José Cala Benavides permaneció en los vehículos que tenían, esperando la señal. Ellos no contaban con las armas necesarias para enfrentar al ejército. Éste era el grupo con el menor número de armas y sus miembros desandaban luego por la ciudad sin saber qué hacer.

Aunque no oyó el sonido del mortero, Nano Díaz ordenó a sus hombres salir a las calles. Dejaron la casa en un todoterreno [jeep], y condujeron hacia el edificio del Instituto de Segunda Enseñanza. Mientras avanzaban, iban gritando consignas revolucionarias. Entraron en un mercado para comprar y lo cerraron cuando regresaron a la calle. En ese momento, un aeroplano Catalina sobrevolaba el área. Los jóvenes le comenzaron a disparar. Decidieron entonces construir allí una barricada y tomar control del Instituto. Intentaron hacer funcionar el mortero abandonado que no pudo ser utilizado por el comando de Léster Rodriguez, pero Díaz rechazó la idea por el peligro que representaba para los civiles, puesto que las medidas hechas por el ingeniero quedaron en los bolsillos de Rodríguez cuando los detuvieron y ninguno de ellos sabía apuntar correctamente. Una hora más tarde, Nano llamó al puesto de mando para recibir instrucciones, pero no podía comunicarse y decidió ir personalmente. El grupo había crecido y tuvieron que incautar otro vehículo. La ametralladora fue colocada en el maletero de un carro. Después de múltiples encuentros con los soldados y otros inconvenientes, decidieran regresar al Instituto. Tenían dos ametralladoras: una en la azotea del edificio y otra en la avenida Garzón. Ambas fueron utilizadas para hacer que los soldados se retiraran después de un primer intento de acercarse a los revolucionarios.

El grupo de Enrique Hermus constaba de quince hombres. El jefe esperaba la señal, pero oyó las noticias en la radio. Decidió salir y se unió al grupo que estaba ya en el área del Instituto. Allí la gente continuó uniéndose a la sublevación, a pesar de la carencia de armas y la superioridad enorme de las fuerzas armadas sobre los sublevados. Uno de los reclutas recién llegados era Ángel René Soublet Figueredo, un adolescente de 14 años que moriría en agosto de 1958 después de una lucha con la policía. El área estaba llena de militantes y de recién llegados. La mañana avanzaba y los soldados comenzaron a disparar sus armas. El combate duró treinta minutos porque Díaz ordenó la retirada antes de que pudieran ser rodeados y muertos. Hermus fue herido en una mano, yendo a la clínica del "Centro Gallego" para que lo curaran.

Ignacio Alomá esperaba en su casa para ir a su posta pues

vivía muy cerca del lugar. No escuchó ningún sonido. José (Nene) Álvarez y su grupo salieron a las seis de la mañana a ocupar un automóvil y un todoterreno [jeep]. Entonces hicieron un recorrido por toda la ciudad. Contrario a las órdenes que habían recibido, entraron en dos negocios para obligar a los dueños a cerrar sus puertas porque la guerra había comenzado. Las dos paradas los harían coincidir con un todoterreno lleno de soldados que abrieron fuego. Álvarez entendió que su objetivo estaba en otro lugar y ordenó a sus hombres retirarse. Conduciendo al revés, el chofer del todoterreno [jeep] chocó y tuvieron que abandonar el vehículo con la ametralladora, lo cual pasó inadvertido por el jefe hasta varias cuadras más adelante. Era esa arma la que debían colocar en la Plaza Marte. Cinco compañeros esperaban en su escondite y se acercaban las siete de la mañana. Faltando esa ametralladora, y contando solamente con cinco hombres, se limitaría el alcance de la acción que País les había asignado.

Brigadas Juveniles:
Comandos de Félix Pena

Pena fracasó en su intento de obtener más armas que las que le habían sido asignadas a sus brigadas. Por esa razón, les dijo a sus hombres que cualquiera de ellos podía marcharse porque él no deseaba que hicieran frente a la muerte desarmados; solamente uno se marchó. Debían cubrir una sección larga alrededor del Moncada. Caminaron siete cuadras cargando los cócteles Molotov, granadas brasileñas, y algunas armas.

El otro grupo de estudiantes jóvenes iba a vivir una experiencia inolvidable. Diez de ellos, bajo el mando de Ernesto Matos, se reunieron en un edificio situado en las calles Heredia y Trocha. Minutos después de esperar que llegaran las órdenes, dos autos de la patrulla pararon delante de ellos. Los diez comenzaron a correr tratando de escapar. Cinco lo lograron, pero no los otros cinco, que fueron empujados dentro de los vehículos. Los policías recibieron órdenes de conducirlos a la estación de policía y reforzar el lugar por estar bajo ataque.

Dos cuadras antes de llegar a la estación policial, para evitar ser agredidos por los detenidos, los desarmaron y forzaron a caminar por el centro de la calle. Una vez dentro del edificio bajo fuego, los encerraron en una celda situada frente al patio central. En medio del ataque, habían comenzado a caer los cócteles Molotov en la azotea y el patio central. Los encerrados en las celdas comenzaron a gritar, pidiendo ser sacados de ellas porque iban a quemarse vivos. Entonces se produjo una discusión entre los policías que querían que ellos se quemaran y los que deseaban dejarlos ir. Al final, los dejaron ir y los presos corrieron tratando de encontrar una salida puesto que era imposible salir a la calle debido a las ráfagas constantes de balas contra el edificio. Los bomberos llegaron y los colocaron en una casa próxima y de ahí a un lugar seguro. Cuando, después de apagado el fuego, la policía vino por ellos, ya se habían marchado.

El resto de las brigadas juveniles había permanecido en sus puestos en espera del sonido del mortero que anunciaba la hora cero para instalar las barricadas alrededor del Moncada. Eran ya las 8:30, y los carros con las armas no habían llegado mientras que los sonidos de disparos lejanos les estaba diciendo que ya se luchaba en otras partes de la ciudad. Uno por uno, los combatientes se fueron retirando. Su participación en la sublevación terminó antes de comenzar.

Evasión de la Prisión de Boniato

El escape de la prisión de Boniato fue realizado sin mucha dificultad. Poco después del amanecer, Carlos Iglesias condujo al grupo a ocupar un arma, un rifle, y una ametralladora y con ellos esperó a que llegaran los guardianes para reportar al trabajo alrededor de 7:00 am. El primero en llegar fue el supervisor, quien fue detenido, y más adelante los que venían a trabajar. Un disparo involuntario produjo un incidente dando por resultado que se escapara un teniente y otro oficial, cerrando la puerta del cuarto donde estaban. Los comandos presos en el Pabellón 1 interpretaron el disparo como la señal y procedieron a detener a los custodios. Después que los del Pabellón 1 cruzaran el patio central en medio de un tiroteo, los dos grupos se unieron en la oficina de la administración. Tomaron posesión de los rifles y detuvieron a quienes llegaban. Poco después de las seis de la mañana, la prisión estaba en manos de los rebeldes. Era necesario irse porque no habían llegado a recogerlos y los refuerzos ya habían partido de la ciudad.

Y así se hizo. En la carretera pararon un automóvil. Tenían un dilema: dirigirse a la ciudad o en la dirección opuesta. El conductor les dijo que Santiago estaba en calma porque la radio no divulgaba nada, y ellos tomaron la decisión de ir a San Luis. Antes de llegar, dieron vuelta en un camino secundario para dirigirse hacia Santiago.

Apoyo a la Evasión de Boniato: Comando de Agustín Navarrete

Navarrete, y su segundo al mando Javier Gómez, habían pasado la noche anterior en una casa de uno de los amigos de Gómez en la calle Heredia, pero en la medianoche ellos dejaron la casa para recoger unas armas ocultadas en una finca amiga; entonces, se dirigieron a casa de Hermus aproximadamente a las 3:00, deprimido porque sus hombres no estaban allí todavía. En su viaje de regreso a la finca, con armas en el vehículo, fueron registrados en la loma de Quintero, pero les permitieron continuar.

Al no llegar los evadidos al punto de reunión, decidieron que el bloqueo del Moncada era muy importante y allá marcharon. En el camino vieron un camión con soldados que venía en dirección opuesta. Le dispararon varias veces, haciendo que el chofer aumentara la velocidad hasta desaparecer de la vista. Llegaron al punto asignado pero el mortero no había disparado.

FRANK PAÍS

Los Puestos de Primeros Auxilios

El personal designado a las estaciones de primeros auxilios comenzó a llegar a sus lugares respectivos alrededor de las seis de la mañana. Nadie quería llegar tarde para el gran evento. De hecho, hubo muy pocos heridos aquel día.

Acciones en el Área de Guantánamo: Comandos de Julio Camacho

Al amanecer, sin haber recibido la señal, Julio Camacho, jefe del movimiento, decidió comenzar las acciones. Un primer grupo colocó una bomba en la rejilla eléctrica que proveía energía a la ciudad de Guantánamo, y fue luego a Baltony a ejecutar la orden para ese lugar, que tuvo que ser cancelada debido a la presencia de numerosos soldados y a un exceso de humedad en el puente. De vuelta a Ermita, cortaron la comunicación con la ciudad de San Luis. Después se enteraron que un tren cargado con ganado había partido de Manantial rumbo a Ermita, decidieron hacerlo descarrilar para así interrumpir la comunicación por ferrocarril con Santiago. El segundo grupo pudo cumplir todas las partes de su misión. Después de hacerlo, los dos grupos decidieron esperar la señal que estaba supuesta a salir al aire por la estación de radio CMKC en Santiago de Cuba. Cuando la señal no fue producida, decidieron abandonar Ermita, desplegando una bandera del 26 de Julio y gritando consignas revolucionarias. Entonces se retiraron a la casa donde habían establecido la jefatura principal, donde decidieron ocultar el armamento y desaparecer en los arbustos de una finca cercana para esperar instrucciones que habían solicitado. Aproximadamente a las diez de la mañana, llegaron dos camiones llenos de soldados, disparando en todas las direcciones. No encontrando a los revolucionarios, los soldados comenzaron a empujar a sus familiares. Cuando los combatientes supieron que las acciones en Santiago habían terminado sin noticias del desembarco, comenzaron a huir del área. En los dos días siguientes, 14 de los participantes fueron capturados o presentados por sus familiares. Transferidos a Guantánamo primero, fueron llevados más adelante a la cárcel en Santiago de Cuba y acusados dentro de la Causa No. 67 de 1956 para que fueran juzgados con el resto de los encartados.

Frank País y la DN en el Puesto de Mando: Los Últimos Momentos

Desde el puesto de mando, País se mantenía al corriente de los acontecimientos que ocurrían en la ciudad. A media mañana los teléfonos todavía sonaban, pero esta vez las malas noticias comenzaron a llegar. Sus llamadas telefónicas a Manzanillo resultaron infructuosas. Celia Sánchez no podía ser localizada. Preocupada como sus compañeros en Santiago, ella había salido al área de Niquero para intentar obtener noticias de la gente que ella había colocado en diversos puntos. Sin resultados también. Nadie sabía sobre la llegada de Castro.

Sotús llegó con algunos de sus hombres; él estaba muy nervioso y excitado. Le dijo a Frank País que los habían estado siguiendo y que todos debían abandonar la casa. Frank trató de calmarlo y le pidió un informe de su acción en la policía marítima. "Pero Sotús continuó discutiendo y País le pidió que se calmara. Ambos estaban enojados. Finalmente, Frank levantó su voz y le gritó a Jorge: 'Soy el jefe aquí y te digo que te calmes.' Jorge paró la discusión, dio la vuelta y se marchó."[17] Después de consultar

---

[17] Testimonio de Agustín País (mensaje electrónico del 26 de abril de 2008), quien llegó al puesto de mando antes que Sotús y sus hombres. Sus palabras fueron corroboradas por Roberto Roca, llegado con Sotús y quien estaba a su lado cuando se desarrolló la discusión con País (entrevista personal de 28 de junio de 2008). Este incidente ha sido exagerado por Gálvez Rodríguez (1991: 376-377), quien basa su descripción en Enzo Infante y Vilma Espín. Trata de retratar a un Sotús asustado (apenas llegado del combate), quien se atrevió a retar a País con la amenaza: "Si tú no te vas, yo lo haré" provocando que Frank perdiera la compostura. La escena fue mucho más simple, como se la contaron dos testigos presenciales al autor.

con sus compañeros en la casa, País decidió salir hacia la Sierra Maestra, mandando a sus hombres a averiguar cuán seguras estaban las salidas de la ciudad, y obtener el transporte adecuado para tal viaje. Los emisarios regresaron con la noticia de que, debido a la fuerte vigilancia, sería imposible salir hacia las montañas.

Después de consultar de nuevo con Hart y Santamaría, País dio la última orden en el puesto de mando: "Salgan de la casa en una manera ordenada, y busquen refugio en lugares seguros." Continuó organizando la retirada de la casa, intentando salvar las armas, todavía preocupado por la ausencia total de noticias referentes al paradero de Fidel. Fue en ese momento que llegaron las malas noticias sobre la muerte de Pepito Tey, Otto Parellada y Tony Alomá. "Pero... ¿están seguros?" Frank País preguntó con un gesto de dolor en su cara, que había enrojecido. La respuesta del mensajero fue positiva. Frank País caminó entonces algunos pasos lejos de los presentes, sin hacer ningún esfuerzo por ocultar el dolor que lo consumía.

La preocupación principal, mientras que trabajaba en la retirada y cuidaban a los heridos, era la ignorancia sobre el paradero de Fidel Castro. También inexplicado era el silencio de Celia Sánchez (Norma), que estaba supuesta a alertarlos de la llegada de la expedición en alguna parte de la costa occidental de la provincia de Oriente. Con esa preocupación, los inquilinos restantes de la casa de los Rousseau se fueron en autos o a pie para desaparecer en una ciudad que experimentaba los últimos sonidos de la guerra.

¿Cómo abandonó País el puesto de mando y a dónde fue? En el relato oficial, Gálvez Rodríguez (1991: 382-383), afirma que País salió en un auto conducido por Taras, junto con dos otros combatientes que fueron dejados en la intersección de las calles Aguilera y Clarín. País le pidió a Taras que pasara por casa de los Aguiar para ver a América. Hablaron durante pocos minutos, mientras que él tomaba un café con leche, y entonces se marcharon. Pasaron por el área donde debió ser colocado el mortero y no encontraron a nadie; cuando intentó acercarse al edificio del Instituto, percibió a unos soldados y les disparó con su ametralladora Thompson. Después se retiró hacia la vecindad de Vista Alegre y visitó el hogar de un político bien conocido quien rechazó ocultar las armas que tenían. De ahí fueron a casa de Taras en El Caney, escondiéndose en la pequeña fábrica de empacar carne del Sr. Domitro hasta el 2 de diciembre.

Nada en la descripción antedicha parece ser verdad. Taras Domitro ha indicado: "Creo que eran más de las dos [de la tarde] cuando Frank salió [del puesto de mando] rumbo al Instituto, según me dijo. Fue la última vez que lo vi ese día" (Portuondo López 1986b: 265). El propio Taras Domitro desmiente así la versión anterior.

Agustín País, presente en el puesto de mando cuando su hermano dio la orden de retirada, tiene una versión muy distinta. Su recuerdo es más simple que el anterior. Una vez que Frank se cercioró de que había resuelto hasta el último detalle, él y Agustín salieron de la casa de Rousseau y se fueron caminando por las calles de Santiago hasta Vista Alegre, donde se escondieron en la casa de su sobrino. Aquí está su testimonio: "Nosotros no estuvimos manejando por Santiago tomando café con leche, nada de eso. Sólo caminamos por las calles. Recuerdo haberle preguntado a Frank dónde estaban Fidel y sus hombres. Él solo dijo que probablemente habían tenido algún problema, pero que llegarían." Arribaron a la casa de Daniel Molina País, el hijo de Sara País, su media-hermana del primer matrimonio de Francisco, situada en la calle Pedro Alvarado # 11, Reparto Terrazas de Vista Alegre. Frank fue recogido por Vilma Espín al día siguiente. Agustín permaneció allí unos días más.

Una Evaluación Necesaria

El planeamiento y la ejecución de la sublevación fue la principal acción militar de Frank País. Se deben mirar los diversos aspectos de la operación sin olvidar las circunstancias que la rodearon. País creyó que no estaban listos; a pesar de ello, lanzó el esfuerzo de su vida para asegurarse de que el desembarco de Fidel Castro encontrara un fuerte apoyo de su grupo urbano.

Ésta es quizás la primera vez que una evaluación de la sublevación se realiza fuera de Cuba. Ha habido algunos intentos en la isla, pero son repetitivos. Dos historiadores que residen allí han indicado que "en la mayoría de estos trabajos no se hace una valoración integral acerca de la preparación, desarrollo y resultados de aquellos acontecimientos, al prevalecer una visión anecdótica y, en ocasiones, simplificada de lo ocurrido" (Borges Betancourt y Ruz Ruiz 2006: 73). Puesto que País era "el alma de la sublevación", es justo comenzar esta sección analizando un artículo que se le adjudica donde supuestamente evalúa esos acontecimientos.

¿Escribió el líder máximo del Movimiento 26 de Julio una evaluación dos meses después de que la sublevación había tomado el lugar?[18] El relato, que contiene el tono con el que se cuenta una historia a un entrevistador, comienza el 23 de noviembre con un breve resumen de las preparaciones, como se ha descrito anteriormente. Entonces, entra en las horas tempranas de ese día, cuando los uniformes fueron distribuidos y los diversos grupos fueron a tomar sus posiciones. Lo que sigue es una descripción del ataque contra la estación de policía, el asalto a la policía marítima, la acción fallida del mortero contra el Moncada, el asalto a la ferretería Marcé en la Plaza Dolores, y el apoyo abierto de la gente de Santiago.

---

[18] El artículo titulado "La valerosa acción de Santiago de Cuba" supuestamente apareció en la edición del clandestino *Revolución* en enero de 1957, sólo es reproducido en Miranda (1983: 215-224) y en Rubiera y Sierra (1978: 127-134). Este último contiene la misma narración, pero no identifica la fuente. Por ejemplo, Portuondo (1988) contiene un largo Apéndice con los escritos de País y el único que se relaciona de cierta manera con el alzamiento es una Circular a los cuadros del Movimiento (pp. 310-313), donde niega haber utilizado el término "cobarde" para quienes no apoyaron la acción. Gálvez Rodríguez (1991: 403-405) incluye la Circular, pero no el artículo. El Apéndice en Portuondo (1986b) no lo incluye tampoco.

José Álvarez

Implícitamente llamado el Plan No. 1, Frank País termina su evaluación de la siguiente manera: "Al fracasar básicamente el primer plan, debido fundamentalmente al no funcionar la batería de morteros, que impidió el ataque y el bloqueo del Moncada, nuestras fuerzas comenzaron a retirarse hacia el Cuartel General" (Rubiera y Sierra 1978: 133).

El supuesto informe entra entonces en un llamado "Plan No. 2", indicando que consistía en replegarse, tomar las alturas de la ciudad para operar como franco tiradores. Hubo intensos tiroteos durante el viernes. Los mismos continuaron el sábado, pero el domingo se comprendió que el esfuerzo se realizaba bajo una enorme desventaja y País pidió un retiro total después de que se ocultaran las armas.

El informe describe luego las actividades en la zona de Guantánamo, pasando entonces a un "Plan No. 3", que cierra el mismo. Después de enumerar los diversos sabotajes realizados durante los días siguientes, afirma que cincuenta días más tarde, la situación seguía siendo violenta en Santiago y el resto de la provincia.

Este informe atribuido a Frank País parece ser el único documento donde su nombre está conectado a una evaluación de la sublevación. Hay algunas causas de preocupación en este caso. Primero, el estilo no parece ser el de País, sino el de varias personas que narran los sucesos a un reportero. En segundo lugar, según los participantes que ahora viven en el exilio, quienes fueron entrevistados para este capítulo, y también otros que residen en Cuba, los Planes No. 1 y No. 2 nunca existieron y, de haber existido, nunca fueron implementados. La literatura de la isla no menciona a combatientes que se retiran a las alturas de la ciudad para convertirse en franco-tiradores y continuar luchando por dos días más. Hay referencias abundantes a las actividades de País y sus colaboradores más cercanos durante esos días y ellas no incluyen las que están descritas en su alegado informe.

Borges Betancourt y Cruz Ruiz (2006: 73-83) hacen otra evaluación y comienzan recordando que Frank País calificó las acciones de "brote insurreccional" y "estallido insurreccional". Tienen razón cuando critican a quienes evalúan solamente los objetivos militares, cuando País dejó bien claro que la revolución no era solamente la explosión insurreccional sino la incorporación de la gente a la lucha para derrocar la dictadura.

Los autores exponen los objetivos del alzamiento junto a los medios al alcance de los revolucionarios. Utilizan entonces una torcida metodología al acudir a escritos de País no relacionados con los eventos del 30 de noviembre para armar una evaluación de los objetivos militares tácticos, separando factores objetivos y subjetivos. Entre los factores objetivos estaban:

• Carencia de los recursos y de los medios imprescindibles de la guerra que no se pudieron colocar a tiempo ni proporcionar a cada uno.[19]
• Los problemas derivados de organizar y financiar el M-26-7 en Cuba. Él no pensó que la organización tenía una estructura sólida a través de la isla.[20]
• La huelga general falló porque "ocurre que nos olvidamos de la importancia de los obreros. Éstos son los que, bien administrados y dirigidos, derrocarán el régimen."[21]
• La ineficacia de los cuadros de la acción, que estaban indefensos, sin preparación y sin coordinación.
• La actitud de los militantes Auténticos, cuya ayuda no llegó. (Podemos agregar la carencia de la ayuda de los militantes comunistas, que fue solicitada por País en la víspera de la

---

[19] En su carta a Alberto Bayo del 15 de mayo de 1957, País le dice: "Esa es nuestra lucha diaria, armas y dinero, si lo tuviéramos no en grande sino aunque fuera un mínimo ya toda Cuba estuviera incendiada y quizás a esta hora Batista no estuviera en el poder" (Gálvez Rodríguez 1991: 482).
[20] En su carta a Castro del 7 de Julio de 1957, sobre el tipo de organización que existía antes y después del alzamiento, le decía: "En una revolución, no se pueden hacer asambleas, ni se puede tampoco centralizarlo todo en una persona" (Gálvez Rodríguez 1991: 543).).
[21] La oración aparece en una Circular a los militantes del 17 de mayo de 1957 (Gálvez Rodríguez 1991: 483-488).

sublevación y negada de plano).

• La mala sincronización de la llegada del Granma, dos días después de la fecha anunciada, que permitió que el régimen consiguiera estar listo y en estado de alerta.

• La desactivación del comité de recepción después de asumir que el retraso de la expedición era realmente una cancelación del plan original.

Los que los autores califican de "factor subjetivo" - forzando la siempre ausente referencia Marxista en el análisis de País—no es más que una verdadera evaluación en palabras llanas, según lo explicado abajo. Creemos que este es un tema importante que merece especial atención.

El antedicho se refiere a un artículo que Cruz Ruiz y Borges Betancourt (2006) escribieron para un libro que coeditaron en 2006, para evaluar la sublevación del 30 de noviembre. Herederos de la obsesión del marxismo con la diferencia y relación de lo objetivo y lo subjetivo, se echaron encima la carga de mostrar la evaluación de Frank como un ejemplo de análisis marxista (sin mencionar el término, por supuesto). Primero, indican que País culpó "los factores subjetivos" y "objetivos" por el fallo de los objetivos táctico-militares. No ofrecen ninguna fuente para tal clasificación atribuida a País. Entonces explican cuál era el qué País consideraba el primer factor "objetivo": "La carencia de recursos y de medios bélicos indispensables (léase, material de guerra y de sabotaje) que no se pudo situar a tiempo ni a todo el mundo." (2006: 76-77).[22] Sin embargo, tal cita no está correcta, puesto que la que aparece en esa carta dice: "Esa es nuestra lucha diaria, armas y dinero; si lo tuviéramos, no en grande sino aunque fuera un mínimo, ya toda Cuba estuviera incendiada, y quizás a esta hora Batista no estuviera en el poder."[23] Obviamente, éstas son dos citas diferentes con distintos significados.

---

[22] La fuente parece ser la carta de Frank País a Alberto Bayo, fechada el 15 de mayo de 1957 (Gálvez Rodríguez (1991: 482).
[23]*Ibídem.*

FRANK PAÍS

Otro "factor objetivo" mencionado: "Los problemas de organización y financiamiento del M-26-7 en Cuba. Frank consideraba que la organización no tenía una sólida estructura en toda la Isla" (2006: 77). Entonces citan extractos de la carta de Frank País a Fidel Castro, fechada el 7 de julio de 1957, donde le dice cuán decepcionado está con la estructura del Movimiento antes y después de la sublevación del 30 de noviembre, usando afirmaciones fuertes como: "En una revolución no se pueden hacer asambleas, ni se puede tampoco centralizarlo todo en una persona" (Gálvez Rodríguez 1991: 543). El problema es que los autores atribuyen correctamente la carta a País, pero cambian de nuevo al destinatario: de Fidel Castro a Alberto Bayo.

Los autores mencionan solamente un factor subjetivo: "La falta de una verdadera unidad y acabado trabajo revolucionario, basada en la plena identificación de principios y propósitos ideológicos" (2006: 78). (Esta vez no ofrecen ninguna fuente). Sin embargo, hay una cita que parece contener ambas declaraciones usadas por los autores, pero en un diverso contexto. La cita verdadera de la Circular de País a los cuadros del M-26-7, con fecha 17 de mayo de 1957, le atribuye el fracaso a la falta de unidad verdadera, y un trabajo revolucionario más acabado dice: "La falta de una verdadera unidad... de recursos y medios bélicos, hizo que el brote insurreccional del 30 de noviembre no tuviera el empuje necesario como para derrocar al régimen. Esta experiencia nos ha costado un saldo doloroso de mártires, pero ganamos en madurez, en conciencia revolucionaria y nos demostró lo ineficaz de nuestros procedimientos y de muchos de nuestros líderes" (Portuondo 1988: 317).

Este es un ejemplo claro de manipulación de hechos históricos. Es en verdad revelador que una versión del año 2006, como la descrita en el libro mencionado, contenga aún más distorsiones y mentiras que las publicadas anteriormente.

José Álvarez

Resumen

Para ser justo, uno tiene primero que situar los objetivos de la sublevación dentro del marco en que la misma ocurrió. ¿Cuál era el objetivo final? ¿Era iniciar una sublevación a lo largo y ancho de Cuba para derrocar la dictadura? ¿O era distraer las fuerzas oficiales e impedir su traslado al área donde arribaría la expedición de México?

Es aquí donde se requiere discutir el plan de las dos operaciones, cosa que casi nunca aparece en la literatura oficial.[24] Todo el mundo asume que el destino de los expedicionarios eran las montañas de la Sierra Maestra. Sin embargo, desembarcan en un pantano alejado de las mismas. Que se sepa de una vez que el destino original de los expedicionarios era el poblado de Niquero, situado decenas de kilómetros al sur de esa cordillera. Se planeaba tomarlo, avanzar sobre poblaciones vecinas mientras en Santiago se producían los actos bélicos como preludio a un llamamiento a la huelga general. ¿Qué ha sucedido? ¿Está desapareciendo el mito del estratega Fidel? Solar Cabrales explica con claridad:

> Una historia simplificada de la Revolución Cubana, y del rol de Fidel Castro en ella, ha presentado un esquema según el cual el líder lo tenía todo planeado y previsto de antemano, en una estrategia preconcebida que se fue cumpliendo de manera perfecta, sin mayores contratiempos, hasta conseguir la victoria. En esta versión no hay espacio para la improvisación, el error, las contradicciones o los zigzags tácticos: la genialidad de Fidel lo tenía todo muy bien estudiado desde el principio, como una suerte de adivino.

---

[24] Una sorprendente excepción es el artículo de Solar Cabrales (2017), donde rechaza la infabilidad del comandante en jefe que se repite en casi todas las publicaciones, a la vez que explica con claridad cuál era el verdadero objetivo de las operaciones planificadas para el 30 de noviembre de 1956.

FRANK PAÍS

Ninguno de los documentos elaborados durante el exilio mexicano menciona que el destino sería la Sierra Maestra. La guerra de guerrillas no era la estrategia del Movimiiento 26 de Julio, sino el levantamiento armado seguido por una huelga general. Faustino Pérez describió el plan inicial en un artículo que escribió para la *Revista Bohemia* en los primeros días de enero de 1959. Dijo el recién nombrado ministro de recuperación de bienes malversados sobre el plan de Fidel Castro: "Inicialmente [Fidel Castro] pensó desembarcar en Niquero la madrugada del 30 de noviembre; Crescencio Pérez, con camiones y un centenar de hombres, esperaría por nosotros. Tomaríamos Niquero y saltaríamos sobre Manzanillo, a la par que en Santiago estallaba la rebelión. A partir de ese instante, comenzaría a funcionar un proyecto de agitación y sabotajes que culminaría en la huelga general" (Pérez 1959: 38).

Lo que Fidel Castro le había ocultado al pueblo de Cuba y a la inmensa mayoría de sus compañeros era el apoyo secreto que los comunistas le estaban ya brindando. Aguilera (2018: 137) afirma que, "después del desembarco del yate *Granma* y del descalabro de la tropa castrista en el combate de Alegría del Pío, el 5 de diciembre de 1956, fue Osvaldo Sánchez o un hombre de su entera confianza quien estableció el primer contacto con la diezmada guerrilla de Fidel Castro», reconocido en el libro de Lionel Martín (1978). Esa ayuda inicial continuaría en todos los frentes guerrilleros hasta el final de la contienda, cuando la ayuda se transforma en una participación hegemónica en la toma de decisiones.

El descalabro del desembarco contrasta con las acciones del alzamiento de Santiago de Cuba. Siguiendo la literatura, desarrollamos una gráfica con los objetivos tácticos/militares principales y su resultado final. País indicó que dichos objetivos eran: a) neutralizar las fuerzas de los militares en la ciudad en general y en el Moncada en particular para evitar su transferencia a la zona de desembarco; b) obtener armas; y c) convocar a una huelga general.

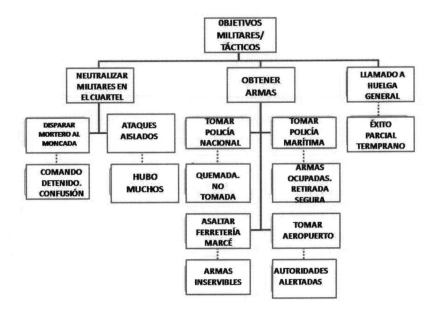

El primer objetivo se debía lograr con el bombardeo del mortero y el sitio elástico del cuartel Moncada, junto con otros ataques aislados para evitar movimientos de los soldados. El segundo sería satisfecho con la toma de la estación de policía principal, de la policía marítima y del aeropuerto. Entonces se convocarían a los trabajadores a una huelga general.

Los objetivos no se pudieron lograr totalmente por varias razones: 1. Las fuerzas oficiales no se pudieron neutralizar porque detuvieron a los operadores del mortero antes de la acción, afectando negativamente el resto del plan. Craso error el no tener una señal alterna y el que los operadores del mortero decidieran caminar diez cuadras cuando sabían que las autoridades estaban alertas porque esperaban un acontecimiento de envergadura. Sin embargo, aunque no coincidió la sincronización de la sublevación y del desembarco, la acción revolucionaria en Santiago, junto con la carencia del conocimiento del lugar de la llegada, frustró la transferencia de refuerzos a la zona del desembarco para enfrentar a la fuerza expedicionaria que llegaba. 2. La ocupación de armas fue un éxito relativo puesto que algunas se tomaron de la policía marítima, pero las de la ferretería no cumplían los requisitos mínimos para el combate. 3. A pesar del cierre de negocios y de escuelas cuando se escucharon los primeros disparos, el llamado a una huelga general no encontró la respuesta que se esperaba. Si un estratega militar profesional evaluara la operación entera, planeada y supervisada por un joven de 21 años, encontrarían lo siguiente:

• La quema de la estación central de la policía.
• La toma de la policía marítima en el distrito naval.
• El éxito del comando que asaltó la ferretería en la Plaza Dolores para obtener las armas que demostraron más adelante ser inadecuadas.
• El éxito de la evasión de la prisión de Boniato.
• Las bajas enemigas en las dos acciones principales y en los tiroteos dispersos por la ciudad.
• La ejecución de una retirada ordenada como había sido planeada.
• La ciudad estuvo en las manos del "Movimiento 26 de Julio" durante más de un día, y el pueblo de Santiago los apoyó.

En el lado negativo, derivados del fracaso del factor sorpresa:
• La ausencia de un Plan B en cada acción donde fuera posible.
• El bloqueo al Cuartel Moncada por las Brigadas Juveniles debió haber contado con una señal de reserva ya que muchos de los comandos todavía esperaban por ella a las 8:30. Aunque no es justo juzgar a la ligera la decisión del grupo de Léster de caminar diez cuadras, especialmente en los alrededores del Moncada, cuando ya las autoridades conocían que se avecinaba un gran acontecimiento, resultó ser un grave error.
• La labor de inteligencia de los empleados de la "Ferretería Marcé" fue pobre. Pudieron localizar los lugares donde se guardaban las armas, pero ¿no sabían que las armas eran

deportivas? En cuanto a la "Ferretería Dolores" no se menciona el motivo de no irrumpir en ella a pesar de que se listaba como objetivo en el plan original.

• Los lugares de acuartelamiento de los combatientes no estaban cerca de los objetivos. Aunque hubo dificultades en encontrar voluntarios que cedieran sus hogares y negocios para albergarlos, se debió haber realizado un esfuerzo mayor en ese sentido.

• Los camiones que estaban supuestos a recoger a los presos escapados de Boniato no llegaron. Ese hecho dio lugar a que el grupo no se reuniera con el de Navarrete, ocasionando la falta de coordinación entre ambos. Nunca se ha dado una explicación de su ausencia.

• La jefatura de policía no pudo ser tomada. Sin embargo, el hecho de que fue quemada tiene el mismo impacto cuando uno considera que los dos comandos habrían tenido que abandonarla después de ocuparla. Sin embargo, el alto espíritu de los combatientes los llevó a cometer un grave error. Minutos después de comenzada la retirada, las llamas consumían el edificio, forzando a quienes estaban dentro a abandonarlo. Si en vez de intentar ocuparlo de frente hubieran demorado algunos minutos, el eliminar a quienes salían del edifico les hubiera resultado más efectivo.

• La comunicación entre México y Santiago de Cuba dejó mucho que desear. Una operación de tal envergadura no se centra en el envío de un telegrama que indica efectuar la operación tres días después de recibido.

Muchos de los fallos pudieran haber sido el resultado de la falta de preparación de ambas partes, como le indicó Frank País a Fidel Castro. A pesar del éxito relativo, cuando la ciudad volvió a una cierta calma, la represión ya había llenado las cárceles.

Uno de los combatientes hizo la observación siguiente: "Se ha dicho por algunos que el 30 de noviembre fue un fracaso. Si dijéramos esto, tendríamos que decir que el [asalto al] Moncada también lo fue" (Rubiera y Sierra 1978: 107). En realidad, el verdadero fracaso fue el del *Granma*, y esa responsabilidad cae sobre los hombros de Fidel Castro, quien tenía la obligación de asegurarse el apoyo para cuando desembarcara. País no podía ocuparse del comité de bienvenida; lo prueba su esfuerzo por localizar a Celia Sánchez, que nunca pudo contactar y que parece haber desaparecido junto con los camiones y los hombres de Crescencio Pérez. Eso es cierto con el plan de atacar Niquero primero o sin él. Vuelve a relucir la incapacidad de Fidel Castro, quien repite aquí su falta de preparación preliminar. Sin embargo, si se hace una comparación honesta se tiene que llegar la conclusión que País demostró ser por mucho un mejor estratega militar que Fidel Castro. En 1953, un número pequeño de combatientes (entre 3 y 5) logró entrar al cuartel debido al planeamiento pobre. No había un plan para la retirada, como no lo hubo para la entrada tampoco, en caso de que fueran parados poco después de matar a los soldados de la posta. Los muertos llegaron a 62 (8 en combate y 54 asesinados luego). En 1956, sin embargo, uno de los tres blancos fue tomado, el segundo fue totalmente quemado, las armas del almacén de ferretería fueron obtenidas, pero la acción del mortero falló. Todos los ataques produjeron tres bajas fatales. La retirada fue un éxito y la ciudad estuvo en sus manos por más de un día. La prueba fue proporcionada en el mensaje enviado por los jefes militares en Santiago, desde 9:00 el día de la sublevación que ya se puso al comienzo de este capítulo en el sentido de que el 26 de Julio había tomado la ciudad.

La dictadura no podía permanecer indiferente. Una de las respuestas iba a estremecer la conciencia nacional. El área elegida fue el norte de la provincia oriental.

Consecuencia Trágica del Levantamiento: Las Pascuas Sangrientas de 1956

A mediados de diciembre Frank País recibió la noticia de que algunos expedicionarios del Granma estaban vivos en las montañas. Se desconoce la fecha exacta. Gálvez Rodríguez (1991:

401) dice que los mensajeros llegaron a la casa de Figueroa alrededor de la media tarde del 20 de diciembre. Figueroa, sin embargo, no está segura y sitúa la llegada alrededor del 15 o 16 de diciembre (Portuondo 1988: 260-261). Pacheco Águila y otros aseguran que fue el 24 (2003: 63).

Castro había enviado a Faustino Pérez con dos guías a Santiago. Encontraron a País y a los otros líderes de la DN, incluyendo a Armando Hart y Haydée Santamaría. Frank estaba extremadamente feliz. Él había mantenido la creencia de que Fidel y algunos de sus hombres habían sobrevivido las matanzas e iban a enviar el aviso. Desarrollaron los medios de mantenerse en contacto, enviaron un botiquín de primeros auxilios, y País y Faustino hicieron planes para viajar a La Habana algunos días después.

La matanza de los expedicionarios del Granma, poco después del desembarco, había producido 42 hombres asesinados y 17 detenidos en diez días en el suroeste de Oriente. Dos semanas después del desembarco de Fidel Castro y sus hombres, había solamente 23 hombres de los 82 caminando separados hacia el firme de las montañas. La promesa de "héroes o mártires en 1956" había sido cumplida a un alto costo.

La sangre vertida en la Sierra Maestra no iba a ser la única. La cifra de 42 combatientes muertos iba a aumentar algunos días después en comunidades del norte de Oriente. Este hecho se conoce como las "Pascuas Sangrientas" de 1956. El año de mayor lucha desde el establecimiento de la dictadura iba a ser cerrado con otra tragedia de una crueldad que levantaría la conciencia de una gran parte de la población sobre la futilidad de emplear medios pacíficos para intentar volver al país a su trayectoria democrática.

El país parecía estar listo para celebrar las festividades de fin de año. La gente, sin embargo, especialmente en la provincia de Oriente y en Santiago de Cuba, no mostraba el mismo entusiasmo de años anteriores. La sublevación de Santiago y las rebeliones en varias áreas del país, junto con la incertidumbre de si había sobrevivido Fidel Castro o no el desembarco, creaban la sensación de haber alcanzado una cierta estabilidad en la situación. Craso error.

Noche de paz, noche de amor. Todo duerme en derredor... La matanza comenzó cuando el pacífico villancico se escuchaba a través del país el domingo 23 y duró por tres días, hasta el miércoles 26, el día después de Navidad. Las ciudades, los pueblos, y las comunidades rurales estuvieron inmersas en una situación de terror difícil de describir.

El proyecto macabro fue elucubrado por un grupo dirigido por el teniente coronel Fermín Cowley Gallegos, jefe del Regimiento No. 8 en la ciudad de Holguín. Obedeciendo órdenes emanadas del más alto nivel, desarrollaron y ejecutaron una ola de represión nunca vista en la costa norte de Oriente. Su objetivo era la eliminación física de líderes y militantes revolucionarios en la región entera: Nicaro, Mayarí, Holguín, Victoria de las Tunas, Banes y Puerto Padre fueron las comunidades golpeadas por la

José Álvarez

ola de crimen, pero existen evidencias de que Antilla y Sagua de Tánamo estaban incluidas también ya que caían dentro del territorio militar, pero no la sufrieron por razones desconocidas.

El primero en caer fue Rafael Orejón Frómeta, cuando dejaba a Nicaro la noche del 23. Orejón era un colaborador cercano de Frank País en el norte de Oriente. País lo había seleccionado como el jefe de una célula incipiente en la pequeña comunidad construida alrededor de la Nicaro Nickel Company cuando el Movimiento fue organizado el año anterior. René Ramos Latour lo sustituyó e iba a levantarse como sucesor de País solamente siete meses más tarde. Después de él, el resto marchó a la muerte en comunidades dispersas. Los asesinos encontraron a sus víctimas en una variedad de lugares y los asesinaron con tácticas brutales y sofisticadas técnicas de torturas. Las víctimas aparecieron en diversas posiciones y con balas en lugares seleccionados de sus cuerpos. Otros fueron hallados colgando de árboles.

Llegaban soldados y policías. Los sonidos que los vecinos escuchaban eran los producidos por centenares de balas disparadas a los cuerpos indefensos de las víctimas. La estación abierta de matanza de tres días no excluyó el tiempo en que los millares de cubanos asistían a los servicios religiosos de la fe de su opción. La tradicional misa de medianoche, después de la cena familiar, fue celebrada mientras que muchos crímenes eran cometidos.

El pánico se extendió por las comunidades norteñas de la provincia. La gente no podía creer que los asesinos no habían respetado los días de fiesta religiosos. Día tras día, desde el 23 hasta el final del 26, la mayoría de la gente en Oriente permanecía dentro de sus hogares. Muchas familias, algunos de cuyos miembros fueron detenidos durante las horas de la mañana o de la tarde del lunes 24, no prepararon la famosa cena de la víspera de Navidad, y menos aun la fiesta del día siguiente. Algunas iglesias y templos notaron la ausencia visible de muchos asiduos. Las malas noticias no pararon y los rumores se regaron como pólvora. Al final de la tarde del miércoles 26, un total de 23 personas habían sido asesinadas en menos de 72 horas.

El pequeño grupo de la DN continuó junto en Santiago. Tuvieron una privada cena tradicional la víspera de Navidad. El grupo pasó el 25 en el hogar de la familia Espín Guillois. Las malas noticias sobre las Pascuas Sangrientas en el norte de Oriente comenzaron a llegar. Se estremecieron con la cantidad y crueldad de los asesinatos y la identidad de muchas de las víctimas. Frank País había conocido a muchos de los nuevos mártires mientras viajaba por el área organizando el Movimiento. Los esfuerzos se habían esfumado. El coronel Cowley Gallegos había asestado un duro golpe a la organización.

Las "Pascuas Sangrientas" sacudieron la fibra cubana de un extremo a la otra de la isla. El régimen había decidido a jugar "al duro" con una indiferencia total por la opinión pública. La mayor parte de los 23 asesinados eran militantes del 26 de Julio, pero también había víctimas afiliadas al Partido Auténtico, al Partido Ortodoxo, al Partido Socialista Popular, e inocentes. Esta vez Frank País desarrolló una respuesta que asustaría al dictador y a sus colaboradores. País se reunió con Carlos Iglesias y los jefes de los grupos de acción para especificar hasta el último detalle su respuesta al interrumpir las festividades del final del año.

Después de terminarlo, País viajó con Faustino Pérez de Oriente a La Habana. Pérez era uno de los miembros que sobrevivieron de la expedición y Castro había pedido que él reorganizara el Movimiento en la capital. Frank era el encargado de llevarlo ya que tenía los contactos. Era el jueves 27 de diciembre. Espín los condujo a Palma Soriano. Con las identificaciones falsas que llevaban, los dos amigos tomaron un autobús, llegando a Santa Clara al día siguiente.

Mientras viajaban Frank y Faustino, los grupos de acción en Santiago preparaban los materiales y los hombres para ejecutar las órdenes de País. Él había elegido los últimos dos días de diciembre. El carácter de la Navidad todavía estaba presente ya que todavía faltaban dos días de celebraciones: Víspera del Año Nuevo y la Epifanía el 6 de enero.

José Álvarez

País y Pérez pasaron varias horas en la reunión de Santa Clara con los líderes del Movimiento, reorganizando las células y discutiendo los planes para el futuro antes de salir para La Habana el 29 por la noche.

Los sabotajes comenzaron el domingo 30 de diciembre. Entre las siete y ocho de la noche Santiago de Cuba oyó los sonidos de alrededor 30 explosiones de bombas caseras colocadas por los hombres del 26 de Julio. Portando armas de pequeño calibre, cinco jóvenes irrumpieron en los estudios de la estación de radio CMKC para leer una alocución al pueblo, mientras que otros regaban clavos y tachuelas en varias calles para interrumpir el tráfico, y saboteando el sistema del fluido eléctrico. Los revolucionarios pagarían un precio muy elevado.

Cuando regresaban a sus hogares después de colocar una bomba en el estadio local de béisbol, la policía detuvo a tres jóvenes en la intersección de la avenida de Céspedes y la calle J en el Reparto Fomento. Sus nombres: William Soler, Froilán Guerra y Hugo Alejandro de Dios. El último intentó escapar y fue alcanzado por las balas disparadas por la policía, muriendo a los 20 años. Los otros dos fueron introducidos en un coche de la patrulla que se alejó velozmente dejando atrás los gritos de los vecinos que pedían por sus vidas.

En otra parte de la ciudad, un cadáver fue hallado dentro de un auto estacionado en la calle Gallo y San Francisco. Su nombre era Luis Díaz Ruiz. Otro apareció al día siguiente. Su nombre era Ninive Tross Bataille, quien fue arrojado en el viejo camino al Cobre, ya asesinado.

Las festividades tradicionales del último día del año fueron interrumpidas por los clavos lanzados en los caminos que conducían a Santiago. Los sonidos de bombas también ayudaron en la desbandada. Se había ido otro año. La represión no había terminado todavía. En la tarde del miércoles 2 de enero de 1957, dos cadáveres fueron encontrados en la carretera a Ciudamar. Ambos mostraban numerosos impactos de bala en la cara y el pecho, y muestras de haber sido torturados. Como habían transcurrido alrededor de 70 horas desde su detención, y los doctores forenses pusieron sus muertes entre 30 y 35 horas antes, era obvio que las torturas habían durado la misma cantidad de tiempo y los hombres jóvenes todavía estaban vivos al amanecer del Año Nuevo. Las víctimas no eran otras que William Soler, quien acababa de cumplir 15 años, y Froilán Guerra, de 25 años.

La noticia se regó rápidamente por toda la ciudad. La indignación de la gente creció con el transcurso de las horas. Los amigos y simpatizantes comenzaron a llegar a la pensión administrada por la madre de William Soler y donde ambos vivían, en una esquina de las calles Sánchez Hechavarría y Estrada Palma. También hicieron lo mismo en la casa de la familia de Froilán, situada en la calle General Banderas # 310. A pesar de la ausencia de País, los líderes del Movimiento de Resistencia Cívica (MRC), decididos a pasar de la indignación a la acción, comenzaron a organizar una manifestación para la mañana del 6 de enero, día de los Reyes Magos (ver Caner Román 2002: 46-48). Ese domingo, cuando los jóvenes habían recibido sepultura, varios centenares de mujeres se dieron cita en la capilla del Colegio Dolores, participaron en misa, y entonces salieron a las calles. El objetivo era enviar solamente a mujeres a la marcha por dos razones. Primero, se podía evitar una confrontación brutal con la fuerza pública. En segundo lugar, tendría un impacto más dramático con todas las mujeres vestidas de negro, en silencio, marchando por las calles. La muchedumbre se estimó en alrededor de 800. Al frente de la marcha silenciosa y triste iban las madres de los jóvenes asesinados los días antes. Varias de ellas sujetaban un estandarte donde se leía: "CESEN LOS ASESINATOS DE NUESTROS HIJOS. MADRES CUBANAS." Desfiló Enramada abajo. Los hombres se habían colocado a ambos lados de la calle para verlas pasar y demostrar su solidaridad. Los negocios y las oficinas cerraron sus puertas y los dueños y los empleados se unieron a la procesión que pronto se convirtió en una manifestación espontánea de toda la gente. Los miembros de las fuerzas represivas no se atrevieron a descargar su frustración contra los participantes. Permitieron que fueran a las oficinas de un periódico local a entregar una declaración que protestaba por los crímenes. En la mayoría de los países de descendencia española, la temporada de Navidad comienza con la celebración de la Nochebuena -- la tradicional cena de la víspera de la Navidad—y termina con la celebración de la Epifanía (Reyes Magos) el 6 de enero. 1956 fue diferente para la gente de Oriente. Solamente en el mes de diciembre, los crímenes habían alcanzado 70, sin contar los que no fueron divulgados por la prensa.

El último mes del año terminaba como había comenzado:

crímenes y respuestas sangrientos de sabotaje. Pero, aun sin terminar, la estación de Navidad tuvo que presenciar más asesinatos en Santiago. Entonces, la gente vio la marcha de mujeres enlutadas, pidiendo que cesaran los asesinatos de sus hijos. La marcha ocurrió el último día de la corta temporada religiosa.

CAPÍTULO 6

EL LLANO AL RESCATE DE LA SIERRA

Una vez que la noticia de que había sobrevivientes del desembarco llegó a Santiago, se produjo un marcado cambio en el trabajo de los combatientes urbanos. A pesar de los asesinatos sangrientos en el norte de Oriente y en Santiago, la dirección del Movimiento hizo un esfuerzo extraordinario en la reorganización de sus células y comenzó a apoyar la incipiente guerrilla en la Sierra Maestra. País y Faustino Pérez hicieron un viaje importante a La Habana, parando en varios lugares y, cuando País volvió a la capital oriental, sintió que era hora de encontrarse con Fidel Castro y el resto de sus escasos compañeros. Obviamente, la supervivencia de la exigua guerrilla estaba en las manos de los militantes urbanos del M-26-7. El Llano tenía que acudir al rescate de la Sierra.

La Primera Reunión de la Dirección Nacional

Del 16 al 17 de febrero de 1957, se celebró la primera reunión de la DN del Movimiento 26 de Julio en las montañas de la Sierra Maestra. Los participantes incluyeron a Fidel Castro, Frank País, Raúl Castro, Armando Hart, Haydée Santamaría, Celia Sánchez, Faustino Pérez y, como huésped especial por estar allí, aunque no era miembro de la DN, Vilma Espín. Se elaboraron los planes de acción para el Sierra y el Llano.

La situación no podía ser más desalentadora. La fuerza del Granma de 82 hombres se había convertido en un puñado de sobrevivientes que caminaban desorientados por lugares desconocidos. El Movimiento en Santiago había sufrido un golpe terrible con docenas de sus militantes en la cárcel o escondidos, otros habían sido asesinados allí y en el norte de la provincia. Además, un silencio total referente a la llegada de Castro había caído sobre la DN, cuyos miembros estuvieron ansiosos esperando noticias durante las dos semanas que siguieron al desembarco. Para celebrar la reunión se tuvieron que movilizar durante dos meses para reagrupar sus fuerzas y continuar la lucha. Un historiador extranjero lo ha puesto de la manera siguiente: "En febrero, Frank País subió al cuartel general de Castro para desarrollar un sistema de comunicaciones que llevarían abastecimientos y reclutas al Ejército Rebelde. Antes de fin de mes, el joven País había reunido un grupo de unos cincuenta hombres, todos con experiencia, todos con uniformes, armas, y su propia comida- triplicando así el tamaño de la fuerza rebelde en la Sierra. Las habilidades de organización de Frank País iban a resultar inestimables para el crecimiento de la resistencia armada en el este de Cuba" (Quirk 1993: 129).

En dos meses, la organización estructurada y dirigida por Frank País en el Llano había logrado lo siguiente:

FRANK PAÍS

• Acompañado por Faustino Pérez, País había completado un viaje de Santiago a La Habana, haciendo paradas en varios lugares para entrar en contacto con las Direcciones Provinciales.

• Los abogados para la defensa de los implicados en lo que se convirtió en la Causa No. 67 de 1956 estaban ya trabajando en la defensa de sus clientes.

• Los contactos habían sido renovados con quienes se ocultaban en diversos lugares en la ciudad y las células se reorganizaban para continuar la lucha.

• País había enviado mensajeros a Guantánamo tratando de adquirir armas en la base naval, y colocado todas las que él tenía disponibles en una granja próxima para facilitar el traslado a las montañas, ordenado la fabricación de mochilas, la recogida de medicinas, dinero que él agregó al que envió Faustino desde la capital, y todos los recursos que se necesitaban.

• Después de conocer que sus compañeros en Guantánamo habían adquirido algunas armas, País hizo un largo e incómodo viaje, vestido como granjero, en un camión conducido por un verdadero agricultor, por caminos inundados, cargando y descargando el producto que transportaban hasta que pudieron arribar con su valiosa carga a Santiago. Dichas armas serían parte de las llevadas por el primer refuerzo.

• El contacto importante entre País en Santiago y Celia Sánchez en Manzanillo fue reactivado. Un pasaje seguro a la Sierra Maestra fue establecido y los guías fueron puestos en sus lugares.

• Una red de contactos había hecho posible llevar a Herbert L. Matthews, del New York Times, al escondite de Castro en las montañas, para escribir sus tres famosos artículos.

• Los siete miembros de la DN estaban en el Sierra, elaborando planes, fijando metas, y con esperanza renovada en el futuro.

Todos esos logros se obtuvieron dentro de un período de dos meses después de la llegada desastrosa de México. La mayor parte del mérito tiene que acreditarse al genio de la organización, quien había dado forma a un Movimiento con una enorme capacidad para movilizar a sus cuadros y conseguir que se realizaran los planes. La meta siguiente sería la supervivencia de la exigua guerrilla con los escasos recursos con que contaban y las múltiples necesidades que enfrentaban.

Una vez que la red estuvo desarrollada, no resultaba muy difícil subir y bajar las montañas. Entre Manzanillo y Castro se establecieron numerosos puntos de encuentro entre las personas que llegaban y los guías que las llevarían a su destino final. Para su primera visita, Frank País, Haydée Santamaría, Armando Hart y Vilma Espín, conducidos por el guía Escalona, partieron de Santiago en auto el 15 de febrero de 1957. En horas de la tarde llegaron a Manzanillo y se unieron a Celia Sánchez en casa de Guerra Matos. Este último había sido encargado de desarrollar y

ejecutar la logística para las visitas de Matthews y la DN.

Salieron en grupos pequeños para la subida. Frank y Celia fueron los primeros en llegar, con la oportunidad de intercambiar ideas con Castro por muchas horas antes que llegara el resto de la delegación. Todos se reunieron el 16 de febrero, discutiendo generalidades, la firma creencia de Castro en la victoria, y actualizándose en los acontecimientos. Al día siguiente tuvieron que hacer un alto para permitir que Castro se reuniera con el periodista norteamericano.

La mayoría de los miembros de la DR se alejó del lugar. País, sin embargo, aprovechó el momento para hacer algo que llamó la atención de Ernesto Guevara. Comenzó a limpiar las armas de la guerrilla, poco a poco, con cuidado extremo, dando un ejemplo a los demás.

Después que Matthews dejó el campamento, Fidel regresó a la reunión. Hablaron continuamente, con solo un receso para almorzar. Ratificaron los puntos discutidos el día anterior y convinieron en la prioridad: País debía enviar al grupo de hombres, que él había estado concentrando en Santiago, alrededor del 5 de marzo, y Celia Sánchez estaba a cargo de agruparlos en Manzanillo para su traslado a las montañas. Entonces, Faustino Pérez rindió un informe sobre sus actividades desde su salida de la Sierra a La Habana y su regreso para la reunión. Hizo la oferta de abrir un segundo frente en el Escambray, pero la idea se desviaba de los objetivos de la organización en ese momento.

Castro acentuó que la prioridad debía ser mantener viva la pequeña fuerza en las montañas, trabajar en la propaganda y en las finanzas, y que un manifiesto se debía escribir y distribuir a la población. Cerca de cuatro horas más tarde, la reunión estaba tocando a su fin.

La mañana siguiente Castro hizo un bosquejo del manifiesto previsto para la publicación en Revolución". Todos contribuyeron en la redacción de una carta dirigida a los militantes del M-26-7. Era oscuro cuando los líderes emprendieron el viaje de regreso a Manzanillo, igual que habían subido, volviéndose a juntar después de la medianoche. La mañana siguiente, Faustino regresó a la capital y los otros a Santiago.

Esta era la primera y última reunión de la DN efectuada en las montañas. La razón era que el centro de poder cambió de Castro al Llano y Santiago ofrecía más conveniencias que un viaje complejo a un lugar desde donde no se ejercía el poder. La reunión siguiente de la DN, ya muerto Frank País, tuvo lugar en el Alto de Mompié, retornando el poder a Castro y a la pequeña facción radical de la Sierra.

El Primer Refuerzo:
Hombres y Armas a la Sierra

País tenía apenas dos semanas para terminar de organizar el grupo que reforzaría la fuerza incipiente de la Sierra, donde otra vez revelaría su liderazgo y capacidad de organización. Las tareas por cumplirse incluían seleccionar a los combatientes en los municipios, mandarlos a buscar, disponer de casas en Santiago para albergarlos, vacunarlos, llenarles las planillas de juramento, procurar las cincuenta armas que faltaban, confeccionar uniformes, adquirir botas, mochilas, hamacas, nilones, colchas, boinas y otras cosas necesarias para la vida guerrillera. Por último, localizar un punto cerca de Manzanillo, trasladar allí al grupo y conseguir camiones para avanzar hacia las montañas.

La mayoría de los militantes en Santiago dedicaron sus esfuerzos al cumplimiento del plazo. Sin abandonar sus otras tareas, consiguieron los recursos paso a paso, siempre con Frank País al corriente de los progresos. Con frecuencia surgieron problemas, como cuando Guerrita vino a Santiago a informar que la finca arrocera seleccionada para agrupar el refuerzo no podría ser utilizada. País envió a Jorge Sotús, que él había nombrado jefe de la fuerza, y a Vázquez para que fueran al área a encontrar otro lugar. En Santiago, los preparativos procedieron a toda velocidad hasta que País consideró que había llegado la hora de comenzar a enviar a los hombres.

Frank escogió a seis muchachas y cinco individuos para conducir a los combatientes al área de Manzanillo. Era difícil pasar los registros en la carretera. País había recolectado 34 armas de diversos calibres y municiones, y consideró que él debía transportarlas a un lugar llamado "El Marabuzal", seleccionado como el punto de acopio. Estaba a unos diez kilómetros de Manzanillo, a tan solo cien metros de la carretera. Era finales de febrero. Otero, el mismo granjero que lo había ayudado en su viaje a Guantánamo semanas atrás, era su compañero. Cargaron varios cientos de naranjas compradas en San Luis en un vehículo alquilado. País e Hidalgo se sentaron al lado del chofer del camión. Los seguía un auto conducido por Vilma, con Asela a su lado. Cuando entraron en Palma Soriano, País tuvo que tomar el volante, a pesar de que nunca había conducido un camión, porque Otero estaba muy cansado. Frank condujo hasta Bayamo, donde Otero retomó su puesto. Alrededor de las 8:30 de la noche entraron en Manzanillo.

Las armas fueron transportadas a un almacén y de ahí a El Marabuzal. Guerra Matos conducía y País estaba a su lado. Después de descargar volvieron a la ciudad. País y Celia organizaron a los hombres en grupos. País permaneció tres días en el campamento, vacunando a los hombres que no lo habían hecho en Santiago, completando las formas del juramento que faltaban, limpiando algunas armas y entrenando a algunos de los hombres en su uso. Estaba muy preocupado porque el tiempo de salida tuvo que ser pospuesto varias veces y él trnía que regresar a Santiago, cosa que hizo. Tres días antes de la programada subida, esperaban a País de vuelta, pero éste no llegó. Las llamadas entre Santiago y Manzanillo fueron infructuosas. Había desaparecido. Sucedió el 9 de marzo, cuando lo detuvieron en Santiago sin testigos.

El primer refuerzo salió del Marabuzal para la Sierra Maestra el día que esperaban a País. No llegó a ver a sus hombres subir a las montañas (Rodríguez Téllez 1998). Pero él siguió los detalles de su viaje de dos semanas desde las celdas de la prisión de Boniato. El 17 de mayo de 1957, el primer refuerzo hizo contacto con la tropa de Ernesto Guevara, enviado por Castro para dar la bienvenida a los nuevos guerrilleros y para tomar el mando del grupo temporalmente.

Una situación desagradable se produjo en el encuentro entre Ernesto Guevara y Jorge Sotús, quien comandaba el primer refuerzo. Sotús se negó a colocar sus hombres bajo el mando de Guevara alegando que había recibido órdenes de su jefe Frank País de entregarlos a Fidel Castro. El incidente ha sido descrito con diferentes tonos. Guevara le dedicó un gran espacio para criticar los luchadores urbanos. Resulta interesante señalar que Rodríguez Téllez (1998), miembro de ese grupo, solo tiene un corto párrafo calificando al incidente de "discusión acalorada" porque ambos querían cumplir las órdenes recibidas.

José Álvarez

Un Segundo Cargamento de Armas Importante

Este lote se conoce como "las armas de Palacio" porque estaban destinadas a ser utilizadas por las fuerzas del Directorio Revolucionario en su ataque al palacio presidencial el 13 de marzo de 1957, y terminaron en las manos del Movimiento 26 de Julio. De hecho, había tres distintos cargamentos. Los miembros del DR las habían recuperado el 14 de marzo del carro donde fueron situadas, y las llevaron a varios lugares seguros. Otro camión fue situado por otros militantes en la vecindad capitalina de Lawton, y esas también fueron a parar al 26 de Julio. Una tercera fuente era un cargamento de diez carabinas M-1 enviadas de New York por la Organización Auténtica (OA). Todavía en la prisión de Boniato, País dio órdenes para que se comenzaran a transportar las armas a Santiago de Cuba en autos, ocultándolas detrás de las puertas y otros lugares.

Después de que País fuera liberado el 10 de mayo, tomó esta tarea como su responsabilidad. Castro había designado a René Ramos Latour para ir de la Sierra a Santiago ya que Carlos Iglesias estaba también en la cárcel. Ramos Latour llegó el 13 de mayo, tres días después que David estaba fuera de Boniato. Ambos comenzaron a trabajar en la importante tarea. La idea que tenían era hacer el traslado por mar. Teófilo Babún, un rico santiaguero dueño de una nueva fábrica de cemento y varias naves y negocios en las colinas de la Sierra Maestra, fue contactado y se mostró dispuesto a ayudar.

Tres militantes embalaron las armas en la granja "San Isidro." El Sr. Babún sería el capitán de la golera "Maribel" que transportaría la mercancía. La operación del cargamento ocurrió en la tarde del 17 de mayo en el embarcadero del Carbón en el puerto de Santiago. En un lugar próximo, País observó la operación.

El barco llegó a los embarcaderos del negocio de Babún en El Uvero al día siguiente. Entre el armamento, había tres ametralladoras de trípode calibre 30, diez rifles automáticos Johnson, y tres Madsen, nueve carabinas M-1, y casi seis mil balas de diversos calibres. ¡El armamento más importante en las manos del ejército rebelde por primera vez fue enviado por Frank País!

El 20 de mayo, a 55 años de la instauración de la República, la fuerza de la guerrilla hacía inventario y distribuía las armas recién llegadas. Ocho días después, el 28 de mayo, serían utilizadas en el primer ataque de cierta envergadura de los rebeldes contra un blanco de relativa importancia en la zona: el cuartelito de "El Uvero". Un papel importante en la victoria lo jugaron los hombres del primer refuerzo enviados por País, quienes también contribuyeron con una triste cuota de sangre. El Llano había acudido, una vez más, al rescate exitoso de la Sierra, debido al empeño de Frank País.

Causa No. 67 de 1956:
Libertad => Prisión => Clandestinaje

Después de varias semanas de investigaciones, la oficina del fiscal en Santiago finalizó el proceso de instrucción y entabló la Causa no. 67 de 1956, que incluía la sublevación del 30 de noviembre y el desembarco del Granma el 2 de diciembre. Fue el 21 de febrero de 1957, cuando se anunció que 226 personas iban a hacer enjuiciadas, de las cuales 83 estaban bajo arresto, 73 estaban bajo fianza y 70 se habían declarado en desacato al tribunal.

El Arresto

Conduciendo, absorto en sus pensamientos, País no se dio cuenta que estaba cruzando un semáforo con la luz roja. Los soldados en un todoterreno [jeep] militar lo detuvieron y condujeron a la cárcel municipal. Otros creen que él sabía que un carro del Servicio de Inteligencia Militar (SIM), lo estaba siguiendo hasta que lo pararon para realizar el arresto. Las circunstancias no importan; País fue detenido.

La edición del lunes, 11 de marzo de 1957, del diario "Oriente", informaba de la visita a sus oficinas de los familiares de

Frank País García, quien había sido arrestado el sábado anterior por hombres uniformados en un jeep militar, desconociendo su paradero. Las autoridades estaban buscando a un joven por su posible participación en los hechos ocurridos el 30 de noviembre. Sus reporteros no habían podido confirmar el arresto de País o el lugar dónde se encontraba. En la misma noticia se decía que la Federación de Estudiantes Universitarios de Oriente había hecho fuertes declaraciones, condenando este hecho y demandando conocer el paradero de País.

Rosario salió en busca de su hijo. Acompañada por América Domitro y Graciela Aguiar, fue a visitar al General Martín Díaz Tamayo demandando ver a su hijo. Ella le dijo todo el tiempo que era él quien había arrestado a su hijo. Él lo negaba, hasta que él le dijo que a su hijo lo habían confundido con un famoso comunista. La explicación apareció en el periódico "Oriente" el 14 de marzo. En una entrevista con Rosario en su casa de la Calle General Banderas No. 226, ella dijo que las autoridades le habían dicho que cuando su hijo fue arrestado, él había dado un nombre falso, Rolando García, quién era un militante comunista que la policía estaba tratando de localizar. Más tarde, País fue identificado y llevado a El Cobre. No había sido maltratado y ella pudo verlo antes de su comparecencia en el juzgado correccional.

Al día siguiente, el mismo periódico publicó una nota del General Díaz Tamayo: "Hoy, en la mañana, a las 11 para ser más exacto, la Sra. Rosario García viuda de País se ha reunido con su hijo Frank País García, como se le ofreció durante su reciente visita al coronel Martín Díaz Tamayo, jefe de Regimiento No. 1, Maceo". El día 18, el periódico anunciaba que País había sido llevado a la corte para su comparecencia por los cargos en la Causa No. 67 de 1956. Después de este proceso, el arrestado fue conducido a la cárcel provincial de Puerto Boniato.

Interesante es el hecho de que Frank llevaba consigo una pistola Starr, que había sido modificada para disparar ráfagas como si fuera una ametralladora. El soldado que lo registró encontró el arma, pero se quedó con ella sin reportarla, lo que facilitó las cosas para Frank.

La Vida en la Prisión de Boniato

País fue llevado a la prisión de Boniato el 18 de marzo de 1957, nueve días después que fue arrestado en las calles de Santiago de Cuba. Su hermano Josué ya estaba allí; Agustín estaba y permanecería libre. Ambos estarían en la prisión hasta el 10 de mayo.

Los presos, tan pronto él llegó, le informaron a Frank los sucesos de las semanas anteriores. Los prisioneros todavía estaban agitados con el asalto al Palacio Presidencial cinco días antes, el 13 de marzo. Ellos explicaron que ese miércoles, como era costumbre, hubo una visita de las familias que ocurrió temprano en la tarde. Fue durante esta visita que Josué había oído las noticias en un radio transistor. Frank inmediatamente sugirió intentar una fuga masiva, pero la idea no llego muy lejos debido a múltiples obstáculos, incluyendo una fuerte vigilancia, ninguna coordinación con el exterior, ni la existencia de un plan. Además, la presencia de los familiares y compañeros durante la visita podía poner en peligro sus vidas (Velázquez Fuentes 1979:70-71). Cuando a Frank le dieron la noticia de la muerte de José Antonio, él le expresó a sus compañeros la gran pérdida que esto representaba, los planes que ellos habían hecho juntos y cuánto el pueblo de Cuba le iba a echar de menos. Lo mismo de Menelao Mora, Carlos Gutiérrez Menoyo y todos los otros combatientes del Directorio Revolucionario que habían asaltado la guarida del dictador.

Frank País usaría el tiempo en la prisión de Boniato al máximo. Él estudió, analizó y desarrolló la idea de los Bonos del "26 de Julio." Organizó a los prisioneros a seguir reglas de disciplina y de estudio. Inclusive, él fue capaz de mandar los primeros refuerzos de más de cincuenta militantes a la Sierra Maestra. Todo el mundo está de acuerdo que durante esas nueve semanas el creció tremendamente. Uno tiene que recordar que bajo la Causa No. 67, no solamente había jóvenes revolucionarios de Santiago de Cuba, seguidores de País, sino también aquellos que habían desembarcado en el Granma y que habían sido capturados. Frank impuso su autoridad sobre todos los militantes del 26 de Julio, independientemente de su lugar de origen o rango. El, era el jefe, y nadie puso en duda este hecho.

Los acusados en la Causa No. 67 fueron puestos en la Galera A, en el piso superior del Pabellón No. 1. Frank estaba muy preocupado, pensando en todos los deberes que él tenía y sin saber el tiempo que iba a estar detenido. El decidió escaparse y para eso desarrolló un plan para la fuga. Le escribió una detallada carta a Carlos Iglesias, explicándole como se realizaría la fuga durante una visita al hospital. Todo sucedió como País lo había explicado en su carta, pero, después de dar la señal, Taras no autorizo la operación. Pensó que no lo iba a lograr. De hecho, había más soldados que lo usual, pues pensaban en la posibilidad de un intento de fuga. Frank estaba furioso cuando regreso a su celda, pero luego comprendió la realidad.

La vida en Boniato fue difícil al principio. Ellos tenían que dormir en los pisos húmedos, la comida era mala y se las tiraban en cajas de cartón, tenían que comer sin cubiertos, con las manos, con insultos y con todos los incidentes comunes de los lugares donde hombres están prisioneros. A Josué lo escupió en la cara un soldado que lo reconoció de su visita a Carlos Iglesias el 29 de noviembre. No se les permitió ninguna correspondencia, ni la práctica de deportes hasta luego de muchos días, ni escuchar la radio y otras restricciones. Después de varias semanas, las condiciones empezaron a cambiar y la vida se tornó más llevadera.

Los prisioneros dividían el tiempo para estudiar, tener discusiones en grupos, practicar deportes, leer y escribir a sus familias y otras tareas. Entre los tópicos que generaron un alto grado de argumentos estaban la religión, el comunismo y el anticomunismo. La mayoría de los militantes deseaban que ellos pudieran elegir a un presidente democráticamente y tener unos senadores honestos y representantes que sirvieran al pueblo. Ellos tomaban clases teóricas de la guerra de guerrillas. También tenían competencias de ajedrez y oratoria. Cada semana, celebraban eventos culturales.

Días después, un sangriento suceso tuvo lugar en un apartamento en La Habana. Producto de una denuncia a la policía, el registro del edificio situado en la calle Humboldt No. 7, resultó en el asesinato de Fructuoso Rodríguez, Juan Pedro Carbó Serviá, José Machado y Joe Westbrook; cuatro veteranos de la FEU y el DR. Muchos de los encarcelados en Boniato tenían una estrecha relación con alguna de las víctimas. Fue otro duro golpe para Frank. El incidente permaneció varios años en el misterio. Finalmente, después de mucha perseverancia, los dirigentes del DR y familiares de las víctimas lograron llevar a juicio a Marcos Rodríguez, militante de la Juventud Socialista Popular, quien mantenía estrechos vínculos con los universitarios. Encontrado culpable, fue fusilado a fines de marzo de 1964.

Cuando las visitas eran permitidas, los detenidos podían disfrutar de unos momentos con los miembros de su familia y de otros que pasaron como tales. Doña Rosario iba acompañada la mayoría del tiempo por Ana Elba Morales, una vecina y amiga.[25]Cada una llevaba una bolsa con comida y dulces para Frank y Josué. Cada una pedía ver un detenido después de firmar el libro de registro. Frank usaba esas visitas para mandar mensajes a sus compañeros en el exterior, escribiéndolos en pequeños pedazos de papel.

En una de esas visitas, Ana Elba nos relató que Vilma Espín tomó su lugar. Es posible que durante esta visita la idea de Frank de declararse culpable se haya mencionado por primera vez. ¿Es posible? La referencia de declararse culpable aparece en un documento de 19 puntos cuya autoría se alega ser de País. En el

---

[25] Entrevista personal del 29 de septiembre de 2008. Morales conversó con Agustin País y el autor cuando se encontraba de visita en el hogar de la familia Planas en Miami. Sus valiosas contribuciones se detallan en varios capítulos.

mismo, dice en su no. 4: "Pienso declararme culpable y aprovechar el momento para hacer un juicio sensacional" (Gálvez Rodríguez 1991: 461). No se vuelve a mencionar el caso, pero unos días después País planeó un elaborado y riesgoso plan de escape que tuvo que ser cancelado. No existe explicación para esa aparente contradicción.

Lo cierto es que, después de esa visita, Espín fue a ver a Agustín País y le dijo que su hermano estaba planeando declararse culpable de los cargos del gobierno. Si esto sucedía, él sería sentenciado a un tiempo en la cárcel. Vilma enfatizaba lo desastroso de la situación para el Movimiento y le pedía a Agustín que le escribiera una carta a Frank para que cambiara su plan. Agustín escribió una carta que ella recogió al día siguiente, pero nunca le preguntó a su hermano si la carta le hizo cambiar de opinión -asumiendo que la decisión de declararse culpable no fue un invento de la mensajera- Frank se declaró inocente cuando fue preguntado por el tribunal. Hubo otras cartas similares y Agustín todavía se pregunta sobre "la razón para pensar en declararse culpable y luego cambiar. Yo no sé, o que pudo haber sido diferente si él se hubiera quedado en la cárcel, solo Dios lo sabe" (Mensaje electrónico del 18 de marzo de 2008).

La incertidumbre de la espera fue resuelta una mañana cuando los prisioneros recibieron la noticia: el juicio había sido programado para el lunes 22 de abril.[26] Los acusados en esa causa ascendían a 226 personas, 82 de ellos en la cárcel de Boniato. El Movimiento había organizado un despliegue de público en su apoyo, y la carretera desde Boniato hasta el palacio de justicia estaba colmada de personas que mostraban su simpatía por los acusados. Había también un despliegue de soldados para evitar una fuga. Era una hermosa mañana de primavera, con un cielo claro y la usual temperatura cálida de Santiago.

---

[26] Alguna información se tomó del artículo "Ante el tribunal de urgencia de Santiago de Cuba," en Revista Bohemia, Año 49, No. 18,5 de mayo de 1957, pp. 74-75, 88, 90, 92.

FRANK PAÍS

El Juicio

A las ocho de la mañana en punto, las puertas de la cárcel de Boniato se abrieron para que la caravana de vehículos pudiera partir. Una impresionante escena se mostró al público que estaba esperando en las afueras. A la cabeza había tres jeeps del departamento de microondas del ejército, llevando soldados con ametralladoras; le seguían tres autobuses con 82 prisioneros y luego tres jeeps más y dos vehículos blindados mostrando sus ametralladoras calibre 50. Fue un despliegue impresionante que sacudió a los presentes a lo largo de la carretera. No había palabras; solo saludos de apoyo y un triste silencio. Solamente el ruido de los motores de la caravana perturbaba el silencio durante la ruta de ocho kilómetros al Palacio de Justicia.

La caravana se detuvo frente a ese edificio. Las barracas del Moncada están al otro lado del Palacio de Justicia. El área estaba llena de soldados y policías, vehículos militares y también por el público esperando por los acusados. El primer autobús abrió sus puertas y los acusados fueron saliendo uno tras otro hasta que los tres vehículos estuvieron vacíos. En silencio, los reos tomaron las escaleras hasta el segundo piso, entre rifles y ametralladoras, hasta que se les ordenó parar frente a la puerta que llevaba a la sala donde serían juzgados. De momento, sin ninguna señal, como si hubiera sido una unánime e independiente decisión, las ochenta y dos voces entonaron el himno nacional. Todos en la audiencia (abogados, miembros del Tribunal, militares) mostraron su perplejidad primero y su admiración después. El acostumbrado grito de "Viva Cuba Libre", retumbó entre las blancas paredes del salón de justicia. Hubo silencio después de la entrada del Dr. Manuel Urrutia, presidente del tribunal de la Causa 67. El jefe de seguridad del edificio,

Capitán Bonifacio Haza, se acercó al estrado y requirió que no se permitiera la entrada al público que estaba afuera. El presidente de la Corte Superior, Julio César Guerra, intervino para decirle al oficial "Este es un juicio público. Yo no estaría aquí si este se realizara a puertas cerradas." El Capitán Haza le contestó que el objetivo era garantizar el orden porque una conspiración para asaltar la prisión de Puerto Boniato y liberar a los prisioneros había sido descubierta. El magistrado reiteró que el juicio sería público o no habría juicio. Entonces se permitió la entrada del público, pero los requisitos y restricciones que se impusieron sólo permitieron el acceso a algunas mujeres en los últimos momentos.

Los miembros del tribunal tomaron sus asientos. Los magistrados Eduardo Cutié y Alberto Segrera se sentaron al lado de Manuel Urrutia. El Dr. Mendieta Hechevarría era el representante de la fiscalía. Había más de quince abogados de la defensa. El juicio empezó con un largo y aburrido pase de lista de los acusados (Morán Arce 1980:86-89). Los nombres de los acusados fueron llamados, uno por uno, hasta que terminó una hora y diez minutos más tarde. Frank País, vestido con un traje blanco y corbata negra, se sentó al lado de Léster Rodríguez, observando todo el salón y sus ocupantes, haciendo comentarios en voz baja y tratando de localizar a su madre y a su novia.

Después de una pausa, la primera persona fue llamada: Francisco Cruz Bourzac. La acusación era que él había sido arrestado manejando un jeep lleno de jóvenes cuando iban para el edificio de la Policía Marítima, en la mañana del 30 de noviembre. La declaración del acusado iba a sentar un precedente para las que le siguieron: "Primero, yo quiero aclarar que mi nombre no es Francisco Pérez Bauzá, como aparece en la lista de la Causa 67 y que yo no soy la persona que aparece como detenida en un jeep, de acuerdo con el acta hecha por el Comandante Casillas Lumpuy, llevando armas..." El resto de los acusados hicieron una declaración similar, negando su participación en los hechos. El secretario entonces llamó al décimo quinto acusado: "Josué País García." El jovencito de diecinueve años fue al frente: "Yo estaba detenido en la oficina de SIR [Servicio de Inteligencia Regimental] el día de los eventos." Algunos de los acusados tomaron ventaja del estrado para denunciar las irregularidades que ellos habían visto. Hermes Salmón dijo que él fue sacado de su celda por el teniente Pedro Morejón y llevado al campo de tiro en el parque San Juan, donde fue golpeado brutalmente. "Yo me desmayé y cuando me recobré me di cuenta de que faltaban diez pesos de mi bolsillo." Otro de ellos dijo: "Una noche mientras yo estaba detenido en el SIR, yo vi a seis jóvenes con el uniforme del 26 de Julio que fueron sacados de sus celdas. Yo no los he vuelto a ver y no están hoy en esta corte."

Las personas arrestadas en Guantánamo fueron llamados entonces. Todos negaron los cargos. La sugerencia de negar los cargos fue tomada en forma unánime por los militantes acusados. Había urgencia de dejar saber que la lucha continuaría. A media tarde todo el mundo estaba aburrido y cansado después de seis horas de testimonios.

La siguiente sesión tuvo lugar a las nueve de la mañana del día siguiente. Los mismos problemas salieron a relucir en referencia a la admisión del público en el salón de la corte. Uno tras otro, los hombres del Granma testificaron durante la segunda parte del juicio. Como ellos habían sido capturados, no podían negar su participación. Entonces ellos dijeron con orgullo que tomaban esa oportunidad para denunciar al dictador y los crímenes cometidos contra sus compañeros después de ser capturados. Cuando Jesús Montané Oropesa fue llamado, el público tuvo una sorpresa. Era considerado uno de los ideólogos del Movimiento y como tal, hizo una exposición sobre sus ideales y propósitos para una Cuba libre, que duró treinta minutos. La llamada de los acusados continuó: ¡Frank País García!

País declaro que él era inocente de los cargos de ser el dirigente de los comandos que tomaron a Santiago el 30 de noviembre. Agregó: "Lo que pasa es que yo he sido detenido en

José Álvarez

varias ocasiones y estoy siendo perseguido no obstante el hecho que las cortes me han absuelto a mí de todos los cargos. Esto me ha llevado a la conclusión de que el gobierno no quiere distinguir entre la lucha civil y la lucha insurreccional, mandando a todos sus adversarios a la cárcel, porque allí les molestan menos."

Cuando País tomó asiento de nuevo, miró hacia el lugar donde América estaba sentada con María Antonia y Nilda Ferrer. La última describe que él "miró a América con dulzura y una expresión... era de tranquilidad, confianza, felicidad y paz. Todo lo que se puede resumir en ello" (Portuondo 1988: 288, 289).

Después de la intervención de País, declararon seis ciudadanos de Holguín, incluidos en la Causa 67 por error, ya que las heridas que presentaron al ser arrestados eran producto de una riña en un baile. Veinte y dos trabajadores del Central Ermita le siguieron. Todos negaron los cargos, al igual que los que siguieron. El juicio se tornó aburrido de nuevo, demostrado por los bostezos. Entonces apareció en el estrado Augusto Taboada Bernal, el Director de Boniato.

Con palabras enérgicas, Taboada Bernal le propinó al coronel Cruz Vidal un golpe contundente: "Es falso y una mentira el reporte del coronel Cruz Vidal haciéndome a mí un cómplice de la huida de los prisioneros el 30 de noviembre. Él está haciendo eso porque hace un mes permití que Millo Ochoa y Roberto García Ibáñez visitaran al prisionero Reinaldo Benítez, cuya visita yo aprobé por ser permitida por las regulaciones penales y porque la solicitud vino de estos dos señores que se merecen mis más altos respetos, no obstante que yo no tenga una relación amistosa con ellos." Entonces, él explico cómo sucedieron los hechos. Dentro de la atmósfera de aburrimiento, hubo declaraciones emocionantes. Una de ellas, la de Luis Pedrón, vistiendo un saco crema y pantalones obscuros, con una sonrisa triste mientras caminaba en muletas para sentarse en su silla todos los días. Había tomado parte en el alzamiento recibiendo un balazo en su pierna izquierda que tuvo que ser amputada a otro oficial que no estaba en el grupo de los defendidos.

FRANK PAÍS

El juicio continuó al día siguiente con los testimonios de los testigos del fiscal, además de los soldados, oficiales y otros que no contribuyeron en nada al caso. Algunos testificaron que los defendidos eran "comunistas militantes del 26 de Julio" pero cuando se les decía que mencionaran a uno, ellos respondían que no podían hacer eso sin consultar los registros del SIR. El Teniente Morejón fue interrogado durante una hora. Más aburridos testimonios y entonces el juicio fue suspendido a la una de la tarde hasta el lunes, día 29.

Al día siguiente, el presidente de la corte, Magistrado Urrutia, fue llamado a La Habana por el jefe de la Corte Suprema, Santiago Rosell. Urrutia fue criticado por la extrema libertad dada a los acusados y la facilidad que se le había brindado al público en general para entrar al salón de la corte. Urrutia les contestó que él no iba a restringir la libertad de expresión de los acusados.

El lunes, día 29, fue el día señalado para resumir el juicio, pero la caravana desde la cárcel de Boniato no llegó. Los oficiales alegaban falta de personal. El martes, día 30, la disputa continuó y el juicio no pudo continuar. Una situación idéntica paso el miércoles, mayo 1. Era sabido que el gobierno estaba ejerciendo presión en la corte para sentenciar a los acusados. La presión había llegado a lo más altos niveles del poder judicial. La caravana regresó al Palacio de Justicia los días 2 y 3 de mayo. Entre las aburridas sesiones, los revolucionarios tuvieron la oportunidad de hablar con sus amigos, mientras comían los emparedados y refrescos que les traían, e informándoles de cuanto sucedía en la ciudad. América estuvo presente todos los días, llevando y trayendo mensajes.

Después de un atareado fin de semana preparando los argumentos, los abogados de la defensa tuvieron su oportunidad el lunes, 6 de mayo, y los dos días siguientes. El jueves, 9 de mayo, el estrado estaba listo para la fase final de lo que iba a ser el juicio más excitante que Santiago había visto desde el juicio de los que atacaron el Moncada cuatro años antes.

El Final del Juicio

El fiscal, Dr. Francisco Mendieta Hechevarría pidió clemencia para los defendidos. Dijo que los acusados habían actuado de esa forma, debido a su amor por Cuba, al igual que habían hecho que su padre se enrolara en el Ejercito Libertador en 1895 (Morán Arce 1980: 89).

Los votos se tomaron la tarde del 10 de mayo y el resultado fue de dos contra uno. La sentencia entonces fue leída: Los expedicionarios del Granma, algunos de los acusados del Central Ermita y los del 30 de noviembre en Santiago, fueron sentenciados a uno, seis y nueve años de cárcel. El resto fue puesto en libertad.

El presidente, Dr. Manuel Urrutia Lleó, se dirigió al tribunal para expresar su voto particular (Buch Rodríguez 1999: 147-148). Dijo que él creía que la corte también debería haber absuelto a los 26 sentenciados, basando su decisión en el estado prevaleciente en el país. Al final, apoyaba el veredicto de culpabilidad de cinco acusados, pero a una condena de seis meses y un día de cárcel.

El voto particular del magistrado lo catapultó al primer plano nacional, llevándolo a que meses más tarde, Castro lo nombrara como el primer Presidente Provisional de la República después del derrocamiento del dictador Batista.

FRANK PAÍS

Los 82 defendidos se quedaron de pie y comenzaron a entonar el himno nacional.

De Vuelta a la Libertad en el Clandestinaje

La mayoría de los jóvenes revolucionarios salieron para encontrarse con sus familiares y amistades, felices por estar libres, pero tristes por dejar a otros en prisión. Después de abrazos y gritos, abordaron los vehículos que les aguardaban. Rápidamente, la nueva caravana fue dejando atrás las paredes del presidio en dirección a la ciudad.

CAPÍTULO 7

LA SIERRA CONTRA EL LLANO

Es bien conocido que, durante las dos visitas de País a México, hubo dos temas de discrepancia entre los dos dirigentes. En el primer viaje, parece haber sido la negativa de Castro a discutir un programa para el Movimiento, lo cual hizo que País nombrara una comisión para redactar la "Tesis económica del 26 de Julio" cuando regresó a Santiago de Cuba. Durante la segunda visita, fue la renuencia de Castro a posponer el plan porque "había dado su palabra de honor" al pueblo cubano. Estos dos incidentes parecían presagiar un mal comienzo en las relaciones entre los dos dirigentes. El tema de la organización del M-26-7 discutido en la sección anterior, sin embargo, no fue el único que causó fricción entre Alejandro y David. Se pueden identificar otros cinco reflejados en las cartas y documentos que intercambiaron (Álvarez 2008: 206-236).

Causas del antagonismo entre la Sierra y el Llano

Fundación de un Segundo Frente Guerrillero

La primera persona que sugirió la apertura de un Segundo Frente fue Faustino Pérez. Estando Pérez en La Habana, a principios de febrero de 1957, sugiriendo las montañas del Escambray en la provincia de Las Villas. Después de un primer rechazo, País la aceptó, en una reunión con Pérez, Hart y Santamaría en Santiago de Cuba, sujeta a la aprobación de Fidel.

Cuando la DN se reunió en la Sierra Maestra en febrero 16-17 de 1957, los cuatro compañeros no le mencionaron el tópico a Fidel después de escuchar su pedido de ayuda. La prioridad era reforzar la incipiente guerrilla, y le encargaron la tarea a País.

En el viaje de regreso a Manzanillo, Frank y Faustino hicieron un aparte en la casa de la familia Loriet (Gálvez Rodríguez 1991: 438, 439). ¿Discutieron allí el tema de la apertura de un Segundo Frente en el Escambray? El 23 de febrero, apenas unos días después de la reunión, la policía de La Habana, actuando con información recibida de una confidencia, registró tres casas bajo el control del Movimiento. En una de ellas, ocupó las armas que estaban destinadas a la apertura del frente. Con la ocupación de las armas, y la detención de Faustino en el mes de marzo, se desvanecieron esos planes. Esa primera delación no sería la última relacionada con la apertura de un nuevo frente guerrillero.

Después de la ocupación de armas en la capital, Frank País otorgó igual prioridad al refuerzo de la Sierra y a la apertura de un segundo frente, pero ahora lo quería abrir en la provincia oriental. Desde la prisión de Boniato le envió un mensaje a Fidel con Carlos Iglesias (Manolo) proponiéndole la idea, utilizando unas armas compradas en la Base Naval de Caimanera y otras llegadas de La Habana. Al principio se dijo que Castro había aceptado ambas iniciativas. Luego se supo que, cuando se lo propusieron, no le había gustado nada la idea, pero la había dejado progresar (Gálvez Rodríguez 1991: 466, 468). En "¿Revolución dentro de la revolución?", Regis Debray afirma de manera categórica: "Varias veces, en momentos cuando la menor distracción hubiera representado una gran ayuda, Fidel se opuso sistemáticamente a la creación de otros frentes guerrilleros." En sus "Pasajes de la guerra revolucionaria", Ernesto Guevara afirma que Castro cedió frente a la insistencia del Llano (www.patriagrande.net/cuba/ernesto.che.guevara/pasajes/12htm).

Muestras de apoyo, sin embargo, aparecen en otras partes de la literatura. En una carta a Celia Sánchez, fechada el 11 de agosto de 1957 (País ya muerto), Castro le recuerda que, después del ataque a El Uvero, él le había sugerido a Frank, en presencia de

Celia, la apertura de un segundo frente (Franqui 1976: 298). Castro le escribió a País en los siguientes términos: "Que no vayan a cometer la locura de ponerse a planear un desembarco por Santa Clara. Este es un punto de consideración estratégica... Ordénales que vengan a la Sierra Maestra... Insísteles mucho que no anden pensando en un contingente grande de hombres; con veinte, si son buenos, es más que suficiente. Aquí hay hombres de sobra, lo que faltan son armas" (Franqui 1976: 265).

Fidel Castro no tenía ningún deseo de que se abriera un frente en la provincia de Las Villas, tan lejos de la Sierra Maestra. Pero no está del todo claro si aprobaba un frente oriental, a pesar de las múltiples referencias escritas. Aunque parece que existió una discrepancia entre ambos dirigentes sobre el momento y lugar de establecer un nuevo frente guerrillero, no hay evidencia concreta de que el tema fuera una causa seria de desacuerdo.

Programa Nacional

Desde que se fundó el Movimiento 26 de Julio en 1955, sus dirigentes, incluyendo a Frank País después de su incorporación, estuvieron de acuerdo en que era necesaria la elaboración de un programa que expusiera claramente los principios ideológicos y económicos sobre los que se esperaba construir la nueva república. Pero, "Fidel nunca fue partidario de programas escritos y ni aun de discusión ideológica. Si se le presionaba se remitía a 'La historia me absolverá'" (Franqui 1976: 154). Éste iba a ser un problema recurrente en las relaciones entre Frank País y Fidel Castro. La causa principal era la negativa de este último —nunca expresada de manera diáfana— a discutir temas relacionados con ideología y mucho menos a poner una posición por escrito.

Cuando Frank País regresó de su primer viaje a México —como indicamos más arriba—nombró a una comisión para que redactara el programa económico del Movimiento. Lo imprimieron e hicieron llegar a algunos militantes (Gálvez Rodríguez 1991: 312). El documento no fue hecho público hasta después de enero de 1959 (Boti y Pazos 1958: 249-282). El salto al socialismo lo hizo caer de nuevo en el olvido.

El próximo intento se realizó luego del regreso de Frank de su segundo y último viaje a México a fines de octubre de 1956. Un grupo de trabajo formado por Armando Hart, Enrique Oltuski, Carlos Franqui y el propio Frank País, que componían la Comisión Programática del Movimiento, se encargó de su elaboración. Oltuski lollevó a México en octubre para que Castro y sus acompañantes lo discutieran y aprobaran. El mensajero regresó a Cuba con la noticia de que el líder revolucionario había desaparecido de la capital mexicana.

En enero de 1957, Carlos Franqui (1976: 189) le señaló a País dos puntos importantes. Su relación con Fidel Castro lo hace sospechar que no es partidario de un programa escrito, debido a "su personalidad y a sus métodos tácticos y sé que será muy difícil hacerlo cambiar" y le aconseja no publicar el programa, a pesar de que ha sido aprobado por la DN ya que, según él, acciones aisladas "fortalecen el caudillismo y la disgregación que padecemos."

La alusión al caudillismo revela que fue motivo de preocupación de varios de los miembros de la DN desde temprano en la lucha. Existen varias citas sobre el tema (Morán Arce, 1980, p. 77; Canto Bory, 1993). La referencia a la disgregación muestra la existencia de varias tendencias dentro de las filas del M-26-7. La táctica de Fidel Castro de no poner por escrito un programa era la correcta para sus planes. Por una parte, Castro se reservaba el derecho de hacerlo o no hacerlo – aumentando así su poder de caudillo– y, por otra parte, la disgregación le convenía ya que, una unidad cohesiva en las filas de su organización (y entre todas las organizaciones), eran una amenaza real a sus aspiraciones caudillistas. A pesar del consenso nacional sobre el daño que el caudillismo había ocasionado al país, la práctica parecía regresar con más fuerza que nunca.

Paralelamente, los dirigentes del Movimiento en México se daban a la tarea de llevar al papel los ideales del M-26-7 (Llerena 1981: 86, 207-227). El Manifiesto fue discutido por el liderazgo, pero la decisión final de su aprobación se dilató de tal manera que su autor lo bautizó como "el Manifiesto que no fue."

En la ya mencionada carta del 7 de julio de 1957, Frank País le recrimina a Fidel Castro la ausencia de un programa que le comunicara al pueblo hacia dónde se encaminaba la revolución. Según País, ese era un defecto recurrente. Le anuncia que ya se estaba trabajando intensamente en ello para unirlo al documento económico y hacer un Programa del Movimiento. Le pide que le envíe sugerencias, si las tiene, para incorporarlas. En este momento, afirmaba País, la vaguedad de pronunciamientos, unida a la falta de planes y proyectos, hacen que muchos todavía recelen de nuestras intenciones y de nuestra capacidad para hacer la revolución que se espera.

Gobierno Provisional

El establecimiento de un gobierno provisional, con sede en la Sierra Maestra, fue siempre un objetivo de Fidel Castro. En carta a Celia Sánchez, el 5 de julio de 1957 (Franqui 1976), le comenta la negativa de Raúl Chibás a presidirlo ya que no quería que su viaje a la Sierra fuera interpretado como oportunista.

Frank País le escribe a Fidel Castro el 11 de julio (Gálvez Rodríguez 1991: 550-551), adjuntándole una carta de Justo Carrillo (donde éste declinaba la oferta de participar en un gobierno provisional alegando que está trabajando en un golpe militar en la capital), y le comenta que Carrillo tiene razón en que no es el momento adecuado, pero cree que la política de captar cubanos representativos y valiosos de la vida pública nacional le daría al 26 de Julio cierta ventaja en el momento de una quiebra nacional.

Esas ideas reflejan el objetivo de País de un gobierno democrático y una sociedad civil fuerte. La respuesta de Castro decía: "… arribamos a la conclusión de que [la formación de un gobierno provisional en la Sierra] no era lo más positivo e inteligente. Tus informes y la carta de Justico me confirman en ese criterio [y] redactamos el manifiesto que ya tú conoces y del

210

cual esperamos los mejores frutos" (Gálvez Rodríguez 1991: 567). La idea del gobierno provisional estuvo relacionada a veces al papel de los militares, en el que País y Castro discreparon.

Junta Militar

La oposición de Castro a esa salida a la problemática nacional aparece clara en sus escritos con respecto a los pactos de unidad (Álvarez 2008, capítulo V). Castro siempre se opuso a un golpe militar. País, sin embargo, no tuvo inconvenientes en dialogar con militares honestos y cultivó sus relaciones con ellos,[27] llegando a concertar acuerdos que no le comunicó a Castro.

Aunque siempre hizo gestiones en ese sentido, no es hasta cercana su muerte que su labor comienza a dar frutos. El 24 de junio de 1957 llegó a Santiago el ex oficial de la Marina de Guerra Orlando Fernández-Saborit García. Venía en representación de un grupo de antiguos oficiales (Almeida Bosque 2002: 164-165). Conversaron por espacio de dos horas. Frank le entregó una copia de la Tesis Económica del 26 de Julio para que la estudiara con su grupo. Regresó un mes más tarde, el 24 de julio. Le aseguró que el grupo de la Marina se comprometía a estar listo en un mes para apoyar la huelga general. Contaban con los jefes de los principales buques de guerra y la posibilidad de una base naval.

Luego Frank redactó un largo informe a Fidel, fechado el mismo 24 de julio (Gálvez Rodríguez 1991), donde le dice: "Creo que hoy hemos dado el paso más firme en lo que a relación con los militares se refiere" (p. 560). Y le explica, paso a paso, todo lo que ha estado ocurriendo en el campo militar, incluyendo las conspiraciones en el Ejército y la Marina. De los oficiales de ésta le dice que son "oficiales de nueva promoción y de pensamiento revolucionario, a la vez que democrático". Le comunica cómo

---

[27] José Pujol le había insistido en la importancia de involucrar a los militares, especialmente a la Marina. Fue él quien trajo a Fernández-Saborit a su primer encuentro con País desde el puerto de Antilla (Comunicación personal con José ("Pepín") Pujol el 16 de agosto de 2008).

pensaban esos oficiales con respecto al jefe del asalto al Moncada en el pasado y el motivo de su antipatía por el 26 de Julio y en especial por Castro. Tenían informes desfavorables de sus actuaciones en la Universidad, cuando estudiante y cuando el Moncada; además, tenían informes desfavorables de la personalidad caudillista de Fidel Castro, llegando a romper con la FEU cuando se enteraron de la firma de la Carta de México. Le decía que la situación había cambiado, aunque aún les queda cierto recelo acerca del caudillismo y la falta de un programa. Después que País les explicó, hubo mayor confianza.

El oficial creía que un pacto Marina-Movimiento 26 de Julio sería beneficioso a ambas partes y País le comunica que notó comunión de ideas y propósitos entre ambos grupos, aun en lo concerniente al problema de las fuerzas armadas. Acordaron unirse a reserva de ulteriores y más extensas conversaciones; acordaron también la estrategia a seguir con el Ejército. Le decía que no era prudente que le contara los planes (pp. 561-562).

País no sólo ha acordado la unidad con el grupo de la Marina de Guerra, sino que también está a punto de incluir al Ejército. Al día siguiente, Frank recibe una comunicación de Fidel, escrita el 21 de julio. Uno de los tópicos que comenta es el asunto de los militares. Le dice: "El peligro de un régimen militar disminuye, porque cada día es mayor la fuerza organizada del pueblo. Y si hay golpe y junta, desde aquí exigiremos el cumplimiento de nuestros postulados. Y si nosotros seguimos esta guerra, no hay junta que se mantenga" (p. 567).

Milicias del 26 de Julio

La creación de un cuerpo de milicias disciplinadas y entrenadas a lo largo y ancho de la isla fue una idea concebida por País. En su carta del 7 de julio de 1957 (Gálvez Rodríguez 1991), le dice a Castro: "Necesitamos tener milicias en todas partes, milicias activas, disciplinadas, agresivas y audaces. Prácticamente esto es lo que mejor marcha en toda la isla" (p. 546).

Fidel Castro hizo caso omiso al planteamiento sobre la

creación de las milicias. La razón estaba en que, a diferencia de la organización celular que adoptó el Movimiento desde sus comienzos, el carácter militar que Frank deseaba darle pudiera estar reñido con el liderazgo militar de la Sierra. Después de la muerte de Frank, y ocupando ya Daniel su puesto, en una carta que le envía a Celia, fechada el 10 de agosto de 1957, le dice que espera tener formadas dentro de poco las milicias urbanas. "Esta era una idea de Frank que me he propuesto llevar a la práctica. De modo que tendremos debidamente preparados a nuestros hombres para llevar a cabo la batalla final" (Pacheco Águila y otros 2003: 142). Como Fidel Castro no había emitido aún su opinión sobre las mismas, cuatro días más tarde, Daniel le pregunta en una carta: "Queremos tu opinión sobre la integración de las milicias que es también un proyecto de Frank" (p. 150).

Independientemente del apoyo moral o efectivo de Fidel Castro, Daniel se dedica a esa tarea desde septiembre de 1957. Quiere hacer realidad ese proyecto de Frank para que cumplan el papel importante en la huelga general que se avecina. Desgraciadamente, la huelga fracasó el 9 de abril de 1958. Este fue un duro golpe para el Llano, a cuyas milicias se responsabilizó por la derrota.

¿Anticomunismo o anti-PSP?

Tal vez la posición que, según Guevara, sostenían los miembros de la DN era una reacción a la línea que, casi hasta el final de la lucha, mantuvieron los comunistas criollos que militaban en el Partido Socialista Popular (PSP). ¿Era entonces un antagonismo "anti-PSP"? Este posible punto de conflicto entre la Sierra y el Llano aparece de manera esporádica y fuera de contexto en la literatura de la isla. Creemos que se deben investigar sus dos aspectos.

Como en aquellos tiempos Fidel Castro no había revelado sus verdaderas intenciones, no pudo existir una lucha ideológica abierta. Sin embargo, una serie de sucesos parecen revelar la posibilidad de que este tópico haya tenido una relativa importancia en la rivalidad interna del Movimiento. Sabemos de la sólida formación Martiana de Frank País. La instrucción política de sus hombres era su preocupación constante. No pudo lograr su deseo de fundar una escuela de educación política, pero siempre estimuló la distribución de libros y panfletos. Le daba preferencia a la historia de Cuba, estudios sociales y económicos, pero nunca a un texto marxista (Morán Arce 1980: 125). Mientras guardaban prisión en Boniato, los acusados en la causa 67 estudiaban y discutían. A pesar de lo que ahora se insinúa, el sentimiento no era de simpatía hacia esa ideología, aunque no creo que predominara el anticomunismo.

De todas maneras, aunque la mayoría de los miembros de la DN del Movimiento no pudieran ser calificados de anticomunistas, comunistas no eran. Sobre ellos escribiría Ernesto Guevara en su "Diario de Campaña": "Mediante conversaciones aisladas, descubrí las inclinaciones evidentemente anticomunistas de la mayoría de ellos" (El artículo de Tony Saunios "Che Guevara: símbolo de lucha," (http://www. socialistworld. net/ publications/ CheGuevaraSpanish/GranmayelMovimimiento26dejulio.html).

Para contestar esa pregunta debemos adentrarnos en el nebuloso escenario de las relaciones del M-26-7 del Llano con el PSP (ver Álvarez 2008). El primer escollo lo presenta el hecho de que, mientras que existen narraciones de protagonistas que parecen mostrar relaciones antagónicas e incluso tirantes, lo opuesto ocurre con quienes presentan un cuadro de estrecha cooperación, aunque se apoya en rumores o el testimonio de terceras personas, escritos después del año 1959. El argumento más completo aparece en Martin (1978). Según le dijo Léster Rodríguez en 1973, nunca se habían mencionado los contactos que se establecieron con el Partido Socialista Popular. Junto a Frank País, siguiendo las instrucciones de Castro, hicieron contacto con diversas organizaciones cívicas y políticas, incluyendo los comunistas. "País, como Fidel, creía en la integridad de los comunistas y reconocía que eran una fuerza importante entre los trabajadores organizados" (pp. 182, 185). El primero contacto oficial se hizo a través de Fidel Domenech, dirigente juvenil en Oriente. Luego se designó a Francisco Rosales, antiguo alcalde comunista de Manzanillo, para continuar la relación con la dirección del Movimiento. Martin hace mención a una reunión de Domenech y Rosales en casa de Ramón Álvarez, dirigente obrero del M-26-7 con el objetivo de coordinar actividades relativas al movimiento obrero. Es en esa casa donde tocaron País y Rodríguez dos días antes del levantamiento del 30 de noviembre de 1956, donde los dirigentes locales del PSP les reiteraron que, aunque la línea de su Partido no era la insurrección, ellos prestarían su colaboración a través de un llamado a la huelga. Dicho llamado, reconoce el autor, se basó solapadamente en un posible golpe dirigido por el dictador Trujillo. Fue publicado en la edición del 29 de noviembre del periódico "Oriente", y llamaba a un paro de media hora. El día del alzamiento, el PSP no sólo brilló por su ausencia en los combates, sino que el paro se suspendió por un aviso del comité nacional del PSP, "dependiendo del éxito del levantamiento armado del Movimiento 26 de Julio" (1978: 186-187).

En realidad, parece que existieron más contactos entre ambas organizaciones que los revelados en la literatura. Sin embargo, nunca existió una cooperación estrecha. En una carta que Franqui (antiguo militante del PSP) le envió a País desde el presidio habanero de El Príncipe en abril del 57, este le comenta con absoluta franqueza que no podían confiar en los comunistas porque eran críticos del Movimiento, añadiendo que "las diferencias con ellos son insuperables" (1976: 240).

Lucas Morán narra un incidente ocurrido poco después de haber recibido dicha carta que parece corroborar lo que Franqui asegura. País se encontraba enfrascado en la fundación de un centro de estudios cuando descubrió la existencia de propaganda comunista en los hogares donde se escondían los milicianos. Un joven de la juventud socialista llamado Antonio Clergé aparecía como el responsable. País decía que el Partido quería apoderarse del M-26-7 desde dentro y había que romper con ellos. Estaba furioso, pero la orden de ajusticiar a Clergé fue suspendida después de la mediación de Morán Arce (1980: 125-126).Existen dos problemas con este incidente. Primero, el Clergé socialista que colaboraba con el Movimiento se llamaba Luis, no Antonio. Segundo, en la narración no se mencionan testigos y, en realidad, ninguno de los autores de la isla parece haber estado al tanto de dicho incidente.

Por último, existe un hecho poco conocido que cobra importancia a la luz de las recientes revelaciones de Aguilera (2018) sobre la secreta alianza de Fidel Castro con los militantes de lo que él denomina el Núcleo Central de la Inteligencia Soviética (NCIS), el ala secreta del Partido Socialista Popular (PSP). En un viaje a Santiago de Cuba, el luchador revolucionario Orlando Rodríguez Pérez (2001: 76) se entrevista con Frank País poco antes de ser asesinado. Le lleva una propuesta: Los comunistas están dispuestos a entregarle un segundo camión de armas para ser enviadas a la Sierra Maestra con la condición de que se conociera que las mismas habían sido entregadas por cuatro dirigentes del PSP, quienes permanecerían alzados. Cuenta Rodríguez Pérez que la reacción de Frank fue tajante: «El camión nos hace mucha falta y lo aceptamos; el precio que piden no lo pagamos. A título de comunista, mientas yo esté aquí, no sube nadie. Como cubanos, como revolucionarios, como militantes antibatistianos cualquiera de ellos puede subir, pero que pactemos con ellos en base a ponerles cuatro hombres arriba a cambio de un camión, diles que no, que así no».

Relaciones con la Embajada Norteamericana

Las relaciones entre el 26 de Julio y la embajada de Estados Unidos fueron también un punto de fricción entre la Sierra y el Llano. El 20 de julio de 1957 Frank reporta su encuentro con el cónsul de Estados Unidos: "Noté que le tiene pánico a que detrás de nosotros se muevan los comunistas" (Gálvez Rodríguez 1991: 557).

Aunque la dirigencia guerrillera sabía que Hart —con la

anuencia de la DN y conocimiento de Fidel Castro– actuaba de interlocutor, comenzaron a emitir críticas al respecto. A pesar de lo correcto de las relaciones, Guevara las consideró una traición a los principios revolucionarios y una violación del Manifiesto del Frente Cívico Revolucionario que prohibía mediaciones e intervenciones extranjeras en los asuntos internos de Cuba (Morán Arce 1980: 168).

Frank País estaba consciente de los beneficios de unas buenas relaciones con los diplomáticos norteamericanos. Utilizó a Enrique Canto para ese propósito. Canto Bory afirma que País le confesó: "Si no de amigos, es conveniente que no los tengamos de enemigos" (Canto Bory 1993: 231-232).

No demoraron muchos días después del asesinato de Frank País para que ocurriera un hecho al parecer encaminado a entorpecer esas buenas relaciones. Lo narra el propio Enrique Canto (1993: 252-253), quien afirma haber recibido una llamada telefónica del Sr. Peterson para que lo visitara en su oficina del Consulado de Estados Unidos en Santiago de Cuba. Al llegar, le mostró una carta supuestamente escrita por Frank País y dirigida a María [Haydée Santamaría] donde le informaba que el Gordito [Léster Rodríguez] había logrado salir por la Base Naval de Caimanera debido a la ayuda de la Embajada norteamericana. Esa carta había caído en manos del Servicio de Inteligencia Militar (SIM), originando una protesta del gobierno a la Embajada por estar colaborando con elementos revolucionarios. Por mencionarse la Embajada, el Consulado de Santiago de Cuba no recibía ningún tipo de culpabilidad. El Sr. Peterson le informó a Canto que Vilma Espín había estado en su oficina y, después de leer la carta, negó rotundamente que hubiera sido escrita por Frank País.

Enrique Canto afirma haber leído la carta dos veces detenidamente. La conclusión fue la misma: la letra y, sobre todo la firma de su seudónimo «David», pertenecían al recién asesinado dirigente revolucionario. Luego se pregunta: ¿cómo pudo haber ido a parar esa carta a las oficinas del SIM?; ¿cómo era posible que Vilma negara su autenticidad cuando era ella quien debía enviarla a la capital? Pensó entonces en la afirmación de País días atrás referente a no tenerle ya confianza a Espín y en la advertencia de que no deseaba que conociera su paradero.

La Drástica Reorganización del M-26-7 por Frank País: El Llano Asume el Liderazgo Total[28]

Después de abandonar la Prisión de Boniato el 10 de mayo de 1957, Frank País vivió 81 días tratando de escapar de las fuerzas represivas del régimen mientras que se enfrascaba en un régimen frenético de trabajo. Le confió a Enrique Canto, a quien nombró tesorero nacional del M-26-7 día después, la labor de buscarle escondites y transportarlo a los mismos. Canto, quien no poseía automóvil ni sabía conducir, tomaba el mismo taxi en la piquera de San Pedro y Enramada. Su propietario era un amigo español en quien confiaba y quien se abstenía de hacer preguntas. En algunas ocasiones, Canto les pedía al Dr. José Antonio Roca y su esposa Carmelina que utilizaran el auto familiar para esos propósitos.

Al día siguiente, mayo 11, Canto recogió a País en la casa de Arturo Duque de Estrada, situada en la calle San Fermín # 358.[29] Roca conducía. De ahí, fueron al hogar de Antonio Navarro en el Reparto Santa Bárbara, para recoger a Léster Rodríguez, llevando a ambos al domicilio de Clara Elena Ramírez, situado en la Calle 8

---

[28] Esta sección está basada en un libro del autor (Álvarez 2008).

[29] Testimonio de Graciela Aguiar a Portuondo (1986a 16-17), donde afirma que País fue llevado de Boniato a casa de América, situada en Calle Heredia, para celebrar su libertad, pero, cuando le dijeron que la policía estaba registrando su hogar, ella lo había trasladado a casa de Duque de Estrada. Ana Elba Morales afirma haber escuchado a la policía cuando preguntaba por Léster en su casa. Morales se dirigió entonces a casa de América y acompañó a País por la calle San Basilio hasta dejarlo en el hogar de Duque de Estrada, llevándole luego la ropa que Doña Rosario le había entregado (Conversación personal del 29 de septiembre de 2008).

105, Reparto Vista Alegre (Canto Bory 1993: 224). Fue en esta casa donde Frank País trabajó durante varios días en la reestructuración de la organización. La decisión reflejaba un largo camino de diferencias tácticas y de contenido entre ambos dirigentes, lo cual llevó a Frank País a dar el paso sin previa consulta a Fidel Castro.

De todas maneras, la estructura que Fidel Castro había dado al Movimiento desde su fundación, unida a la forma en que lo dirigía, había sido motivo de constantes desavenencias entre ambos líderes. Frank se lo hizo saber a Fidel, aunque sin éxito, desde los comienzos de su relación.

De todas maneras, la estructura que Fidel Castro había dado al Movimiento desde su fundación, unida a la forma en que lo dirigía, había sido motivo de constantes desavenencias entre ambos líderes. Frank se lo hizo saber a Fidel, aunque sin éxito, desde los comienzos de su relación.

A mediados de mayo de 1957, como apuntamos al comienzo de este capítulo, País decidió reorganizar la DN, anunciándolo el día 15. A su escondite citó uno a uno a los nuevos designados para informarles su decisión: Agustín País (jefe de Acción en Oriente), Enzo Infante (Propaganda), Enrique Canto (Finanzas), Antonio Torres (Frente Obrero), Santos Buch (Resistencia Cívica), Agustín Navarrete (jefe de Acción en Santiago de Cuba). Frank asumía la jefatura nacional de la organización y Léster Rodríguez sería el segundo al mando (Gálvez Rodríguez 1991: 476-477; García 2001: 11). Todos los recién nombrados son personas de su mayor confianza. Brillan por su ausencia los hombres de la Sierra, incluyendo a Fidel Castro. Dicha reorganización se la anuncia a los miembros de la Dirección en toda la isla y les explica que, dadas las condiciones favorables para operar en Santiago –debido a la cercanía de las fuerzas rebeldes– "se centraliza la Dirección del Movimiento en Santiago de Cuba" (1991: 479).

Este paso dado por Frank País, por muchas vueltas que se le quiera dar, constituyó un golpe de estado contra la aparente hegemonía de Fidel Castro en el Movimiento 26 de Julio. Dicha acción vaticinaba serias consecuencias para los dirigentes del Llano, especialmente para Frank.

Reflexiones Finales

Resulta inevitable reflexionar sobre el pensar y actuar de Frank País durante las últimas semanas de su vida. Salta a la vista que la jefatura nacional del Movimiento la tenía Frank País. A pesar de su inmenso carisma, Fidel Castro era sólo el jefe de la aislada guerrilla. De haber triunfado la creación del II Frente Oriental y los planes bélicos anunciados por País no se hubieran malogrado con su muerte, el poder de Castro hubiera decrecido de manera exponencial.

No es ya un secreto que Castro estaba determinado a obtener el poder absoluto (ver Álvarez 2008, capítulo 5). Frank País representaba el reto más serio al liderazgo de Castro dentro de su propia organización. No resulta difícil darse cuenta que había sido País el salvador de la frágil guerrilla que sobrevivió el desastroso desembarco de una loca expedición carente de un mínimo de planificación.

CAPÍTULO 8

DEL PRESIDIO A LA CLANDESTINIDAD: SUS ÚLTIMOS DÍAS

Al salir de la Prisión de Boniato, Josué fue llevado a su casa en San Bartolomé # 226, pero dos días después lo escondieron en la casa de la Tía Angelita. Asela de los Santos y el Reverendo Agustín González Seisdedos esperaban a Frank País para llevarlo al hogar de María Teresa Taquechel, en la Avenida Manduley del Reparto Vista Alegre. Frank, quien había permanecido callado la mayor parte del trayecto, se despidió del Reverendo y se acercó a Asela para pedirle que le facilitara un encuentro con América, su prometida, sugiriéndole el "Club Subway". Taras Domitro, el hermano de América, le avisaría a su hermana y le serviría de chofer.

José Álvarez

¿Quién era América Domitro y qué Representaba para Frank País?

Frank País era un amante de la vida, su causa, su familia, sus amistades, su fe religiosa, su patria y su pueblo. Como tal, no podía sustraerse al amor de la mujer. Antes de encontrar a América, tuvo varios amoríos de adolescente y joven. El autor de una biografía de fondo religioso que visitó Cuba para recoger información, afirma que "una biografía, si pretende ser completa, no puede pasar por alto las características sentimentales y sexuales del biografiado." Se queja de la ausencia del tema de los escritos de la isla (Monroy 2003: 61).

Frank País, según un escritor en la isla, "a veces no se enamoraba de la mujer, sino del amor", y lo avala con la siguiente cita de País: "Tengo un corazón grande para amar, y necesito amar como necesitan las flores del rocío, como necesita la tierra del calor" (Gálvez Rodríguez 1991: 244). Su vida amorosa se fue conociendo después de su muerte, a través de los testimonios de los protagonistas porque, caballero que era, mantenía para sí sus relaciones afectivas.

Parece que la primera novia de País, aunque por poco tiempo, fue una joven que cursaba sus estudios en la Escuela para Maestros de Kindergarten, identificada como Jenny Correa. (Monroy 2003: 64). Fue ella quien rompió la relación al conocer que Frank andaba cortejando a una condiscípula llamada Elia Frómeta. Aun así, trató de reconquistarla. Esto sucedía en la época en que se produjo el golpe de estado en 1952. Elia, a quien apodaban Nena, y Frank se comprometieron, pero no formalizaron su compromiso hasta el último curso de la carrera, aunque durante una etapa de distanciamiento, tal vez para provocar celos en Elia, Frank comenzó un romance con otra compañera llamada Rosario Rodríguez. Un intento de ruptura con Elia se produjo a través de una carta que País le envió desde la capital habanera en 1955: "Te llevé hasta tu camino, pero ya no estoy en él... Tu camino y el mío son diferentes. Tú serías infeliz en el mío y yo estaría completamente vacío en el tuyo.... Perdóname el dolor que te causo" (Monroy 2003: 67). Al regresar a Santiago, ambos conversaron y acordaron continuar la relación. Pero el intento duró poco. De regreso a su ciudad de Guantánamo, Elia le reprochó que lo notaba distinto y Frank le contestó con una carta donde le abre su corazón para explicarle por qué lo encuentra cambiado: ha encontrado el amor verdadero y se llama Cuba.

En medio de esa vorágine sentimental, poco después de comenzar su intensa labor religiosa en El Caney, Frank había galanteado a una bonita joven de la misma congregación, hija de un diácono bautista, llamada Ruth Jordán. La familia de ella se opuso debido a su corta edad y le impusieron limitaciones que propiciaron la ruptura meses después. Existió también, al parecer, una relación amorosa con Vilma Espín. Parece que la joven era en extremo posesiva y País tuvo la intuición de que su pareja lo utilizaba para situarse en el centro del poder revolucionario. La relación terminó poco antes de que Frank conociera a América Domitro. (Comparecencia de Agustín País en el programa "A mano limpia" del canal 41 de TV, Miami, Florida, 19 de junio de 2007).

Pero antes que eso sucediera, Frank País sostuvo una relación íntima con una habanera que le sirvió de anfitriona y chofer en la capital. Los encuentros esporádicos comenzaron en agosto de 1956, cuando se dirigía por primera vez a México, luego en octubre y noviembre, cuando su segundo viaje a ese país y su regreso a Santiago pasando por la capital, y luego durante los últimos días de diciembre de ese año (Gálvez Rodríguez 1991: 414-415).

Todo parece indicar que el amor verdadero se presentó en la persona de una bella joven llamada América Domitro [Ver Cuza Téllez Girón (2014a)]. Se conocieron en la iglesia de El Caney, cuando los Domitro estaban recién mudados. El impacto del encuentro parece haber sido impresionante. América le decía a su madre que Frank era un muchacho distinto a los otros. La madre relata que fueron amigos por un tiempo antes de comprometerse. Poco tiempo después, Frank la llevó a conocer a Rosario, quien la calificó de "muñeca de salón" por su belleza y posición relativamente acomodada. Luego se calmó cuando supo que era hermana de Taras, a quien Rosario conocía muy bien de la iglesia y por ser compañero de Frank. Muy pronto, se hicieron íntimas amigas.

Los recuerdos que dejaron fueron muchos. En todos los lugares donde País se escondió se comunicaba con ella y a quienes le daban refugio les hablaba constantemente de ella.

En efecto, a pesar de la vida que llevaba, tal vez presintiendo un cercano final, todo parece indicar que Frank País había decidido casarse con América. No expresó cuándo ni dónde, pero parece que ya el "no lo sé" –"tan pronto pueda"- que contestó a la pregunta que le hicieron en el auto que lo conducía a casa de Pujol, había desaparecido" (Roca Ballesta 2000: 101; Gálvez Rodríguez 1991: 576).

"Estando Frank escondido, decide casarse con América. Mi hija me decía quererlo con el alma, más que a su vida" (Portuondo 1986b: 125). Para ello ya tenía la casa de una tía de la novia para pasar unos días de luna de miel: "Le había avisado a América que se casarían y que irían de luna de miel a mi casa, en Holguín, por unos días, y luego a la Sierra. Yo les había preparado ya el cuarto"

FRANK PAÍS

(Portuondo 1986a: 125).

Ya en casa de la familia Pujol, País se comunicaba con América todos los días, varias veces en algunas ocasiones [Ver capítulo 9, p. 286]. Como el teléfono de la casa de América podía estar intervenido, ella utilizaba el de la familia Caveda, frente a su casa, y el de Pura Amador, unas casas más allá. Le ponía discos de sus canciones favoritas para que ella las escuchara y se arrullaban en la distancia. En una de esas llamadas, le anunció: "Prepara para casarnos".

El Club Subway era uno de los centros de entretenimiento más modernos en Santiago de Cuba, donde todo estaba encerrado en un ambiente de aire acondicionado, casi oscuro por completo, que demandaba los servicios de un guía con una linterna para acompañar a los recién llegados a sus puestos. Los clientes eran por lo general jóvenes de clases media y media alta. No existían obvias restricciones de edad para consumir bebidas alcohólicas y, si las había, no se aplicaban.

Asela y Frank salieron del auto que Taras había estacionado frente a la entrada, empujaron las puertas de cristal, bajaron las escaleras, y abrieron la puerta laqueada que daba entrada al club. País le pidió al guía que los llevara a un reservado para cuatro personas, y siguieron la senda que la luz iba trazando en el piso. Taras fue en busca de su hermana América, regresando con ella quince minutos después. Los ojos de Frank, ya acostumbrados a la oscuridad, le permitieron acudir a recibirla, tomarle las manos, y llevarla a la mesa. Frank tomó a América para bailar. La pareja escogió cinco números de la cajita metálica que contenía los títulos. Todos eran boleros.

Al final de la última melodía, la realidad se imponía. Debían marcharse. Ya era pasada la media noche y su prolongada estadía en el club ponía sus vidas en peligro. Llamaron a Taras para que regresara a recoger a Asela de los Santos y a Bebo Hidalgo; luego, a América y Frank. Se despidieron con un beso apasionado en la puerta de la casa. Luego ella escuchó el sonido de sus pies cuando regresaba al auto, la puerta cerrándose tras él, el motor ya andando para desaparecer Heredia abajo.

El día 30 de julio Frank le recordó que comprara sólo lo necesario para la boda. Ella salió en la tarde, acompañada de Graciela. Anduvieron por Enramada sin encontrar prendas de su agrado. En la tienda de modas "El Louvre" escucharon el sonido lejano de las ráfagas de ametralladora provenientes del Callejón del Muro. Todos en la tienda suspendieron sus actividades. Ninguno sospechaba que, se estaba produciendo un cambio radical en los destinos de Cuba. Las campanas de la cercana catedral anunciaban las 4:15 de la tarde cuando las dos amigas bajaban por Enramada a enfrentar un mundo distinto.

Nuestra "Fernandina"

En el mes de junio de 1957, Herbert L. Matthews reportaba la situación imperante en Santiago de Cuba de la siguiente manera: "Esta es una ciudad en revolución abierta contra el presidente Fulgencio Batista. Ninguna otra descripción podría describir la realidad que prácticamente todos los hombres, mujeres y niños excepto la policía y el ejército estaban tratando por todos los medios de derrocar la dictadura militar de La Habana" (Franqui 1976: 257-258).

La labor de Frank País desde su salida de la prisión de Boniato la iba a complicar aún más. Apenas una semana después de ser puesto en libertad, y mientras enviaba un importante cargamento de armas a la Sierra, País escribió una Circular que tituló "Establecimiento de varios Frentes". Iba dirigida a los líderes del M-26-7 en la provincial de Oriente y en ella recomendaba a sus hombres que estudiaran lugares adecuados, que desarrollaran contactos en esas zonas y que mantuvieran informado a la DN, "de una manera discreta, sin levantar sospechas y sin hablar más de la cuenta" (Gálvez Rodríguez 1991: 86). A este fracaso, País le llamó "nuestra Fernandina," recordando el de José Martí al tratar de enviar una expedición a Cuba desde la playa de ese nombre en la Florida.

El II Frente Oriental: Los Planes

País consideraba esta tarea tan importante que dedicó gran parte de su tiempo a su desarrollo y ejecución. Viajó a varias zonas de la provincia para estudiar las condiciones geográficas y las posibles rutas de abastecimiento para determinar cuál sería el lugar más apropiado para establecer un nuevo frente guerrillero. Después de muchas consideraciones, decidió que el Central Miranda sería el punto donde iniciarían la operación. Primero asaltarían el cuartel de la guardia rural para obtener armas y luego ascenderían a la Sierra Cristal.

La primera reunión tuvo lugar en casa de Clara Elena Ramírez en Santiago de Cuba a fines de mayo. Aunque Pacheco Águila y otros (2003: 100) describe este mitin como del DN, pero en realidad, solo asistieron cuatro personas y no todas eran miembros del directorio: Frank País, Léster Rodríguez, Taras Domitro y Oscar Lucero. Decidieron comenzar la operación a mediados de junio en el área escogida por País. El jefe le entregó a Taras Domitro y Asela de los Santos dinero para comprar las provisiones necesarias para la operación.

País no solo contaba con el total completo respaldo de sus compañeros, sino que también recibió palabras de aliento de otros. Desde la Prisión del Castillo del Príncipe en La Habana, Carlos Franqui le escribió exhortándolo a que perseverara en su tarea: "De tu capacidad de abrir un S[egundo] F[rente], van a depender muchas cosas que afectarán el futuro de la lucha, el Movimiento y la Revolución y la integración de la Sierra con el Llano" (Franqui 1976: 249).

José Álvarez

Sus movimientos frecuentes, siempre ayudados por Canto Bory y Roca, incluían otras casas entre mayo y junio: la de Raúl Pujol, la de Nena Pujols, y la de la pareja Barruecos Reigada. El 23 de junio, País y Rodríguez fueron llevados a la casa de Avelino García y Ofelia Díaz.

Éste resultó ser su mejor escondite debido a sus características. Era una casa grande que estaba en una de las esquinas de las calles Santa Rosa y Reloj, al fondo de la Casa de Beneficencia. Tenía tres entradas, dos por Reloj y una por Santa Rosa porque en realidad eran tres casas distintas que se comunicaban. Cuando Canto Bory consiguió el permiso para esconder allí a los dos revolucionarios, las tres casas estaban llenas, y a Frank y Léster les dieron un cuarto en la azotea. Desde allí podían escaper fácilmente por las azoteas contiguas.

Después de varias semanas de recolectar armas y provisiones, País tuvo que retrasar la operación hasta el último día de junio debido a que Taras Domitro y Oscar Lucero habían sido detenidos. País había escogido personalmente entre 50 y 60 hombres de la DP de Oriente. Todos eran de su confianza. Ninguno estaba fuera de su círculo íntimo. A solo cuatro días de iniciar la operación, País le mandó un mensaje a Fidel, describiendo los planes. Le decía que tal vez los planes fueran ya una realidad cuando recibiera su carta.

El II Frente Oriental: La Ejecución

Eligieron la finca "El Cauchal," en la zona de Palmarito de Cauto, a pocos kilómetros del central Miranda como el punto de reunión de armas y hombres. Los combatientes empezaron a llegar el 25 de junio. René Ramos Latour (Daniel) iba de jefe del grupo. Alrededor de veinte militantes llegaron por la vía del ferrocarril. Algunos debían bajarse del tren en Miranda, otros en Bayate, y otros en Palmarito de Cauto. Los grupos deberían esperar a un contacto que los llevaría a "El Cauchal". Víctimas de una delación, unos fueron detenidos y otros pudieron llegar a la finca, aunque René Medina fue herido, muriendo más tarde.

Daniel decidió abandonar el lugar en la mañana del 29 de junio (Pacheco Águila y otros (2003: 105-107). Dejaron una gran cantidad de armas enterradas en el piso de tierra de la casa de la finca. Pasado el mediodía, el grupo de trece hombres se dirigió hacia Palma Soriano. El ejército llegó poco tiempo después de su partida, encontrando las armas enterradas.

Daniel y su grupo estaban en una zona repleta de guardias rurales. Con la ayuda de un simpatizante pudieron llegar a un lugar seguro donde comieron y durmieron. Daniel envió mensajeros a Palma Soriano para que contactaran al M-26-7 y a Santiago para que localizaran a Frank País. Léster habló con el mensajero y le dijo que Lucero y Daniel debían quedarse en Palma Soriano y que el resto del grupo debería ir para Santiago. Antes de marcharse, Daniel otra vez enterró las mejores armas en un lugar cercano para recuperarlas después.

Mandaron a Luis Felipe Rosell a Palma Soriano para que buscara un lugar donde esconder a Daniel y a Lucero. Un sacerdote católico que los había ayudado antes los escondió en un edificio al lado de la iglesia. Unos días más tarde, País envió a una persona para que trajera a Daniel a Santiago. Esta reunión debe haber sido triste, pues sus sueños de establecer un segundo frente guerrillero habían desaparecido de la noche a la mañana. Sus intenciones, sin embargo, se mantenían firmes. David le escribe a Fidel el 11 de junio, y le dice que no puede devolver a Daniel a la Sierra: "René (Daniel) se queda aquí, en contra de su voluntad porque lo necesito mucho. Es muy bueno y muy útil. Además, no hemos abandonado la idea del S[egundo] F[rente]. Lo voy a retrasar unos días o unas semanas, pero a la larga, va" (Franqui 1976: 282).

Analizando el Fracaso: ¿Quién fue el Delator?

El fracaso fue una combinación de mala organización y de una delación. Las autoridades conocían lugares, nombres, detalles y fechas. Desde la mañana del 29, los miembros del Escuadrón 14 de la guardia rural de Palma Soriano empezaron detenciones masivas que incluían los arrestos en las estaciones de trenes. El ejército, al mando del comandante Ceferino Rodríguez Díaz, jefe del Escuadrón, llegó directamente al campamento de "El cauchal" poco tiempo después de ser abandonado por los revolucionarios y recuperó las armas que ellos habían dejado allí. El delator parece haber sido uno de los presos en la cárcel de Palma Soriano. En la nota oficial del juicio, se menciona el nombre de Benito Soñara Cabrera. Fue detenido el 28 y cuando estaba preso trató de suicidarse cortándose las venas de uno de sus brazos. Fue llevado al hospital y después ya no se menciona más su nombre.

Otro delator (o quizás sea el mismo), se mencionó en el juicio del Tribunal de Santiago de Cuba que comenzó el 2 de agosto. El comandante Rodríguez Díaz declaró que un hombre de apellidoMell, empleado del departamento comercial del Central Miranda y quien era uno de los complotados, le había revelado los planes. Igual que ocurrió con el primer soplón, Mell también desapareció (Pacheco Águila y otros 2003: 104-110).

La cuestión del delator está todavía confusa por no haberse estudiado cuidadosamente. Por ejemplo, una publicación de

Cuba incluye las declaraciones de varios participantes que hablan de la denuncia (Portuondo 1986a). Luis Clergé, Luis Felipe Rosell, y Antonio Godefoy, acusaron a Benitín Soñara de ser el probable traidor que habló después de cortarse las venas, y también a su hermano Nando Soñara, que cuando fue detenido mas tarde en Holguín dijo donde estaban escondidas las armas porque pensaba que ya todo estaba perdido (Portuondo (1986a). Luis Clergé (54, 63), Antonio Godefoy (55-56, 58, 59), Luis F. Rosell (63).

El material publicado en isla contiene omisiones y discrepancias. Primero, las declaraciones indican que Soñara informó a las autoridades después de estar detenido. Si así fue, ¿por qué estaba en la cárcel con los otros presos? Segundo, ¿cómo sabía su hermano dónde estaban las armas desde Holguín, a 150 kilómetros de Palma Soriano, si las autoridades llegaron a "El Cauchal" casi inmediatamente después de marcharse los revolucionarios? Además, ¿cómo pueden haber desaparecido una o dos personas sin poder aclarar un secreto tan importante?

Obviamente, la delación tiene que haber ocurrido el día antes de la reunión en "El Cauchal;", es decir, el 28 de junio, antes de que nadie fuera detenido, con el objetivo de prevenir la operación. Resulta increíble que no se hubiera hecho nada para esclarecer la segunda delación que impedía la formación de un segundo frente guerrillero que no estuviera bajo el control directo de Fidel Castro. ¿Existió alguna relación entre esos dos eventos?

El Reto: Una Concentración por la Paz

La revista más popular de Cuba, en un artículo publicado una semana más tarde, decía que el pasquín que anunciaba el evento era en sí una provocación (*Revista Bohemia*, Año 49, No. 27, julio 7, 1957).

Los símbolos de la guerra y, sobre ellos, una paloma de la paz, anunciaban las próximas elecciones. El promotor del evento era la Coalición Progresista Nacional. Esta organización agrupaba a todos los partidos políticos que respaldaban a la dictadura de

José Álvarez

Fulgencio Batista.

Los representantes de la dictadura que llegaron de La Habana unos días antes del evento del 30 de junio, se encontraron una ciudad que no estaba para campañas electorales y mucho menos para mítines de respaldo a los que estaban asesinando a sus hijos. Algunos sucesos que ocurrieron en la provincia durante la semana anterior incluían: varios actos de sabotaje, golpizas y revueltas en la ciudad de Bayamo; los cables del telégrafo hacia Guantánamo fueron cortados privando a la ciudad de esa comunicación; encontraron el cadáver de Reinerio Almaguer Paz en su automóvil, en la carretera central cerca del pueblo de Jiguaní; en el tribunal de Holguín, los únicos sobrevivientes de la masacre del Corynthia habían hecho declaraciones del desembarco y el sangriento desenlace; y en Manzanillo, habían hecho una autopsia de un joven que había muerto en la montaña y tenía pedazos de artillería en el abdomen. En la ciudad donde ocurriría el evento tampoco existía un ambiente apacible:

• El lunes 24, un barco de la Marina de Guerra cubana entró en la bahía remolcando el yate Corynthia. Un grupo callado observaba desde el muelle la llegada de la procesión.
• EnriqueDublón, un empleado de 38 años de la compañía Ron Bacardí, fue encontrado muerto el 28 de junio en la carretera de Caimanera con 14 balazos en el cuerpo.
• Algunos de los ensayos de los carnavales habían acabado en peleas entre quienes los defendían y quienes los atacaban. Solicitudes oficiales pidiendo la suspensión de las fiestas fueron presentadas en Santiago y Guantánamo.
• José Ángel Riera buscaba a su hijo Sergio Antonio de 22 años que había sido introducido a la fuerza en un carro de policía en la esquina de las calles San Fermín y Martín.
• En la esquina de las calles K y G del Reparto Sueño, el joven Francisco Omar Girón Alvarado fue introducido a la fuerza en un automóvil para asesinarlo y tirarlo en la acera.
• En circunstancias similares fue detenido Joel Jordán, arrancando

de los brazos de su madre.

• La noche del 28, entre las siete y las nueve, se escucharon disparos y once explosiones de bombas y las llamaradas de muchos cócteles Molotov iluminaron la oscuridad de la noche. En la avenida Lorraine, frente a la Universidad, le dieron candela a dos autobuses.

• La noche siguiente fue igual, llena de bombas, cócteles Molotov, disparos, arrestos y registros por toda la cuidad.

Sólo faltaban unas horas para que empezara el "Mitin por la Paz" y la gente de Santiago pensaba que todavía faltaba lo peor, y no se equivocaron. Frank País y Léster Rodríguez se reunieron en la casa de la esquina de Santa Rosa y Reloj con sus jefes de acción y sabotaje: Agustín Navarrete (local) y Agustín País (provincial) para desarrollar un plan. Se discutieron muchas alternativas. Frank País estaba muy ocupado y por eso les dio la responsabilidad de las actividades a sus dos hombres. Ellos consultarían con él y lo mantendrían informado. Los dos Agustines se marcharon con una misión muy difícil de cumplir.

El Mitin del Parque Céspedes

El lugar escogido por el gobierno para su espectáculo fue el Parque Céspedes. Los oradores y líderes estarían en un balcón del Ayuntamiento que daba a la Plaza, quizás porque consideraban que una tarima en la calle sería peligroso. Había un gran despliegue de fuerza pública en todos los alrededores, cuidando a los 5,000 asistentes. Ellos esperaban una fría recepción de los 160,000 santiagueros, que efectivamente ocurrió, ya que cerraron sus puertas y se quedaron en sus hogares.

Los líderes se hospedaron en el Hotel Casa Granda. Después de almuerzo aparecieron en la calle y entraron al Ayuntamiento por una puerta lateral. El evento comenzó como a las tres y media y estaba siendo transmitido a toda la isla por la cadena de Radio Minuto Nacional. Después de un fallido intento de tocar el himno nacional, el primer orador se acercó al micrófono, seguido por seis oradores locales, uno de los cuales era Laureano Ibarra, quien luego fue implicado en el proceso de registro del barrio donde estaba escondido Frank País.

Dijeron pocas palabras, sin contenido inflamatorio, pues sabían que vivían en Santiago. La segunda parte adquirió un tono distinto. El volumen y la agresividad de los políticos fueron aumentando exponencialmente. Rolando Masferrer, un Senador por la provincia de Oriente y líder de un grupo paramilitar, comenzó su discurso con amenazas y rumores de lo que estaba pasando en otras partes de la ciudad para agitar a su tranquila audiencia. En ese momento, después de una corta pausa, se escuchó por el radio claramente un grito de "¡Viva Fidel Castro!" "¡Viva la revolución cubana!" "¡Abajo Batista!" La interferencia fue repetida minutos más tarde. Los oyentes en toda la isla tenían la impresión de estar participando en el rechazo expresado por los santiagueros. Después de Masferrer, hablaron Anselmo Alliegro y Rafael Guas Inclán, quien tuvo a su cargo la clausura. Con un casco de metal en la cabeza continuó los ataques de sus predecesores. El orador terminó recitando las consignas de costumbre. La audiencia respondió. Los miembros del estrado se pusieron de pié para demostrar su respaldo. El mitin había terminado y los líderes se apresuraron a salir de la ciudad lo antes posible. La basura acumulada por el mitin quedó en el parque y sus alrededores por muchas horas. Cientos de pies pisotearon los letreros. Los rifles negros y la paloma blanca de la pancarta compartieron los pisotones. Algo más brutal ocurrió al concluir el Mitin por la Paz.

El Final: Tres Mártires Más

En la mañana del domingo del evento, mientras las campanas de la catedral anunciaban la misa de siete, el plan de estallar una poderosa bomba en esa área entro en ejecución. La versión que aparece en Gálvez Rodríguez (1991: 525-526) es completamente incorrecta. Según él, una furgoneta se estacionó en la esquina de

FRANK PAÍS

San Pedro y Heredia. Se bajaron dos jóvenes con uniformes de trabajadores llevando una caja de herramientas. Caminaron hasta donde estaba la pesada tapa circular que daba acceso al alcantarillado. Levantaron la tapa y mientras uno se quedó vigilando en la calle, el otro descendió por el hueco para depositar una bomba de tiempo cerca del estrado. Cuando estaba saliendo, una perseguidora pasaba por allí, y los tripulantes lo miraron indiferentes. El volvió a poner la tapa y regresó al vehículo con su amigo. Sin embargo, Agustín Navarrete dice que Agustín País fue el único que estaba allí y que lo hizo a las siete de la mañana (Portuondo 1986a: 80).

Según el testimonio de Agustín País, él recibió una llamada en la tarde del 29 de junio de 1957 cuando estaba en casa de Daniel Molina, con instrucciones relacionadas a un sabotaje planeado para el siguiente día. María Teresa Taquechel lo recogió alrededor de las seis de la mañana en una camioneta. De allí lo llevó a una casa donde el artefacto estaba preparado. Agustín tocó a la puerta y un hombre le entregó un saco de yute. País le preguntó si tenía que hacerle algo a lo que estaba en el saco y el hombre le respondió que sólo tenía que depositarlo en el lugar indicado. Entonces, él y su compañera se dirigieron por la calle San Basilio hasta el Parque Céspedes y estacionaron al lado de los bancos que daban a la calle Santo Tomás, entre Heredia y Aguilera. Agustín se bajó con el saco y caminó por la acera frente al Ayuntamiento hasta la esquina de Aguilera y Santo Tomás, donde había un desagüe del alcantarillado. Allí deslizó el saco hacia abajo pues el hombre que le había entregado el saco le había dicho que lo podía dejar caer sin problemas. Se montó de nuevo en el vehículo con Taquechel y ambos se alejaron del lugar donde quedaba el artefacto cuya explosión sería la primera gran sorpresa de la tarde para la dictadura. En un artículo escrito para "Verde Olivo" (28 de Junio de 1964), y reproducido por Portuondo (1986: 81), Navarrete dice que el artefacto tenía dos relojes.

También habían planeado que explotaran varias bombas alrededor del parque. Las explosiones serían la señal para que varios comandos salieran por distintos puntos de la ciudad, tirando al aire durante cinco minutos para asustar a los participantes del mitin. Un mal entendido impidió la ejecución de esos actos, al no explotar la primera bomba. Se repetía el mismo error que había ocurrido el 30 de noviembre anterior debido al silencio del mortero.

¿Por qué no explotó la bomba del alcantarillado? Se han citado dos razones. La primera es que los bomberos estaban limpiando las calles, como a las ocho de la mañana, solo una hora después de que la bomba fue depositada, y que el agua dañó el detonante de la bomba. [Agustín Navarrete en "Verde Olivo" (Portuondo 1986a: 81)]. Otros piensan que algunos miembros de las fuerzas represivas habían notado la entrada y salida de los saboteadores en la camioneta y decidieron inspeccionar el área y cuando encontraron los explosivos no se lo informaron a sus superiores para no ser acusados de no haber estado alerta. Más explicaciones, pero menos creíbles, fueron inventadas años más tarde. Uno de ellos fue ofrecido por alguien que alega haber sido protagonista. Portuondo (1986a: 82) reproduce la creencia de Ernesto Matos de que uno de los complotados era un empleado de la Compañía de Teléfonos, quien había denunciado el hecho y la bomba fue recogida enseguida. Ésta es una gran mentira ya que no hubo ningún empleado telefónico envuelto en la operación.

Como a las 5:00 de la tarde se derramaba sangre en otras partes de la ciudad. Un jeep militar detuvo a un grupo de jóvenes en la esquina de Tercera y General Camacho, en Veguita de Galo. Hubo un corto intercambio de disparos. Al final, dos soldados resultaron muertos. Su compañero fue herido de gravedad. La escalofriante descripción de como un grupo de cinco jóvenes dio muerte a tres hombres da una idea del grado de violencia que prevalecía en Santiago de Cuba: "No esperamos a que ellos dispararan. El que manejaba y el que estaba detrás murieron inmediatamente. El que estaba al lado del chofer, sólo estaba herido y trató de perseguirnos…, pero nosotros nos protegimos detrás de un kiosco y lo mantuvimos a raya hasta que él se toco el cuello y colapsó" (Portuondo 1986a: 84). Los revolucionarios ganaron este encuentro, pero los resultados fueron distintos en otro que ocurrió algo más tarde. Ese incidente añadiría más sufrimiento a la trágica semana de País.

Los grupos que habían sido asignados a salir a la calle después que explotaran las bombas en el Parque esperaban ansiosamente la señal. Uno de los comandos, al mando de Josué País, estaba formado con sus amigos Floro Vistel y Salvador Pascual. Josué enfrentaba una situación especial. Dos días antes había faltado a la disciplina, permaneciendo en la calle mucho más tiempo del que había sido autorizado. Su jefe, Agustín Navarrete, les había llamado la atención a él y a sus dos amigos por ese comportamiento. Frank había puesto a Josué bajo el mando de Navarrete porque él estaba muy ocupado para tratar de controlar a su valiente hermano menor. Navarrete aceptó y le dijo a Josué que lo iba a quitar de las acciones del día 30. Josué no entendía por qué lo estaban castigando, pero como no podía emocionalmente quedarse fuera de las acciones para romper el mitin por la paz, le prometió a Navarrete que no volvería a ocurrir.

Josué estaba escondido en casa de Tía Angelita desde dos días después de ser puesto en libertad el 10 de mayo. De esta casa salieron él, Vistel y Pascual en la tarde del 30 de junio. Lo que sigue fue resumido principalmente de Caner Román (2002: 65-70), Gálvez Rodríguez (1991: 524, 527-529), Velázquez Fuentes (1979: 91-97), y Portuondo (1986a: 84-98). Agustín Navarrete estaba a cargo de hacer la llamada telefónica dando la orden de que salieran, pero la llamada nunca llegó. Josué se desesperó y decidió salir. Vistel y Pascual fueron a buscar un automóvil, que tomaron a punta de pistola y le dijeron al chofer dónde podía recogerlo. Josué estaba esperando afuera de la casa, junto a las tres hermanas. Pascual conducía con Josué a su lado. Vistel iba detrás con las tres muchachas, que dejaron el auto varias cuadras después.

Como el chofer del taxi ocupado avisó a la policía, cuando llegaron al Paseo de Martí, una perseguidora empezó a seguirlos.

José Álvarez

En la esquina de la calle Crombet los esperaba otro automóvil. A los pocos segundos empezaron a dispararle al automóvil militar. Se encontraban entre dos vehículos oficiales. Eran las 5:30 de la tarde. Una bala perforó una de las gomas y el carro zigzagueó y el auto se encaramó en la acera y chocó contra una pared de madera. Los tres amigos se prepararon para defenderse y no rendirse. Los testigos presenciales cuentan que Josué fue el primero en salir del auto. Pascual trató de seguirlo por la misma puerta, pero una ráfaga de ametralladora lo detuvo. Vistel pudo salir por la puerta derecha, pero recibió varios balazos, y cayó mientras sostenía su arma. Josué siguió disparando durante varios minutos hasta que una bala lo alcanzó en el brazo derecho. La pistola se le cayó al suelo, y no logró alcanzarla. Recibió otros balazos y cayó. El silenció que siguió fue interrumpido por las sirenas de las perseguidoras. Los marineros, policías y soldados se acercaban cuidadosamente. Pascual y Vistel estaban muertos, pero Josué, no. Un policía pateó su cuerpo y dijo: "¡Este todavía no está muerto!"

Discrepancias en la Muerte de Josué País

Varios testigos corroboraron la exclamación del policía: Josué estaba vivo al final del tiroteo. Las discrepancias radican en las circunstancias en que fue rematado, si es que no falleció a consecuencia de la pérdida de sangre. Resulta increíble que este suceso no haya sido investigado hasta llegar a conocer toda la verdad ya que los relatos oficiales contienen serias contradicciones. Analicemos los testimonios escritos desde el lugar del tiroteo, el trayecto al hospital, el traslado de hospital y los primeros testigos que lo ven ya cadáver.

Gálvez Rodríguez afirma en su libro (1991: 529) que, al llegar Salas Cañizares al lugar de los hechos, dijo que Josué no podía llegar vivo al hospital. Con ese propósito, de acuerdo a Velázquez Fuentes, el teniente coronel llamó aparte a varios militares que había seleccionado [sin mencionar sus nombres] "y les dio instrucciones precisas". Inmediatamente los mismos cargaron el

FRANK PAÍS

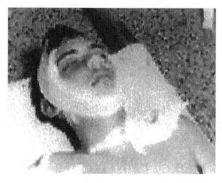 cuerpo del héroe, lo montaron en un jeep militar del tipo Willys, y lo sacaron en dirección al hospital de Emergencia" (1976: 96). Continúa diciendo que algunos vecinos del paseo Martí y varios transeúntes aseguran "haber escuchado un disparo dentro del jeep cuando llevaban herido a Josué, lo que hace presumir que fuera rematado por los agentes que lo conducían ya que los testigos presenciales no notaron ninguna herida en la cabeza del joven revolucionario al ser levantado por los militares para introducirlo en el vehículo" (p. 96). La foto que se muestra, tomada desde dos ángulos, parece corroborar dicha afirmación, pero no se sabe en realidad dónde la tomaron. De haber sido en uno de los hospitales, daría un duro golpe a la teoría del tiro de gracia.

Existen un par de testimonios sobre el trayecto hacia el hospital. Uno es el de Elio Castro, militante del M-26-7 en cuya familia era conocido Josué, quien le dijo a Gloria Cuadras que, al pasar el jeep frente a la farmacia donde trabajaba, Josué trató de incorporarse cuando lo reconoció, "¡como queriéndome hablar con la mirada!", lo cual contradice la sospecha de que estuviera agonizando (Velázquez Fuentes 1979: 100-101). Otro testimonio es el de Marinita Malleuve quien afirma que, cuando el jeep pasó frente a su casa, Josué la reconoció, "y con un gesto altivo levantó la cabeza para que ella viera que era él, que estaba vivo, y gritó: ¡Viva la Revolución! o ¡Viva Fidel!, no recuerdo bien… "Entonces uno de los asesinos le dio un tiro de gracia y murió en el jeep" (Portuondo 1986a: 92).

José Álvarez

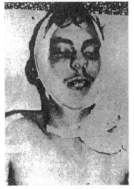

Nota al pie de la foto que aparece en Velázquez Fuentes (1979): "Foto inédita de Josué cuando llegaba al **Hospital Civil**, ya en grave estado, conducido por varios militares que cumplimentaban una orden de Salas Cañizares. Pocos minutos después fallecía".

Alrededor de las seis de la tarde, continúa Velázquez Fuentes, el jeep hace su entrada en el **Hospital de Emergencia**, donde es atendido por la doctora Nastia Noa Cardosa, junto a un enfermero y varios practicantes. Gálvez Rodríguez dice que Josué recibió primeros auxilios en el Hospital de Emergencias y fue transferido al **Hospital Provincial** (1991: 529). Eso sucedió a los 45 minutos al agravarse su estado. La doctora Noa decide enviarlo al **Hospital Civil "Saturnino Lora"**, donde fallece a los pocos minutos (p. 97). Gálvez Rodríguez parece expresar una opinión similar cuando afirma que, después de su traslado al **hospital provincial** "su vida fue entrando en la penumbra de la muerte a la par que la tarde santiaguera perdía su luz, poco antes de las seis y treinta" (1991: 529). Gálvez Rodríguez, el principal biógrafo de Frank País, no ha hecho referencia a un tiro de gracia.

La foto anterior y la nota al pie parecen decirlo todo: Josué llega vivo al **Hospital Civil** "ya en grave estado" y fallece pocos minutos después.

Doña Rosario, que se ha enterado por las propias autoridades que enviaron un servicio fúnebre a su hogar, se encamina al **Hospital "Saturnino Lora"**, "acompañada de una joven del barrio" a quien no identifica Velázquez Fuentes (1979: 99), pero que Infante Urivazo afirma que se trata de Belkis, una de las hijas de la Tía Angelita (2011: 263). La Tía Angelita llegó minutos después y accedió a la petición de la madre de vestir al hijo, aunque la misma Tía Angelita le dice a su biógrafa que el hecho tuvo lugar en la funeraria (Caner Román 2002: 69). Y narra algo importante: "Le quité las vendas para ver las heridas que tenía y me di cuenta que se había defendido por los balazos que presentaba en el brazo, y lo que más me llamó la atención fue el tiro de gracia que tenía **en la sien**. No había dudas de que lo habían asesinado fríamente luego de cogerlo vivo en la acción" (p. 100). Sin embargo, citando un artículo de Delfín Xiqués (1975), se afirma que Angelita había expresado: "Cuando me puse a vestirlo, tomé su cabeza para incorporarlo y mis dedos se hundieron en el agujero que tenía **en la nuca** (Caner Román 2002: 69).

Todo parece indicar que la muerte de Josué fue el resultado de la sangre perdida y no de un tiro de gracia en la sien o en la nuca. El tiroteo tiene lugar en la esquina del Paseo Martí y la calle Flor Crombet. De allí sale Josué País gravemente herido y perdiendo sangre. El jeep tuvo que atravesar parte de la ciudad hasta llegar a la zona donde estaban ambos hospitales, que era un conglomerado de edificios en el área de la Avenida Garzón y Carretera Central, prácticamente a la entrada de la ciudad. El tiempo transcurrido en salir del lugar de los hechos, atravesar la ciudad, recibir cuidados en el primer hospital, esperar otros 45 minutos antes de ser trasladado al segundo hospital fue demasiado tiempo. De esa manera, el rumor del tiro de gracia en el jeep se convierte en un fallecimiento resultante de las hemorragias sufridas durante ese largo período de tiempo.

Frank Recibe la Noticia de la Tragedia

Frank País estaba con Léster Rodríguez en la casa de Santa Rosa y Reloj. Cuando terminó el mitin del Parque Céspedes se fue a la sala y se sentó al lado del tocadiscos. Estaba decepcionado por el fracaso del plan, y todavía no sabía el motivo. Como en otros momentos en que estaba tenso y preocupado, decidió esperar las noticias escuchando buena música. Momentos más tarde, las notas de la zarzuela "Luisa Fernanda" llenaban la casa. La zarzuela terminaba y Frank había cerrado sus ojos disfrutando de la música y de la letra quizás temiendo lo que sucedería al final: "He venido a decir adiós. Ahora es para siempre." "Nunca te volveré a ver. ¡Dios ayúdame!" (... *Y venir el amor cuando no puede ser*). Quizás Frank estaba pensando en su relación con América, a unas pocas cuadras de él y al mismo tiempo tan lejos.

El timbre del teléfono interrumpió el silencio casi sagrado que llenaba el salón después que el coro había terminado (Gálvez Rodríguez 1991: 530-531; Portuondo 1986a: 98-101). Léster respondió. Después de unos segundos preguntó: "¿Estás seguro?" y colgó. Léster estaba pálido, nervioso y sin palabras. Tratando de decidir cómo darle a David la mala noticia, dio unos pasos. Ofelia le preguntó si le dolía la cabeza y le dijo que iba a tomar una aspirina. Momentos después Avelino llegaba a su casa, conociendo ya lo que había sucedido esa tarde y se lo contó a Léster y le dijo que había que decírselo a Frank. Léster empezó: "Frank, los automóviles salieron y hay algunos compañeros muertos." Impaciente, Frank contestó: "Acaba de decírmelo de una vez, ¿es Josué?" La respuesta fue afirmativa.

Frank enrojeció e hizo un movimiento como si estuviera esquivando y se llevó las manos a la cabeza. Era obvio que la noticia lo había estremecido. Se sentó y se mantuvo en silencio por un largo rato. Cuando se levantó, llamó a su hermano Agustín que estaba escondido en casa de Daniel Molina. Si, Agustín ya lo sabía. Entonces habló el líder: "Óyeme bien, no te estoy hablando como tu hermano, sino como tu jefe. No puedes iniciar ninguna acción hasta que yo te lo ordene; si lo haces, te mato." Estaba sereno en esos momentos de dolor y se comportó como el líder que era. Ya que no era capaz de arriesgar la vida de sus hombres en venganzas personales, tampoco lo haría en el caso de la muerte de su hermano. En aquel momento, Agustín sostenía el teléfono en una mano mientras miraba el patio vacío. Y replicó:

FRANK PAÍS

"Mira, Frank, o nosotros acabamos con este caballero [Salas Cañizares], o ese caballero va a acabar con nosotros. No hay espacio en Santiago para ambos: él y nosotros" (Testimonio de Agustín País en el programa "A mano limpia", del Canal 41, Miami, Florida, junio 19 de 2007).

Ninguno de los dos hermanos pudo asistir al funeral de Josué. Ambos estaban escondidos en las mismas casas que el día anterior. El dolor hizo que Frank permaneciera en su cuarto por dos días en que no habló, ni comió y mantuvo silencio aun cuando le contaron del valiente comportamiento de su madre en el funeral de Josué. Su cara expresó satisfacción, pero no dijo una palabra. Cuando por fin bajó de su cuarto, quizás ya había terminado el poema.

El poema está lleno de amor, tristeza y soledad, pero también de miedo, desconfianza, desencanto, traición, y otros sentimientos negativos con respecto a la gente que lo rodeaba y con la tarea que se habían impuesto. Un poema muy revelador que en parte enseña lo que ocurría en la mente del líder durante las últimas semanas de su vida. El poema aparece en la sección de Literatura y poesía del Libro II de esta trilogía.

El dolor de la muerte del hermano menor venía a agregar peso a un alma abrumada de pesar por la pérdida constante de sus hermanos de lucha. Existen evidencias de ello en las últimas semanas de su vida, reproducidas más abajo en este capítulo.

Tres Velorios Más

La mala noticia se regó rápidamente por toda la ciudad y le llegó a Doña Rosario de la manera más cruel. Las autoridades llamaron a la funeraria "La Popular" y pidieron un servicio fúnebre para Josué País a su dirección. Cuando los funerarios llegaron, se dieron cuenta de que Rosario no sabía nada de la muerte de su hijo. Le pidieron disculpas, pero sus sentimientos de madre le indicaron que era verdad. Recogió a Tía Angelita y fueron juntas al hospital "Saturnino Lora". Fue una escena impresionante que estremeció a todos los presentes. Angelita contó como Doña

Rosario, con una expresión muy triste, pero sin lágrimas, miraba a su hijo y decía: "Qué lástima, han tronchado una vida que comenzó llena de esperanzas." Entonces le dijo a Angelita: "Bueno, entonces yo quiero que seas tú quien lo vista" (Velázquez Fuentes 1979: 100).

Después de la identificación, lo llevaron a la funeraria "La Popular" donde tuvo lugar el velorio de los tres compañeros. Era la madrugada del primero de julio de 1957. En la funeraria, los tres ataúdes estaban cubiertos con banderas del M-26-7. Doña Rosario pidió "que no cerraran el ataúd para que Josué pudiera ver a la gente que lo seguía." Los tres ataúdes salieron a la calle rodeados de gente enardecida. No demoró mucho tiempo en que las notas del himno nacional se dejaran escuchar. De pronto, unas voces femeninas comenzaron a entonar: "Marchando vamos hacia un ideal/ sabiendo que hemos de triunfar/ en aras de paz y prosperidad/ lucharemos todos por la libertad." ¡Eran las notas de la Marcha del 26 de Julio! Los tres héroes, seguidos por miles de personas, eran honrados con las notas de su himno revolucionario. Entrando en el cementerio, terminaban de entonar el himno "… y arriesgaremos decididos por esa causa hasta la vida, ¡qué viva la revolución!" Fueron enterrados por separado, Josué en el panteón de su familia, junto al padre que apenas conoció.

En la cárcel de Boniato, mientras esperaba el juicio por la Causa 67, le había contado a un compañero de celda: "Que él nunca iría a las montañas, ya que su puesto era en la clandestinidad; que no terminaría la lucha vivo, y que moriría en las calles de Santiago de Cuba". [Carlos Chaín en su artículo "Estrategia de un proceso histórico" en la Revista Moncada, Año IV, no. V, 23 de octubre de 1971, p. 23, citado por Velázquez Fuentes (1979: 104-105)].

Premonición cumplida.

FRANK PAÍS

Los Últimos 30 Días de Frank País

Frank País vivió en una total clandestinidad desde su salida de la prisión de Boniato el 10 de mayo. Resulta difícil escribir sobre el último mes de su vida [(Vilma1975: 85); Gálvez Rodríguez (1991: 535-571, 575); Matthews (1970: 114); y Portuondo (1986a: 105-151)].

¿Cómo se pueden describir esos activos, tormentosos y peligrosos días? No hay dudas de que País estaba muy consciente del peligro que corría. Haydée Santamaría recibió una carta donde le decía que la situación en Santiago empeoraba por día y que "sólo le pedía a la vida un mes más" (Gálvez Rodríguez 1991: 575). Su petición no fue concedida.

Uno de sus compañeros más cercanos indicó que País realizó su actividad más intensa durante ese tiempo; es decir, entre mayo 10 y julio 30. Como tal cantidad de trabajo es casi imposible de agrupar por tópicos, se presenta resumido bajo la forma de un diario, como una cuenta regresiva a la muerte. He aquí, a grandes rasgos, el último mes de su vida.

Lunes, Julio 1. En el escondite de Santa Rosa y Reloj. Entierran a los tres nuevos mártires por la tarde. Josué, Floro y Salvador están ahora en Santa Ifigenia, con tantos otros. Le cuentan a Frank de la muchedumbre que llevó a su hermano y a sus dos amigos a través de las calles de Santiago, y cómo Doña Rosario se comportó valientemente. Frank sonríe, pero no dice una palabra. Se ha hundido en silencio desde que recibió la terrible noticia.

Martes, Julio 2. Todavía en luto, silencioso, sólo habla lo necesario, contesta el teléfono, lee y escucha música. No ha vuelto al comedor; sólo ingiere bocados en su habitación, y habla cuando es urgente con Léster Rodríguez. Probablemente estaba componiendo el poema a su hermano.

Miércoles, Julio 3. Reunión con Raúl Chibás, hermano del fundador del Partido Ortodoxo, y Roberto Agramonte, del mismo Partido, quienes están en camino de visitar a Castro en la Sierra Maestra. Discuten la situación nacional.

Jueves, Julio 4. Después de una corta estadía en Santiago, Felipe Pazos, antiguo presidente del Banco Central de Cuba, y sus acompañantes, son enviados por País a la Sierra Maestra.

Viernes, Julio 5. Un día de intensa escritura. País escribe un largo informe a Fidel Castro, conocido después como "nuestra Fernandina". Explica el desarrollo y fracaso de dos eventos: el "mitin por la paz" y la apertura del segundo frente oriental. También el establecimiento de un gobierno provisional en las montañas, los pertrechos que él le ha enviado, la fuga de Hart de la prisión, el trabajo futuro de Léster con otras organizaciones en Miami y otros temas.

Léster Rodríguez puede finalmente salir del país de una manera clandestina a través de la base naval de Guantánamo. País le ha encomendado tareas a realizar en el exterior.

Carta a Celia Sánchez en Manzanillo, discutiendo varios temas relacionados con materias de organización. Una Circular a todos los jefes de acción y sabotaje del M-26-7 dando instrucciones de cómo poner en ejecución el Plan Nacional No. 2, con un horario detallado a partir de julio 10 hasta agosto 10. Reunión con líderes de la futura sublevación militar y naval de Cienfuegos.

Sábado, Julio 6. Después de reunirse con Javier Pazos y el Dr. Martínez Páez, con quienes discute temas de interés nacional, País los envía a la Sierra vía Celia Sánchez en Manzanillo.

Domingo, Julio 7. Una larga carta a Fidel Castro tratando cuestiones de organización y temas importantes sobre el Movimiento.

Lunes, Julio 8. Contesta una carta de Celia. Escribe una nota corta a Pedro Miret y Gustavo Arcos en México, anunciando la salida de Léster Rodríguez para Miami.

Martes, Julio 9. Dos cartas a Castro y a Celia, acerca de nuevos reclutas y la necesidad de enviarlos a la Sierra, lo que ha hecho a pesar de la negativa de Castro a aceptar hombres en vez de armas. Armando Hart, Haydée Santamaría y Manuel Suzarte llegan a Santiago y se reúnen con País para discutir las dificultades existentes en La Habana sobre el liderazgo local. Recibió las malas noticias con tristeza pero decidió actuar de forma rápida y tajante. **Miércoles, Julio 10.** En una carta a Celia, Frank le transmite su preocupación por los problemas en La Habana y prohíbe enviar cualquier persona a la Sierra sin credenciales de las Direcciones Provinciales. Demuestra cuán cansado está cuando se disculpa por todo lo que ha tenido que cruzar pero "**el trabajo es tan abrumador que estoy un poco incoherente**" (nuestro énfasis). **Jueves. Julio 11.** Un día entero dedicado a la escritura. Redacta y firma una credencial para Tony Béguez, autorizándolo a salir del país. También envía a Castro un informe sobre el trabajo con el movimiento obrero en Camagüey. Más adelante en el día, escribe una nota corta a Castro relativa a los esfuerzos que hace para que más gente conspire contra el régimen. Otra carta a Castro sobre el establecimiento de un gobierno provisional en las montañas, y otra carta urgente donde informa que la embajada de Estados Unidos desea enviar al vicecónsul en Santiago y a otra persona a su campamento para reunirse con él.

Viernes, Julio 12. Margot Machado y su hija Verena, quienes vinieron a informar sobre las dificultades en Las Villas, se reúnen con País. Tuvieron una conversación larga. En los días siguientes, País recibió a las delegaciones de Pinar del Río y de la Habana, quienes vinieron a informar sobre sus actividades. País se muestra satisfecho con el trabajo y los planes futuros. En otra reunión, él habla con Haydée Santamaría y Enrique Hart. País escribe una carta larga a Ayán Rosell (Hipólito), expresando su admiración para las dos mujeres y quejándose de que personas como ellas no se les integren al Movimiento en Las Villas. La carta está llena de pensamientos tiernos y una extrema sensibilidad.

Sábado, Julio 13. País se entrevista con Herbert L. Matthews, la persona enviada por *TheNew York Times* cuando ambos viajaron juntos a las montañas en febrero de 1957. Hablaron durante algunas horas en presencia de otras personas. Luego escribiría: "Frank País –'el inolvidable Frank País,' como lo llamaban sus compañeros- era un alma rara… Frank País era de veras 'inolvidable' –un ser humano superior…" (1970: 114).

Domingo, Julio 14. Firma de varias autorizaciones al tesorero para liberar fondos para los gastos, incluyendo la compra de dos automóviles. Éstos fueron hechos entre el 14 y el 16.

Lunes, Julio 15. País está en contacto constante con América, quién le cuenta de Rosario porque ella la visita a diario. Las extraña a ambas. Le dice a su fiancée que las quiere ver y le pide que fueran a cierta calle. Entonces él las observa con un telescopio de largo alcance que había recibido de una de sus células en el norte de Oriente, junto a otros pertrechos y equipos sofisticados que debe enviarle a Castro.

Martes, Julio 16. Escribe una Circular a la sección obrera y a la resistencia cívica apoyando la idea de un paro laboral de 15 minutos comenzando a las 10:00 de la mañana del 26 de julio.

Miércoles, Julio 17. Carta a Fidel Castro acusando recibo del Manifiesto y diciéndole que será publicado en Santiago si la Revista Bohemia no lo hace. Envía el informe financiero de la Dirección Nacional relativo al período entre mayo 19 y julio 8. Dos cartas a Celia Sánchez. En una le solicita información sobre varias personas, y le anuncia la llegada de otras; en la otra, le expresa su decepción por los problemas de indisciplina en La Habana.

Jueves, Julio 18. Reunión con el cónsul norteamericano en Santiago de Cuba que dura dos horas y treinta minutos, en la que discuten los problemas del país, el cambio en la política de los Estados Unidos hacia el régimen de Batista y su simpatía hacia el M-26-7, y su disposición a reconocer su gobierno inmediatamente después de tomar el poder.

Viernes, Julio 19. David se convierte en Cristián. Una de sus cartas con el nombre "David" fue interceptada y Espín le había sugerido cambiarlo a Cristián. País escribe una carta a Castro con una petición fuerte. Él informa que el departamento de la organización para asuntos de la Sierra está confrontando problemas debido a la falta de coordinación entre la Sierra y el Llano. Le pide que haga un censo de alzados y se lo envíe, incluyendo nombre, edad, dirección y otra información. Le hace saber que está organizando batallones en todas las provincias.

FRANK PAÍS

Sábado, Julio 20. Un día de trabajo y miedo. País recibe a varios visitantes por la mañana, incluyendo Taras, Daniel, Anita, y otros. Vilma Espín también lo visita. De acuerdo con fuentes cubanas oficiales, él la colocó en el cargo de coordinadora provincial para poder dedicarle más tiempo a tareas más importantes. Agustín País ha negado firmemente esa alegación, porque esa posición estaba ocupada por René Ramos Latour (Daniel). Fue su última reunión con Espín.

País escribió una carta a Castro, profundizado en los problemas en La Habana, ahora extendidos a la provincia de Matanzas, y agravados al mezclarse con conspiraciones militares. Discute enviar algunas armas de México. Finalmente, habla de su conversación con el cónsul de Estados Unidos en Santiago, quien le dijo sobre el cambio en la política de su gobierno, y que ellos sentían simpatía por el Movimiento, pero estaban preocupados por una posible infiltración comunista en el mismo. Esa opinión estaba basada en reportes de inteligencia recibidos. Por la tarde, País y Navarrete oyen disparos en la vecindad, el resultado de una búsqueda para localizar a cuatro revolucionarios. Tres fueron detenidos, pero otro logró escapar. La policía estuvo cerca del escondite de ellos. Desde la ventana de su habitación, País se mantuvo apuntando con su ametralladora a los policías hasta que la búsqueda fue cancelada.

País llamó a Enrique Canto para solicitarle un nuevo escondite. Canto vino a recogerlos y los condujo a la casa de los Pujol, en la calle San Germán # 204, 1er piso, esquina a Rastro.

Domingo, Julio 21. Daniel visitó a David por la tarde. Le dice a Frank que un soldado que lo conoce lo había reconocido y posiblemente informaría a la policía. Llama de nuevo a Enrique Canto, pero, al no localizarlo, le pidió a Luis Felipe Rosell que los recogiera. Así lo hizo, conduciéndolos a su negocio-hogar en el Callejón del Carmen, detrás de la tienda por departamentos "El Encanto", donde pasaron la noche.

Lunes, Julio 22. Enrique Canto lleva a País y Navarrete temprano por la mañana para la casa de Clara Elena Ramírez en Calle 8 #

105, Reparto Vista Alegre.

Martes, Julio 23. Una nota a Castro enviándole una carta de Haydée Santamaría donde ella se queja de él y Celia. Le informa a Castro sobre algunos miembros del ejército que desean ir a la Sierra y lo aconseja tener cuidado. Carta a Celia sobre los pertrechos que él no puede ahora enviar debido a la vigilancia; también sobre la gente que desea enviar allá. Le copia párrafos de la carta de Haydée donde ella se queja por la mala sincronización del Manifiesto de la Sierra firmado por Castro, Chibás y Pazos, porque el mismo ha distraído la atención de los presos políticos en una huelga de hambre. Y le dice: "hemos estado dichosísimos, pero no sé hasta cuándo me durará; ojalá sea lo suficiente hasta algo que debo hacer."

Miércoles, Julio 24. Enrique Canto lleva a País y Navarrete de nuevo a la casa en Santa Rosa y Reloj. Aquí se reúne por segunda vez con Orlando Fernández Saborit, ex-oficial de la Marina de Guerra cubana, que lo había visitado el mes anterior y con quien negociaba una alianza entre el 26 y un grupo de oficiales licenciados y activos de la Marina y el Ejército. País le escribe a Castro un informe largo sobre esta reunión. Se siente feliz de haber dado ese día el paso más importante relacionado con la implicación de los militares.

Jueves, Julio 25. Carta larga de Castro fechada en julio 21, contestando a las preguntas que él ha enviado, y disculpándose por no haberlo hecho antes. Castro le hace un inventario de los últimos pertrechos recibidos, del crecimiento del ejército rebelde, el dinero que ellos necesitan cada mes para sobrevivir, la necesidad de más armas, su repulsión a la formación de un gobierno provisional militar, y otros temas.

Él recibe también una carta escrita el 21 y firmada por los oficiales y los soldados del Ejército Rebelde que expresa su pesar por la muerte de su hermano.

Carta a Celia informando las cosas que él tiene para ella, que serán enviadas pronto. Le aconseja cómo enviar el informe financiero de Manzanillo. Continúa con la descripción de una búsqueda que lo puso de nuevo en peligro y le dice que otra vez tuvo suerte. Enrique Canto recoge a País y a Navarrete y los lleva de nuevo a la casa de Clara Elena Ramírez en Vista Alegre.

Viernes, Julio 26. País escribe su última carta a Castro. Le expresa su alegría por su respuesta a cartas anteriores. Informa sobre algunos acontecimientos y le pide que le envíe las armas que se han roto para arreglarlas en Santiago. La carta contiene un grave presagio sobre lo difícil que se ha puesto su vida clandestina.

Sábado, Julio 27. País contesta a una llamada telefónica de Canto Bory. Éste le informa sobre una invitación para asistir a un almuerzo en el Country Club donde asistirían dos diplomáticos de la embajada norteamericana. Otra invitación del cónsul local para una recepción en honor del embajador Smith. Frank autoriza a Canto a asistir a ambos eventos. Le dice también que es necesario explicar las ideas del M-26-7, especialmente al gobierno de los Estados Unidos.

Domingo, Julio 28. País le pide a Luis Felipe Rosell que lleve a América al hogar de Ramírez para almorzar con ella pues desea proponerle matrimonio. Piensa casarse pronto, ir a Holguín de luna de miel y luego subir a la Sierra juntos.

Enrique Canto llega más tarde pues quiere trasladarlos para otro escondite. País lleva a Canto a uno de los dormitorios y le pide que no le diga a Vilma Espín donde él está oculto. José Antonio Roca conduce el auto, con su esposa Carmelina a su lado. Cuando está bajándose del auto, País repite a Roca lo que le dijo a Canto en la casa.

Durante la cena, País discute con Pujol la recogida de unas cocinas de kerosene para la Sierra que no había salido; Pujol se compromete a resolver el asunto al día siguiente.

Lunes, Julio 29. Desayuno temprano con la familia. Revisa algunos documentos. Llama a América por teléfono usando su línea segura [Ver capítulo 9, p. 286]; le recuerda las gestiones para la boda y le pide que vaya a la casa de Vista Alegre a recoger sus dibujos, brochas y pinturas que él había dejado allí. Llamada a Navarrete, quien se preocupa al conocer el escondite de País.

Llamada a Canto Bory, recordándole su informe mensual de finanzas. Canto le dice que él lo visitará esa noche. Entonces Frank le pide su Biblia y un juego de parchís que había dejado en Vista Alegre.

Trabaja con su colección de estampillas de correos en la mesa del comedor. Está en silencio. Había comenzado ese proyecto a la edad de 12 años.

Llamada a Basilio a media tarde, quien regresaba de una misión donde visitó a los coordinadores provinciales para ver si se estaban cumpliendo las últimas órdenes de País. Le da una cita para la media tarde del día siguiente y le solicita la presencia de Canseco. Designa a Julio Camacho Aguilera, de Guantánamo, jefe de la acción en Las Villas. Llama a América después de la cena.

Martes, Julio 30. A media tarde, los sonidos de la guerra se escuchan de nuevo en Santiago de Cuba. Minutos después, la estación de radio CMKC anuncia que el dirigente nacional del Movimiento 26 de Julio ha sido asesinado.

Miércoles, Julio 31. Santiago de Cuba despierta una ciudad muerta. Un gran número de santiagueros acompañan a Frank País y Raúl Pujol al cementerio Santa Ifigenia.

No pueden existir dudas de que este período fue, como se afirmó al principio de este capítulo, el más productivo en la vida del joven revolucionario. Esos 81 días que vivió sumergido desde que saliera del presidio hasta el día de su muerte estuvo enfrentando los peligros más impensables de toda su vida. Conocemos de la frecuencia con que cambiaba de escondite. A quienes no han vivido una situación similar, se les hace difícil comprender cómo se sentía País. Uno de sus cercanos colaboradores al final de su vida expresó en unas pocas oraciones los cambios que experimentan los sentidos de las personas que viven en la clandestinidad: "Nosotros llegábamos a una casa y a las veinticuatro horas conocíamos la voz y el andar de cada persona de la casa. El toque del vecino, el del lechero, etcétera, lográbamos diferenciarlos. Éramos capaces de detector por el ruido de un motor, si se trataba de un auto o de un todoterreno, o si era una microonda. Te repito que es un fenómeno curioso el desarrollo de la hipersensibilidad de los compañeros escondidos" (Portuondo 1986a: 113).

A pesar del peligro constante, País fue capaz de continuar administrando los asuntos del M-26-7, con mayor rapidez, productividad, entusiasmo y atención a sus compañeros que nunca, dedicado por entero a la causa de su vida. Durante ese tiempo, cambió de escondite diez y seis veces (un promedio de cinco días por escondite), escribió más de tres cartas personales, diecinueve reportes, tres Circulares, seis notas, dos documentos, y también sostuvo catorce reuniones con visitantes locales o de otras provincias y con otros conspiradores. Administró personalmente el envío de materiales y provisiones a la Sierra Maestra, planeó y ordenó varios sabotajes y ejecuciones, pidió a los diplomáticos norteamericanos locales un cambio en la política hacia la dictadura, habló constantemente en su línea telefónica secreta, organizó y supervisó la ayuda a cuarenta familias que habían perdido el apoyo económico debido a muerte, presidio o alzamiento, y todavía le quedaba tiempo para leer, escuchar música, y sostener amenas conversaciones con sus anfitriones. ¡Increíble rendimiento para un joven de 22 años!

Más increíble aún era la posición que había llegado a escalar con tan corta edad y el respeto que irradiaba a los mayores. Se hace necesario puntualizar algunos aspectos que pudieran no haberse expuesto con suficiente claridad durante los capítulos anteriores. Sobre todo, el desarrollo del proceso que lo llevó a adquirir tal grado de credibilidad:

• La cultura rebelde y violenta del cubano, el ambiente político de la época, su formación religiosa y académica durante su temprana edad, fueron factores que influenciaron el camino tomado por Frank País. A ello hay que agregar su dedicación completa a la causa por la que dio la vida. El dirigente surgió poco a poco y, en realidad, no existía otro igual entre quienes pudieron haberle hecho competencia.

• Su labor de dirigente estudiantil le permitió viajar a lo largo y ancho de la isla para asistir a congresos estudiantiles, haciéndose conocer y desarrollando contactos que luego le serían de gran utilidad en la estructura de las redes del movimiento revolucionario.

• El respeto que irradiaba como dirigente se comprobó infinidad de veces: 1) Cuando apenas tenía 21 años de edad, designa a cuatro profesionales de renombre (Baudilio Castellanos, Max Figueroa, Regino Boti y Felipe Pazos) para que redactaran la tesis económica del Movimiento 26 de Julio, éstos aceptan sin vacilaciones y producen el documento; 2) Lo mismo sucede cuando nombre a Mario Llerena y éste redacta "Nuestra razón"; 3) Camino de la Sierra Maestra, visitan su escondite de Santiago de Cuba distinguidos miembros de la sociedad civil cubana: Felipe Pazos (ya mencionado), Roberto Agramonte y Raúl Chibás (dirigentes del Partido Ortodoxo), Julio Martínez Páez (famoso ortopédico), e infinidad de otras personas de prestigio. También lo visitó Herbert L. Matthews, del New York Times, a quien había conocido en la Sierra Maestra en febrero de 1957.

• El grado de credibilidad que había adquirido le permitía hablar y convencer a personas de diversos orígenes, formación y militancia.

• Desde su época de dirigente estudiantil, era frecuente interlocutor de dirigentes obreros, como los de los Sindicatos de Licoreros y el Sindicato de Tabacaleros; luego lo extendió a la casi totalidad de las agrupaciones sindicales. Lo anterior lo plasmó en una posición en las direcciones provinciales y nacionales para el sector obrero. A pesar de ello, en una circular a los militantes, fechada el 17 de mayo de 1957, se quejaba del olvido de la importancia de los obreros. "Estos son los que bien administrados y dirigidos derrocarán al régimen... Tenemos que recobrar el tiempo perdido y dedicarnos a barrenar en todas dimensiones todos los sindicatos y organizaciones obreras... (Portuondo 1988: 320). Semanas después le escribía a Fidel Castro informándole que, además de la Dirección Provincial Obrera, con sus direcciones municipales, se había establecido otra a nivel nacional

FRANK PAÍS

"que daría la pauta y marcaría el día de la huelga general" (Gálvez Rodríguez 1991: 544). Esta rama es la que luego se convierte en el Frente Obrero Nacional antes de la huelga de abril de 1958.

• Mantuvo correspondencia, sobre la formación de un gobierno provisional, con Justo Carrillo, fundador y primer presidente del Banco de Fomento Agrícola e Industrial de Cuba (BANFAIC), de arraigado respeto entre la clase industrial. Los militares no quedaron exentos de su labor agrupadora, incluyendo los grupos de la Marina de Guerra y otros elementos castrenses.

• En el plano internacional, su intervención –tengamos en cuenta las circunstancias—se redujo a varias conversaciones con representantes diplomáticos de los Estados Unidos, debido a la mediación de Enrique Canto, quien tenía estrechas relaciones con ellos y era el tesorero nacional del M-26-7. Los diplomáticos tuvieron que darse cuenta de que, al menos Frank País, no era comunista. Este tipo de mecanismo para adquirir relaciones se repitió en otras ocasiones cuando País conocía a una persona que lo llevaba al círculo íntimo de otra, donde pronto era aceptado debido a sus cualidades de liderazgo. Mecanismo importante en el desarrollo de sus redes.

CAPÍTULO 9

MUERTE DE FRANK PAÍS: ¿CASUALIDAD O DELACIÓN?

Al igual que su hermano Josué, Frank País parece haber presentido el final de su corta vida. Uno de sus colaboradores cercanos ofreció el siguiente testimonio a Miranda: "Creo no equivocarme si afirmo que [Frank País] intuía que iba a morir. Un día incluso me lo dijo, sin explicarme el motivo... "Creo que no voy a alcanzar a ver el triunfo". [Más aún], en los últimos días de julio de 1957, le escribió una carta a Haydée Santamaría en la que, de forma dramática, le manifestaba que sólo quería que le dieran un mes de vida para concretar los proyectos que tenía entre manos" (1983: 94-95).

Ese mes no le fue concedido. La muerte de Frank País — incluyendo las causas probables que condujeron a la misma—no es un tema fácil de discutir. Este capítulo[30]contiene un intento de desenredar los múltiples eventos que están entrelazados de

---

[30] Este capítulo está basado en Álvarez (2008: capítulo 6 y Apéndice).

manera sospechosa en el misterio que rodea ese trágico final.

La Muerte de Frank País

País llegó a la casa de Raúl Pujol y Eugenia San Miguel la tarde del domingo 28 de julio de 1957. Esa noche y el día siguiente se dedicó a resolver asuntos pendientes de la organización. En la mañana del martes 30, le indicó a Eugenia los nombres de quienes podían visitarlo. Llamó a Daniel, pidiéndole que fuera por la tarde, y luego a su novia. Volvieron a hablar de la boda y ella le dijo que saldría ese día a comprar lo necesario.

Alrededor de las once de la mañana, la esposa de Pujol les negó la presencia de Frank a dos compañeros del Movimiento. Almorzaron con Raúl al mediodía. Daniel llegó como a la una y media de la tarde. Frank le encomendó una larga lista de gestiones. Minutos después de marcharse Daniel, llegaron José de la Nuez (Basilio) y Demetrio Montseny (Canseco). Frank discutió varios temas con ellos.

Alrededor de las dos y treinta de la tarde, Armonía —cuñada de Pujol— vigilando desde una ventana, alertó de un registro en el vecindario por el Servicio de Inteligencia Regimental (SIR). Todos, menos Frank, se exaltaron. Con aquella calma que lo caracterizaba, les dijo: "Lo mejor es no agitarse. En otras ocasiones ha ocurrido lo mismo" (Gálvez Rodríguez 1991: 593).

En ese momento llegó Raúl Pujol. Frank les ordenó a Canseco y Basilio que se marcharan y a Raúl que se fuera a la ferretería, agregando: "yo me quedo aquí." Mientras tanto, el operativo de unos cincuenta efectivos, compuesto por policías, marineros y Tigres de Masferrer, bajo el mando del coronel José María Salas Cañizares, había comenzado los registros en la esquina que formaban las calles San Germán y Gallo (Figura, punto 1). Subían por San Germán, por la acera de los pares, donde estaba la casa de los Pujol, en dirección a la calle Rastro. Frank se negó de nuevo a marcharse con Canseco y Basilio en el vehículo que tenían estacionado justo frente a la vivienda. Los minutos volaban y ya la fuerza pública había avanzado hasta Callejón del Muro. En ese momento, Frank le pidió a Raúl que saliera con los dos visitantes y los despidiera como si fueran familia, afirmando que "es más fácil que me vaya a pie." Y, en forma tajante, les ordenó: "¡Hagan lo que les digo; no hay tiempo que perder!" Y comenzó la retirada.

Pujol, con una gran serenidad, salió al portal y les gritó a unos agentes que guardaban la esquina: "¡Oigan, estos amigos míos van a salir contra el tránsito para tomar por Rastro!, ¿pueden?" Uno de los guardias le respondió: "¡Que se vayan!" (Gálvez Rodríguez 1991: 592-595). Al irse los dos compañeros, Raúl regresó al interior de su casa para ayudar a Frank a recoger sus pertenencias. Escondieron una ametralladora en el fondo del aparador del comedor y Frank le entregó a Ñeña un sobre cerrado con unos documentos.

Existen dos versiones sobre si País salió o no armado a la calle. Gálvez Rodríguez (1991) afirma que Frank llevaba una pistola calibre 38 y que no la usó porque estaba en extrema desventaja (p. 598).

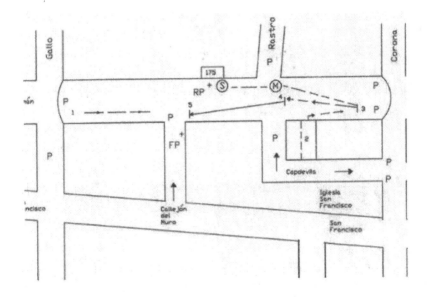

FRANK PAÍS

Canto Bory (1993) dice que, cuando fue a visitar a la viuda de Pujol días después del crimen, ésta le confesó que Frank había salido a la calle desarmado porque "no quería provocar un tiroteo que pudiera costarle la vida a Raúl y a su familia" (p. 247).

Frank –quien se había colocado sus espejuelos oscuros– salió a la calle con Raúl a enfrentar su destino (punto 2). Con pasos lentos, se encaminaron en dirección de la calle Corona, en sentido opuesto al núcleo principal del registro. Los apostados en la esquina de la calle Rastro no les dicen nada. Es un guardia, situado en uno de los balcones, quien les ordenó detenerse.

Sin embargo, Irma Zambrano –vecina de San Germán # 175— afirma (Portuondo 1986a: 143) que, en ese momento, es un sargento que está parado frente a la puerta de su casa (punto S) quien le grita al marinero apostado en la esquina de Rastro (punto M) que los parara y registrara. El marinero les ordena regresar al lugar donde él se encuentra, caminando ambos hacia la esquina de Rastro (punto 4). Comienzan entonces a llegar militares al lugar desde varios puntos del registro y los rodean. Pujol responde a la pregunta de quiénes son ellos diciendo que él es el administrador de la ferretería Boix y su acompañante es un tenedor de libros que va a realizar un balance del negocio. Al encontrarle la pistola que País llevaba escondida, los conducen a empujones hacia un carro policíaco estacionado en la esquina de San Germán y Callejón del Muro (punto 5). Frank es colocado en la parte interior del asiento delantero y Raúl a su derecha. La esposa de Raúl llega al auto y se aferra a él. Pujol, calmado, le dice: "Ñeña, vete para la casa y llama a la ferretería". En ocasiones similares se habían podido salvar vidas. En ese momento aparece Salas Cañizares con un grupo de policías. Cuando Raúl comienza a decir "Yo soy el gerente... " se acerca un agente vestido de civil y le dice a Salas Cañizares: "Coronel, ese que está ahí –señalándolo con el dedo– es Frank País, el jefe del 26 de Julio." Desde dentro del vehículo, Frank observa con absoluta calma el diálogo entre Salas Cañizares y Luis Mariano Randich, agente del Seervicio de Inteligencia Regimental (SIR) que acompañaba al grupo con el objetivo de identificar al luchador clandestino.[31] Raúl les dice que hay un error, pero Salas les grita que se bajen. Cuando Raúl Pujol comienza a hacerlo, Salas lo empuja hacia un lado para agarrar la pechera de la camisa de Frank con

su mano izquierda y sacarlo de forma violenta del carro patrullero. Frank mira a su antiguo condiscípulo con desprecio y, con una tenue sonrisa, le dice a Salas Cañizares: "No tema, coronel, estoy desarmado y casi inmóvil". Los vecinos, observando desde sus ventanas, le piden que no los maltrate, pero Salas Cañizares les grita que tienen que cerrar sus ventanas. Le pregunta entonces a Frank: ¿Cómo te llamas?", pero Frank permanece silencioso mientras le sostiene la mirada (1991: 598-599, 601).

Surgen entonces dos versiones de lo que sucedió a

---

[31]Existe confusión sobre la relación que existió entre Frank País y Luis Mariano Randich Jústiz. Casi todos los autores afirman que habían sido condiscípulos en la Escuela Normal para Maestros y que luego había traicionado al movimiento estudiantil al alistarse en las fuerzas represivas. Eso parece ser incorrecto. César López, quien fuera amigo y confidente de País, asegura que fue en el Instituto de Segunda Enseñanza de Santiago de Cuba donde se conocieron, y agrega: "Y lo más triste de todo es que Frank, siempre tan brillante, había sido repasador de Matemáticas de Mariano, que procedía de una familia negra, extremadamente humilde: la ayuda que recibió de Frank luego se la pagó delatándolo al identificarlo ante sus captores y asesinos" (Puig 2012). De la misma forma, poco se ha divulgado el hecho de que Randich murió víctima de un atentado que le hicieran en su propia casa dos militantes de apellidos Pichardo y Barthelemy el 8 de marzo de 1958 (Cuza Téllez de Girón 2018). Renaldo Infante (Smith Mesa 2012) le atribuye el atentado a Reynaldo Írsula Brea, Rey.

continuación. La recogida por Gálvez Rodríguez (1991: 602, 604) revelan que, mientras Salas sujetaba a Frank con su mano izquierda, llevando su M-2 en la derecha, lo empujó hacia el centro de la calle y lo soltó. Rastrilló el arma y le disparó una ráfaga que hizo blanco en el cuerpo de Frank mientras este daba traspiés como resultado del empujón. Y, dirigiéndose a quienes estaban con Raúl, les ordena: "Maten a ese también." Se vuelve de nuevo hacia donde todavía Frank se estaba tambaleando, casi sin vida en dirección del Callejón del Muro, y les ordenó a sus dos guardaespaldas que le dispararan. Frank cayó de bruces a pocos metros de la esquina (punto FP). Salas Cañizares es quien lo remata. Casi al mismo tiempo, Raúl Pujol es baleado por Mano Negra y otros esbirros (aunque algunos testigos afirman que fue Salas quien le disparó la primera ráfaga) al frente de la casa de San Germán 175, donde murió (punto RP).

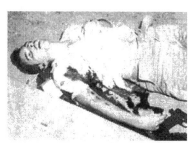 

La otra versión afirma que País y Pujol fueron golpeados donde los detuvieron e interrogaron, introducidos de nuevo en el carro policíaco, bajándolos en Callejón del Muro para ametrallarlos (Monroy 2003: 134).

Aquella tarde se hizo realidad la advertencia que Agustín le había hecho un mes atrás a su hermano Frank a raíz de la muerte de Josué.

Este trágico evento fue utilizado para una pueril polémica en el umbral de su sexagésimo aniversario. En un acto celebrado en la ciudad de Miami el 16 de junio de 2017, donde el presidente Donald Trump se reunió con una facción del exilio cubano para anunciar un endurecimiento de la política norteamericana hacia el

José Álvarez

gobierno de Cuba, el himno nacional de los Estados Unidos fue interpretado al violín por Luis Haza, hijo del antiguo jefe de la policía de Santiago de Cuba durante la dictadura de Fulgencio Batista. Ese hecho provocó un exceso de artículos de la prensa cubana donde se alegaba que el capitán Bonifacio Haza había participado de manera directa en el asesinato de Frank País y Raúl Pujol, que acabamos de describir. Aunque todavía me pregunto la responsabilidad de un niño menor de 8 años con las acciones de su padre, me sumergí en la literatura para investigar de nuevo los hechos y decidir si los resultados pedían un cambio y la respuesta es NO.

El Cuadro que sigue contiene los resultados de los trabajos de tres autores que bastan para llegar a esa conclusión; el resto de ellos no ofrece la visión general de los seleccionados.

Ejecutores y testigos	Fuente		
(nombres)	Gálvez (1)	Infante (2)	Cuza (3)
Tte. Cnel. José M. Salas Cañizares	√	√	√
Tte. Enrique Despaigne Noret (Mano Negra)	√	√	√
Cabo Ignacio Pozo Bassol	√	√	√
Luis Mariano Randich Jústiz	X	√	X
Tte. Ángel E. González Garay		√	X
Hermano Gayo 1		√	X
Hermano Gayo 2		√	X
Tte. Juan Peñate Ortiz	X	X	X
Cap. Bonifacio Haza Grasso	X	X	X
Pascual	X	X	
Tte. Facundo Durán Matos		X	

Gálvez Rodríguez (1991) es considerado el biógrafo oficial de

FRANK PAÍS

Frank País y su obra contiene una cantidad abrumadora de testimonios y entrevistas. La de Infante Urivazo (2011) difiere de las otras dos en su descripción de los hechos y las personas directamente envueltas en el asesinato. Cuza Téllez de Girón (2014b) es tal vez la más reciente versión, basada en el testimonio de Madeline Santa Cruz Pacheco, que presenció todo lo acontecido y al día siguiente se lo narró a Cuza, quien lo escribe casi sesenta años después.

Los resultados no tienen nada de sorprendentes. Todos los autores señalan a los tres primeros en la lista como los responsables directos (con una √), los que dispararon sus armas sobre los dos revolucionarios. El resto de los mencionados (con una X) estaban presente pero no son acusados de disparar. Autor (1) tiene a los tres que siempre han sido considerados los autores directos. Autor (2), sin mencionar la fuente, acusa a otros cuatro de los miembros del operativo de haber disparado y Autor (3) afirma que, al terminar los tres primeros, Salas Cañizares ordenó al resto de los presentes que les dispararan también para comprometerlos. Eso es bastante difícil de creer ya que serían seis armas adicionales que hubieran aumentado las huellas de los impactos de bala en forma exponencial y destrozado los ya cadáveres.

Sin que deba interpretarse como una sentencia absolutoria de otros sucesos, o de su presencia en el lugar de los hechos, resulta interesante comprobar que ninguno de los autores acusa al capitán Haza de haber descargado su arma sobre los dos detenidos. Sesenta años después resultó conveniente cambiar la historia para los propagandistas en Cuba. Como decíamos en mi tierra, "eso es toque de violín".

Levantamiento de los Cadáveres

Los dos cuerpos inertes permanecieron en la calle por algún tiempo. No permitían en los primeros momentos ni a su infeliz madre llegar hasta él. El lugar comenzó a llenarse de público. Militantes, vecinos, los curiosos habituales, y muchos militares

José Álvarez

que temían la reacción del pueblo santiaguero se fueron aglomerando en los alrededores.

Los asesinos quisieron cambiar la escena para pretender mostrar que Frank País los había atacado primero. Con ese fin le colocaron una pistola calibre 38 y varios casquillos de bala a su lado. En su apuro, no repararon en que los dos peines de balas que dejaron eran de un calibre menor que la supuesta arma que portaba.

El juez de instrucción llegó al Callejón del Muro con el escribano de la corte judicial y dos médicos forenses. Después de recoger los cadáveres, fueron a la morgue para practicar la autopsia. El Dr. Manuel Prieto Aragón observó impactos de varios calibres en el cuerpo de País. Pujol tenía un brazo casi cercenado, provocado por ráfagas de ametralladora. No fue necesario practicar la autopsia debido a lo obvio de la causa de las muertes. No había señales de lucha. Sólo desabotonaron la camisa de Frank para observar las heridas. Su cuerpo presentaba, de acuerdo con quien se crea, 22, 36 o más de 50 impactos de bala esparcidos por todo el cuerpo. Graciela Aguiar afirmó que Rosario observó 36 impactos (Portuondo 1986a: 160). Dr. Manuel Prieto pone el número en más de 50 (Portuondo 1986a: 168).

Con su habitual fortaleza de carácter, Doña Rosario enfrentó la mala noticia. Existen varias versiones sobre las circunstancias en que Doña Rosario conoció de la muerte de su hijo. Según una de ellas, Rosario encontró a Ana Elba Morales cuando regresaba del lugar del crimen y le dijo que el rumor era cierto. Morales la acompañó entonces a su hogar (Entrevista personal con Ana Elba Morales, 29 de septiembre de 2008).

La madre se dirigió entonces al cementerio a reclamar sus restos. Con la ayuda de Ana Elba Morales y otras amigas Rosario limpió el cuerpo de su hijo, rellenó los orificios con algodón y lo vistió con el traje blanco y la corbata que había tomado de su casa después de conocer la noticia. El grupo estuvo listo para llevárselo entre seis y siete de la tarde.

En un ataúd donado por la "Funeraria Flores", Frank fue

llevado a su casa de la calle General Banderas. El velorio comenzó con un pequeño grupo que enseguida comprendió que el lugar estaba situado relativamente cerca del cementerio. Con la idea de realizar una marcha larga, unos amigos recibieron ayuda de la funeraria y mudaron todo para la casa de los Domitro en la calle Heredia # 451 esquina a Clarín, antes de la medianoche. Raúl Pujol había sido llevado para la clínica "Colonia Española" en cuya capilla se celebraría el velorio. Se había acordado ya que ambas procesiones se llevarían a cabo juntas al día siguiente.

El Velorio

Una vez en casa de América, País fue preparado para el velorio. Parece que la confusión sobre el lugar donde iba a celebrarse el mismo, unida a la posibilidad de un asalto por parte de la fuerza pública, mantuvo alejados a algunos dolientes durante toda la noche. Sólo un pequeño grupo de personas se mantuvo en la calle y en la casa de los Domitro, lo cual contradice las versiones de varias fuentes de la isla.

Era ya de madrugada cuando se tomó una importante decisión: el jefe máximo del Movimiento 26 de Julio tenía que ser vestido con el uniforme verde olivo del Ejército Rebelde. Exactamente siete meses antes, Frank y sus compañeros habían exhibido el uniforme en las calles de la ciudad cuando marchaban al combate. El uniforme le servía ahora de mortaja.

El honor de vestirlo lo tuvieron sus compañeros Jaime Contreras Pagés, Manuel Prada Conteras, Edgardo Salmón Romagüera y Facundo Duany Ruíz, empleados de los Autobuses Modelos. En muchas publicaciones se afirma que por ello fueron asesinados el 3 de agosto y llevados a Loma Colorada. La verdad es que, al intentar quemar un ómnibus y atacar un carro perseguidora, aparecieron varios patrulleros y se produjo un intenso intercambio de disparos (EcuRed: Manuel Prada Contreras; Obelisco a jóvenes de la clandestinidad).

Frank País fue el primer y último jefe que lució la insignia de los rangos militares que él mismo había diseñado. Le cosieron el grado de coronel en sus hombros. Al principio algunas personas consideraron esa acción un reto al grado de comandante de Fidel, quien se oponía un rango superior en el Ejército Rebelde. País le había enviado la propuesta a Castro para su consideración, pero nunca recibió una respuesta al respecto.

Una boina negra fue colocada sobre su pecho, el brazalete del Movimiento lo pusieron en su brazo, y, a su lado, la rosa blanca de los versos de José Martí. Una vez terminada la tarea, el sarcófago fue regresado a la sala. El reloj marcaba cerca de las cinco de la madrugada. Cuando los presentes se dieron cuenta del cambio, un leve murmullo comenzó a divulgar la noticia: "Tiene puesto el uniforme". "Frank está vestido con el uniforme verde olivo".

Tenía que haber un momento de recogimiento, aún dentro de la no muy numerosa pero excitada concurrencia, y el Reverendo Agustín González, Pastor de la Primera Iglesia Bautista de Santiago de Cuba, amigo de la familia, dirigió una breve oración y luego predicó sobre la muerte del Rey Saúl: "sobre tus alturas hay mortalidad, ¿cómo han caído tus héroes?" (Monroy 2003: 137-138). Las palabras bíblicas eran un vivo testimonio de la realidad.

América no podía creer que su amor se había marchado para siempre, que la boda no se celebraría, que ella y Frank no iban a estar juntos jamás en esta vida. Perdió su compostura varias veces durante la noche. "Las horas que siguieron fueron un sollozo continuo... América se doblaba, se retorcía de dolor. Estaba paralizada de la cabeza a los pies. Experimentaba un vértigo irresistible que la hacía caer por tierra. Quería negar la muerte de Frank... [Pero] Frank estaba ya muerto. Para América, en aquellos momentos era el fin del mundo" (Monroy 2003: 137). El Dr. Armagnac tuvo que administrarle un sedante.[32]

En algún momento, durante el tiempo que transcurrió entre su muerte y la partida al cementerio, manos amigas confeccionaron una mascarilla. Algunos afirman que la escultora Olga Maidique la hizo en la casa de América al día siguiente del asesinato; otros, que fue hecha el día anterior por la misma persona.[33]

La mascarilla estuvo escondida en un lugar seguro hasta que la dictadura fue derrocada. Hoy se exhibe en la casa de la familia País, convertida en museo, en la habitación que pertenecía a su madre. (Castañeda Márquez (2006): (http://santiago490.blogspot. com/2006 /12/ casa-museo-frank-pais-garcarecinto. html).

Fue una larga noche, pero los escasos leales santiagueros no se movieron de la casa y sus alrededores. Los negocios nocturnos, en un sorpresivo gesto espontáneo, cerraron sus puertas. Era otra manera de expresar su solidaridad con el héroe caído y su compañero. El amanecer no correspondió a un día habitual. Todo permaneció cerrado. La ciudad de Salvador, David y Cristián se preparaba para despedir a sus dos héroes como se merecían. Nadie pudo imaginarlo al principio; todos pensaron que la

---

[32] Ana Elba Morales (29 de septiembre de 2008). Sin embargo, otrotestigo ha declarado que "América se portómuyfuerte" (Graciela Aguiar a Portuondo 1986a: 167).
[33] La cadena de acontecimientos que condujo a la confección de la mascarilla no está clara (Portuondo 1986a: 170-173). Unos dicen que se hizo en la morgue del cementerio y se terminó alrededor de las seis de la tarde. Esta versión la ratifica la testigo presencial Ana Elba Morales, y también lo afirma Montseny Villa (*Trabajadores*, 30 de julio de 2007).

solidaridad de los empresarios locales era una señal de respeto mientras los cadáveres permanecían insepultos. Sin embargo, Santiago estaba en huelga.

Con los primeros rayos del sol, las calles comenzaron a mostrar movimiento de gente que se dirigían a la casa de los Domitro. Muy pronto, la casa y calles aledañas estaban repletas con santiagueros que querían acompañar al héroe hasta su última morada. A pocas cuadras de distancia se iba a efectuar un nuevo acto de violencia.

El Recibimiento No-diplomático al Nuevo Embajador de los Estados Unidos

A las diez de la mañana, el nuevo embajador de los Estados Unidos en Cuba tenía programada una visita al ayuntamiento santiaguero. Earl T. Smith (1962) había llegado a la ciudad después de recibir una petición de representantes de las clases vivas para que comprobara como los jóvenes de la ciudad estaban siendo asesinados. El Movimiento no podía darse el lujo de perder esa oportunidad y organizó rápidamente una demostración en el Parque Céspedes. Mujeres vestidas de negro se situaron al frente y en los alrededores del ayuntamiento. Cuando la caravana de autos alcanzó las puertas del edificio, los gritos no se hicieron esperar: "¡Asesinos!" "¡Abajo Batista!" "¡Abusadores!" Las mujeres detenidas fueron luego puestas en libertad. El Embajador Smith había solicitado tolerancia y sentido común a las autoridades, quienes habían golpeado y atacado con chorros de agua a las manifestantes.

El Cortejo Fúnebre

Cerca de las tres de la tarde, los dolientes en la casa de los Domitro se estaban preparando. Antes de partir, como había hecho durante la madrugada, el Pastor Agustín González presidió una sencilla ceremonia religiosa. La última jornada comenzó poco después. El sarcófago de Frank País, cubierto con la bandera nacional y la del M-26-7, fue llevado al carro fúnebre en hombros por varios militantes. Vestía de nuevo el traje blanco. De la esquina de las calles Heredia y Clarín, donde estaba situada la casa, bajaron por Heredia y se detuvieron en la esquina de la calle San Pedro. El cortejo de Pujol había dejado la "Colonia Española" para tomar por Trocha y virar derecha en San Pedro hasta la esquina donde aguardaba el cortejo de País.

Una vez unidas las dos marchas fúnebres, se inició la ruta hacia el cementerio Santa Ifigenia. La multitud ya había crecido y más personas continuaban llegando para incorporarse a la procesión. Hubo unos instantes de inactividad. Pocos minutos después, la multitud comenzó a moverse lentamente San Pedro abajo. Fue en esa esquina donde comenzaron los gritos: "¡Viva el 26 de Julio!" El cementerio estaba aún lejos y la multitud se tornaba más y más rebelde. La policía hizo un intento de intimidar a la multitud, pero la respuesta fue la misma consigna saliendo de las gargantas de miles de personas: "¡Viva el 26 de Julio!" "¡Viva Frank País!" Después de eso, las notas del himno nacional se escucharon por primera vez en la marcha.

La gente en las aceras y los balcones y azoteas tiraban flores y pétalos a los carros fúnebres. Hombres, mujeres, jóvenes y ancianos, niños, todos marchaban de brazo, despacio, como si quisieran demorar la llegada al destino final. La larga manifestación de duelo estaba acercándose al Paseo de Martí. Una vez allí, la procesión viró a la izquierda en dirección a la calle Crombet. Diez cuadras más abajo llegaban a la esquina donde, un mes antes, Josué, Floro y Pascual, se habían enfrentado a la policía y habían pagado con sus vidas.

José Álvarez

Les esperaban muchos carros patrulleros. "Continúen, ni un paso atrás" fue la firme decisión. Para retar a las autoridades, el siguiente verso del himno nacional fue entonado por todos, más fuerte y más alto. El consabido "¡Viva Cuba libre!" siguió al final del himno. Miles de santiagueros contestaron: "¡Viva!" en las mismas caras de los militares parados en la esquina. Para entonces, la procesión había alcanzado proporciones nunca vistas en la ciudad. Los que observaban desde techos y azoteas afirmaron luego que eran veinte cuadras llenas de personas las que marchaban al cementerio.

Algunos lectores pueden pensar que la cifra pudiera estar exagerada ya que la ciudad contaba con 160,000 habitantes en esa época. Empleando las técnicas convencionales de estimación,

se puede afirmar categóricamente que 80,000 personas tomaron parte en la procesión.[34]Esto es, la mitad de la población marchó detrás de los dos héroes. Cuando se incluyen a quienes se encontraban en los balcones y azoteas a lo largo de las 60 cuadras de la marcha, no es exagerado afirmar que casi la ciudad completa estaba de pie en

---

[34] En 'El manifestómetro" (una metodología utilizada para contar los participantes en marchas callejeras y demostraciones) (http://manifes tometro.blogspot.com), se utilizan parámetros de densidad de 4 y 3 personas para multitudes en movimiento y estacionarias, respectivamente. Las 20 cuadras de gente serían menos de la tercera parte de la ruta después que recomenzó en Heredia y San Pedro. Asumamos cuadras de 100 metros (incluyendo las calles que las cruzan debido a que las cuadras en la ciudad son en general más pequeñas de 100 metros), y un ancho de 10 metros, ya que las calles en la ciudad son relativamente estrechas, el área total considerada sería de 20,000 metros cuadrados. A una densidad de 4 personas por metro cuadrado corresponde un total de 80,000 personas. La cifra no incluye los observadores de balcones y azoteas.

protesta por los asesinatos. Esa es una muestra significativa del papel importante que aquel joven de 22 años desempeñó en la lucha por la liberación de Cuba.

Hubo una breve parada cuando la cabeza de la caravana llegó al lugar donde, exactamente un mes atrás, Josué y sus dos compañeros tuvieron su última batida con la fuerza pública. De nuevo, como había ocurrido ya cuando bajaban por la calle San Pedro, las notas de la Marcha del 26 de Julio se dejaron escuchar: *Marchando vamos por un ideal, sabiendo que hemos de triunfar...* Pero había que continuar caminando. En la avenida Crombet y la carretera Bacardí la multitud continuó entonando la marcha y gritando consignas contra la dictadura. Fue probablemente aquí donde los sarcófagos fueron tomados en hombros por el pueblo y donde se escucharon los primeros llamados a la huelga. "¡Huelga!" "¡Huelga!" era la consigna cantada por todos. En la entrada principal del cementerio Santa Ifigenia la bandera cubana y la rojinegra del M-26-7 ya se encontraban ondeando. La bandera perenne en el mausoleo de José Martí estaba izada a media asta. Otras banderas del Movimiento aparecían por el camposanto.

Allí tuvo lugar una breve ceremonia religiosa. Esta vez al Pastor Agustín González se le unió el Reverendo Eliseo González, de la Iglesia Bautista de El Caney. Ambos leyeron las escrituras y se dirigieron al público. Terminada la ceremonia religiosa, un abogado militante del 26 de Julio y el MRC, el Dr. Lucas Morán, despidió el duelo a nombre de la familia País y su organización. Sus palabras fueron recibidas por una multitud que ya estaba furiosa que comenzó a repetir las consignas de Morán Arce, una a una, con firmeza, con el coraje que siempre demostraron los fallecidos que acababan de sepultar. Algunos pensaban que la multitud no debía abandonar el cementerio en el estado emocional en que se encontraba. Además, algo debía hacerse para tratar de comenzar el proceso de sanación de las familias. Las hermanas Plano comenzaron a cantar el himno "Dios te guarde hasta que nos veamos otra vez". De esa manera, el "adiós" se convirtió en un simple "hasta luego".

Raúl Pujol fue enterrado en el panteón de su familia. En el caso de País, sin embargo, no sucedió así. Contrario a lo que se ha escrito en la mayoría de los relatos, Frank tuvo que ser sepultado en el de la familia Montoya Hermosilla.[35] La razón era que un miembro de la familia País Molina se encontraba enterrado allí y ambas familias no querían cambiar los restos en medio de aquella situación de peligro.[36]

A las seis de la tarde, cuando el sol comenzaba a perderse en el horizonte, una multitud triste comenzó a abandonar el perímetro del cementerio Santa Ifigenia. Los negocios permanecieron cerrados. La huelga se extendió a otras partes de la isla. El duelo formal duró cinco días más. El 6 de agosto, la DN del M-26-7 ordenó el regreso al trabajo y terminó la huelga. Frank estaba muerto, pero la leyenda había ganado su primera batalla.

La respuesta de la dictadura a la ola de descontento y rebeldía que sacudía al país vino de inmediato. El día después del entierro, jueves, agosto 1, las garantías constitucionales fueron suspendidas nuevamente. Como era de costumbre, se incluía la libertad de prensa. Se impuso una censura radical. La suspensión de las garantías constitucionales y el establecimiento de una rígida censura dan una idea de la magnitud de la huelga general y las protestas. Nunca en la historia del país había ocurrido un hecho similar. La figura de Frank País, ahora leyenda, estaba ya insertada en la turbulenta historia de Cuba.

---

[35] Entrevista personal con Ana Elba Morales el 29 de septiembre de 2008. Días después de escuchar a Morales, encontré una referencia sobre el tema en (www.tvsantiago.co.cu).

[36] Ana Elba Morales participó en la exhumación y el traslado de los restos de Frank País al panteón familiar. El hecho ocurrió en las primeras semanas de 1959. Unas pocas personas ayudaron a Doña Rosario: América, Ana Elba y otras dos amigas. El cuerpo de Josué había comenzado adeteriorarse; el de Frank permanecía intacto (Entrevista personal con Ana Elba Morales, 29 de septiembre de 2008).

FRANK PAÍS

Posibles Causas del Descubrimiento del Escondite de Frank País

Por haberse realizado en plena vía pública, y en presencia de numerosos testigos, siempre se conoció la identidad de quienes apretaron el gatillo. Varios de ellos pagaron su culpa. Otros siguieron a Batista en su huida. Sin embargo, siempre han existido dudas sobre el origen y el motivo del registro que terminó de una manera tan fatal. ¿Fue casual o producto de una delación? Debido al tiempo transcurrido –y a las circunstancias del crimen– nunca existió una confesión, un "arma humeante" o testigos directos. Esta sección analiza los hechos de que disponemos para tratar de descifrar el enigma, o al menos aportar más elementos de juicio para que otros puedan alcanzar ese objetivo. Llevando el asunto al extremo, podemos admitir la existencia de cinco posibilidades: la búsqueda sistemática, el descuido del perseguido, la casualidad, la delación externa y la delación interna.

La Búsqueda Sistemática

Es probable que el encuentro haya sido el resultado de la búsqueda sistemática desatada contra los revolucionarios santiagueros, especialmente contra Frank País, por el enviado especial coronel José María Salas Cañizares. Durante su último mes de vida, País se mostraba acosado, acorralado, y con pocas posibilidades de escapar. En su última carta a Fidel Castro le cuenta de los continuos registros practicados por la fuerza pública. Existe un ángulo no mencionado lo suficiente. Como regla general, los actores en el mundo del clandestinaje y el pueblo que los apoyaba tenían la tendencia a subestimar la capacidad de la inteligencia de los órganos represivos. Este aspecto ha sido investigado muy pobremente. La revisión de los archivos de la dictadura como parte de un proyecto del Instituto Cubano de Historia reveló detalles interesantes de las acciones de esos órganos contra los revolucionarios en general y el M-26-7 en particular.[37] Luego de afirmar que funcionaban de manera coordinada, el autor del reporte afirma que resultó una sorpresa el comprobar el conocimiento que tenían sobre los lugares donde vivían los revolucionarios y sus actividades. Lo sabían casi todo. Impresionante resultó la información encontrada en los archivos del BRAC y el SIM, que incluían listas completas por provincia, municipio, barrios y cuadras, con los lugares de residencia de los revolucionarios, sus actividades laborales, relaciones amistosas, sus familias y planes de trabajo.

En el orden personal, otro argumento que ofrece credibilidad a esta posibilidad es el hecho de que País había sido detenido varias veces y, por lo tanto, las autoridades poseían muchas fotografías y sus huellas digitales. La búsqueda sistemática está ligada a las otras hipótesis de manera tan intuitiva que pudiera considerarse parte de ellas.

El Descuido del Perseguido

Algunas personas pudieran atribuir el registro a supuestas indiscreciones de País en sus escondites. El argumento lo basan en el excesivo número de llamadas telefónicas de larga duración, ya que estas podían haber alertado a las autoridades. Como se explicó más arriba, País utilizaba un número de teléfono que no estaba en servicio y no podía ser monitoreado por las autoridades frente a las pizarras [Ver capítulo 9, p. 286]. Por lo tanto, no fue el uso indiscriminado del teléfono por parte de País lo que llevó al descubrimiento de su escondite. Cabe también la posibilidad de la existencia de un agente doble en la célula del Movimiento en la central telefónica.

La Casualidad

Quienes la suscriben afirman que la fuerza policíaca llegó al barrio de San Germán de la misma manera que llegaba a otros

---

[37] "Expediente de los derrotados" por Marilú Uralde Cancio, publicado en http://www.juventudrebelde.cu/2005/julio-septiembre/jul21/expedient es.html.

muchos lugares de la ciudad para realizar registros al azar. El hecho de que País se encontrara en el área y fuera apresado fue producto de la casualidad. Las propias palabras de Frank reconocen esa posibilidad. En su última carta a Fidel Castro, escrita el 26 de julio, le dice que "hay una ola de registros fantástica y absurda, pero que por absurda es peligrosa, ya que no esperan un chivatazo; ahora Salas registra sistemáticamente, a cualquiera, sin necesidad de causa alguna" (Gálvez Rodríguez 1991: 570).

Este punto de vista, discutido en parte más arriba, resulta interesante por ser compartido por algunos de los cronistas e historiadores del régimen castrista, así como por militantes del 26 de Julio que luego rompieron con el mismo. Entre los primeros está Juan Marinello Vidaurreta, dirigente del Partido Socialista Popular (Portuondo 1986a: 204). Lucas Morán Arce, dirigente del Movimiento en Santiago de Cuba, basándose en su formación jurídica, expresa que, debido a la escasez de pruebas o de indicios racionales que así lo indiquen, no comparte la acusación "sobre la posible participación de un miembro del Movimiento 26 de Julio en la delación que condujo a la muerte de País" (Morán Arce 1980: 151). José Antonio Roca quien en unión de su esposa Carmelina y su amigo Enrique Canto condujo a País a su último escondite, adopta la posibilidad de la casualidad con cierta reserva. Aunque cree que fue el destino o la casualidad, pues un grupo había estado sacando armas de una casa cercana y los movimientos sospechosos pudieron haber alertado a la policía, confiesa que, después de leer el libro de Jon Lee Anderson donde este documenta las relaciones tirantes entre Frank y Fidel, se inclina a creer en la teoría de la delación interna (Roca Ballesta 2000: 102, 103).

Por otro lado, el hecho de que el coronel Salas Cañizares le estuviera pisando los talones a Frank País en las últimas semanas de su vida, hace pensar que, por alguna causa, Salas conocía sus movimientos, pero llegaba siempre tarde, o no llegaba, al lugar donde Frank se encontraba. (Es que, dentro del criterio de la casualidad, podía existir la posibilidad de escapar). Frank País era tal vez el objetivo favorito del escrutinio. Esa pudiera ser una explicación para respaldar la hipótesis de la casualidad. Además, tal parece que se han agotado las posibilidades de la obtención de una prueba directa de parte de los perpetradores del registro. Los protagonistas han muerto.

Después de múltiples esfuerzos, Álvarez (2008) logró comunicarse con una hija del coronel Salas Cañizares. Había rumores de la existencia de un manuscrito de su padre, fallecido hacía 20 años. Por medio de dos mensajes, fechados 21 y 22 de julio de 2007, la señora me confirmó la existencia de dicho manuscrito, que ella había leído parcialmente, pero que se había perdido durante la mudada de una sobrina, en posesión de este en esa época. Desafortunadamente, la interlocutora no recordaba haber leído sobre el hecho discutido en estas páginas.

La Delación Externa

Esta versión es sustentada por varios voceros y cronistas del régimen castrista y parece ser la oficial. La delación externa, al menos en la forma en que se ha expuesto, parece ser una hipótesis formulada para encubrir los rumores de una delación interna que surgieron a raíz de las muertes de País y Pujol. Obviamente, los cronistas oficiales no mencionan que las sospechas siempre recayeron sobre Vilma Espín Guillois, dirigente del M-26-7, y luego esposa de Raúl Castro.

El suplemento del periódico clandestino "Revolución" (Miranda 1983: 298-307), publicado días después de los asesinatos, dedicó sus ocho páginas a estos hechos. Sin embargo, sólo aparece esta escueta mención sobre el origen del crimen: "Su muerte, a manos de José María Salas Cañizares, se debió a la denuncia formulada por Esperanza de la Cruz" (p. 301).

La versión oficial ampliada no surge hasta muchos años después y es Espín quien habla por primera vez sobre esos hechos.[38] En una entrevista que le hace la *Revista Santiago* en

FRANK PAÍS

1975, Espín ofrece muchos detalles sobre lo sucedido aquella tarde, apuntando hacia una delación externa con aparente certeza. La entrevista fue publicada en los números 18 y 19 del año 1975 – diez y ocho años después de los hechos y de la escueta acusación en Revolución. Espín acusa a una supuesta amante del poderoso Laureano Ibarra, a quien no identifica por su nombre como lo había hecho el periódico clandestino en 1957 y como lo hizo luego Gálvez Rodríguez (1991), de haber sido la informante, y asegura haberla identificado esa misma tarde.

Ésta parece ser la primera vez, después de la escueta referencia original, que esos detalles se hicieron públicos. Sin aportar pruebas de ningún tipo, Espín afirmó que esa mujer "había visto a Frank entrar en casa de Pujol" (1975: 87). Continúa diciendo que, después de producirse la delación, la escondieron en casa de una antigua alumna de la Universidad de Oriente, hija de uno de los esbirros de Laureano Ibarra apodado el Negro Martínez, antes de enviarla por barco a Santo Domingo.

Diez y seis años después de la acusación de Espín (y 35 del crimen) se publicó en Cuba la más completa biografía de Frank País (Gálvez Rodríguez 1991). En la misma se acusa a la supuesta delatora de tener una relación ilícita con Ibarra y se reproduce de manera textual la supuesta llamada telefónica donde esa señora informa haber visto movimientos sospechosos en el área de San Germán, entre Gallo y Callejón del Muro. Salas Cañizares le promete investigar esa misma tarde. En la supuesta transcripción (pp. 585-586) no se menciona ningún nombre.

Surgen aquí tres problemas. El primero es la inmediatez en la identificación de la delatora. Espín afirma, y Gálvez Rodríguez repite, que "esa misma tarde" fue identificada. La grave acusación, sin embargo, adolece de pruebas. ¿Quién o quiénes la identificaron? ¿Cómo lograron hacerlo esa misma tarde? El

---

[38] Los esfuerzos por localizar algo publicado entre ese número de "Revolución" de agosto de 1957 y el artículo en "Revista Santiago" en 1975 no produjeron resultados satisfactorios.

segundo problema es que cambiaron el apellido de la supuesta delatora de "de la Cruz" a "Paz". El tercero radica en que Espín dice que fue la delatora quien llamó a Ibarra, y éste a Salas Cañizares, mientras que Gálvez Rodríguez reproduce la conversación de Paz con Salas Cañizares, sin la intervención de Ibarra.

Con la ayuda de varios antiguos vecinos del barrio San Germán pudimos reproducir la barriada para verificar la existencia de Esperanza Paz (o "de la Cruz") y localizar su vivienda. [Álvarez (2008) contiene un dibujo del barrio con los nombres de cada familia y negocio]. Esta no se encontraba en la esquina de San

Germán y Rastro, como afirmó Espín, sino en San Germán # 168 (altos). El hogar de los Pujol estaba en San Germán # 204 (bajos). Ambas estaban en la acera de la derecha, la de los números pares.

La distancia entre ambas viviendas es de unos 150 metros, que terminan en una pronunciada pendiente, como muestran las fotos. Se notan la pendiente y la lejanía. La casa de Pujol, detrás del plano de la foto, es contigua a la casa de la izquierda de (a), cuya parte superior se divisa al final de la loma en (b). Pero existe otro problema cuando observamos la casa de Paz, la de dos pisos, en el centro (c).

La distancia entre ambas viviendas es de unos 150 metros, que terminan en una pronunciada pendiente, como muestran las fotos. Se notan la pendiente y la lejanía. La casa de Pujol, detrás del plano de la foto, es

contigua a la casa de la izquierda de (b), cuya parte superior se divisa al final de la loma en (a). Pero existe otro problema cuando observamos la casa de Paz, la de dos pisos, en el centro (c). Las dos casas a su derecha sobresalen unos cuatro o cinco pies (1.2 – 1.5 metros) hacia la calle, imposibilitando la visión desde el balcón hacia la casa de los Pujol.

Lo anterior imposibilita el haber visto a País entrar en casa de Pujol desde su balcón o la acera del frente. Veamos la posibilidad de que el auto conduciendo a País pasara frente a su casa y ella lograra identificarlo.

José Álvarez

El Dr. José Antonio Roca y su esposa Carmelina, después de recoger a Enrique Canto en su casa, llegaron en su auto –un Chrysler Windsor verde de 1955—al hogar de los Ramírez en Vista Alegre. Canto penetró en la vivienda y, después de transcurrido un largo rato, salió acompañado de País y Navarrete. Roca iba conduciendo con su esposa al lado y, en el asiento trasero, Canto detrás de Roca, País en el centro y Navarrete junto a la puerta, detrás de Carmelina. Dejaron primero a Navarrete en el hogar de Arturo Duque de Estrada, en la calle San Fermín # 358.

La versión oficial de este importante evento ha sido relatada de manera incorrecta por Gálvez Rodríguez (1991: 576), quien afirma que, a la 1:30 pm, un automóvil se detuvo frente a la casa de la Sra. Clara Ramírez y el chofer le dijo que "primero llevaría a uno [Frank País] y luego al segundo [Agustín Navarrete]". País, "con espejuelos oscuros, iba junto al chofer. Detrás un hombre y una mujer". Aunque conoce sus nombres, no los menciona. Falla de nuevo cuando describe hasta el detalle más incorrecto, la ruta de Vista Alegre a Garzón, a la Plaza Marte, donde tomaron por la calle Bayamo para doblar derecha en Reloj e izquierda en la calle San Germán loma abajo hacia la bahía. Dejaron a Frank en la casa de Pujol. Ahí terminó el viaje. No hay siquiera una leve mención de qué ocurrió con Navarrete. Sin embargo, el Dr. José Antonio Roca y su esposa Carmelina han proporcionado la verdad de lo que en realidad sucedió aquella tarde a través de varios correos electrónicos entre el 30 de noviembre y el 4 de diciembre, y una entrevista personal el 11 de diciembre de 2007. El contraste con la descripción oficial es sorprendente, dado que Gálvez Rodríguez tuvo acceso a dos testigos: Agustín Navarrete, uno de los pasajeros del auto, y Arturo Duque de Estrada, quien lo ocultó esa tarde.

Después de dejar a Navarrete, los Roca y Canto fueron a llevar a Frank. La calle San Fermín continúa hasta encontrarse, unas cinco cuadras después, con San Germán. Doblando a la derecha, el hogar de los Pujol estaba dos cuadras más abajo, lo cual significa que el auto no podía pasar frente a la casa de Paz porque San Germán era "bajada" (sabemos que Pujol les pidió permiso a los agentes para que Basilio y Canseco manejaran "contra el tránsito para tomar Rastro"), y Paz vivía al comienzo de la pendiente que terminaba justo en la esquina de la casa de Pujol.

Por consiguiente, si fue cierto que la informante vio a Frank "entrar a casa de Pujol", tenía que encontrarse a corta distancia en el instante en que País llegaba. Sabemos también que País estuvo dentro de la casa (sin siquiera asomarse a una ventana, ya que la cuñada de Pujol era quien vigilaba) hasta que salió alrededor de la misma hora del martes 30. Si Paz lo vio, ¿por qué esperó casi 48 horas para denunciarlo?

Como las historias en "Vilma" (1975) y Gálvez Rodríguez (1991) están repletas de contradicciones, se fabricó una nueva versión. Con motivo del 50 aniversario del alzamiento de 1956, el diario Sierra Maestra entrevistó a Canseco, general de brigada en aquel entonces, ya fallecido, presente en la casa de la familia Pujol la tarde del registro.[39] Canseco reitera la teoría de la delación

---

[39] La nueva declaración de Montseny Villa fue complementada con la tirada de una monografía de la autoría de Espín (2006), que contiene su entrevista con la "Revista Santiago" en 1975 y varias de sus

externa como la causa del registro. Le achaca la denuncia a una mujer residente en una casa cercana: "Se llamaba Elena (antes era Esperanza, y no dice apellido cuando ya existen dos escritos) y era amante de Laureano Ibarra, abogado del Regimiento #1 'Maceo'". Afirmó que, "una sobrina de la mujer, condiscípula de Frank en la Universidad, lo reconoció al pasar en un carro y lo informó a la tía, y ésta se lo pasó a Laureano [Ibarra] y Laureano a Salas Cañizares" (Beltrán 2007a). Meses más tarde, el periodista que entrevistó a Montseny Villa repite la historia, agregando que Elena era una rubia de unos 29 años (Beltrán Calunga 2007b: 5).

Esta nueva versión contradictoria parece tratar de arreglar el problema de la situación de las casas, la pendiente y la distancia. Para ello, Canseco "acerca" a una sobrina para que vea a Frank "pasar en un carro", a pesar de que David llevaba espejuelos oscuros y pretendía leer un periódico (Gálvez Rodríguez 1991: 576; Roca 2000: 98). Por otra parte, si en realidad lo hubiera visto, tenía que ser en la cuadra de San Germán entre Corona y Rastro pues el auto se detuvo frente a la casa de Pujol. De haber sido así, el registro debió haber comenzado esa misma tarde y de Rastro hacia arriba, hacia Corona. Además de esas contradicciones, ahora es la sobrina quien informa a la tía, ésta a Laureano Ibarra y éste a Salas Cañizares.

En el curso de su investigación, Álvarez no pudo encontrar un vecino de San Germán que recordara la relación amorosa que le achacan a Paz con el personaje del régimen. Sabemos que los adolescentes son más prontos que los adultos a descubrir y comentar los sucesos del barrio. En la Cuba de la década de 1950, cualquier niño o adolescente hubiera notado las llegadas y salidas del Sr. Ibarra, el lujoso auto estacionado frente a la casa, o los guardaespaldas.

---

intervenciones relacionadas con País. Su clara intención es mostrar a Espín como la mejor, más valiente y leal compañera de País. Tal vez la más relevante de las 31 fotografías, es una donde aparece Espín sentada junto a Doña Rosario, donde las expresiones de ambas no muestran la relación estrecha que parece ser el objetivo de la foto.

FRANK PAÍS

Antiguos vecinos afirman que la supuesta delatora tenía un hijo de entre 10 y 12 años. Conociendo la crueldad de la que somos capaces en la llamada tierna edad, ese hijo hubiera sido blanco de los comentarios de sus amiguitos vecinos. Lamentablemente para los defensores de la delación externa, los niños de aquel entonces no recuerdan hoy —y algunos están seguros que no era así—que esa vecina tuviera una relación amorosa con Laureano Ibarra. Entre los niños y adolescentes de aquella época se encuentran: Ivonne Danger (San Germán # 202 (2do piso), María Elena Rehalschi (San Germán # 170), Roberto Balbis (San Germán # 166). Los dos últimos vivían a ambos lados de la casa de E. Paz (San Germán # 168, 2do piso).

Finalmente, el régimen adolece de inactividad ya que no se investigó la delación interna, pero tampoco la externa. Sólo se cuenta con la escueta información que se ha presentado arriba. Por ejemplo, las dos biografías de Frank País más detalladas son las de Portuondo (1988) y Gálvez Rodríguez (1991). Para el libro de Portuondo la autora contó con 54 testimonios y realizó otras 23 entrevistas (1988: 286-287). Gálvez Rodríguez lista 383 testimonios (1991: 611-614). Todas y cada una de esas personas suministraron información sobre la vida y muerte de Frank País. En el barrio San Germán celebraron docenas de entrevistas. Tal parece que recabaron los testimonios de todos los vecinos. Sin embargo, la preocupación por indagar y esclarecer el origen del registro parece haber desaparecido de las prioridades de los cronistas e historiadores de la isla. No hay una sola entrevista a los vecinos de la presunta delatora para averiguar sobre su vida, ni a los relacionados con Laureano Ibarra, ni a los familiares de la casa donde la escondieron, ni a las autoridades del puerto para averiguar sobre su partida en el buque, ni una revisión de las listas de pasajeros que arribaron a la República Dominicana en aquellos días, ni entrevistas a los familiares que seguro tenía en la ciudad, ni siquiera a la sobrina que le avisó sobre la presencia de Frank en el barrio. Es en realidad inverosímil que se hayan adentrado en los más mínimos e insignificantes hechos – en comparación con la delación – de la vida y muerte de Frank País y no se sepa casi nada de la persona acusada de la delación que causó las dos muertes. El régimen afirma que Frank País es un misterio, pero no ayuda a esclarecer este importante hecho. Al autor le fue imposible obtener información de las autoridades migratorias en Santo Domingo.

Sabemos que el hecho de sangre costó la vida a varios de los protagonistas. Sabemos que Luis Mariano Randich, el antiguo condiscípulo de País que lo identificó en la calle, fue víctima de un atentado. Dos guardaespaldas de Salas, Mano Negra y Basol, y otros de los perpetradores fueron fusilados en un grupo de 72 personas el 12 de enero de 1959 en las afueras de Santiago de Cuba. ¿Cuál fue el castigo, o al menos el intento de castigo, para la delatora? El silencio. La inactividad para tratar de que no se cuestionen más las circunstancias del crimen.

El régimen, sin embargo, continúa insistiendo en su desarmada versión y agregando nuevas inexactitudes a las anteriores. Dos días después del 57mo aniversario del asesinato de País y Pujol, apareció un artículo en el portal de CubaDebate.[40]Aunque menciona la casa de Clara Elena Ramírez donde Frank País estaba escondido con Agustín Navarrete, omite que los va a recoger Enrique Canto en el auto del Dr. José Antonio Roca y su esposa Carmelina, sentados al frente. Roca ha afirmado infinidad de veces que primero dejaron a Navarrete en casa de Arturo Duque de Estrada y luego a País en la de la familia Pujol San Miguel. Vuelven a culpar a Esperanza Paz (no hay cambio de nombre o apellido esta vez) la supuesta amante de Laureano Ibarra, a la que nunca intentaron llevar a los tribunales y a quien nadie en el barrio asociaba en esa relación. Lo que cambia es la

---

[40] Cuza Téllez Girón (2014b). El artículo fue publicado de nuevo el 17 de junio de 2017, con motivo de la polémica que la prensa castrista intentó desatar a raíz del acto del presidente Trump con un grupo de cubanos de Miami el día anterior. La razón era la interpretación al violín de uno de los hijos de Bonifacio Haza, antiguo jefe de la Policía Nacional en Santiago de Cuba, durante la dictadura de Fulgencio Batista.

fecha del "chivatazo": antes fue el día 28, cuando llegaron; ahora es el día 30, cuando lo asesinaron. En dicho artículo se repiten los argumentos que tratan de excusar a Vilma Espín de la llamada telefónica que llevó a los esbirros al barrio de San Germán. En estas páginas se prueba el desarrollo de la traición.

La Delación Interna

Antecedentes: La Central Telefónica

La relevancia de este lugar radica en el hecho de que el escondite de País pudiera haber sido relevado a la policía a través  de una llamada telefónica. Su importancia requiere conocer su funcionamiento y el papel que jugó en el M-26-7.

Los agentes colocados en la planta podían monitorear conversaciones de teléfonos alambrados y también rastrear llamadas de varias maneras. Respecto al monitoreo de llamadas hechas por los revolucionarios, las operadoras de larga distancia podían escucharlas todas porque todas pasaban por sus pizarras. Para las llamadas locales, era necesario interceptar uno de los teléfonos al final de la línea (ver Álvarez 2008: 340-345 para la parte técnica).

El Movimiento contaba con una célula en las oficinas centrales de la telefónica, cuyas operadoras servían al aparato clandestino. Como los agentes interventores no podían controlar todos los teléfonos en la ciudad, las operadoras tenían oportunidades para burlar su vigilancia. La existencia de esa célula y su valioso trabajo están sustentados por los testimonios de muchos de los dirigentes del Movimiento.[41]

El uso del teléfono por Frank País era un caso especial. Debido a la importancia de sus llamadas, el Movimiento decidió dedicar una línea telefónica para su uso exclusivo. Eso era posible debido a que la empresa mantenía siempre algunos números vacantes. El trabajo inicial y su seguimiento estuvieron a cargo de Rogelio Soto, jefe de Plantas Automáticas de la compañía telefónica. Su instalación se realizó entre el 31 de mayo y el 1 de junio de 1957, cuando País se encontraba escondido en casa de los Pujol por primera vez. País llevaba consigo dicho teléfono cada vez que cambiaba de escondite porque, debido a que, como "no existía", no podía ser detectado en las pizarras. El número era conocido sólo por muy pocas personas elegidas por País (Gálvez Rodríguez 1991: 498). Dicho teléfono fue heredado por Ramos Latour al suceder a Frank País (Pacheco Águila y otros 2003: 141).

La "Versión de Enrique Canto"

En ese mecanismo se basan los defensores de la delación interna, conocida como "la versión de Enrique Canto". Canto Bory (1993) ofrece un testimonio que se ha convertido en el máximo exponente de esta hipótesis porque reproduce el pensar y el sentir de muchos militantes en aquellos días. Sus afirmaciones tienen gran peso porque vienen de una persona de inmenso prestigio en la comunidad santiaguera de la época y quien estuvo muy estrechamente relacionado con Frank País en los últimos meses de su vida.

Como apuntamos anteriormente, era él quien buscaba los escondites y luego lo conducía a los mismos. Afirma Canto Bory que la muerte de su jefe fue un misterio para todos. La casa de

---

[41]En mensaje electrónico a este autor, fechado el 19 de mayo de 2007, José Antonio Roca afirma que se podían hacer y recibir llamadas seguras. Vilma Espín reconoce su labor con las operadoras, diciendo que sólo tenía que preguntar si era seguro llamar a cierta zona ("Vilma" 1975: 86).

Raúl no había sido denunciada de un modo directo. De haber sido así, la policía hubiera ido a ella directamente. La denuncia del barrio donde él se escondía era más bien propia de alguien que quería ocultar su identidad y, según él, podía ser alguien del Movimiento (1993: 247), agregando los siguientes elementos que convierten a Espín de acusadora en acusada, aunque preservando la condición de inocente hasta tanto no se demuestre lo contrario:

• Cuando Canto Bory (1993) fue a recoger a País la mañana del 26 de julio de 1957, éste lo llamó aparte: "Me dijo que me prohibía diera a conocer a Vilma a dónde le llevaba. No quiero que sepa en dónde estoy. Sus palabras eran enérgicas" (p. 240).
• José Antonio Roca afirma que, antes de bajarse del auto frente a casa de los Pujol, Frank le dijo: "Doctor, no le diga a nadie dónde estoy y mucho menos a Déborah [Vilma Espín]."[42]
• El día siguiente al asesinato de País y Pujol, a petición de Canto, René Ramos Latour (Daniel) fue a visitarlo a su casa. Canto relata: Le pedí "que tuviera cuidado con Vilma, y le referí la prohibición que me había hecho Frank de no decirle en dónde se iba a ocultar. Me contestó [Daniel] que en varias ocasiones, Frank le había manifestado que no le tenía confianza [a Vilma], aunque la razón de ello nunca se la había dado" (pp. 245-246).
• Afirmaba Canto Bory que la advertencia de País sobre Espín cobró fuerza al expresar ella su deseo de convertirse en la sustituta de País en la reunión que se celebró con ese objetivo. Venían también a su memoria las palabras de Frank cuando Canto Bory le pidió que se ausentara de Santiago por un tiempo: "Tengo que cumplir órdenes. Tengo que permanecer en los llanos mientras me lo pidan" (1993: 252-253).

Argumentos a Favor de la Delación Interna

[42] Carta de José Antonio Roca a Roberto Balbis, fechada 4 de febrero de 2003. A una pregunta del autor, Roca le confirmó lo anterior vía correo electrónico del 19 de mayo de 2007.

José Álvarez

Los críticos de la posibilidad de la delación (externa o interna) alegan que la fuerza pública no fue directamente a casa de la familia Pujol. Si de veras existió una delación, se hubieran presentado de plano en la casa. Ya vimos que Canto opina que ésta pudiera ser precisamente una de las razones a favor de la delación interna. Sin embargo, el hecho de que el objetivo del registro incluía varias cuadras, y que la policía haya dejado salir a Canseco y Basilio de casa de los Pujol demuestra de nuevo que no sabían el lugar exacto del escondite. Eso se puede interpretar como argumentos a favor de una delación interna o de la casualidad. Por tanto, se necesitan más elementos que apoyen la tesis de una delación interna.

Hay una prueba de aparente credibilidad. En fuentes de la isla se afirma que, cuando País se reunió con Espín el día 20 de julio, Frank la nombró coordinadora del M-26-7 en Oriente porque él necesitaba dedicar más tiempo a la DN. Fue la última vez que se vieron personalmente, lo cual corrobora Gálvez Rodríguez cuando afirma que "la valiente y fiel compañera no pudo imaginar que era la última vez que estaría al lado de su querido jefe" (1991: 557). Durante los diez días siguientes, a pesar de la alegada posición que le había confiado, País nunca la contactó, a pesar de que País acostumbraba a supervisar constantemente a su personal. Agustín País asegura que ese nombramiento nunca tuvo lugar, pero lo importante es que País la evadió desde ese día. Este hecho debe ser tomado en cuenta por quienes alegan que ella pudo haber denunciado a País en ocasiones anteriores. La explicación pudiera ser que, hasta ese momento, Espín no tenía la menor sospecha de que País desconfiaba de ella. La ausencia de contacto por espacio de diez días se pudiera interpretar como una reacción a la sospecha de su deslealtad, llevándola a poner en práctica su plan.[43] El plan, si en realidad existió, se materializó en la famosa

---

[43] Carlos Franqu idefiende a Espín: "Estuve muchas veces en Santiago con Vilma y con Frank, y sé muy bien cómo pensaba Vilma entonces, cómo era una antifidelista, cómo cuidaba a Frank" (2006: 166). Franqui se pudiera estar refiriendo a los tiempos tempranos de la lucha y no a los

FRANK PAÍS

llamada telefónica.

¿Quién Llamó a Quién?

Los testimonios que describen los minutos que transcurrieron dentro del hogar de los Pujol mientras avanzaba el registro son importantes para esclarecer el misterio de las llamadas telefónicas que País hizo o recibió, ayudando a confirmar o negar una posible delación interna.

Dentro de la casa se encontraban Raúl Pujol, su esposa Eugenia (Ñeña) San Miguel, el hijo de ambos (Raulito), la hermana de Eugenia (Armonía), Frank País, Demetrio Montseny (Canseco) y José de la Nuez (Basilio). Raulito murió en la Habana hace unos años. De la Nuez falleció en Miami a mediados de la década de 1980 y Armonía a mediados de 2007 en la misma ciudad. Los dos restantes permanecieron en Cuba. Eugenia se volvió a casar y reside en la capital. Montseny, general de brigada, falleció en La Habana el 27 de junio de 2011. Ante la imposibilidad de obtener una declaración, se puede armar el escenario con las declaraciones de los testigos con cierto grado de confiabilidad:

• Eugenia, la viuda de Pujol, fue consistente al respecto. Las cuatro veces que dio testimonio nunca mencionó las llamadas telefónicas, aunque su relato es en extremo minucioso (Canto Bory 1993: 244, 246-247; Portuondo 1986a: 131, 132-133, 136-137; Portuondo 1988: 4-6).
• Malo de Molina (1979: 81-82) y Monroy (2003: 130-133) no mencionan ninguna llamada telefónica, mientras que Pacheco Águila y otros (2003: 113-115), se refieren a una breve llamada recibida por Frank en la mañana (que parece ser la de Canseco), pero ninguna en la tarde.
• Los testimonios de Espín son diversos, siempre evadiendo los acontecimientos dentro de la casa. Basándose en lo revelado a

últimos cinco meses de la vida de Frank País, ya que Franqui estuvo en una prisión habanera desde los comienzos del mes de marzo hasta agosto de 1957 (171, 181).

José Álvarez

ella por Eugenia y Raulito, comienza su narración a la Revista Santiago en el momento en que Pujol y País salieron a la calle ("Vilma" 1975: 86-87). También afirma que País la llamó una vez el día 28 y dos veces el día 30, en medio del registro, a diez minutos una de otra (p. 85), lo cual reitera a Portuondo (1986a: 126, 139). En Miranda (1983: 82) Espín se refiere a una llamada que País le hizo durante el registro.

• Aunque no estaba presente, Gálvez Rodríguez (1991: 594, 595) afirma que, en medio del registro, País llamó a Espín, luego a Rodríguez Font, y de nuevo a Espín antes de salir a la calle.

• Montseny Villa (Canseco) le habla a Portuondo (1986a: 134) de una sola llamada de País a Espín, al final de la cual él escuchó a País decirle: "No hay problemas". En 2007, Canseco modificó algo su testimonio. Recordó que Frank se dirigió al teléfono "y disca cuatro dígitos". Vilma le responde del otro lado y le reprocha no haberla llamado antes y comienza a darle un informe que Frank no la deja terminar y sólo dice antes de colgar el auricular: "Bueno, está bien; no hay problemas" (Carela Ramos 2007: 4). Sospechosa es la adición, porque el teléfono de la casa escondite de Espín era de cinco dígitos.

Era el hogar de Joaquín López de Quintana y Rosa Bustillo, situado en calle Anacanoa # 146 en el Reparto Terrazas de Vista Alegre, muy cerca del parque zoológico. El número del teléfono era 3-9422, y es razonable asumir que estaba intervenido por las autoridades debido al tráfico de personas asociadas con el M-26-7, lo cual resulta obvio al conocer que la reunión de la DN para elegir al sucesor de País el día siguiente a su asesinato tuvo lugar en esa casa.

Las explicaciones de Espín muestran puntos débiles y contradicciones. La imprecisión pudiera estar

Queralta Vda de Griñan Antonia
Hartman 1010. 2924
Quesada Carmen de - V Garzón 332 Fomento 3-9262
Quesada Eugenio de - Abog
E Giró 156 V Alegre. 5-4381
Quesada Villalón J Ramón de - Cañedo 9. . 4317
Quevedo Soria Rafael - 2 nº 562 Fomento. 9216
Quílez Paz Aurora - Av del Caribe. 12-10
QUINABER REFRESCOS AGUA
MINERAL SAN RAFAEL
Lorraine 301. 2138
Quincoces Moreno Mauricio - E Ralma 211. 2235
Quintana Fernández Celestino
2 nº 14 M de la Torre. 3-9462
Quintana Joaquín López de - Anacaona. . . 3-9422
J A Saco 102. 2070
Quintana José María - Lacret 705. 5-1201

justificada por el tiempo transcurrido y los fallos en la memoria para recordar los eventos de manera exacta. Sin embargo, si Frank había estado ocho o diez días (dependiendo a quien uno le cree) sin llamarla, no va a hacerlo --ni una ni dos veces— en medio del peor registro que había experimentado. Esos hechos parecen implicar que no fue País sino Espín quien hizo la llamada telefónica cuando finalmente lo localizó. ✎

Se necesita señalar otro ingrediente. Espín ha confesado: "Yo no sabía que él estaba allí [en la casa de Pujol]" (Portuondo 1986a: 139). No fue hasta el día 30 que ella localizó el escondite de País probablemente a través de una de sus colaboradoras en la oficina de la central telefónica.

Como ignorar el paradero de su jefe es demoledor, el régimen cubano ha realizado un esfuerzo reciente para insinuar (no pueden hacer más) que Espín sí lo conocía. Acuden de nuevo a Montseny Villa, quien ha afirmado que, cuando llegó de Guantánamo y estaba preguntando por el paradero de Frank, habló con Vilma y esperó por su llamada en casa de Armando García. "Allí Vilma me llamó y dio instrucciones. Previo acuerdo telefónico, a las 2:30 pm. del martes 30 de julio de 1957, llegamos en un automóvil azul frente a la casa... de Pujol Arencibia" (Carela Ramos 2007: 4). Parece que olvidó sus declaraciones anteriores: Frank localizó a Basilio el día 29 y lo citó junto a Canseco para el día siguiente alrededor de las dos de la tarde. A esa hora, Basilio recogió a Canseco en la Plaza Dolores y, al entrar al auto, este le preguntó: "¿Podremos ver a Frank, Basilio?" y le responde: "Creo que sí, Canseco" (Gálvez Rodríguez 1991: 584, 588). Espín no tuvo nada que ver en el arreglo de la cita. ¿Por qué vuelve a mentir Montseny Villa?

Como explicamos anteriormente, el monitoreo de llamadas en la central telefónica permitía detectar llamadas entrantes o salientes de un teléfono que estaba intervenido. Frank País, sin embargo, tenía acceso a un número no listado que podía evadir cualquier supervisión o monitoreo [Ver capítulo 9, p. 286]. Sin embargo, el teléfono de la residencia donde Vilma estaba escondida pudo haber estado intervenido,[44] y su uso, por descuido o designio, pudo haber convertido esa llamada en la señal que esperaba la policía por largo tiempo. Siendo más específico, la llamada hecha a –o monitoreada por– la policía tuvo que originarse en el teléfono de Espín y no en el de País.

Llevándolo a un extremo, se pudiera asumir que Espín hizo la llamada sin preguntar acerca de su seguridad, o incluso que esperó a que la línea estuviera monitoreada. El caso es que las autoridades sólo recibieron información respecto a la zona poco definida y no la casa específica, que ella ha confesado no conocer. Canseco se refirió al final apresurado de una conversación de Frank, lo cual corrobora, del lado receptor, la falta de tiempo para localizar el destino exacto de la llamada. Todo parece ser coherente con la intención de anonimato por parte de quien delata, señalada de manera suspicaz por Canto Bory (1993: 247).

Hasta aquí, aunque algunas de bastante peso, las pruebas no dejan de ser especulaciones y conjeturas. No hay confesión, no hay arma humeante. Pero hay un testigo. Silvia Álvarez, exiliada que había trabajado en la central telefónica de la capital oriental, les **aseguró** a Bonachea y San Martín (1974) que "**después que Vilma hizo su llamada, el coronel Cañizares emitió la orden difundida por micro-onda de rodear la cuadra completa alrededor de la casa de Pujol**" (p. 378) (nuestro énfasis).

Como afirmamos arriba, la llamada pudo haber sido un desliz casual o premeditado, pero resulta obvio que la operadora se refiere a una llamada a casa de Pujol como la que acabamos de detallar. Afirma que Vilma hizo "su llamada" pero no dice a quién. La ambigüedad ha llevado a pensar que se hizo directamente a la

---

44 Era el hogar de Joaquín López de Quintana y Rosa Bustillo, situado en calle Anacaona # 146 en el Reparto Terrazas de Vista Alegre, muy cerca del parque zoológico. El número del teléfono era 3-9422, y es razonable asumir que estaba intervenido por las autoridades debido al tráfico de personas asociadas con el M-26-7, lo cual resulta obvio al conocer que la reunión de la DN para elegir al sucesor de País el día que siguió a su asesinato se celebró en esa casa.

policía, pero creemos que esa acusación carece de lógica. No obstante, la relación causa-efecto parece contar con suficientes elementos de credibilidad.

El Posible Motivo de la Delación

Si en realidad existió esa delación, se deben aportar elementos sobre sus motivos. Aunque de carácter especulativo, dos personas cercanas a Frank País parecen concordar en la razón primaria (ansia de poder) y la secundaria (venganza por el rechazo de País al comprometerse con América Domitro). Las dos personas son Agustín País (Geyer 1991: 179)[45] y Enrique Canto (Canto Bory 1993: 226), quien alega que su matrimonio con Raúl Castro refuerza la posibilidad de la razón primaria (p. 226).

Cuando Espín no pudo obtener la posición de País después de su muerte, expresó su deseo de subir a las montañas cuando los hermanos Castro aún estaban juntos en la Sierra Maestra. Después del fracaso de la huelga del 9 de abril, Espín afirmó que había ido al Segundo Frente el día antes de la reunión del 3 de mayo de 1958 en el Alto de Mompié a averiguar si Raúl Castro asistiría "o ver si había alguna cosa importante que comunicar allá" (Franqui 1977: 162). ¿Por qué tiene que ir Vilma a averiguar si Raúl va o no a la reunión? ¿Qué cosa importante puede haber para comunicarle al I Frente que no pueda llevar un mensajero? La clave está en el tema que se trató en esa reunión del Alto de Mompié. Si Vilma va primero a ver a Raúl, no es inapropiado asumir que ella sabe —o se imagina— lo que va a pasar en la reunión. Conociendo que el final del Llano está cerca, se quiere asegurar una posición en la Sierra, a la que anticipa a cargo de todo el liderazgo de la organización.[46] Debido a eso, elige luego el

---

[45] Lo reiteró en el programa "Protagonistas", Canal 41 de TV, Miami, 21 de julio de 2007.

[46] Cuando Franqui llegó a la Sierra Maestra, fue recibido por Pedro Miret, quien le aconsejó que no se aliara con los del Llano porque habían caído en desgracia, agregando: "Tú te salvaste porque, como yo, estabas fuera de Cuba" (Franqui 2006: 205).

II Frente Oriental, donde permaneció hasta el final de la insurrección. Lo hace cuando ya se había determinado "la línea de trabajo a seguir por el movimiento en las ciudades: fundamentalmente abastecer los frentes, servir de vías de comunicación, apoyar las acciones" ("Vilma" 1975: 93); es decir, las funciones propias del MRC. El poder había pasado a la Sierra, y allí deseaba estar. Para obtener su objetivo, se une a Raúl Castro, jefe del II Frente Oriental y luego se casa con él.

¿Pudo haber existido una conspiración? Ese campo está abierto a especulación. Aunque consideramos improbable que una persona pudiera haber tomado esa decisión sin haber recibido una orden o una simple aprobación, siempre existe esa posibilidad. Contrario a ello, existe el argumento de que, si la captura de Frank País era algo inevitable, sólo había que esperar sin necesidad de cometer un acto que pudiera acarrear graves consecuencias. Sin embargo, se pueden alegar que existían razones poderosas que ameritaban tomar el riesgo.

Además del antagonismo que dominó las relaciones entre la Sierra y el Llano, en las últimas semanas de su vida, País tomó decisiones unilaterales que lo colocaban en un plano superior a Fidel Castro en la dirección del M-26-7. Fidel Castro no podía correr el riesgo de la posibilidad de que Frank sobreviviera a la lucha, como en definitiva sucedió con otros miembros de la DN. Castro sabía que País no había abandonado la idea de establecer un Segundo Frente, lo cual lo llevaría a tener que compartir el liderazgo militar con la persona que poseía ya la jefatura máxima de la DN. El hecho de que País estuviera planeando su boda con América para luego subir a las montañas, eliminaba la posibilidad de que fuera eliminado por la fuerza pública. La coincidencia de Espín sentirse descubierta agrega otro elemento de credibilidad a esa hipótesis. Es muy probable que Frank País y su sucesor René Ramos Latour hayan sido las tempranas víctimas de la voracidad de un Saturno empeñado en la obtención y retención del poder absoluto. Varias preguntas tienen que ser respondidas por las personas que conocen las respuestas: ¿Por qué demoró tanto en darse a conocer la reunión en el Alto de Mompié? ¿Llegó Marcelo Fernández a escribir las minutas de lo discutido allí? Si lo hizo, ¿dónde están? ¿Qué clase de poder mostró Fidel Castro para que más de una docena de luchadores probados se dejaran arrebatar todas las riendas de su organización?

CAPÍTULO 10

EL LEGADO Y LOS
SUCESORES DE FRANK PAÍS

La posible influencia de la ideología en el antagonismo entre la Sierra y el Llano abrió un nuevo capítulo en la noche del 1 de diciembre de 1961 cuando, después de negativas categóricas durante varios años, Fidel Castro hizo su famosa confesión: "¿Creo absolutamente en el Marxismo? ¡Creo absolutamente en el Marxismo! ¿Creía el primero de enero? ¡Creía el primero de enero! ¿Creía el 26 de Julio? ¡Creía el 26 de Julio!"[47] Días después agregó que, de haber hecho esa declaración en la Sierra Maestras, "posiblemente no hubiéramos podido bajar al llano"

---

[47] La comparecencia televisiva fue reproducida en Revista Bohemia, Año 53, No. 50, diciembre 10, 1961, pp. 48-55, 84-87. También en Revolución, Año IV, No. 921, diciembre 2, 1961. La versión más completa y veraz apareció en "Obra Revolucionaria", No. 46, pp. 55.

FRANK PAÍS

(http://www.cuba.cu/gobierno/discursos/1961/esp/f201261e.ht
ml).

Más categóricos que esos pronunciamientos fueron los aparecidos en *Kommunist*donde, entre otras afirmaciones, Castro alegaba haber sido siempre un comunista apasionado, pero que nunca estuvo afiliado formalmente al Partido porque estaba desarrollando su propia estrategia para la revolución en Cuba (*Kommunist*, No. 15, octubre 15, 1978, International Magazine No. 1 de enero de 1979).

Su alegada oculta ideología no es el punto para discutir. Lo importante es que su confesión revela fraude, mentira y la existencia de una "estrategia" privada y secreta para implantar el comunismo en la isla. Resulta innecesario afirmar que Frank País no sólo no formaba parte de esa estrategia, sino que era su mayor obstáculo.

Es necesario hurgar en la posibilidad de una relación directa entre la presencia de Frank País en la cima del liderazgo del M-26-7 y el desarrollo de la agenda oculta de Fidel Castro. ¿Llegó País a descubrir esa agenda en los últimos meses de su vida? Importante es revelar también la relación de los herederos de País con la facción más radical de la Sierra.

Antecedentes

Ya se ha discutido anteriormente la existencia de un antagonismo entre la Sierra y el Llano. Aunque algunos de los temas eran de procedimiento, otros eran de corte ideológico. "David contra Alejandro" lo hemos llamado varias veces. El problema se agudizó debido a la dependencia total que la Sierra tenía de la clandestinidad urbana para recibir los abastecimientos, unido a los esfuerzos de País y otros líderes de establecer un segundo frente, para así disipar el predominio de Fidel Castro en el plano militar. Lo que el Llano menos deseaba era otro caudillo. Y Fidel Castro lo sabía.

Existe una prueba irrefutable de la preocupación que País tenía al respecto. Raúl Chibás, uno de los signatarios con Castro y

Pazos del "Manifiesto de la Sierra", rumbo a las montañas, tuvo una reunión con País a principios del mes de julio. País le expresó su malestar y disgusto porque "Fidel estaba tomando muchas decisiones... era un problema de caudillaje que Fidel tomara decisiones sin consultar con la dirección [nacional] actual" (Szulc 1986:424). Chibás también le dijo a Szulc que Castro había escrito el documento.

Se pudiera afirmar que, además de los temas que originaron y alimentaron el antagonismo, la lucha por el liderazgo superior –y, por lo tanto, la dirección futura de la revolución—era crucial para la suerte del Llano y que aceleró el desvío de la insurrección y la revolución.

La Victoria Efímera del Llano en Seleccionar al Sucesor de País

La muerte de Frank País abrió una excelente oportunidad para que la facción de la Sierra le asestara al Llano un golpe definitivo. Tan pronto como Fidel Castro escuchó la noticia en la radio, le escribió una carta a Celia Sánchez que fue utilizada como Circular a los líderes y militantes del M-26-7: "Por el momento tú tendrás que asumir, respecto a nosotros, una buena parte del trabajo de Frank... En cuanto a la Dirección nacional, nos parece que alguien debe asumir las funciones de Frank aunque parte de ellas puedan asumirlas varias personas. En lo esencial, nos parece que el compañero médico [Faustino Pérez] puede tomar el lugar de Frank..." (Franqui 1976: 289-290).

Castro sabía muy bien que su intromisión estaba contra las reglas. La tarea de seleccionar un sucesor pertenecía a los miembros de la DN. Quizás el gesto se pudiera interpretar como un intento de sucesión a la facción menos radical del Llano puesto que Faustino, en ese momento, era un aliado cercano de Frank País. Unos días después, Castro insiste en otra carta a Celia que, "al faltar Frank tendremos nosotros que ocuparnos más directamente del trabajo que él tan brillantemente realizaba. No porque falten compañeros valiosos, sino porque aquella autoridad, aquella iniciativa, aquella experiencia suya, no se adquieren en dos días... Antes [de la muerte de País] me ocupaba preferentemente de los asuntos de la Sierra que de por sí agotan a cualquiera y además aumentan cada día; ahora, comprendo que debo ayudarles a ustedes, en la medida que me necesiten, para facilitarles el trabajo" (Franqui 1976: 301).

Ahora Castro desea asumir la posición de Frank en la DN. Ernesto Guevara intentaba aprovechar la oportunidad para asestarles el golpe definitivo a los luchadores urbanos. Desconociendo que el sucesor de País había sido seleccionado ya por la DN, Guevara agregó el comentario siguiente a un informe de guerra que le envió a Castro el 31 de agosto: "... creo que tendrías que tomar una determinación fuerte y mandar como jefe de Santiago a un hombre que reuniera las condiciones de ser un buen organizador y tener una trayectoria en la Sierra, a mi entender, ese hombre debe ser Raúl o Almeida y en caso contrario Ramirito o yo (que lo digo sin hipocresía de modestia pero también sin el menor deseo de ser yo el elegido). Te insisto en el tema porque conozco la calidad moral e intelectual de los lidercillos que tratarán de suceder a Frank. Creo que un hombre de la Sierra, no identificado y cuidándose bastante más de lo que lo hacía el pobre Frank, rendiría un provecho inmenso" (Franqui 1976: 302-303).

Epítetos fuertes de Guevara contra los luchadores urbanos a quienes en realidad no conocía. Los líderes de la facción de la Sierra ignoraban también cómo se había desarrollado la reunión donde la DN eligió al sucesor de País al día siguiente de su asesinato. Asistieron Enrique Canto, Vilma Espín, René Ramos Latour, Luis Felipe Rosell y Lucas Morán. Los representantes de la capital estuvieron ausentes. Siguiendo a la apertura de la reunión, Daniel sugirió que se debiera designar a un sucesor de manera temporal. Espín propuso que debiera ser ella. Canto Bory levantó objeciones respecto al género, porque podía provocar oposición bajo las condiciones imperantes. Su verdadero motivo era que

Frank le había confesado que no confiaba en ella y que no quería que conociera donde se escondía, como se explicó anteriormente. Canto propuso entonces a Daniel. Espín se opuso alegando que Daniel no era lo suficientemente conocido en la organización. Entonces Canto sugirió que se sometiera a votación y Daniel los recibió todos a su favor (Canto Bory 1993: 245). René Ramos Latour se convirtió en el jefe de la DN del M-26-7. Dos de los participantes han brindado sus testimonios: Canto Bory (1993: 245), y Morán Arce (1980: 157-158). Más recientemente, otro participante que reside en Cuba, Luis Felipe Rosell, confirmó la información proporcionada por estos dos autores del exilio (Vicet Gómez 2007: 3). La versión oficial ha sido que la reunión tuvo lugar el mismo 30 de julio en la casa de Arturo Duque de Estrada, con la participación de Taras Domitro, Vilma Espín, Daniel, y Agustín Navarrete (Portuondo 1986a: 196). Si es cierto que esta reunión se celebró, no fue cuando se eligió a Daniel como el sustituto de Frank País.

La elección de Daniel le dio continuidad a su liderazgo y programa. La transición –la transferencia de poder a la facción de la Sierra—no tuvo lugar. El Llano se aseguró de que Daniel iba a dedicarse a mantener la organización en el camino trazado por David. La Sierra, sin embargo, no iba a darse por vencida fácilmente. El primer encuentro del nuevo líder nacional fue con Fidel Castro; el segundo, con Ernesto Guevara.

Alejandro contra Daniel: El Primer Choque

Apenas unas semanas después de su elección, Daniel se dio cuenta de que, con el cargo, heredaba el viejo antagonismo. Fidel Castro le había enviado una nota arrogante donde se quejaba por la carencia de atención del Llano a la Sierra. Daniel contestó con una carta larga, el 15 de septiembre, que contenía declaraciones muy fuertes. Estaba llena de críticas a la actitud de Castro hacia los combatientes del Llano. La carta completa

FRANK PAÍS

aparece en Franqui (1976: 306-308). Los biógrafos oficiales de Daniel tan solo incluyen un breve párrafo (Pacheco Águila y otros. 2003: 162). Algunos extractos:

• "… nos sorprendió… la nota firmada por ti, que prácticamente era una muestra de desconfianza hacia nosotros, que tácitamente quedábamos responsabilizados con el abandono en que se encontraban nuestras fuerzas en la Sierra y la retención de supuestas armas, que habían llegado a Cuba destinadas a Uds. y que habíamos dejado en las ciudades."

• "Jamás hemos desestimado la Sierra. Consideramos sí, que la lucha no debe circunscribirse única y exclusivamente a las montañas; es necesario darle la batalla al régimen desde todos los frentes. Sin embargo… trabajamos siempre con lo que sobra."

No contento con su respuesta inicial, Daniel le escribe de nuevo el 3 de octubre: "Prefiero no hablar acerca de la opinión que te formaste de nosotros. Me resulta demasiado amargo después de tanto luchar y tanto sacrificarse hablar de los esfuerzos que caen al vacío." A las anteriores, siguieron otras cartas: de Armando Hart a Fidel Castro (octubre 16); de Daniel a Celia (diciembre 5); de Armando Hart a Celia (diciembre 6); de Fidel Castro a los militantes en Santiago (13 de enero de 1958) (Franqui 1976). Algunosfragmentos:

• Hart a Castro: "Me quedaría con algo por dentro si te ocultase que no gustó la actitud mental con que enfocasen la última carta a Aly."

• Daniel a Celia: "… y, por eso, 'esos tres puntos que han violentado a Alejandro'… son motivo más que suficiente como para que nos sintamos descorazonados… Aquí [en las ciudades], no se contaba como en esa zona con hombres medianamente armados. En casi todos los lugares había que arriesgarse a realizar la acción **totalmente desarmados y en la seguridad de que los estaban esperando** [original subrayado].

• Hart a Celia: [Después de explicar los problemas de tener ocupado a Daniel con la cadena de abastecimientos]. "¿No comprenden eso en las montañas?" [Después de informarle todo el trabajo que realizan]: "... Si Uds. estiman que toda esta labor no es necesaria entonces planteen la necesidad de que nos constituyamos la actual Dirección en sección de suministros de la Sierra".

• Castro a los militantes de Santiago: "He ordenado terminantemente por dos veces consecutivas el regreso de los cuatro compañeros que, a raíz del ataque a Veguitas, injustificablemente fueron a parar a Santiago de Cuba y las dos veces se ha recibido idéntica respuesta. Que no los pueden mandar. Ignoro qué fin se persigue con tan irritante dilación. Es preciso dejar bien sentado hasta dónde llega la atribución de cada cual dentro del Movimiento... [Mi paciencia], en particular, harto ya de repleta con la serie de incidentes de los últimos meses, que va desde el olvido más completo de una lista de cosas ofrecidas (desde morteros hasta semillas de lechugas). Me siento a punto de pedir que el Movimiento no se ocupe más de nosotros y quedemos de una vez abandonados a nuestra suerte, y a nuestros medios."

Obviamente, lo que había sido un antagonismo solapado durante el liderazgo de País, se convirtió en una abierta guerra de palabras y acciones después que Daniel asumió el liderazgo de la DN. El tono en las cartas intercambiadas subió en la confrontación escrita entre Daniel y Guevara.

Guevara contra Daniel: El Segundo Choque

El médico argentino fue una figura decisiva en la insurrección cubana. Aunque el tema está más allá del alcance de este libro, nos sentimos obligados a mencionar al menos el papel preponderante que parece haber desempeñado en la comunicación de Cuba:

• A principios de febrero de 1957, la guerrilla descubre que un traidor los había infiltrado. Eutimio Guerra fue juzgado y condenado a muerte, pero fue Guevara quien le disparó en la cabeza antes de que lo colocaran frente al pelotón de fusilamiento.

• Después del combate en El Uvero, el 28 de mayo de 1957, es ascendido a capitán y Castro le asigna un grupo que deja a la guerrilla madre para operar con cierta independencia en otra zona.

• El 21 de julio, cuando el grupo está firmando una carta de pésame para País por la pérdida de su hermano Josué, Castro le dice a Celia "ponle comandante" y Guevara es el primer combatiente en tener la estrella sobre sus hombros después de Fidel. Le dan 75 hombres armados y órdenes para establecer su jefatura en el área de El Hombrito.

• La independencia de Guevara le permitió hacer contacto con los militantes del Partido Socialista Popular (PSP) en su área, ciudades próximas, y más tarde a lo largo de su marcha a la provincia de Las Villas. Se ha dicho que Castro dio a Guevara esa responsabilidad: "hasta que Fidel impusiera su supremacía sobre todo el Movimiento 26 de Julio, los vínculos con el PSP debían ser tan graduales como discretos" (Anderson 1997: 273).

• Cuando la noticia de la firma del llamado Pacto de Miami en esa ciudad el 10 de noviembre de 1957 por la mayoría de las organizaciones que apoyaban la lucha armada, y que establecieron una Junta de Liberación Nacional para coordinar los esfuerzos), llegó a la Sierra Maestra, Guevara se enfureció y le escribió una carta desafiante a Castro (Franqui 1976: 364) que, además de amenazar con su dimisión, contenía la revelación siguiente: "Desgraciadamente, tenemos que afrontar al tío Sam antes de tiempo." Luego de recomendarle la impresión de un comunicado con su reacción al Pacto, le aconseja que "posteriormente, si la cosa se complica, con la ayuda de Celia [debemos] destruir íntegramente a la DN."

Sus dos intervenciones públicas importantes fueron su polémica epistolar con Daniel y su papel de fiscal principal en la reunión del Alto de Mompié (ver más abajo). Aquí está un resumen de sus intercambios con Daniel (Franqui 1976: 250-254):

José Álvarez

• Guevara (diciembre 14 de 1957): "… tengo interés en que queden definitivamente aclarados algunos aspectos oscuros en nuestras relaciones… Esto me lleva a un punto que quería esclarecer con ustedes. Fidel también está al corriente. Pertenezco, por mi preparación ideológica, a aquellos que creen que la solución de los problemas del mundo está detrás de la llamada cortina de hierro y considero este movimiento como uno de los tantos provocados por el afán de la burguesía de liberarse de las cadenas económicas del imperialismo."

• Daniel (diciembre 18 de 1957): Después de decir que Guevara no lo conoce para juzgarlo, le afirma: "No me interesa en lo más mínimo el lugar donde me sitúes ni he de intentar siquiera hacerte cambiar el criterio personal que sobre nosotros te hubieras formado… Supe desde que te conocí de tu preparación ideológica y jamás hube de referirme a ello. No es ahora el momento de discutir 'dónde está la salvación del mundo'… Considero que no hay en la Dirección Nacional del Movimiento ningún representante de la 'derecha' y sí un grupo de hombres que aspiran a llevar adelante con la liberación de Cuba, la revolución que iniciada en el pensamiento político de José Martí, luego de su peregrinar por las tierras americanas, se vio frustrada por la intervención del gobierno de los Estados Unidos en el proceso revolucionario… Nosotros queremos una América fuerte, dueña de su propio destino, una América que se enfrente altiva a los Estados Unidos, Rusia, China o cualquier potencia que trate de atentar contra su independencia económica y política. En cambio, los que tienen tu preparación ideológica piensan que la solución a nuestros males está en liberarnos del nocivo dominio 'yanqui' por medio del no menos nocivo dominio 'soviético'… Mi deseo es que esa Unidad [del Pacto de Miami] quede definitivamente rota, pero para eso es necesario que digamos de una vez hacia dónde vamos y qué nos proponemos."

El tema no se volvió a discutir y Daniel continuó en la posición cimera del Movimiento. Sus palabras, sin embargo, no serían olvidadas por Guevara, como se verá luego en este capítulo.

FRANK PAÍS

El "Fracaso" Post-Mortem de Frank País: Huelga General del 9 de Abril de 1958

Es bien sabido que País era el abogado principal de una huelga general que le asestara el golpe final a la dictadura. A tal efecto, preparó a sus hombres bajo una organización de corte militar que él llamó "milicia". Ordenó contactar a los sindicatos, habló con los líderes de otras organizaciones, escribió numerosas Circulares con instrucciones, y luego murió. Daniel heredó el proyecto de las milicias y de la huelga general y les dedicó sus esfuerzos.

Más de ocho meses pasaron entre el asesinato de País y el llamado a la huelga general el 9 de abril de 1958. El evento fue un fracaso total. Como era acostumbrado en estos casos, las acusaciones de culpabilidad volaron de un lado al otro. El Llano se quejó de que no habían recibido ninguna ayuda de las guerrillas, mientras que la Sierra culpó a los combatientes urbanos por llamar a una huelga sin el entrenamiento adecuado y sin un consenso entre todos los grupos de la oposición, cuya ausencia principal eran los comunistas.

El tema es complejo y el análisis está fuera del alcance de este libro. Suficiente es decir que las milicias y la huelga general, ambas creaciones de Frank País, y sus otros proyectos, fueron utilizados como los motivos principales para justificar la transferencia de poder en el Alto de Mompié.

La Historia de la Columna Fantasma No. 9 "José Tey": El Último Esfuerzo Independiente

Para apoyar los esfuerzos de la huelga, los líderes en Santiago de Cuba decidieron asaltar el cuartel de la guardia rural en el poblado de Boniato, tomar el control de la prisión, liberar a los presos y subir a las montañas como una columna regular del Ejército Rebelde. La preparación y el asalto en sí mismo se ha divulgado en las numerosas fuentes impresas en Cuba. Lo que se ha ocultado es lo que sucedió después que los rebeldes se

José Álvarez

retiraron a las montañas. Resulta inaudito que quienes son considerados como los biógrafos oficiales de René Ramos Latour (Daniel), omitan la importancia de este acontecimiento histórico, ya que revela que el grado de animosidad entre el Llano y la Sierra se desbordó con el fracaso de la huelga general. Pacheco Águila y otros (2003) describen la preparación para el ataque, el ataque mismo, y la retirada a las montañas. Sin embargo, el relato de la permanencia de la columna de Daniel como una entidad independiente no es reflejada en su verdadera magnitud. El material para este episodio, exceptuando nuestras preguntas y/o interpretaciones, fue resumido y adaptado de Comisión de Historia de la Columna 19 "José Tey" (1982: 43-114); Pacheco Águila y otros (2003: 236-283); y Castilla Mas (2004). Brevemente, en el amanecer del 9 de abril de 1958, un grupo de 40 hombres uniformados y armados pertenecientes al Movimiento 26 de Julio, bajo el mando de Ramos Latour asaltó el cuartel de Boniato, retirándose sin tomarlo. Los escritores oficiales afirman que el objetivo del ataque no era asumir el control del cuartel sino distraer la atención fuera de Santiago para facilitar las actividades previstas en apoyo a la huelga general. Eso no es verdad. Las actividades en Santiago no resultaron más exitosas. Algunos de los sabotajes realizados fueron un éxito; otros, no. La mayoría de las oficinas, escuelas y negocios cerraron sus puertas. El balance de fallecidos fue de 16 revolucionarios, incluyendo dos en el ataque a Boniato.

Daniel se retiró del área de Boniato y comenzó a ascender las montañas, no en la dirección de la Sierra Cristal - el área donde el II Frente Oriental funcionaba bajo Raúl Castro-- o en la dirección de las montañas al oeste

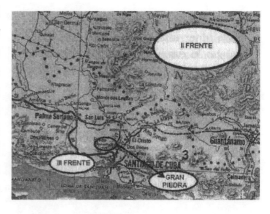

306

de Santiago - donde Juan Almeida operaba el III Frente Oriental— sino hacia la cordillera de la Gran Piedra. Ésta es una pieza de información importante y vital: Daniel y sus hombres, que eran los fundadores de lo que llamaron una columna rebelde incipiente, no caminaron ni norte-noreste hacia la Sierra Cristal, ni sur-suroeste hacia la Sierra del Cobre, sino sur-sureste hacia el macizo de la Gran Piedra. El grupo de Santiago no tenía ninguna intención de incorporar su columna a cualquier frente y buscaba un área donde pudieran operar de manera independiente. Por esa razón, se movieron hacia una dirección completamente opuesta a los dos frentes orientales, como si desearan alejarse lo más lejos posible, pero manteniéndose cerca de Santiago de Cuba, que era el centro de su base de poder. Esta interpretación de las consecuencias de la huelga general en Santiago ha sido posible después de aparecer nueva información sobre la reunión en el Alto de Mompié, explicado más abajo.

Daniel intentó hacer contacto con otros líderes para averiguar el impacto del llamado a la huelga en Santiago, el resto de la provincia y el país. Finalmente, llegaron a la Gran Piedra, donde se les unió otro grupo que aumentó el número de combatientes a 46. Por primera vez, después de salir de la ciudad, podían admirar las luces de Santiago y El Caney desde las alturas. Un silencio largo se extendió sobre todos. Era un momento emocionante. Era el 10 de abril y casi dedicaron el día entero al descanso. Daniel escribió un informe a los miembros de la DN que detallaba los acontecimientos de los días anteriores. Al final del informe él agregó que estaban bien y sólo esperaban recuperarse para volver a atacar. Es decir, otra vez, aquí está otra prueba de que Daniel se había propuesto permanecer donde él estaba y actuar de forma independiente. Si no, ¿por qué dice que sólo están descansando para entrar en combate otra vez? ¿Quién le dio esas órdenes? Él podía estar pretendiendo que la huelga continuaba siendo una posibilidad –para tener una excusa-- pero al menos debía haber sospechado que no lo era. Para averiguarlo, Daniel envió a un mensajero con el informe a Santiago para que obtuviera noticias de la huelga.

Belarmino Castilla (Aníbal), quien había permanecido en Santiago, pudo localizar a Déborah (Vilma Espín), quien se alarmó con el informe de Daniel. Le pidió a Aníbal que encontrara a Daniel y le dijera que la mayoría de los informes sobre la huelga eran malos y él debía volver a Santiago inmediatamente para realizar un cambio en los planes. Aníbal y Daniel se reunieron y discutieron la situación. Daniel no podía creer que la huelga general pudiera terminar en un fracaso.

Los biógrafos oficiales hacen entonces una descripción importante: "Luego de algunas reflexiones, Daniel decidió no comunicarle nada de esto a la tropa y, por razones de seguridad, adentrarse aun más en la Sierra de la Gran Piedra... Ahora la bisoña tropa sumaba unos 70 hombres" (Pacheco Águila y otros 2003: 248). En el camino, continúan los biógrafos, "Daniel y Aníbal iban conversando sobre las perspectivas de que en aquella zona pudiera operar permanentemente una columna y de la necesidad de que este último bajara pronto a Santiago a cumplir importantes misiones y atender otros asuntos" (*Ibídem.*) Hay, de una manera muy explícita, la intención de permanecer en el área operando una columna independiente.

Daniel, sin embargo, no lo acompañó a Santiago, pero sí "le trasmitió a Aníbal sus ideas y planes para terminar de organizar aquella columna que debía mantenerse en esa región y realizar acciones combativas como parte del Ejército Rebelde, operando sobre Santiago y los pueblos cercanos, en cooperación con el II y III Frentes" (*Ibídem.*)

"En cooperación" no significa "bajo", y ninguna autoridad superior le ha ordenado a Daniel establecer un nuevo frente. Esa misma tarde, Daniel se dirigió a su tropa sobre la situación de la huelga y la necesidad de seguir tan firmes como siempre, y de continuar la guerra de guerrillas con su columna incipiente. Todos sus hombres ratificaron ese propósito. Más adelante en la tarde, Aníbal - no Daniel—regresó a Santiago para reunirse con los miembros de la DN que estaban en la ciudad. Las órdenes específicas de Daniel a él incluían el comunicarles "su decisión" (estas son palabras claves) de permanecer como jefe de la columna que él tiene organizada en las montañas de la Gran Piedra, con el objetivo de operar en esa área con la ayuda del Movimiento. Aníbal debía recolectar las armas que sobraron de la huelga y enviarlas con los miembros de la milicia más buscados por la policía, recoger mochilas, hamacas, medicinas, y cualquier artículo necesario en las montañas, y comunicarles a los revolucionarios que habían permanecido en El Cañón que se incorporaran a la nueva columna.

El 13 de abril, Daniel escribió una carta a Déborah (Vilma Espín) expresando su decepción por el llamado a regresar al trabajo, suspendiendo la huelga. La DN se reunió en Santiago al día siguiente. Solicitaron a Daniel regresar a su puesto en la ciudad dejando a Aníbal a cargo de la columna. Los miembros de la DN fueron a las montañas y encontraron a Daniel el 15 de abril, y después de horas de discusión, él aceptó volver al Llano, dejando a Aníbal de responsable. El último le escribía continuamente a Daniel para mantenerlo informado. Los días 28 y 29 de abril la columna atacó el cuartel de la guardia rural en Ramón de las Yaguas, matando e hiriendo a varios soldados, ocupando numerosas armas, pero a cambio de varios rebeldes heridos. Es entonces que la Dirección Nacional le informa a Fidel Castro sobre lo que está aconteciendo y Castro le ordena a Raúl que haga que Belarmino Castilla se una al II Frente, cosa que hace días después.

El 3 de mayo (el mismo día de la reunión en el Alto de Mompié) un mensajero de Raúl Castro llegó al campamento "El Aserrío" donde acampaba la columna incipiente. Según él, debían ir derechos al II Frente Oriental para fusionarse con las fuerzas que comandaba Raúl Castro. Aníbal obedeció esa misma noche, saliendo después de un discurso donde intentó racionalizar la decisión de unirse a las otras fuerzas, después que atacaran a los guardias en "El Cristo," como estaba ya previsto. No encontrando las condiciones óptimas, Aníbal decidió suspender el asalto y salir a la reunión con el hermano más joven de Fidel Castro. Llegaron a la comandancia el 12 de mayo.

La narrativa de los diversos autores está llena de contradicciones, omisiones, exageraciones, y descripciones inconclusas, sin mencionar mapas mutilados para omitir hechos evidentes. La pregunta que se debe estar haciendo el lector en su mente es: ¿Qué están tratando de ocultar?:

1. El mapa que muestra la ruta de Boniato al II Frente Oriental usado en 1982 y otra vez en 2003, comienza en Santiago de Cuba y no muestra a Boniato a la izquierda ni tampoco indica los lugares alrededor de la cordillera de la Gran Piedra donde los rebeldes acamparon. [Comisión de Historia de la Columna 19 "José Tey" (1982) y Pacheco Águila y otros (2003)].

2. La columna 9 "José Tey", con 131 hombres viajó más de 130 kilómetros de Boniato a la comandancia de Raúl Castro en el "El Aguacate", tomando 32 días para el viaje.

3. La columna 6 "Frank País" salió de la Sierra Maestra el 1 de marzo de 1958, con la misión de establecer el II Frente Oriental bajo Raúl Castro. Las cuatro escuadrillas - cerca de 60 hombres con 60 armas-- llegaron el 11 de marzo (Ameijeiras Delgado 1984: 17, 117). ¡Les tomó 10 días recorrer más del doble de lo que caminó la otra columna!

4. Belarmino Castilla Mas (Aníbal), el protagonista con Daniel de esta empresa, según lo detallado en los párrafos anteriores, dedicó un par de páginas de su libro autobiográfico al episodio entero del ataque contra Boniato y de la prolongada permanencia del grupo (que él dirigía) alrededor del área de la Gran Piedra (Castilla Mas 2004: 82-84). Él sólo menciona haberle sugerido a Daniel organizar a un grupo en el área para apoyar la huelga general y atacar el cuartel de la guardia rural en San Ramón de las Yaguas. Eso, en comparación con los testimonios anteriores, no es verdad. Ésta es la misma persona que, cuando entregó la columna independiente a Raúl Castro, le dijo que, aunque había sido miembro del Llano, ahora, a pesar de todo lo que había sucedido, se ponía a sus órdenes. Raúl Castro permitió que Aníbal

mantuviera la estrella otorgada por Daniel. La independiente columna 9 se convertía en historia.

La Sierra Vence al Llano

Desde la llegada de Castro el 2 de diciembre de 1956, sólo una reunión de la DN había sido celebrada en la Sierra Maestra. Tuvo lugar del 16 al 17 de febrero de 1957. Después de esa, cada reunión de la DN fue celebrada en las áreas urbanas, principalmente en Santiago de Cuba y La Habana. Es irrelevante si participaron algunos o todos los miembros; todas se celebraron donde radicaba el poder, donde se tomaban las decisiones y por los líderes que tomaban esas decisiones. De hecho, no solo fue la Sierra separada de la cadena del mando, sino que dependía de los combatientes urbanos para apoyarlos, mantenerlos vivos y continuar luchando. Que la descripción anterior es la verdad llana se comprueba con el hecho que, tan tarde como el 4 de febrero de 1958, - apenas dos meses antes de la huelga general-- Daniel le envía una carta a Fidel donde le anunciaba que la DN había sido reestructurada, adjuntando los nombres de los que habían sido elegidos para las posiciones en una reunión celebrada en Santiago de Cuba.

Daniel repetía el comportamiento de su predecesor en el verano de 1957. Esta vez, Daniel también envió a Fidel el nuevo código para la milicia, los rangos seleccionados, y otras decisiones referentes a materias de organización. Años después del triunfo, los biógrafos oficiales de Daniel reproducirían partes de esa carta excepto una referencia a la reunión de la DN, que tuvo que ser encontrada en otra fuente. Nos referimos a Pacheco Águila y otros (2003) donde, en las siete páginas dedicadas a esa carta (pp. 206-213), la referencia a la reunión de la DN en Santiago ha desaparecido. Se menciona en http://www.santiago.cu/hosting estadistica/cronologia45aniv/ pasostriunfos.htm.

No fue hasta quince meses después de la primera reunión que Fidel Castro convocó una reunión urgente de la DN. El único punto en la agenda era discutir las razones del fracaso de la

José Álvarez

huelga general del 9 de abril y desarrollar los planes para el futuro. El propósito verdadero de la reunión era aprovecharse de la controversia interna dentro del Movimiento referente a quién culpar del fracaso para realizar una purga tan enorme que nadie podría imaginarse; excepto, por supuesto, los pocos que la habían planeado y estaban listos para ejecutarla. Fue tan brutal e impactante, que la reunión se mantuvo en secreto por un largo tiempo. Incluso aún hoy, las minutas completas no se han publicado, pero algunas piezas del rompecabezas grande se han revelado, especialmente en tiempos recientes. Infante (2007: 323-340) ha aportado nueva evidencia en un capítulo que aparece en Oltuski Ozacki et al. (2007). El anterior fue desarrollado con la escasa información en Bonachea y San Martín (1974: 215-217), Suárez Suárez (2001: 108-116), y Pacheco Águila y otros (2003: 269-279).

Los líderes se agruparon en el hogar modesto de la familia amiga Mompié, situado en un luga rconocido por el Alto de Mompié (Álvarez 2008: 254-257). Fidel Castro comenzó la reunión a las 6:00 am. Los presentes incluían al propio Castro, René Ramos Latour, HaydéeSantamaría, Faustino Pérez, Marcelo Fernández, Celia Sánchez, Vilma Espín, Antonio Torres, Luis Buch, David Salvador y Enzo Infante. Raúl Castro estaba ausente debido a sus nuevos deberes como comandante del II Frente Oriental "Frank País" recientemente establecido. Aunque no era miembro de la DN, estaba también presente Ernesto Guevara. Irónicamente, su presencia se debía a una petición hecha por Daniel y Faustino Pérez. Importante de precisar es el hecho que, en las dos reuniones de la DN celebradas en las montañas, fueroni nvitadas dos personas que no eran miembros: Espín en la primera; Guevara, en la segunda. Ambas jugaron un papel decisivo en el cambio de rumbo de la insurrección y la revolución.

La reunión estuvo cargada de acusaciones contra el liderazgo del Llano. Aunque presidida por Fidel Castro, fue Ernesto Guevara quien desempeñó el papel más importante como implacable fiscal. A la cabeza de la agenda estaba el fracaso de la huelga del 9 de abril. La culpa total recaía en los combatientes urbanos. Pero, ¿tenía razón la facción de la Sierra? En primer lugar, el llamado a la huelga se hizo a través de un documento firmado por Fidel Castro, como comandante jefe de las fuerzas rebeldes, y por Faustino Pérez, como Delegado de la Dirección Nacional, el 12 de marzo de 1958 en la Sierra Maestra (Álvarez Estévez 1999: 39-47). En el mismo se especificaba "que la estrategia del golpe decisivo se basa en la Huelga General Revolucionaria **secundada por la Acción Armada**" (énfasis nuestro), puntualizando que "la acción de patrullas armadas se intensificará en todo el Territorio Nacional". Luego decía que la organización y dirección de la huelga estaría a cargo del Frente Obrero Nacional, Movimiento de Resistencia Cívica y Frente Estudiantil Nacional, todas ellas ramas del M-26-7. Esto último parecía imprimirle un matiz sectario al esfuerzo. A fines de mes, Fidel Castro emitió un comunicado firmado solo por él (Álvarez Estévez 1999: 48-53), que contenía expresiones como "nuestro movimiento no hace exclusiones de ninguna índole", y al final reiteraba "mi total ausencia de interés personal y que he renunciado de antemano a todo cargo después del triunfo... Quien ha sido de los primeros en la lucha sería el último en la hora del triunfo".

Revisando cuidadosamente las crónicas de aquellos días no encontramos que se hubiera cumplido la promesa de secundar la huelga con la acción armada. Cronistas e historiadores como Franqui (1976), Matos (2002), Pacheco Águila y otros (2003), Comisión de Historia (1982), Figueras Pérez y Salles Fonseca (2002), entre otros, sólo mencionan escasas escaramuzas alejadas de las áreas urbanas para apoyar la huelga general.

Bonachea y San Martín (1974: 214), afirman que, aparte de aisladas escaramuzas, las tropas de Fidel y Raúl Castro, en el I y II Frentes, respectivamente, nunca se movieron de sus campamentos. En el I Frente se encontraba ese día el periodista argentino Jorge Ricardo Masetti (2006), quien describe a un Castro eufórico, dando saltos, cuando se escuchó por radio el llamado a la huelga, pero sólo presenció cuando se daba la orden de atacar unos autobuses y nunca lo llevaron a una zona donde supuestamente se estaba combatiendo. La zona, de todas maneras, estaba bien alejada de los centros urbanos. En el II Frente Oriental, el mismo Raúl Castro confesaría luego: "Ante un movimiento de huelga general poca cosa podíamos hacer en el orden bélico con nuestras fuerzas sino dar más bien apoyo moral a la misma en determinada zona" [Raúl Castro Ruz, Diario de Campaña, Ejército Revolucionario "26 de Julio" Segundo Frente, Zona Norte, Columna no. 6 "Frank País". Comandancia. Informe no. 1, 20 de abril de 1958, 7:00 am. Fondo Raúl Castro Ruz, Doc. 89, Oficina de Asuntos Históricos (Mencía 2007b: 286-287)].

Y cabe preguntarse: ¿Fue el llamado a la huelga una mala jugada para luego "pasarle la cuenta la Llano" al culparlos del fracaso? Si no fue así, ¿por qué ese grado de inercia del Ejército Rebelde?

La siguiente grave acusación era el haber organizado a las milicias del Llano como una fuerza paralela al ejército rebelde - sin el entrenamiento y la moral combativa—e independientes del último (Guevara 1990: 393). Cada uno sabía que era Frank País quien las había fundado y Daniel, como su heredero, había continuado el proyecto. La crítica resonó en la modesta sala como una condena *post mortem*. La magnitud del ataque contra David y Daniel fue revelado en la publicación reciente mencionada arriba (Infante 2007: 334). Acusaron a Daniel no sólo de una carencia de sentido que lo condujo a compartir criterios sobre la posibilidad de realizar acciones eficaces con las milicias del Llano, sino también de lo siguiente:

• El concepto de las milicias como tropas paralelas a la Sierra, sin el entrenamiento y la moral de espíritu, y sin haber experimentado el proceso de selección riguroso de estar en guerra.

• El sistema de rangos militares que Daniel implementó como comandante de las milicias sin solicitar la aprobación del liderazgo de la Sierra.

• Falta de coordinación y subordinación de las milicias con las guerrillas del III Frente Oriental.

• La creación de una columna guerrillera sin consulta previa y la aprobación del mando del ejército rebelde, y la distribución del armamento obtenido, acentuando la porción ocupada por el enemigo en la formación del frustrado Segundo Frente.

Daniel rechazó fuertemente la acusación de la naturaleza paralela de la milicia, y reaccionó violentamente al evento que País había llamado "nuestra Fernandina", Guevara y Castro también condenaron la "actitud subjetiva" del Frente Obrero Nacional (FON) para convocar una huelga sectaria (es decir; ninguna participación de los comunistas), sobrestimando la capacidad del Movimiento para ejecutar solos la huelga. Sin embargo, arriba vimos que Castro firmó un documento encargando al FON de la sección obrera. ¿Por qué lo hizo?

La dirección entera del M-26-7 asistía a un juicio, no sólo contra las fuerzas del Llano conducido por Daniel y Faustino, sino también contra Frank País. El juicio, que era una farsa, había sentado a País en el banquillo. Él era el blanco principal, junto con su leal sucesor. Muy pocos miembros levantaron sus voces para defender al Llano, a pesar de que, de los once miembros de la DN allí reunidos, sólo Castro representó a la Sierra puesto que Guevara no era un miembro. Eso reafirma el hecho de que la dirección estaba en sus manos, e hicieron muy poco para conservarla, para evitar que se desviara el curso de la revolución. Al final de muchas horas de discusión infructuosa, el "consenso" produjo los resultados siguientes:

• La transferencia de la DN y sus miembros al Primer Frente, bajo el mando directo de Castro.

• El despido de René Ramos Latour de sus puestos de dirección y su transferencia inmediata al I Frente con el rango de comandante (que se había ganado ya en la Sierra y el Llano). Debía también entregar su columna a Raúl Castro en el II Frente.

• El despido de Faustino Pérez como coordinador del Movimiento en La Habana y su transferencia al I Frente con el rango de comandante. Delio Gómez Ochoa tomaría su lugar.

• El despido del David Salvador como coordinador del Frente Obrero Nacional (FON) y su transferencia al I Frente, donde le asignarían nuevos deberes.

• La confirmación de Marcelo Fernández como coordinador general, quien debía escribir un documento sobre la reunión antes de su incorporación al I Frente. (Nunca fue hecho público.)

• La confirmación de Haydée Santamaría como tesorera del M-26-7 y representante personal de Castro en el exterior, a donde ella debía viajar inmediatamente.

• La designación de Antonio Torres como jefe del FON, quien debía funcionar desde el II Frente.

• La asignación de Enzo Infante para acompañar a Delio Gómez a la capital.

• La confirmación de Manuel Urrutia Lleó como presidente provisional.

• El final y más importante acuerdo para la facción ganadora: Fidel Castro Ruz emergió de la reunión con la dirección total, que incluyó el comando sobre las fuerzas de la Sierra y el Llano - no más bajo la dirección del jefe nacional de acción-, secretario general del M-26-7, e indiscutible tomador de decisiones del Movimiento.

El Decálogo de acuerdos representó el cumplimiento parcial del sueño de Guevara de "destruir íntegramente" a la Dirección Nacional. Moralmente, estaban casi todos destruidos. Físicamente, tal vez, al menos uno podía colocarse en la lista porque Ramos Latour moriría pronto en la Sierra como resultado de acontecimientos extremadamente inverosímiles.

Muerte de Daniel

Las circunstancias bajo las cuales ocurrió la muerte en combate de René Ramos Latour (Daniel) se han analizado detalladamente por el autor (Álvarez 2018; Álvarez 2008: 257-261, 376-384). Se describe brevemente la percepción que tenía Daniel de susituación, su estado de ánimo depresivo varios días después de su regreso a las montañas, los hechos aleatorios pero inverosímiles relacionados con su muerte y la supervisión constante de Fidel Castro sobre él.

Después de la reunión en el Alto de Mompié, Daniel viajó al II Frente para reunirse con su antigua columna. Un testimonio interesante del antiguo jefe de su columna, ahora bajo el mando de Raúl Castro, reveló el estado de ánimo de Daniel después de la farsa del juicio. Aníbal ha relatado que, durante la conversación que sostuvieron, Daniel le había abierto su corazón lleno de decepción, que revelaba a una persona abatida (Pacheco Águila y otros 2003: 279). Justo a su llegada al I Frente, Fidel Castro le asignó a Daniel una escuadrilla móvil de cerca de 20 combatientes urbanos, jóvenes sin experiencia guerrillera. Los alojó en una cabaña cerca de su comandancia. Su tarea: moverse constantemente para apagar fuegos. (Todos los comandantes tenían su propia columna y un territorio bien definido. Daniel era la única excepción.) Desde el 26 de junio hasta su muerte el 30 de julio de 1958, Castro le ordenó a Daniel diez y siete veces --en persona, por mensajero o nota escrita—moverse a 24 diversos lugares en la línea de fuego durante esos 34 días. Daniel tomó parte en diez combates que duraron horas o días. Poco después de instalado en su nuevo rol, Daniel se dio cuenta que había sido purgado; él no es más el jefe, lo que se refleja en sus cartas: "Es triste que al mes y pico de estar nosotros en la Sierra, no tengamos siquiera un nylon con que guarecernos de la lluvia en las emboscadas." Agrega que nadie se ha ocupado de satisfacer sus peticiones: "No quiero pensar que tan pronto se hayan decidido a no cooperar conmigo" (Pacheco Águila y otros 2003: 301), le apuntaba a Vilma Espín y sus antiguos subalternos. Obviamente, lo han abandonado.

Daniel le envió dos mensajes a Castro a finales de julio solicitando una reunión urgente con él. Fidel llegó (¿coincidencia?) con Faustino Pérez, su compañero de purga. Fueron a una casa y en ella permanecieron durante muchas horas. El tema nunca no se ha revelado. Después de la reunión, Castro ordenó a Daniel marchar al El Salto, después al El Jobal donde, luchando contra los soldados que subían, lo dejaron con su grupo de santiagueros sin refuerzos y sin avisarle que un enorme refuerzo del enemigo se estaba acercando. Murió poco después de recibir una herida producida por un proyectil de mortero. René Ramos Latour, comandante Daniel, se convertía en el único comandante que murió en combate durante los 25 meses de campaña de la guerrilla. Murió después de 34 días de haber regresado al I Frente; el resto de los comandantes sobrevivieron la guerra, la inmensa mayoría sin ni siquiera heridas leves. La muerte de Daniel eliminó el último obstáculo serio en la marcha de Castro al poder absoluto dentro del M-26-7. El paso siguiente lo daría en una reunión dos semanas antes de la fuga de Batista.

La Última Maniobra: La Rinconada

Inmediatamente después de su llegada a la Sierra Maestra, Castro apoyó la idea de establecer una organización paralela al M-26-7: El Movimiento de Resistencia Cívica (MRC). País ya había realizado el trabajo inicial, llegando a redactar sus estatutos.

El MRC creció exponencialmente. Sus militantes inspiraban mucho respeto en sus comunidades respectivas porque ellos eran sobre todo profesionales y ciudadanos responsables. Éste era también uno de los proyectos importantes de Frank País, cuyos hombres y mujeres estaban en la cima de la nueva organización. Así, el objetivo de Castro de eliminar el poder que el M-26-7 tenía de ser los proveedores de la Sierra, tuvo un efecto contrario ya que la nueva organización – dedicada prácticamente a ese propósito—extendió su poder sobre todo el país. La función de acción y sabotaje dejada a los hombres de País no disminuyó el poder del Llano. El MRC se convirtió en un obstáculo importante al representar a la sociedad civil. Más que eso, muchos eran abiertos anticomunistas.

Como Castro había obtenido en Mompié el control total del M-26-7, era práctico traer al MRC de regreso a la organización que él ahora controlaba totalmente. La oportunidad se presentó a mediados de diciembre de 1958. Castro convocó a una reunión en "La Rinconada", un lugar situado cerca de Palma Soriano. Además de establecer un gobierno provisional, Castro disolvió la dirección restante en el Llano, alegando la falta de contacto con el ejército rebelde que avanzaba, poniendo a sus miembros en posiciones de poco poder. Habló de las ventajas de regresar los miembros del MRC al M-26-7, ordenando su fusión, impedida por el derrocamiento de Batista días después.

Una vez en el poder, Fidel Castro primero disolvió el MRC en febrero de 1960. Entonces, durante varios meses, no hizo caso a la petición de los miembros del M-26-7 de celebrar una reunión donde se delineara su función en el poder. Cuando por fin accedió, no se resolvió nada. En aquel momento, en las palabras de Guevara, "el Movimiento 26 de Julio constituía algo nuevo, muy difícil de definir" (1963: 247). En la opinión de Franqui, era "un estado de ánimo, un movimiento anímico... Eran todos y era nada" (1981: 11): La inacción del M-26-7 después de que la victoria era justificada por Guevara basado en que su misión histórica había sido cumplir con la reforma agraria; después de eso, terminaba su razón de ser. El 26 de Julio comenzó a oler a cadáver. Y en cadáver se convirtió después que desaparecieron las organizaciones revolucionarias menos de dos año sdespués del 1 de enero. El M-26-7 y el MRC fueron barridos por un Fidel Castro absolutista. Y cabe preguntarse a estas alturas: ¿Sospechó alguna vez Frank País del curso desviado que pudiera tomar la revolución? En honor a la verdad, no existe documento alguno que lo demuestre; sólo evidencias circunstanciales. En una carta a su amiga Alina Jiménez, fechada el 28 de mayo de 1957, cuando se encontraba enfrascado en sus labores de reorganización del Movimiento, le dice: "¿Qué será nuestro camino también? Dios sabe. A veces el dolor me hace pensar que si hasta sería preferible morir y no ver malogrado tanto sacrifico, tanta sangre noble, tantas vidas preciosas, tantos compañeros queridos. Me aterroriza pensar que algún ambicioso un día enlodara algo tan precioso; que estos ideales, que tan caro nos cuestan, se malograran. Ojalá que el destino no sea tan cruel" (Gálvez Rodríguez 1991: 499).

No muy lejos de la celebración victoriosa del 1 de enero de 1959 en el Parque Céspedes, Doña Rosario García compartía con amigos íntimos. Desde finales de 1957, el Movimiento la había mudado de su casa de San Bartolomé y se encontraba ahora viviendo en la calle San Carlos # 28, en una modesta vivienda de su propiedad. Estaba completamente sola porque su hijo Agustín, había sido obligado a abandonar el país una semana después del asesinato de Frank. Diplomáticos españoles habían logrado asilarlo en una embajada de la capital, de donde había salido a Costa Rica y luego a los Estados Unidos. Agustín continuó en la lucha dentro del M-26-7 pero no regresó a Cuba, sino que permaneció estudiando hasta graduarse de ingeniero. Volvió dos veces a visitar a su madre: en las Navidades de 1959, y durante el verano del año siguiente. Madre e hijo no volverían a estar juntos en vida. Agustín escuchó la noticia de la muerte de Rosario por la radio cuando caminaba por una calle de San Juan el 5 de agosto de 1977. La escueta nota aparecida en el diario santiaguero "Sierra Maestra" decía: "El 5 de agosto de 1977, la ciudad de Santiago de Cuba se vistió de luto, cuando a la edad de 78 años se despedía Doña Rosario García Calviño, la madre de los hermanos Frank y Josué País."

Libro II

Escritos selectos de Frank País

José Álvarez

(Editor)

P
A
R
T
E

I

Literatura y poesía

Artículos y discursos

Correspondencia personal

FRANK PAÍS

Literatura y poesía

Noche guajira[48]

La tarde se ha ido muriendo lentamente. Una suave brisa se ha levantado, y poco a poco la calma se enseñorea en los campos. Los árboles se han quedado quietos, cansados del largo día; las aves vuelan a sus nidos, los hombres con sus aperos de trabajo al hombro y cantando por lo bajo una décima guajira, van en busca de sus hogares.

Empiezan a brillar las primeras estrellas y tras la cortina de un palmar, la luna levanta su cara dorada, que se va tornando plata mientras sube. Un silencio pesado lo envuelve todo. La naturaleza descansa.

Después de un rato de quietud, la vida vuelv a a circular en los campos plateados de la luna. A lo lejos empiezan a brillar las luces de los bohíos como gigantescas luciérnagas. Por los caminos se oye el galopar de un caballo y de la espesura brota una décima de amor, dulce y melancólica. El aire se impregna del dulce aroma de los jazmines de un jardincito muy típico y muy florido que rodea mi casa. En las hojas de las matas, alguna gota de agua que el sol no evaporó, hace destellos cual un diamante.

Una chicharra deja oír su estridente canto y una rana su monótono croar... Las siluetas de las palmas parecen gigantes tendidos en reposo al proyectar sus sombras la luz plateada de la luna. El suelo luce como bordado con lentejuelas de luz.

Muy cerca, a poca distancia, un pequeño río murmura una canción al correr en sul echo de piedras.

Una lechuza cruza y, deslumbrada, lanza su grito agorero. Canta lejano un gallo, y yo, después de admirar la belleza de mi

---

[48] Se encontró en una de sus libretas del curso escolar 1946-1947, cuando Frank contaba con unos 12 o 13 años.

lindo campo dormido, doy gracias a Dios por haber nacido en mi linda Cuba, y tranquilamente me voy a dormir.

Así son las noches de este campo lindo y tranquilo, aroma y poesía, luz de luna y murmullo de arroyos... dichosos los que las disfrutamos sin penas y tristezas.

Dulce sombra[49]

Dulce sombra lejana y tan querida,
sin vida o insensible a mis deseos,
te antepondrá mi corazón, tal creo,
a las vivientes sombras de mi vida.

Sobre este corazón vano e inquieto,
de quien ella dudaba, te has posado,
sin advertir que tu calor secreto,
pondrá dulce quietud en tu cuidado.

Horas, años y tiempo ha de pasarse
queriéndote, y si escapa la esperanza,
cuando vaya ya mi vida a exhalarse,
he de morir mirándote en bonanza.

De tu encanto esta débil semejanza
en que en vano descollara un arte pura,
me disipa el temor y la esperanza
y refresca ya lejos mi amargura.

En ella observo los cabellos de oro,
Cual soleado nevar sobre tu frente.
Las mejillas tan frescas que aun adoro,
y la boca que me hizo esclavo ardiente.

---

[49] Este poema no tenía título y Monroy (2003) decidió llamarlo con las dos palabras que comienzan el mismo.

FRANK PAÍS

Él no pudo trazar, ¡ah, no! Esos ojos,
onda del cielo en dulce mar de fuego,
que desafían el gran arte y ciego
hacen su inútil empeñarse, enojos.

El bello tinte observo del semblante,
¿pero en dónde su vida y su dulzura?
¿Dónde esa llama celestial relienta
con que juegan el mar, la luna pura?

Te vi llorar... Tu lágrima quemante
En tu pupila azul lucía inquieta,
era una gota de aljófar tremulante
que descansaba sobre una violeta.

Te vi reir... La rosa en llamarada,
el zafiro ante ti nubló, que brilla,
no pudo ya su copa iluminada
soportar el fulgor de tu mejilla.

Del joven sol la nube absorbe intensa
un tierno rosicler de esencia vaga,
que no recibe de la nube ofensa
ni la estrella lo apaga...

Modesta así la luz de tu sonrisa,
alumbra a todos con su resplandor,
y supuesta es tan pura que suaviza
la sombra después de muerto con su albor.

Pies de Cristo

Pies de Cristo... cansado peregrino de tanto andar...
marchas arduas y lentas de una vida de sacrificio.

José Álvarez

Pies de Cristo... que hicisteis santos los ásperos lugares por donde su vida pasó. Grande privilegio coronado en el dolor de la cruz.

Pies de Cristo... conocisteis los sombreados lugares en donde era suave el andar, en donde el descanso invitaba a la meditación del incansable peregrino, en donde la Naturaleza se acallaba para sentir tu andar.

Pies de Cristo... que subisteis los escarpados montes de zarzas y piedras, de riscos afilados como puñales que herían sus plantas.

Pies de Cristo... que conocisteis del sol abrasador que quema con su fuego y de la noche fría sin el calor del abrigo, de la casa del rico, y del pobre, del bueno y del malo, del grande y del chico.

Pies de Cristo... que supisteis subir la cuesta del Calvario, valerosamente, llevando al cuerpo flagelado y el peso de una cruz.

Pies de Cristo... que sentisteis entrar el hierro canalla y traidor, abriendo las venas que habrían de regar la tierra miserable para darle redención.

Pies de Cristo... que agonizasteis en el sublime martirio del pecado del mundo sobre el inocente de Dios.

Pies de Cristo... que sentisteis correr la última gota de su preciosa sangre consumando de por vida el más grade sacrificio de amor.

Comentario de un fragmento de Rubén Darío

En su fragmento de prosa titulado "Acuarela", Rubén Darío expone con brillantez y colatura la llegada de la primavera, haciéndola resaltar, como en un cuadro de diversidad de pinceladas y matices, que hacen surgir un conjunto armonioso y sensible que ha de completar la idea de esa primavera de paraíso.

Sitúa en primer término, a la naturaleza con todo su misterioso encanto y con la gama de sus colores. Luego el reflejo del sol que en rojo sudario desciende ya por el poniente, presta una nota más de colorido al paisaje.

FRANK PAÍS

Por último, sitúa al hombre para hacerlo resaltar como figura central.

Los coches de antiguos señores quiebran y descomponen los rayos del sol, que guardan en su interior el precioso tesoro de damiselas en todas posiciones y de todas las bellezas, escoltadas por ceñudos y tiesos cocheros y pajes.

Hace surgir la belleza femenina en aquella casa, en aquel cuerpo, en ese piececillo, todo en combinación con lo misterioso y divino.

El grupo humano en general, en confusa y diversa reunión de todas las edades y de todas las formas, con su nota de color en confusión.

Y por fondo hace resaltar la obra humana en forma de altos y esbeltos edificios que completan, con pinceladas audaces, su magnífico cuadro literario.

La cruz[50]

La Cruz, pesado fardo
llevado por Cristo al Calvario,
que con tu carga de penas
agobias al mundo entero:
Mortales todos en procesión
de almas sufridas que arrastran
llevando a cuestas el yugo
de amarguras y duras cruces.
Los seres que tanto amo,
mi madre, mi amigo, mi hermano,
todos van lentamente penando
por el dolor du su Cruz.
Y a mí, ¿cuál es mi cruz?
¿Cuál es la espina doliente
que penetra en mis entrañas

---

[50] Se cree que este poema fue compuesto a la edad de 18 años en la época en que se produjo el golpe de estado de Fulgencio Batista.

a desgarrarme la vida?

El deber, 7/53[51]

Es tan difícil saber...
Se abruman los cielos...
Se eriza el mar
Y gimen corriendo veloces
Los vientos del huracán.
Dónde está la dulce calma
Que el alma anhelante ansía
Será acaso la tumba fría
La paz de una pobre alma.

El deber impone energía,
carácter de cruel violencia,
y no sabe el gran ignorante
el triste llanto del que dentro gime.
Corren violentas las cosas
Corren y vuelven, saltan y se esconden,
Huye fugitivo el miedo,
Se clava de dentro las garras.
No turbes lo que ya cumplieron
Más duro azota al miserable enclenque
Que ruin se esconde, se agazapa
Tras hielo falso porque es cobarde
Y el amor que tocó a la puerta
Ve las llagas, las angustias,
No mueve, no habla, está mudo,
Y triste aguarda tras el cielo oscuro.

---

[51] Compuesto para las fiestas de fin de año de 1953 de la Iglesia Bautista.

FRANK PAÍS

Arrepentimiento[52]

Dios mío, Dios mío,
cuánto mal he hecho,
he pecado contra el cielo y contra ti.
Muchas veces te he negado
traidoramente;
siento en mi alma la desesperación
del que mucho ha pecado a sabiendas del mal,
y ese mal se ha aglomerado
presionándome la vida;
haciéndome daño,
mucho daño, Señor.

¿Tendrás, oh Dios del cielo,
perdón para mí?
Tú que a tantos y a tantos lo diste,
Podrías dármelo a mí también.
Tal soy, Señor, en tu obra:
Pequeño gusano
que arrastrando miserias
no piensa más que en su orgullo,
en su vanidad de amor.
¡Cuán lejos estoy de tí!
Y soy el culpable de esta distancia;
te he echado de mi vida
después de conocerte,
... y he sido sordo a tu llamar.
Me has hecho misericordia
y te he cerrado más el corazón.

---

[52] Aunque este poema no tiene fecha se supone que fue compuesto en 1956 cuando Frank País se encontraba en actividades opuestas a sus sentimientos religiosos. Monroy fue el autor del título de este poema que País no bautizó.

José Álvarez

¿Tendrás piedad de mí, oh Dios?
¿Me darás una oportunidad más?

A mi hermano Josué[53]

Nervio de hombre en cuerpo joven,
coraje y valor en temple acerado,
ojos profundos y soñadores;
cariño pronto y apasionado.

Era su amistad, amistad sincera,
En crítica sagaz y profunda.
Ideal que no claudica ni doblega,
rebeldía que llevara hasta la tumba.

Estaba entre los héroes su destino,
vivió con el honor de su conciencia;
fue su camino el del martirio,
rebelde anduvo por la senda estrecha.

Y yo que le quise tanto
con el dolor de su ausencia
siento en mi alma un quebranto,
siento mi vida deshecha.

Hermano, ¡hermano mío!
Dolor de mis llagas,
alegría de mis ensueños,
cuánto quise para tí,
cuánto anhelé siempre darte,
fuiste el calor de mis triunfos,
recto sensor de mis faltas.

---

[53] El poema más conocido de Frank País, compuesto casi al recibir la noticia de la muerte de su hermano Josué.

FRANK PAÍS

Se hundió mi alma en silencio
Cuando te sentí perdido;
era tu rostro tan dulce
que parecías dormido.

Qué solo me dejas
Viviendo esta vida amarga.
No tendré ya al hermano,
no tendré al compañero.

Sólo tristezas me esperan
con esta vida a cuestas.
Hermano, ¡hermano mío!
Qué solo me dejas,
Viviendo esta vida triste
de penas y desengaños.

Nuestros momentos tan juntos
de anhelos y de peligros,
de calma y de desvelos.
Hermano, ¡hermano mío!
Qué solo me dejas
Viviendo esta vida dura
de engaños y descontento.

Cumpliste tu vida, tu sueño,
Moriste peleando y de frente,
a mí cuánto dolor me espera
de espalda dolor rastrero...

Cuánto te quise, cómo lloré
Tus penas y tus tristezas;
Cuánto siento no haber sido
Tu compañero de siempre,

José Álvarez

no haberte brindado la vida.

Cuánto sufro el no haber sido
el que cayera a tu lado;
hermano, ¡hermano mío!
Qué solo me dejas
rumiando mis penas sordas,
llorando tu eterna ausencia...

FRANK PAÍS

Artículos y discursos

Ante el mausoleo a José Martí, en el cementerio "Santa Ifigenia", 1949

Yo creo que Martí no fue un muchacho como nosotros. Apenas tuvo tiempo de jugar ni de dar paseos. Cuando tenía catorce años fue al presidio porque ya estaba luchando por la patria. Aquellos días nosotros los conocemos por su folleto *El presido político*. Sabemos también que en el juicio que se le hizo se echó toda la culpa, para defender a su amigo Fermín Valdés Domínguez y que cuando estaba en las canteras ayudaba a los demás presos en lo que podía. Hay unos versos que escribió muchos años después, pero que nos muestran su gran preocupación por los humildes. Ustedes recuerdan que cuando estudiamos su vida, leímos que había estado ayudando al padre en el Hanabanilla. Parece que allí vio el trato que le daban a los esclavos y mucho tiempo después, recordándolo, escribió:

Rojo como en el desierto,
Salió el sol al horizonte
Y alumbró a un esclavo muerto
Colgado a un ceibo del monte.
Un niño lo vio, tembló
De pasión por los que gimen;
Y al pie del muro juró
Lavar con su sangre el crimen.

Final del Sermón "A un alma que escucha", 1/52[54]

Decídete, acepta a Cristo y da testimonio de lo que crees así,

---

[54] A la edad de 18 años fue invitado a predicar y Frank País tituló su sermón «A un alma que escucha». Este es el fragmento final.

recuerda que Cristo dijo que el que no da testimonio aquí en la tierra, Él tampoco le dará testimonio allá en los cielos, piénsalo bien. Quizás si en este momento se esté decidiendo tu futuro, no trates de evadir este asunto. Ven, alma que me escuchas, acércate a Dios... Él es la única fortaleza en el tiempo de angustia. Ven... todo lo que es nacido de Dios vence al mundo. Ven... bajo su abrigo no te alcanzará por siempre el temor ni la enfermedad. Ven a los pies de tu Salvador que murió en la cruz por lavar tus culpas. ¿Despreciarás esta ocasión que el Señor te brinda?... Él es el sempiterno abrigo. Ven... mañana puede ser demasiado tarde... Ven.

En el Rincón Martiano de la Escuela Normal, (Publicado luego en *El mentor*),1/28/53

Parece incierto cómo ocurren los años, cómo se cubren las fechas, cómo se cumplen las horas.

Pensando en esto he venido ante ustedes y quiero aclararles que no voy, como es la costumbre, a hablar de la biografía de Martí, ni a derramar con frases elocuencias sentimientos hipócritas que traten de convertir a Martí en un dios. No voy a hacerlo, porque si Dios fuera, sin importancia ninguna serían sus hechos y por el contrario, fue un hombre, ante el que se presentaron las mismas y aun mayores dificultades y pruebas y amarguras que se nos presentan a nosotros, que tuvo todos nuestros sentimientos y tuvo lo que nos falta a nosotros, un amor muy grande, un amor de sacrificio, una espina de dolor, de sacrificio y de amor ardiente y profundo por su amada patria.

28 de enero de 1853. Hace hoy cien años que en una calle triste y escondida de La Habana unos padres humildes unían sus manos y corazones para mirar al unísono la cuna de sus esperanzas, José Martí.

José Martí, su obra es tan grande que no somos ni dignos de asomarnos a ella.

FRANK PAÍS

28 de enero de 1853. Velos de tristeza cubren nuestras palabras y nuestros corazones cuando, al detenernos vacilantes, miramos hacia atrás. Parece mentira cómo al cumplirse los cien años de algo que debiera ser grande y glorioso, encontremos que el amor, el desprendimiento, el sacrificio, el respeto y la dignidad de ese José Martí de quien tanto hablamos, se vea trocada en egoísmo, en odio, en descaro y en falta de dignidad.

No. Es que ni tal parece que estemos en la misma patria en que naciera José Martí. Es que no parece ni que seamos cubanos.

El amor de Martí, tan grande, tan sublime, que inflamó su pecho con tanto ardor, que corriera por sus venas para comulgar al final con la tierra que tanto amaba, lo vemos hoy convertido en odio entre unos y otros cubanos, deseándose el mal y procurándose las desgracias.

El desprendimiento de Martí, tan sublime, que hacía dejación de todo, hasta de su propio derecho cuando de su patria se trataba, lo vemos convertido en egoísmo, egoísmo sin conciencia, que lo invade todo, que procura nuestro solo bienestar, aunque se hundan los demás.

El sacrificio de Martí, de dolor, de pena, de toda clase de esfuerzos, convertido en ambición segadora y furiosa de arrebatarle el derecho a los demás para hacer lo nuestro por la fuerza.

El respeto de Martí por su patria, por todo lo noble y bueno que se albergara en el mundo, convertido hoy en desvergüenza sin límites y sin medida.

La lealtad de Martí, ancha, profunda, sincera para sus hermanos y para sus adversarios por igual, convertido hoy en traición para las esperanzas del pueblo, traición a la justicia y a la libertad.

Parece mentira, normalistas, parece mentira que esta sea la patria de Martí y que nosotros estemos en ella, mezclados con esta putrefacción que da vergüenza y que da asco. En estos momentos, en que se trata de convertir el homenaje de las almas sinceras cubanas en un carnaval y nosotros, los normalistas de

José Álvarez

Oriente, con la conciencia de la traición por que pasa nuestra patria, no podemos de ninguna manera, ni unirnos a los traidores ni unirnos con nuestros hermanos, porque no somos dignos del convertir en un carnaval lo apoteósico de un alma: y por el contrario, humildes y de rodillas, unidos en un solo corazón y una sola voz, exclamamos:

¡Salve, oh, Martí, tu grandeza sencilla, que quiera el cielo que nosotros, los normalistas de esta generación, sepamos cumplir con nuestro deber! ¡Y que los cubanos de mañana, en otro Centenario, sepan honrarte mejor![55]

En honor a Rubén Batista, 2/16/1953 (Publicadas luego en *El mentor*)

Sangre y tristeza. ¡28 de enero! Descaro, ausencia de civismo. Y luego golpes, sablazos, tiros, sangre, detenciones, cárcel inmunda para las carnes jóvenes del estudiantado. ¡14 de febrero! Día de los enamorados, día del entierro de una vida fresca, Rubén Batista, un enamorado de la vida, asesinado por los "valientes" de uniforme. La barbarie es la única palabra que se puede aplicar a hechos insólitos. Estupidez es la única palabra aplicable a quienes realizan estos hechos. Ahora vamos a la calle. Vamos junto al busto de Martí, para desagraviarlo, para entonar el himno de la patria, y vamos a hacer un recorrido que lleve al pueblo un rayo de rebeldía.

Editorial inaugural. Revista "El mentor", 3/1/53

Vuelve a la trinchera nuestra revista: muchos malos ratos y

---

[55] Al terminar su discurso Frank País, con un poco de pintura negra escribió dos pensamientos de Martí en la pared alrededor del terreno deportivo, frente al edificio principal: LA SANGRE DE LOS BUENOS NO SE DERRAMA EN VANO. MÁS VALEN TRINCHERAS DE IDEAS QUE TRINCHERAS DE PIEDRAS.

trabajo ha costado, pero nos damos por satisfechos de poder presentarla a ustedes.

Aquí tendrá cálida acogida cualquier expresión que defienda los intereses de los alumnos y que combata el régimen podrido en que vivimos.

Hemos tratado y trataremos de ampliar aún más el compromiso entre los planteles de segunda enseñanza de esta ciudad. Ahora solo nos resta luchar y combatir duro y en la llaga donde más duele.

Por los más puros y nobles ideales del verdadero estudiantado.

Arriba normalistas.

FRANK PAIS GARCIA

Palabras a la asamblea de dirigentes estudiantiles de Oriente, Guantánamo, 3/53

Queremos exponer las razones que nos asisten para oponernos a la oficialización de las escuelas, aunque no de todas. A la vez, responder al escrito de la compañera de Guantánamo publicado en la prensa. Nuestro principal argumento se basa en que ustedes conocen muy bien que, tanto en Oriente, como en el resto del país, hay miles de maestros sin trabajo por falta de aulas. Si a esto le agregamos los cientos de cesantías que se han producido de maestros, profesores y personal administrativo en el sector magisterial, ¿cómo vamos a graduar anualmente cientos de maestros más, por sobre los que se gradúan oficialmente? ?Aquí lo que cabe es luchar por la creación de las aulas que sean necesarias. Eso es lo que debemos exigir.

Se habla de la lejanía de muchos municipios a Santiago. Es cierto en algunos casos. Por eso dijimos que no nos oponemos a que se oficialicen. Hicimos una visita a Holguín, Bayamo y Manzanillo y ahora estamos aquí. Y pudimos comprobar que la escuela de Holguín debe oficializarse, por ser centro de varios municipios bastante alejados de Santiago, donde se agrupa una gran cantidad de habitantes que exigen la formación de más maestros. De no ser así, habría que esperar la creación de las escuelas. Tengan esto bien claro. En los demás lugares no es así. La solución para los aspirantes de esos municipios es que luchemos por ampliar las plazas de nuestra Normal. No aceptamos que se nos acuse de oponernos a la superación de la juventud, de ser egoístas y regionalistas. Si se acepta la creación de esas escuelas, los demás municipios tendrán el derecho a hacer lo mismo. Y entonces serian ustedes los que se opondrían, por las mismas razones que hoy lo hacemos nosotros.

La lucha no se puede encaminar hacia un objetivo determinado. Se debe exigir la creación de cientos de escuelas y aulas, ampliación del presupuesto en Educación, aumento de plazas en la Normal, escuelas de Comercio, del Hogar y otros centros de Segunda Enseñanza y garantizar empleo a los trabajadores consagrados a la tarea educacional. Pero hay dos cosas muy graves si se oficializaran todas las escuelas. Una es la relacionada con los materiales de estudio y de locales con condiciones indispensables, incluyendo las áreas deportivas y de huerto escolar, para el buen funcionamiento de esas escuelas. Hoy por hoy la nuestra carece de muchas cosas, y es la oficial. Nos preguntamos si existen profesores con la capacidad necesaria para impartir las clases. Ustedes saben que no. Todo esto demuestra que esas escuelas carecen de rigor pedagógico, dando por resultado que se formen maestros sin la preparación requerida. La otra cuestión es que también ustedes conocen que el furor de la oficialización comenzó después del golpe de Estado.

Decimos esto, no porque creamos que ustedes estén con la dictadura. ¡No! ¡No! Pero detrás de esas oficializaciones están los politiqueros del régimen, que deben cumplir determinados compromisos y pretenden ganar influencia designando directores y profesores en muchos casos incapaces. También pensamos que la mayoría de las plazas de ingreso serán a base de la influencia política de cada aspirante o de su solvencia económica. Digo esto porque sin ustedes quererlo, le están haciendo el juego a los politiqueros. Por todo esto debemos estar alertas, para que si la escuela de Holguín se oficializa, sea sin esos compromisos. Y es nuestro temor que las escuelas se conviertan en unas fábricas de títulos.

Nos parece que es necesario que se aclare un escrito salido en la prensa. Y le pedimos que nos comprueben lo que se dijo: de que nosotros «somos juguetes a precio del dinero incinerado de Aureliano».

Entrevista para la Revista Taíno, 7/28/55[56]

Taíno: ¿Dónde te encontrabas la noche del suceso?

Frank País: Esa noche me encontraba en compañía de amigos, compañeros y muchachos conocidos, disfrutando del carnaval como cualquier ciudadano.

Taíno: ¿A qué hora fuiste detenido?

Frank País: Fui detenido alrededor de las 8 a.m. del domingo 24 de julio, cuando iba a comenzar a desayunar.

Taíno: ¿Recibiste algún maltrato de obra?

Frank País: Me extrañó desde el principio que utilizaran una corrección y educación nada usuales en ellos, que acostumbraban a otro tipo de trato. Maltrato físico no hubo en ningún momento. Luego me di cuenta de que las investigaciones las hacían enviados especiales, mandados a venir de La Habana, que no permitieron a los del SIR[57] de aquí ningún movimiento. Ya el último día que permanecí en el Moncada, antes de ser llevado a El Caney y por último vivac de Santiago de Cuba, me hicieron repetidas amenazas verbales. Parece que con el fin de intimidarme.

---

[56] Realizada uno o dos días después de ser liberado por los sucesos del asalto a la estación de policía de El Caney, donde País había matado a uno de los policías. Lo entrevistó William Gálvez para la *Revista Taíno* del Instituto de Segunda Enseñanza, quien le dejó las preguntas en su casa y recogió las respuestas después (Gálvez Rodríguez 1991: 212-213).

[57] Servicio de Inteligencia Regimental.

José Álvarez

Taíno: ¿A qué atribuyes las causas de tu detención?

Frank País: Ya desde el paquete de las armas halladas en El Caney yo era visto con cierta ojeriza por las autoridades de allí y apenas de suscitó este hecho, el jefe de la Policía de El Caney, cabo Iznar García, mandó o facilitó mi nombre entre unos quince o veinte más, para ser detenido.

Taíno: ¿Conocías a los demás detenidos?

Frank País: A Francisco Martínez, sí, pues fue compañero de primer año en el Instituto, pero hacía meses que no lo veía; a Roberto Lamelas lo conocí en las prisiones del SIR. Nunca lo había visto antes.

Taíno: ¿Qué conceptos tienes de los mismos?

Frank País: De Francisco sé que es incapaz de este hecho, porque es un muchacho tranquilo, que ni siquiera de problemas estudiantiles se ocupa. Lamelas ya es un hombre de familia, cuyo delito es haber ingresado recientemente en el Movimiento de la Nación.

Taíno: ¿Conocías al policía muerto?

Frank País: No, no lo conocía, ni siquiera lo había visto antes.

Taíno: ¿A qué se debe el resultado positivo de la prueba de la parafina?

Frank País: Ellos, al preguntarme si había disparado con armas de fuego, les contesté que sí, que había tirado en Trocha en los distintos tiros al blanco que había allí. Por eso me hicieron la prueba, ¿y qué iba a dar? Ellos mismos no le concedieron importancia a esto. Martínez había tirado también en Trocha, como cientos de ciudadanos lo han hecho y lo hacen en estos días.

Taíno: ¿Cuál fue la causa de que fueras tan rápidamente puesto en libertad?

Frank País: Era natural, todo esto es tan absurdo y la falta de pruebas era tan notoria que ni el juez más exigente vería indicios de culpabilidad en mostros. Ni los mismos testigos que ellos pusieron pudieron acusarnos, porque todo es falso y el juez, reconociéndolo, nos puso en libertad.

FRANK PAÍS

Taíno: ¿Tienes algo más que decir, amigo País?

Frank País: Sí, quisiera darle las gracias a esta revista Taíno por la gentileza de entrevistarme y porque sé que además tengo el sentimiento de solidaridad de ustedes. Sucesos como este son normales dentro de este régimen de cosas. No hay nada que extrañar, en un pantano, ¿qué más se puede encontrar que fango y abyección?

Fragmentos de entrevista en asamblea nacional, La Habana, 3/53

Nosotros representamos a la Normal de Oriente. Hemos escuchado con atención cada una de las palabras que aquí se han dicho. Comprendo que lo que importa y es motivo de esta asamblea, es arribar a una conclusión que sustancie nuestro acuerdo frente a las Normales por patronatos. Mientras los compañeros discutían, he redactado un informe con los demás delegados orientales, que sometemos a la consideración de ustedes. El informe fue basado en lo dicho en Guantánamo [...]

No propongo aquí nada que vaya contra los intereses del estudiantado, que son los de la patria. Frente a la tiranía estamos desde el mismo 10 de marzo y mi proposición va encaminada a fortalecer el esfuerzo que hace el estudiantado en toda Cuba. La sangre de Rubén Batista nos ha señalado el camino y ante ese ejemplo no pueden caber vacilaciones [...]

Los estudiantes normalistas somos, antes que eso, cubanos. Como todos estamos en el deber de intervenir cuando la patria es pisoteada por un grupo de traidores [...]

Compañeros de esta Normal de La Habana, no tengo ningún presente material que darles, pero en cambio voy a pedirles un rinconcito donde dejar parte de mi corazón que aquí se queda, que siente por ustedes... Y ahora para dejar también un modesto aporte en la alegría que nos reúne tocaré algo al piano [...]

José Álvarez

«Cobardía»
El mentor, 3/19/53

Dolor. Pena. Vergüenza. Cuando dirijo mi vista alrededor y miro a mis compañeros, en que fijé mis esperanzas, por quienes sentí tanto cariño, no puedo menos que sentir tres sensaciones, porque parece mentira que estemos a pocos días de finalizar nuestro curso y que hayan de salir maestros. No se ve por ninguna parte ni los ideales, ni la pureza, ni los nobles sentimientos del magisterio.

Egoísmo sin frontera, que lo invade todo y que se esconde arteramente y de una manera hipócrita entre los alumnos del 4to. Curso. No me puedo explicar cómo se va a enseñar lo que no se tiene, qué ideales se van a infundir cuando a la hora de defender a uno por cobardía solamente, los dejamos morir.

Se creen mis compañeros que solo se debe enseñar Matemática, Gramática o Historia, o la formación de ciudadanos cívicos con cariños para su patria y responsabilidad en su futuro. De seguro que no vacilaría por lo segundo.

¿Porque, de qué sirve la cultura humana cuando se es traidor? Prefiero la sencillez cuando es sana, respetuosa y leal. Perder el curso dicen que es el miedo, perder la dignidad y el honor, como se está perdiendo, debía ser el verdadero miedo.

No, no es perder el tiempo de los estudios, es perder el cheque del Estado, que está tan cerca. Da asco que haya juventudes así. Lo que se debía arrancar a tales indignos el título, no entregárselo; porque, repito, da dolor, da pena y da vergüenza.

Quiero aclarar que hay muchas excepciones que me enorgullecen de Cuba, de mi escuela, pero no de los normalistas del 4to. Curso.

Cobardía, cuarto curso. Eso irá impreso en nuestro título: Cobardía. Sea este mi pensamiento, venido del dolor común de nuestros corazones: Para Cuba que sufre.

19 de marzo de 1953.

FRANK PAÍS

República Escolar Democrática

Constitución de la República:

Nosotros, los miembros todos de esta República, reunidos a fin de darnos una ley que garantice organización, libertad y justicia, mantener el orden y promover el bienestar general, acordamos esta Constitución:

Artículo 1: El verdadero Gobierno reside en el pueblo.

Artículo 2: El lugar donde residirá nuestra República será en nuestra aula del colegio.

Artículo 3: Nuestra República abarca a todos los abajo firmantes y estamos en la obligación de respetarla y defenderla.

Artículo 4: En las elecciones decidirá la mayoría de votos y se dará a conocer el resultado.

Deberes y derechos:

Artículo 5: Todo miembro de la República está obligado:

a) Saber defender la República en caso que fuera necesario; b) Contribuir a los gastos públicos en la forma y cantidad que establezca la ley; c) Cumplir la Constitución y la Ley de la República; d) No podrá, cuando fuera condenado, aspirar a ningún cargo, asistir a ninguna fiesta, gira, juego, etcétera. No podrá votar ni reclamar ningún derecho.

Artículo 6: El ciudadano tiene derecho a votar según sus derechos individuales.

Artículo 7: Todos los ciudadanos de esta República no reconocen privilegio alguno.

Artículo 8: Se declara ilegal cualquier discriminación por motivos de raza, sexo, color o clase.

Artículo 9: Toda persona tiene derecho a emitir su pensamiento libremente.

"Cinco estudiantes y el monte" (Publicado en "El mercurio),[58]

Por: Frank País
Maestro Graduado y alumno de la Escuela
de Pedagogía de la Universidad de Oriente

Era un día triste, sábado 5 de junio de 1954. Desde muy temprano en la mañana el arcano celeste se había cubierto de negras nubes, poniéndose de duelo, sus razones tenía y el pueblo lo sabe.

Sin embargo, un grupo de jóvenes habíamos decidido convertir ese día en algo elevado y desde muy temprano en la mañana comenzamos a hacer gestiones para alquilar un todoterreno [jeep] con el cual habríamos de ir a pulsar el corazón del hombre de campo. ¿Qué sienten? ¿Qué padecen? ¿Qué anhelan? ¿Qué cosas que dicen son ciertas y cuáles falsas? Todo eso lo habríamos de saber en aquellos días planeados. No sabíamos las aventuras que nos esperaban.

Después de almuerzo y a eso de las tres de la tarde partimos, Jorge Ibarra y yo de la Universidad de Oriente, Armando Colomé de la Normal de Oriente, y, además, nuestro chofer y Andrés Rosendo de la Escuela Profesional de Comercio.

Allá partimos con el corazón abierto sintiendo palpitar en nuestros pechos el ansia de lo desconocido. Pasamos el Cristo y camino de Songo comenzó a derramarse sobre nosotros una lluvia torrencial, bajamos las capotas del todoterreno [jeep] y

---

[58]Publicado en *El Mercurio*, órgano oficial de la Asociación de Alumnos de la Escuela Profesional de Comercio de Santiago de Cuba, en junio de 1954. Describe su viaje al Realengo 18.

proseguimos. La lluvia era cada vez más fuerte; no se veía casi a 10 metros delante de nosotros. Cruzando La Maya la lluvia abrevió, era pertinaz y fina, comenzaba la odisea.

Cesó la carretera bajo las ruedas de nuestro todoterreno y comenzó el fango. Hicimos un alto en un pueblecito en las afueras de la Maya, tomamos unos refrescos y proseguimos. El camino con la lluvia parecía una barra gigantesca de jabón en la que resbalábamos unas veces a la derecha, otras a la izquierda, Armando Colomé comenzó a ser útil de verdad demostrando su seguridad en el timón. Quisimos dejar el camino porque estaba demasiado resbaladizo y tomamos lo que nos parecía un atajo y nos enterramos en el fango que parecía una trampa, dejamos que el todoterreno hiciera su mejor esfuerzo y cuando no tuvimos más remedio nos bajamos a empujar, el "Jeep" respondió al sacrificio y salió del fango dejándonos semienfangados. Y nos decía Colomé: -No en balde dicen los guajiros que no se debe dejar nunca camino por vereda, no lo volveré a hacer.

Relatar minuciosamente el resto del viaje sería imposible, camiones, zapas, "jeeps", automóviles, atrapados por el fango, luchando con la naturaleza, resbalándonos, hundiéndonos, hasta que cerca de la mitad del camino nos encontramos el camino seco, todavía no había llovido, sin embargo, la lluvia avanzaba a nuestras espaldas. Jorge tomó el timón un rato y ya a la entrada de Guantánamo Armando volvió a manejar. Encontramos una magnífica carretera de Río Frío a Guantánamo y Armando dio rienda suelta a sus deseos de llegar. ¡Nunca vi a un "Jeep" correr tanto!

Ya en Guantánamo fuimos a ver a Enrique Soto, presidente de la Asociación de Alumnos de Guantánamo, que con su compañerismo y amabilidad de costumbre nos brindó alojamiento y comida. Pasamos la noche averiguando dónde quedaba EL REALENGO 18 y el modo de llegar allá, hablando de nuestras ideas a Soto que quedó maravillado y que decidió acompañarnos al siguiente día.

Pero no todo fue tranquilidad. Jorge tuvo un ataque de asma

que terminó el día siguiente al comprarle una gomita que habría de desempeñar un rol cómico e importante en el viaje.

Al otro día luego de tomar gasolina y limpiar el "jeep" partimos rumbo al Realengo camino del central Soledad en compañía de Enrique Soto y la (gomita) de Jorge a eso de las 9.30.

El camino era bastante bueno al principio y corrimos algo encantados de que los malos augurios de los guajiros no se cumplieran. Llegamos a Sempré a las 10.05 y comenzó a nublarse el cielo.

¿Pero ustedes piensan ir al Realengo? —nos decían- ¿Así sin "winche" ni "cadena". ¿Ustedes están locos?, no van a llegar. Sonreíamos algo orgullosos pero inocentes pensando que eran algo exageradas las exclamaciones de los campesinos que nos miraban ir asombrados primero, con una sonrisa burlona después.

No quisiera seguir sin explicar para los que no lo sepan qué cosa es "winche" y qué "cadena". "Winche" es un cable de acero que llevan delante enrollado como en un carrilete los jeeps y los comandos y que sirven para cuando se atasquen amarrarlo a un árbol cercano en marcha el motor, el carrilete se enrolla cuando el carro de donde esté. Y "cadena" son unas cadenas que se pone a las ruedas para darle mayor tracción en el fango, haciendo la función de los caterpillars de un tanque de guerra. Naturalmente la cadena hay que quitarla en la carretera porque entonces no permite andar rápidamente, sólo es muy útil en el fango.

Seguimos el camino, cada vez más fangoso y Jorge que iba manejando le dejó el timón a Armando.

Llegamos a Carrera Larga a las 10.35 y a Benito 6 a las 10.45. Ya pasaban de cien las veces que preguntábamos el camino.

A las 11.25 llegamos a Tiguabos y de allí sin saberlo nos internamos por el camino más largo.

Luego de haber andado unos cuantos kilómetros y cuando la lluvia ya era inminente llegamos a una finca donde encontramos a un amigo de Jorge que nos dijo que por aquel camino nunca íbamos a llegar y que mejor atravesábamos su finca y llegábamos a casa de Justo González líder campesino muy entendido en esas cosas y que nos podía orientar. El cielo amenazaba una tempestad.

Llegamos a la casa del capataz, un pelirrojo de torso desnudo y fornido llamado Gilberto Campos que nos dio las llaves para abrir las diferentes porterías de la finca y a un morenito llamado Arquímides que nos acompañara como guía y que luego traería las llaves. El cielo parecía que se iba a desplomar sobre nosotros y un aire muy amenazador comenzó a abatirnos.

Comenzamos a atravesar la finca luego de haberles dado las gracias al capataz y al amigo de Jorge, a toda la velocidad que podíamos.

Y comenzó la lluvia, y con ella la parte más terrible de nuestra aventura, resbalamos, nos atascamos, empujamos una y otra vez, el camino con la lluvia empeoraba y nosotros nos empapamos.

Perdí mi cartera y quise dejar a mis compañeros para volver a buscarla, pero me alcanzaron y me obligaron a seguir con ellos. Luego la encontramos bajo un asiento donde había caído. Atravesamos una línea de ferrocarril, y muy cerca nos dimos la atascada más fea de este viaje, 6 hombres y un motor a toda potencia no podían sacar el "jeep", y la lluvia cayó con toda su fuerza. Cerca de 20 minutos estuvimos luchando y pidiendo a Dios que no nos dejara allí todo el día, con los huesos calados de frío y empapados de arriba abajo con medio cuerpo en aquel fango que parecía una ciénaga, muy malos momentos pasamos, pero salimos.

Luego decidimos coger por la línea del tren que no tenía fango y en la que no había peligro de atascarnos, pero sí el de una multa o el de un tren que era peor, pero había que correr ese riesgo porque aquello del fango era terrible. Y nos pusimos tan fatales que así ocurrió. De una curva surgió la mole amenazadora de un "gascar". Armando puso el motor a toda potencia tratando de salir de la línea pero el fango que llevábamos y la lluvia nos hacían resbalar en la línea y no podíamos salir y el "gascar" se acercaba a toda velocidad tratando de frenar. Aquello se parecía a las películas y los sueños, pero al ver el "gascar" quese nos venía encima saltamos todos del jeep a empujarlo desesperadamente y

José Álvarez

Armando encomendándose a Dios hundió el acelerador hasta las tablas y el jeep voló, saltando la línea e internándose en el fango de un cruce de camino.

El "gascar" pasó a pulgadas de nuestro lado respirando amenazas y los hombres de dentro pálidos de miedo y cólera, paralizados de toda acción. Aquello era demasiado. Mudos tomamos el jeep de nuevo palpitante el corazón pues muy de cerca había estado la desgracia y nos dirigimos a Marcos Sánchez que distaba pocos metros del cruce a donde llegamos a las 12.15, parqueando el jeep frente a una tienda donde almorzamos, mis compañeros un pedazo de pan con algo de ron para calentar el cuerpo y yo el pan solo pues no me gusta el ron. Enseguida partimos pues la lluvia apretaba y llegamos a la casa de Justo González a las 12.30. Ya estábamos en el Realengo 18.

Imposible de describir cómo llegamos de fango y de agua.

Preguntamos por Justo González y no estaba, pero nos encontramos un hombrecillo curioso entrado en años, de sólo 4 dientes en su boca, bajo de estatura pero ancho como un toro de pelo entrecano, de mirada inteligente y ropas raídas que nos dijo su nombre: Jorge Limonta y a quien llaman "El abogado de los guajiros".

Nos recibió con mirada recelosa preguntándonos en qué podía servirnos. Le explicamos de dónde éramos y lo que queríamos saber. Nos brindó asiento a un costado de la casa y allí comenzó el interrogatorio porque eso parecía y no una entrevista.

Con los pantalones "arremangados" llenos de fango y de lluvia, tiritando de frío, Rosendo y Soto descalzos, pero preguntando y oyendo con avidez.

Palabras de Limonta a nuestras preguntas:

"Hemos sido engañados una y otra vez por todos los gobiernos, se aprovechan de nosotros para subir"

"No ambicionamos riquezas sino plasmar en realidad nuestros anhelos de seguridad. ¿Qué qué es lo que más deseamos? No, no son caminos vecinales, no, los caminos los abrimos con las uñas y los machetes, no son hospitales, ni abogados, lo que todos los

FRANK PAÍS

guajiros de tierra adentro pedimos es MAESTROS, fíjense bien no digo escuela, las escuelas las hacemos, tenemos muchas hechas y que están cerradas porque el gobierno no paga maestros que vengan acá."

Y yo que soy maestro y me interesaba el tema abundé en el mismo.

"Teníamos cerca una escuela –siguió Limonta- pero por intereses la trasladaron cerca del pueblo y han dejado sin el pan de la enseñanza a cientos de nuestros hijos. Y nosotros queremos educación para nuestros hijos más que todas las cosas para que no sean engañados como nosotros."

Un silencio nos envolvió a todos. Cambiamos el tema y hablamos de la "tierra".

"Estos terrenos pertenecen a compañías que nunca se han ocupado en sembrarlos y que los compraron a $0.60 la Ha. Ahora después que los hemos sembrado y cultivado nos quieren desalojar, pero para hacerlo tendrán que matarnos a todos."

"A mí el terrateniente Casals me quitó un pedazo de tierra, a otra familia le quemaron la casa y mataron a varios de ellos. Pero nosotros nos unimos y a tiro limpio hemos evitado que esto siga. Ningún decreto ni esos de Batista nos ayudan en nada."

"El ejército y los jueces son comprados y no se puede hablar mucho porque cualquier amanecer, aparecemos en el otro mundo, pero yo he sufrido mucha cárcel y muchos culatazos para que eso me meta miedo."

"Casals y otros terratenientes tienen hombres que fingen ser campesinos pero que son en realidad una cuadrilla armada sin licencia y sin nada. Pero las autoridades se hacen de la vista gorda."

"Nosotros tuvimos un gran líder «Lino Álvarez» que peleó por el derecho de los realenguistas inclusive a tiros como en la célebre batalla de «Saito» inculcándonos el espíritu de clase y de Patria."

"Para nosotros al decir patria decimos el pedazo de tierra negra que nos da la vida y que regamos con nuestro sudor. Por eso no se extrañe que oiga decir que nos cuesta mucho trabajo todavía defender la patria."

"Hoy día tenemos una Federación Campesina que cuenta con un 20% de afiliados de todo el campesinado al que le brindamos en lo posible auxilio médico y legal en las ciudades."

"¿Por qué la mayoría no está afiliada? Pues porque no puede pagar la cuota que aunque es ínfima es superior a muchos de los recursos campesinos, pero nosotros no nos olvidamos de ellos y les ayudamos en lo que podemos."

"¿Qué se siembra aquí? Pues aquí se siembra de todo, porque eso es lo que nos sirve de alimento ya que cada campesino siembra lo que ha de comer, caña, café, maíz, plátano, malanga, yuca, ñame, arroz, frijoles, etc. También criamos aves, ganado de todo tipo, etc."

-Pero se me había olvidado que ustedes están mojados, vamos para que se bañen y se cambien de ropa, luego seguiremos hablando y llamó: Evelio.

Y nos explicó: "Yo casi nunca paro en un lugar determinado, mi vida la he dedicado desde que me despojaron de mi tierra a mis compañeros. Esta casa pertenece a Justo González el jefe de la Federación Campesina, pero él no vive aquí sino en Guantánamo y esta casa se la administra Evelio González."

Evelio es un hombre de ojos claros, mediano de estatura, de bigotes rubios y que no habla mucho, está casado y tiene una hijita muy despierta llamada Totica.

La casa es bastante buena, tiene planta de electricidad propia excepción en el monte y radio. Casi todos los guajiros tienen o se buscan un radio, pues es lo único que los conecta con el resto de Cuba. El río cruza cerca y el camino pasa por frente a la casa.

Evelio nos brindó hospitalidad, nos bañamos, nos brindó ropa de él pues la nuestra estaba mojada, nos lavó y nos tendió a secarse la ropa mojada y luego nos ofreció huevos, plátanos fritos y café caliente para calentarnos.

Seguimos conversando de sobremesa con Limonta empapándonos más de los problemas campesinos. La lluvia seguía cayendo fuertemente y el río creció haciendo imposible ir a ningún lado, estábamos como en una isla rodeados de agua por todas partes.

Evelio nos aconsejó quedarnos aquella noche y ver si al otro día era posible marcharnos y así lo hicimos.

Mató un pollo en nuestro honor y nos brindó dormitorio en el "rascacielos" una especie de almacén que le llaman así porque tiene dos pisos.

Allí en una cama dormimos, Soto, Armando, Rosendo y yo que comencé a dormir en la cama y terminé en el suelo, en una hamaca Jorge y en una pequeña cama Chuchín, medio pariente de la mujer de Evelio al que tenían recogido, que estudiaba mecánica por correspondencia, y que era muy simpático. Allí pasamos la noche sin otro percance que otro ataque de asma de Jorge producto de la "mojazon" del día, pero que no tuvo mayores consecuencias porque allí estaba la "gomita" heroína de esta primera parte del viaje.

Al otro día luego de desayunar se nos presentó un dilema, Jorge quería internarse monte adentro en contra de los consejos de los "guajiros" y nosotros que sin decir que no, nos oponíamos a la idea, triunfó Jorge y arrancamos para la Lima a eso de las 8.15 de la mañana, nosotros cinco, Limonta y dos guajiros más, en total ocho.

Así fuimos de atasco en atasco, de fangal en fangal hasta que llegando a la Lima un vidrio que estaba entre el fango me cortó el pie derecho causándome una hemorragia intensa, por suerte había allí farmacia y un médico que me curó y que nos aconsejó que sin "cadena" y sin "guincho" era una locura seguir, que mejor era dar marcha atrás y coger otro camino, así hicimos no sin antes encontrar un chofer que nos prestó un par de "cadenas" para regresar y que él manejaría que tenía más experiencia. Pues a pesar de todo esto en el mismo lugar donde me había cortado nos atascamos, todos tuvieron que bajarse a empujar. Salimos, pero el chofer aconsejó que era mejor que los demás fuesen a pie porque era mucho peso y el todoterreno enterraba y así recorrimos cerca de medio kilómetro hasta la altura de una zapa que llevaba plátanos y que hacía dos días que estaba enterrada sin poder salir del fango, nos enterramos de nuevo y ahí sí no valió de nada todo lo que hicimos. Fue necesario que uno fuese a buscar un par de yuntas de bueyes a una finca cercana, que seis hombres empujasen con todas sus fuerzas, que se colocaran piedras y palos bajo las ruedas, que el motor del "jeep" casi se fundiese para que después de 15 minutos no pudiésemos sacarlo hacia adelante sino hacia atrás. Tomando impulso y casi volando el "jeep" cruzó aquellos pantanos, después de haber cortado una cerca por consejo de un guajiro e introducirnos por el centro de una finca porque el camino era imposible de pasar.

Llegamos después de ser escoltados por las yuntas de bueyes un trecho, de nuevo a la casa de Evelio decidiéndonos a partir definitivamente. Lavamos algo el "jeep", recogimos nuestras ropas, pues las otras estaban enfangadas completamente. Chuchín nos cambió una bujía que se había fundido, le dimos algo de gratificación a la familia, junto con nuestras eternas gracias, y partimos cerca de las 3 de la tarde.

Esta jornada del lunes había sido la peor.

Guiados por Chuchín que fue con nosotros hasta Guantánamo emprendimos de nuevo el camino. Todavía tuvimos ocasión de conversar con dos familias más, que tenían mayor fogosidad que Limonta. Uno de los jefes de familia en un arranque muy mambí: "¡Hay que matarme a mí y a mis ocho hijos para quitarme este pedazo de patria!".

Esta vez regresamos por el camino de Rancho Grande rumbo al central Ermita recogiendo a dos campesinos a quienes llevamos a Guantánamo. Ellos nos dieron un galón de gasolina cuando más lo necesitábamos. En Ermita pusimos telegramas a nuestras familias y cuando cerca de las 8 de la noche llegamos a Guantánamo, pensamos que había ya terminado todo sin saber lo que nos esperaba.

Descansamos aquella noche en Guantánamo en casa de Soto, y a Jorge le dio otro ataque de asma, y hubo que llevarlo al hospital, porque la famosa "gomita" la había dejado en el monte.

FRANK PAÍS

Al otro día martes, cerca de las 9.30 a.m. salimos de Guantánamo rumbo a Santiago un poco estropeados. A la salida de Río Frío nos encontramos con "Tabaquito" chofer de un Tráfico y Transporte, que sin alarmarnos nos dijo que era mejor que, aunque un poco lentos, lo siguiéramos a él porque el camino no estaba muy bueno que digamos.

Nos reíamos interiormente, decirnos a nosotros de caminos, estaba gracioso aquello.

Arrancamos de nuevo y llegamos a Cabañas sin problemas. Hicimos una parada y seguimos. Y ahí comenzó el problema. No me explico cómo nos atascamos y ni hacia delante ni hacia atrás, tuvo "Tabaquito" que sacarnos con su "winche". Proseguimos y de nuevo comenzó el cielo a ponerse amenazador. Otra enterrada y otra vez el "winche" de "Tabaquito" nos sacó. Y siempre nos orientaba por el camino que debíamos tomar.

Por último, llegando cerca de Yerba Guinea nos encontramos un "jeep" fundido que "Tabaquito" siempre Buen Samaritano remolcó. De pronto nos dimos de boca con un camino tan desastroso que el mismo "Tabaquito" se atascó y nos mandó que pisáramos el acelerador y voláramos por encima de aquel fanguero. En el vuelo un tronco nos arrancó el espejito del chofer y no nos destrozó la cara del "jeep" de milagro, la mano ya experta de Armando lo evitó. Llegamos a Yerba Guinea con el motor echando humo a punto de fundirse, allí levantamos la tapa para que se enfriara un poco. Mientras, Armando y Rosendo fueron a ver qué era de "Tabaquito". Este tuvo que dejar el "jeep" fundido que remolcaba para poder salir. Llegó a Yerba Guinea, comimos algo y seguíamos de largo, cuando nuestro "jeep" no quiso arrancar. Retrocedió "Tabaquito" a ayudarnos, era que tenía el arranque pegado de tanto fango. Unos empujes hacia atrás y adelante y se despegó. Arrancamos, pero no habíamos andado cuando nos enterramos de nuevo, aquellos caminos estaban infernales, el motor se apagó y se apagó el arranque de nuevo. "Tabaquito como el ángel de la guardia acude de nuevo, nos saca teniendo esta vez que darle unos golpecitos al arranque al compás del movimiento para que arrancara.

Se iba poniendo feo el asunto, no se podía apagar el motor pues estaba pegado el arranque, ya iba faltando la gasolina y el cielo se iba poniendo negro.

De nuevo en la marcha, y esta vez es "Tabaquito" quien se detiene a ajustar su tanque de gasolina que se está cayendo.

Jorge le dice a Armando que apague el motor, que la gasolina se acaba. Armando lo apaga.

Cuando "Tabaquito" termina y va a proseguir su marcha nuestro "jeep" como el hijuelo malcriado no quiere arrancar. De nuevo "Tabaquito" emplea su ingenio, pero nada, y ya está dispuesto a destornillar el arranque cuando el "jeep" responde y arranca.

"A la tercera es la vencida –nos dice Tabaquito- no vuelvan a apagar el motor." Así lo hicimos un poco apenados, "Tabaquito" ya iba con retraso por culpa nuestra.

Y ahora comienza, un maratón con el tiempo y con la lluvia. Vence la lluvia y comienza a llover. Nos habíamos encontrado una zapa enterrada por falta de gasolina. "Tabaquito" le da alguna y proseguimos la marcha los tres. La lluvia aprieta y nosotros corremos más rápido, nuestra meta era correr, correr, correr y llegar a tiempo antes que el río crezca y poder pasar. Cruzamos a "Tabaquito" lo dejamos atrás, corrimos y corrimos locos, unas veces resbalando, semi-inclinados, unas veces veía el suelo debajo, otras a un costado, otras al otro lado, y el "jeep" se bamboleaba en todas direcciones cogiendo fango y agua en todas partes, y portándose como un gran "jeep". Teníamos fango y agua arriba, abajo, afuera y dentro, apretaba la lluvia.

Dos zapas cargadas iban delante nosotros en medio y "Tabaquito" atrás. De pronto "Tabaquito" acelera nos pasa, y comienza a pasar las zapas y detrás de su lluvia de fango, enfila Armando nuestro "jeep" con el acelerador hasta lo último, no sabíamos nosotros entonces a qué tanto correr, pero "Tabaquito" corría y él sabía lo que hacía.

Vimos por fin por qué corríamos tanto, el río, y crecía agitadamente. Fueron unos momentos de mucha tensión.

FRANK PAÍS

"Tabaquito" acelera y se mete dentro de la corriente impetuosa del río, nosotros detrás, pero vemos como el camión de "Tabaqjito" se hunde y se hunde en el agua, y frenamos, un "jeep" no podía hundirse tanto, parecía que el agua se iba a tragar el camión, pero lentamente comenzó a salir del otro lado.

Detrás de nosotros las dos zapas tocaban coléricamente, porque nosotros obstrucionábamos el camino y el río crecía más y más. Lentamente dimos marcha atrás hasta una tienda próxima por entre las palabras hirientes de los choferes de las dos zapas que ya no podían cruzar: el río se había desbordado.

Debajo de una lluvia torrencial nos detuvimos y apeamos en la tienda, compramos algo de comer. El dueño nos ofreció su casa que aceptamos. Él no la usaba porque durante las lluvias vivía en la tienda; a Jorge comenzaba a darle el ataque de asma y no tenía la "gomita", así que decidimos que tomara el tren que cruzaba cerca y llegara solo a Santiago, o que un comando tratara de cruzar el río ya que La Maya no estaba lejos, pero que no se quedara aquella noche en aquel lugar.

Sólo quedábamos tres, Armando, Rosendo y yo, y emprendimos lentamente el camino hacia la casa del guajiro, dejando que la lluvia nos empapara ya que el "jeep" tuvimos que dejarlo frente a la tienda, porque por allí era imposible pasar.

Después de traernos agua y una vela para alumbrarnos de noche nos dejó el guajiro después de habernos preparado la cama. Convertimos la casa en un campo nudista, pues como nuestras ropas estaban mojadas y enfangadas nos las quitamos, y las tendimos dentro de la casa. Comimos algo y nos dispusimos a dormir, pues, aunque eran las 6 de la tarde, todo estaba muy oscuro y estábamos muy cansados. En eso entra en la casa un campesino ya entrado en años, pero duro como el roble, con sus ropas viejas y raídas, y con su semblante serio que recuerdo en este instante, era el padre del que nos había brindado alojamiento, casi sin cruzar palabras salió y al poco rato volvió con un fuego encendido y leña que prendió en la sala de tierra para que las ropas se secaran. Le enteramos de quiénes éramos y cuáles eran nuestros propósitos. Todavía recuerdo con sus palabras: "Mis padres pelearon en la guerra y nunca aceptaron nada del Estado, porque consideraron eso su deber para con la patria, yo sigo pensando que es un honor el poder defender a la patria y servirnos entre nosotros como hermanos, así que no tienen que darme gracias por nada"

"Admiro a los estudiantes, porque los considero llenos de la poca decencia e ideal que hay en nuestra patria. Tengo en el frente de mi choza la fotografía de los 8 estudiantes de medicina muertos por España, y sigo considerando a los estudiantes como los únicos que sienten el interés de la patria."

"Aquí se ahorca y se mata, y no puedo decir más, no se puede hablar, no se puede decir más, porque amanece ahorcado o con un tiro en la cabeza (ya esto lo habíamos oído decir antes), no hay protección, no hay seguridad, no hay justicia."

"Nos hemos visto obligados a vender la caña a 60 centavos la tonelada en pie, es decir, cortada y montada, así que imagínense, cuántas toneladas de caña hay que picar para comprar un par de zapatos."

"Los demás productos, ustedes ven, como no se pueden sacer de aquí, y cundo se hace, tenemos que hacerlo a merced de lo que nos quieran cobrar los camioneros que se atreven a llegar y encima de todo esto, que ya es bastante, tenemos la amenaza, la coacción, la situación de fuerza, el odio, la enemistad, entre hermanos."

Y con un gesto de dolor profundo: "Cuba está mal, hermanos, Cuba está mal, Dios oiga a sus hijos más desamparados y no los deje morir de hambre y miseria, porque de eso moriremos todos, para sostener palacios y rascacielos, fortunas, riquezas y cola de patos."

Y dos lágrimas surgen en nuestros ojos, al contemplar la miseria del pobre guajiro, su espíritu hidalgo y el trato que como perros reciben. Qué triste esperanza la de Cuba cuando hay tantos y tantos hombres que viven muriendo en la ansiedad de cada día, sufriendo el dolor de ella burla, la traición y el desamparo.

FRANK PAÍS

Y sigue el guajiro: "Pero yo confío en ustedes, la esperanza de Cuba, jóvenes que saben dejar el placer del día de fiesta, para venir a pasar trabajos oyendo a este pobre guajiro, podrían ustedes hablar a los otros de este mundo tan cruel, no tenemos otra esperanza que morir esperando a alguien con corazón de pueblo, alma de poeta, y sentimientos de hombre, no de hiena, que venga al campo, no a pedir votos, sino a brindar el amor de hermano, no pensando en cómo engañar al pobre guajiro, sino pensando que el futuro de Cuba está en el monte."

No lo olviden...

No lo olviden...

Tuvimos un sueño intranquilo pensando en Jorge y en las palabras de aquel guajiro.

El Miércoles amaneció brillante, recogimos las ropas semi-secas y nos preparamos a partir. Dijimos al dueño de la tienda que cuánto le debíamos, y nos dijo que nada que muchas veces mientras vendía ropas por el monte le habían brindado albergue y ahora tocaba devolverlos, pero que si queríamos llevarle un saco de maíz hasta la Maya, nos lo iba a agradecer. Así lo hicimos, y después de despedirnos de todos, llevándonos el saco de maíz y 4 guajiros para la Maya, dejamos aquel lugar con sentimiento.

Pero nos arrancamos tan fácilmente, como el arranque estaba pegado, tuvimos que recurrir otra vez a los golpecitos, a empujar, y por último a tratar de destornillar el arranque. Al cabo de quince minutos logramos arrancar, y cruzamos el río que había decrecido y llegar a la Maya donde dejamos el saco y nos despedimos de todo, allí averiguamos que Jorge había cruzado el río la noche anterior, y que ya debía estar en Santiago. Tomamos gasolina a la salida, y ya habíamos cogido la carretera, cuando Armando notó que su jacket se le había quedado en la tienda del campesino, allá en Bonuco, y ya iba a regresar, cuando uno de los campesinos que seguía con nosotros hasta Santiago y que iba a regresar ese mismo día le dio palabra de interesarse por el jacket y de ese modo proseguimos viaje llegando primero al Cristo y luego al Caney por el camino de las Lajas. Allí Armando cambió de

José Álvarez

ropas, y seguimos a Santiago sin más percances.

En Vista Alegre, como si lo hubiéramos llamado con el pensamiento nos encontramos a Jorge, que nos contó cómo había llegado la noche anterior.

Pasamos revista: Habíamos perdido los espejuelos y el jacket de Armando, la pluma de Rosendo, cinco pesos de Jorge, y yo con heridas y magulladuras.

-¿Qué les ha parecido esta experiencia? —pregunté.

-Maravillosa, me respondieron todos.

¿Y cuándo estaríamos dispuestos a emprender otro viaje?

-Ahora mismo, si pudiéramos, respondieron todos con una sonrisa de satisfacción y cansancio

Y en la mañana del miércoles 9 de Junio de 1954, un "jeep" lleno de fango hasta la capota, iba proclamando por las calles de Santiago de Cuba, el espíritu incansable de aventura, y sacrificio de la juventud cubana.

FRANK PAÍS

Correspondencia personal

Elia Frómeta, 7/28/53

[...] No estoy mezclado en absolutamente nada, pero quisiera. Ese dia sali a la calle buscando quien tuviera un rifle o un revólver y suerte para ellos que no encontré porque, si no, por cada bala que me hubieran dado me hubiera llevado uno...

... Salí a la calle y me dijeron que era Peraza [sic] que se había alzado en Cuba entera, los radios no funcionaban y no sabíamos nada. Tey vino a mi casa y fuimos a reunirnos unos cuantos. Fuimos a las cercanías del Cuartel, a tratar de conectarnos con los supuestos soldados insurrectos, pero los batistianos nos impidieron pasar a tiro limpio. Luego fuimos a buscar armas y no las encontramos y anduvimos todo el dia caminando y enterándonos de lo que pasaba.

... Los jóvenes se marcharon a Siboney, luego a la Gran Piedra y demás lomas, donde los guapos ahora los están persiguiendo como a perros. A todos los matan. A los que se rinden también. Imagínate, ellos que no conocen esos lugares, los matan como a mosquitos. Son unos asesinos. Quieren desquitarse como cobardes lo que no supieron defender como hombres cuando tenían que hacerlo. Me dio rabia y un dolor ver cómo morían y mueren decenas de muchachos jóvenes. Yo los llegué a ver el domingo por la noche, porque me llegué a colar con un grupo que traía un soldado herido. Estaban todavía tirados en el suelo, todos llenos de sangre, de balas y de honor. Jovencitos algunos que no tenían ni barba siquiera. Uno colgando de un árbol, las piernas al aire y los pies en el suelo, mientras el cuerpo se bamboleaba en el aire. Era algo horrible y más horrible aun el asesinato que están cometiendo por esas lomas sin que nadie los vea. Asesinos y cobardes...

Ruth Gaínza, 7/29/53

Te habrás enterado ya de lo que ocurrió el domingo, pero no vayas a creer todo lo que dicen los periódicos...

Después de unas horas de combate, se retiraron, dejando pocos muertos, pero atraparon en el Hospital Civil a las dos mujeres y unos dieciséis jóvenes, los cuales se

rindieron. Alguien que no puedo decirte vio cuando los sacaban a culatazos, habiéndose rendido y estando desarmados. Reconquistaron el Cuartel y los llevaron allí, donde los golpearon muchísimo y después alguien vio como los ahorcaban y los fusilaban sin juicios ni nada; entonces los vistieron de soldados y los hicieron aparecer como muertos en campaña: una verdadera masacre. Ayer vieron traer a seis prisioneros y fusilarlos en el cuartel y hacerlos aparecer hoy en los periódicos como que había muerto en el tiroteo...

A mi me da una rabia y un sentimiento y te digo que esa mañana salí con un grupo buscando armas y te digo que si has hubiera encontrado a estas horas estaría yo también peleando con ellos. Me da muchísimo dolor los que están asesinando así y yo con los brazos cruzados, viviendo cómodo en mi casa, es como para desesperar a cualquiera...

César López, 3/22/54

Te recordarás que te dije que en mi última carta, la que no pudo llegar, te decía muchas cosas íntimas, pues bien, te las voy a repetir añadiendo además muchas otras cosas que han ocurrido después.

Hoy es 22 de marzo y me encuentro muy abatido, diría que desesperado. Salí como a las 7 y 15 y me puse a caminar y caminar hasta que no puede más y regresé ahora que son las 12 y 30. Estoy muy cansado pero ni con eso he podido quitar este pensamiento de que soy infeliz.

... después te contaba mis relaciones, te decía que con Isel había tenido una escena bastante fuerte, la noche antes de ella irse para El Cristo, y que no la había yo vuelto a ver más. Te decía que Ruth y yo ni siquiera nos hablábamos y que con Nena no sostenía correspondencia hacía, si mal no recuerdo, unas 3 semanas. Te seguía contando que a pesar de esto me sentía hasta cierto punto con un sentimiento de alivio.

[...]

Todo esto te explicaba y te pedía consejo, cosa que todavía hago.

Las cosas, (las otras) variaron después de mi juicio. Nena me escribió, Isel me pidió perdón y Ruth me habló, llamándome con lágrimas en los ojos a su lado.

No te hablo hipócritamente y te cuento esto porque también me tiene preocupado, me he llegado a asustar, no sé qué me pasa que no puedo decir que no, si analizo las cosas ahora, me entiendo, me llamo sinvergüenza, sé que estoy haciendo cosas mal hechas, muy mal hechas, pero las sigo haciendo César, no tengo el valor de decir no. Y ahora no son tres sino cinco, comprendes esto, y no es que me vuelva loco esto, pues me paso a veces una semana solo, sin ver a nadie a pesar de que parecen tantas, lo que me vuelve loco es pensar que estoy engañando a cinco. A Isel sé que no la quiero, a las otras dos tampoco, me une el deseo a ellas, a Nena y a Ruth es algo raro que no sé qué es, pero sé que no es una pasión.

Y estoy enamorado de una sexta, esta si de una forma loca, apasionada, vehemente, como nunca pensé, no razono a veces, otras, me tiene preocupado días y días, estoy triste y sufro mucho por ella, nada me importa tanto como ella, dejo mi trabajo, mis estudios, las cinco, mi casa, mi comida, todo por ir a sus pies. No es un amor inmaterial, sino algo correcto, que siento latir en mis venas, que me hace marchar más rápidamente el corazón, que me ha hecho llorar. Estoy tan enamorado como nunca pensé, la conoces, aunque quizás no entiendas o no puedas comprender este cariño. Es la de falda de rayas azules y blancas y con un gorro frigio con una estrella sobre su cabeza, ¿la conoces?

¿entiendes lo que siento? Es algo como nunca lo había sentido solo cuando me enamoré de Nena.

Elia Frómeta, 3/55

Hoy, aunque son más de las 2 voy a contestarte. Soy distinto sí, tienes una rival, una rival que me ha robado el corazón por entero, que me absorbe en cuerpo y alma, que me hace circular la sangre más rápido al pensar en ella, que he sentido angustias, tristezas, alegría, con ella, que me siento suyo, ha tomado mi vida de una manera que no soñé nunca entregar más que a Dios, soy suyo y ella es mía porque la quiero, la amo profundamente, de corazón.

La conoces, aunque la has mirado muchas veces sin comprenderla bien, tiene la falda de listas azules y blancas, el corpiño rojo y sobre su cabeza un gorro frigio con una estrella blanca.

¿Comprendes esto? ¿Comprenderás acaso que no son palabrerías que no pienso en nada, nada más importante que ella, que ocupa mi mente, mi alma, mi acción, he olvidado todo, tú, yo, los demás, para mí no hay nada más que ella?

No me interesa ya nada de nada, solo ella, me siento como poseído y en mis venas arde un solo deseo, servirla

Me vejan, me dejan solo, sufro, pero ya no me importa si la tengo a ella, si tengo su dulce cariño, que me va a importar si es mía la que adoro, la abrazo cuando quiero, la tomo entre mis manos.

Y es más mía, que nunca nadie lo fue, porque es mía con los ojos, con el aliento, por los oídos y puedo ceñirla y escapa de mis dedos porque cada vez es más grande y más amorosa y más tierna y más hermosa.

Y no puedo escribirte versos románticos porque no siento eso ya, mi alma se ha llenado de esta pasión y de odio para los traidores y enemigos que me la maltratan, desprecio, odio, porque se quedan y mandan.

¿Comprendes eso? ¿No? Pues compréndelo porque así soy mientras tenga fuerzas para quererla...

César López, 8/3/55

Hace tiempo tenía que escribirte, no lo he hecho por vago. Ya tú habrás oído las cosas que han pasado, no son excusas, solamente las menciono. No sé qué pensarás ni qué estás haciendo, yo me estoy cansando de todo, ni diciéndotelo podrás imaginarte los malos ratos que he pasado, pensé tantas cosas, pero total, de qué sirven, al salir, todo ha vuelto a ser igual, tiene que ser igual porque no lo puedo cambiar; en estos mismos momentos tengo náuseas y asco de todo esto. No sé lo que pensarás por 'esto' pero no es lo que hago sino las cosas que me obligan a hacer.

Mi novia dice que te vio y estuvo hablando contigo, me dijo te escribiera cuando vino. Mi pobre novia, nunca ha estado más lejos de mí que ahora. Cuando fue a La Habana, estábamos semi-separados, no terminó conmigo porque no quiso, sigue empeñada en amarrarse a mí y ahora ya no es la distancia la que nos separa, somos distintos, ella es una muchacha cristiana y yo no lo soy ahora.

He querido que lo comprendiera, pero se empeña en quererme y sería una lástima que yo la arrastrara a donde estoy. No sé qué hacer con ella [...]

Bueno, no fue nadie a verme, nada más que Taras [Domitro], el del Caney, y un muchacho de aquí de Stgo. Esto no me importa, siempre he esperado el abandono cuando he estado preso o enfermo, así que ni caso le di... El día que salí a las 4 p.m. me llevaron un pantalón y una camisa y a las 6 y 30 salí...

El lunes, el martes y el miércoles tenía los exámenes en la Universidad de las asignaturas que me quedaban. Fui a ver qué se podía hacer y me dijeron los profesores después de muchas explicaciones que tendría que ir a septiembre, eso es una gran merced porque de acuerdo con ellos tendría que repetir el año otra vez [...]

[...] me tienen vigilado de que hay amenazas de matarme, como las hay... Ya a mí no me interesa nada, que hagan lo que quieran, que procuren aprovecharse y acabar conmigo ahora porque si me dejan, ya yo acabaré con ellos.

Adiós, FRANK

César López, 8/12/55

Te quería, te apreciaba, y a ese amigo escribí en momentos desesperados, como una forma de desahogar mis sentimientos, esperaba algún aliento, algún consejo y me encontré con que me diste más. Sé que comprendes lo que sentí en esos momentos, todo estaba negro, muy negro, y vi tus letras de aliento y comprendí todas las cosas que no decías pero que sentías, eso me dio valor.

Senti tantas emociones, no podía decírtelas, solo te digo gracias y ahí va todo lo que puedo sentir.

Para mí la vida es dura, no sé por qué siempre las cosas que me pasan son las más difíciles. Me volvieron a coger preso, esta vez solo horas, desde las 10 y 30 hasta las 3. Me interrogaron sobre algunas cosas, entre ellas si había estado en Santiago o había ido a Placetas, tonterías, menos mal que se aclaró lo del tenien e ese [...]

Mi novia estuvo aquí para las oposiciones, con su hermana que vino al médico. No salí con ellas a pesar de lo cual se portaron bastante bien conmigo...

César López, 8/17/55

Querido amigo:

Tengo deseos de escribirte. ¿Qué decirte? No sé. Sabes que tengo cantidad de cosas que me preocupan. Primero, Daniel (su sobrino) me ha prometido informalmente facilitarme los medios para irme de Cuba, pero no veo nada claro. Segundo, no pienso seguir trabajando con Agustín [González Seisdedos], me explota y no me da resultado, pero no tengo trabajo y...

Tercero, tengo tres asignaturas que perdí el chance de examinar precisamente los días que estuve preso; ahora, a septiembre, pero solo no tengo con qué ni con quién estudiar, desorientado, esa es la palabra.

Cuarto, la extremada simpatía que sienten por mí los miembros del SIR y los policías.

Quinto, y por no poner más, los problemas de aquí de casa, las envidias de cierta gente y lo poco que estoy contando con Dios para todas mis cosas. Hay más problemas con algunas gentes, con mi novia los temores que ya sabes y esta otra. Pero Cesar, lo que más me preocupa es que no sé qué es lo que voy a hacer.

La vida es dura, muy dura, quizás como dices, lo interesante es que sea dura para vencerla, pero es que hasta el más terco se cansa. Lo que me hace más insoportable quizás es que los que más quiero están tan lejos. Mi novia y tú, ella que por ser tan joven no puede comprender ciertas cosas y además no puedo confiar todas las coas en ella. A tí te las digo, pero estamos tan lejos, se harían interminables las cartas. Además, hay sentimientos, recelos, temores que no se pueden expresar pero se sienten. No sé por qué la vida tendrá que enmarañarse y complicarse tanto.

César, me voy a dormir, son la 1 y 20, esperé a que fuera tan tarde para escribirte para que aquí nadie me molestara, pero tengo sueño, sigo mañana bien temprano.

Adiós,

FRANK

César López, 10/4/55

Stg. de Cuba, 4 de octubre de 1955
Sr. César López
La Habana
Querido amigo:

José Álvarez

Hoy te escribo, no tan pronto llegué pues estaba tan cansado que me quedé rendido, pero sí ahora.

No tuve ningún problema, llegué sin novedad, deja ver si mañana o pasado te mando la maleta. Ya vi a Poveda y le di tus saludos.

Me he encontrado un mal de fondo en mi escuela, no me han pagado, a los demás sí, pero a mí no, parece que quieren darme una especie de escarmiento, los pobres.

Mi mamá bastante disgustada conmigo, mis amigos al parecer contentos. Yo esperaba que Elia me hubiera escrito, no lo hizo, parece que ya se está olvidando de mí.

Por aquí todo está casi igual, ligeramente peor. Mi hermana le escribió a Daniel (hijo de su hermana Sara) dándole la queja de que estuve varios días en La Habana y que no fui a verla y que estaba muy disgustada conmigo.

Hoy me pagaron, pero lo que me dieron fue un cheque que no puedo cambiar, porque el banco trabaja las horas que yo y cierra primero, voy a ver si se lo endorso a alguien que quiera hacerme el favor de cobrarlo.

Hoy cambié el cheque, me dijeron que un amigo se iba la La Habana y me podía llevar la maleta gratis, veré si te la mando con él. Creo que se va al lunes, si no te la lleva, entonces no me quedara más remedio que pagar.

Hoy recibí carta de mi novia, digo de mi ex novia, ya se decidió a terminar, muy linda, serena y sensata su carta, creo que ahora estaremos mejor. Como yo tengo dinero te echaré tu carta ahora mismo. Estoy ahora en la escuela, terminando esta carta, cogeré un sobre de aquí cuando baje la dejo en el correo.
Adiós, FRANK

Alina Jiménez, 4/6/57

Boniato, 6 de abril de 1957

Srta. Alina Jiménez
Gtmo. City. Gtmo.

FRANK PAÍS

Mi querida Alina:

Ya ves que después de tantas peripecias, dónde ha venido a descansar. Supongo que estarás, aunque sea un poquitín preocupada por mi suerte.

Después de tanto tiempo sin saber de mí, no imagino que esta carta llega en buen momento.

Aquí, un poco encerrado, con muchas moscas y muy apretado, pero, por lo demás, bien, pues hay mucha camaradería y los momentos malos que todos tenemos un día más que otro, se sobrellevan entre bromas y jaranas, mientas se cimentan las ideas y se funden en acero nuestras voluntades.

Creo que fue el escritor ruso Tolstoi el que dijo que entre las muchas pruebas que tiene que pasar un hombre verdaderamente hombre y con aspiraciones de carácter, una era la cárcel. Yo estoy cumpliendo fielmente las ideas de Tolstoi.

Se o me imagino las coas que habrá dicho o pensado la gente y entre ellas Carmen, pero puedes decirle que con orgullo llevo la cárcel, que es para mi satisfacción el sufrir tanto o más como cualquiera de mis compañeros. El destino impuesto a cada ser es infranqueable y amargo cuando se reniega de él, pero compensación y estrella cuando se le acepta de frente y con el corazón alegre.

Mi pasión y mis sentimientos son mi guía y quiera el cielo que siempre pueda tener la íntima satisfacción de poder seguirlos.

Dales mis recuerdos y mis palabras a los que sabes me quieren bien.

Y tú, gordita, recibe mi cariño y mi amistad de siempre.

Te quiere, FRANK

Alina Jiménez, 4/14/57

Boniato, 14 de abril de 1957

Querida Alina:

Hoy es domingo y es bastante triste porque está lloviendo y

todo el cielo está gris.

Aquí, adentro, los compañeros juegan, hablan, gritan, ponen radios y tienen un escándalo terrible, como queriendo ahuyentar las tristezas del paisaje y yo solo, aquí, en mi rincón, mirando a través de mi doble reja las lomas tan lejanas.

Hoy he estado leyendo versos y me encontré con estos que me hicieron detenerme en ellos, ¡me recuerdan tantas cosas! Yo sé que tú también los comprenderás.[59]

¿Qué te parecen? ¿Verdad que son lindos y sugestivos?

Ahora el escándalo aumentó, la lluvia también.

Me he preguntado tantas veces cómo estarán ustedes... hace tanto tiempo que no sé de ti. ¿Recibirías mi otra carta? Ojalá que sí.

No me dejan casi ni pensar, tanto hablan, pero los pobres, olvidan así su estado y sobrellevan sus penas.

Tendré que escribirte luego porque ahora no puedo. Les das recuerdos a todos, sobre todo a Celín y Fabio.

Hasta pronto,

FRANK

Gloria Cuadras, 5/14/57

Mayo 14 de 1957

Mi querida Gloria:

Aquí estamos, de nuevo en la pelea, dispuestos a tratar de hacer lo mejor que se pueda, como siempre.

Me ha encontrado con algo de desorganización que hasta cierto punto es concebible por todos los que tú sabes están presos.

En lo económico ha habido más ligereza que mala fe y a eso estamos poniendo coto situando a alguien que es símbolo de eficiencia, seriedad y probidad, para que no haya ni la más ligera

---

[59] A continuación transcribe literalmente los versos del poema de José Ángel Buesa titulado «Canción del amor lejano», que muchos conocen por el comienzo de «Ella no fue, entre todas, la más bella...»

sombra de duda sobre los destinos de los fondos.

En algunos casos, hemos encontrado efectivamente algunas cosas mal hechas, casos lamentables que nunca debieron producirse en un Movimiento como el 26 de Julio, que aspira a ser la Revolución restauradora de la Patria a la que todos aspiramos, y que nosotros contemplamos con tantas esperanzas y con el dolor de tantos compañeros caídos que luchaban por nuestros mismos anhelos y que no podemos dejar frustrar.

En nuestros hombros, como en los tuyos, pesa la responsabilidad de haber compartido las esperanzas de nuestros mártires y haber sufrido tantas provocaciones y tristezas por el ideal que siempre ha estado torturándonos el recuerdo, fijándonos el camino inexorable que hemos de seguir y con ellos tenemos que cumplir si el destino no se interpone y nos señala también el martirologio.

Siempre he tenido mucha fe en ti. Me has inspirado muchas veces y tu ejemplo de lucha y sacrificio ha tratado de ser mi guía. Y como una vez más, creo que la Historia nos verá juntos, combatiendo por el mismo ideal. En la forma que creas puedes ayudar, la esperamos y necesitamos urgente.

Como siempre, revolucionariamente,

DAVID

María Antonia Figueroa, 5/15/57

Mi querida Ma. A.

Primero que nada, mis saludos a quien tanto admiro y respeto y a quien quise saludar personalmente, pero que esta situación de persecución me lo impidió. Envíale a tu madre mi cariño de siempre.

Según me has dicho, ves a Melba: si es cierto, envíales mis saludos.

Hay muchas cosas que hubiera querido conversar personalmente contigo, no sea que por tratarlas por escrito vaya a expresarme mal, o no pueda ser lo suficientemente explícito y vayas a interpretarme mal.

Indudablemente que al estudiar la situación del Movimiento nos hemos encontrado con una pequeña desorganización y con lo necesidad de reestructurar los antiguos cuadros, dándoles oportunidad activa y responsable a todos los inmensos factores que se inclinan ahora hacia nosotros y que no debemos desaprovechar. Siempre ha sido nuestra línea de conducta la dinámica, evolucionando con los hechos y las situaciones, tratando de encausarlos y vincularlos estrechamente a nuestra causa.

Esa es la situación que ahora confrontamos. Se necesita darle un nuevo impulso y un cambio trascendental a nuestro sistema económico. Necesitamos darle unidad nacional e internacional para que todos los esfuerzos se aúnen en el mismo propósito y sea más efectivo.

Por todas las facilidades que tiene, por los deseos que tiene de ayudarnos, por lo beneficioso que su personalidad puede representar para el Movimiento, hemos acordado darle plena responsabilidad en lo económico a la persona que el portador te dirá.

Se que te parecerá maravilloso, porque sé has trabajado ya con él y sabes todo lo que vale. Creo que hemos ganado mucho al captarlo en un trabajo de tanta responsabilidad como este.

Quisiera que en la misma forma en que lo has hecho siempre lo ayudes con todos tus recursos y conexiones y que lo aconsejes en todo lo que necesite.

Espero tu respuesta con la seguridad de tu aprobación.

Con saludos para todos queda de ti,

Revolucionariamente,

DAVID

Alina Jiménez, 5/28/57

Mayo 28 de 1957

Mi querida Alina:

FRANK PAÍS

Recibí tu carta, muy bonita y muy reconfortante. Siente uno alivio cuando sabe que hay personas que lo aprecian y lo comprenden y todo en tu carta da fe y da confianza.

Hubiera querido hablarte de tantas cosas, ¡es tanto lo que podemos decirnos! Y, sin embargo, hoy no puedo. Un nudo me cierra la garganta, una amargura me aprisiona el pecho y los recuerdos hoy me torturan como nunca.

Perdí un hermano, Roberto Lamelas; un amigo, Joel Jordán; dos compañeros, Rosales Clavijo y Fernańdez Badel.

Conociste a Roberto, pero no a los otros; yo los conocí a los cuatro.

Van cayendo poco a poco, haciendo interminable la lista.

El padre, la madre, los hermanos los pierden una sola vez y luego no tienen ya a quien llorar, pero estos, mis hermanos, a quienes llegué a querer tanto con la comunión de ideas, con la fe en los ideales y la esperanza en la justicia y en la patria feliz... Estos los quise como hermanos y el dolor de su muerte me ha arrancado a pedazos el corazón y la alegría. Parece como si nunca pudiera disfrutar de nuevo la risa, sus recuerdos atormentan y entristecen. Son tantos: Carlos Díaz, Orlando Carvajal, José Tey, Otto Parellada, Toni Alomá, [Rafael] Orejón, Pedro Díaz, [José Antonio] Echeverría, Fructuoso Rodríguez, Raúl Suárez, [Miguel] Saavedra, Ñico López, [Julio] Pino Machado, Cándido González, y tantos y tantos más.

Tal parece que las fuerzas del mal se cebaron en nosotros, con los sacrificios de tantas vidas jóvenes y llenas de tantas cualidades, no pesan en la balanza de la justicia divina o del destino, y permiten que esto siga, que permanezca la opresión, el abuso y la maldad.

¿Qué mal habremos cometido para que la suerte no nos favorezca? ¿Por qué suceden estas cosas? A veces me domina la apatía y la indiferencia y quisiera ser yo de los que caen para no sufrir, para no ver, para no sentir; desfallezco con el desaliento y reniego de tantas injusticias.

Pero tenemos que sufrir y seguir, triunfar o morir.

José Álvarez

Mártires: aquí estamos firmes y enteros, prestos nuevamente a nuestra gran cruzada de redención, o caeremos uno a uno con el pecho constelado de balazos.

Te aprecia,

FRANK

PARTE II

Cartas a Fidel Castro

Documentos oficiales

Correspondencia oficial

Cartas a Fidel Castro

Nota del editor: Las cartas que Frank País le escribió a Fidel Castro fueron muchas. La literatura se concentra en las que le envió a partir de su salida de la prisión de Boniato a mediados de mayo de 1957. Durante ese período todas y cada una de las misivas son importantes, pero la mayoría de ellas son excesivamente largas, forzando a los editores a cortarlas para ganar espacio con el resultado de tener a veces versiones distintas de la misma carta ya que no todos los editores eligen las mismas secciones para borrar. Hay autores que hacen notar las partes eliminadas con un [...], pero otros ni se molestan en anotar la advertencia, dando la impresión de que la carta es totalmente auténtica y representa el original escrito por País. En algunas obras se ha cambiado la fecha por otra cercana debido a su ausencia en el original y a la necesidad de un cálculo. ¿Cómo se pudiera resolver este problema? Pues tomando cada una de las versiones y «armar» una con las versiones que existen. El resultado sería una carta que nunca existió en el formato elegido. Todo lo anterior justifica el Apéndice 2 «Lista cronológica de escritos selectos de Frank País».

26 de junio de 1957[60]

Querido Alejandro:

Recibimos hoy tu carta de junio 22.[61] Como ya debes saber lo que sucedió con los cuarenta, fue un desastre. Sierrra metió una serie de muchachitos que a última hora se indisciplinaron; además, anduvieron perdidos más de doce días sin guías efectivos y eso fue más de lo que pudieron resistir. Me alegro por un lado, pues lo que no servía se fue y lo que valía quedó, pero lo siento por el parque y comida que iba, además de las comunicaciones que también iban, que se retrasaron y el peligro que corrieron

---

[60] Gálvez Rodríguez (1991: 515-516).
[61] Se refiere en realidad a junio 21.

buenas armas y buenos hombres. Para Manzanillo partirá un delegado nuestro, a depurar responsabilidades.

Creo ya habrás sabido de la muerte de Enrique Dublón en Guantánamo. Perteneció al Movimiento, pero fue juzgado por indisciplina y usurpación de funciones y por cogerse armas y dinero. Fue circulado y el Movimiento en Guantánamo logró cumplir la orden. Ahora faltan por ser ajusticiados Echevarría, Chang Batista de Manzanillo y González Cuba, de La Habana, éste último causante de la muerte de Lamelas, Jordán y dos compañeros más. Así mismo el 'Gallego Morán' que anda armado y acompañado de agentes del SIM por Manzanillo. [...]

Quizá cuando llegue esta carta ya se habrá realizado el Plan Nacional No. 1 y el S F [Segundo Frente]; espero que ambos con buen éxito. Un compañero clave para el SF fue puesto hoy en libertad por el Tribunal de Urgencia. Esto nos adelanta el trabajo grandemente.[62]

Espero ya hayas recibido los informes de Bienvenido [Léster] [sobre los militares] y ojalá que (de) los cuarenta también. Espero que ahora las cartas lleguen cerradas, pues tuve noticias que llegaban abiertas y que mucha gente las leía. Desde ahora en adelante las voy a lacrar.

No te olvides lo que piden Faustino y Pedro. Sobre el 30 [de junio] ya tenemos planeado lo que vamos a hacer. Dales recuerdos a todos, en particular a Enrique Soto, a Jorge S., a Raulito y a Universo.

Aquí recibimos tres cartas del Che y le mandamos lo que nos pidió. Avísale a Jorge que vi a su mamá y le mandé sus recuerdos. Dile a Enrique Ermus que fue su hermano el que delató a Lamelas, Jordán, etcétera, que trabaja con Mansferrer, que ahora viene con él al mitin y que lo sentimos pero tendremos que proceder contra él si se nos facilita.

Sin más y hasta la próxima,

---

[62]Se refiere a Oscar Lucero, detenido junto con Taras Domitro el pasado día 9.

José Álvarez

Por la Dirección Nacional del M-26 de Julio,

DAVID

27 de junio de 1957[63]

Querido Alejandro:

Vuelvo a escribirte hoy porque ayer olvidé hablarte de la clave que pides. Creo que es lo correcto. Pensaba mandarte una que estamos utilizando para lo interior, pero ayer, hablando con Raúl Chibás, me sugirió el sistema de código que creo es mucho mejor y rápido. Consiste en dos libros iguales, tú tienes uno y yo el otro y nos escribimos escogiendo palabras de determinadas páginas del libro. Por ejemplo: 1ra. Palabra: 27-4-3. 2da. palabra: 27-7-6. 3ra. palabra: 28-12-9. 4ta. palabra: 27-16-2.

Esto quiere decir: primer número página, segundo número renglón y el tercero palabra. Entonces sería, descifrando, la primera palabra: página 27, renglón 4 y palabra 3. Tú coges esa palabra y las escribes. Segunda palabra: página 27, renglón 7 palabra 6. Tercera palabra: página 28, renglón 12 y palabra 9. Cuarta palabra: página 27. Renglón 16, palabra 2.

Trata de buscar cada vez las palabras dentro de páginas cercanas, para no pasar mucho trabajo. Si hay algún problema, cambiamos de libro y ya.

Este código no se puede descifrar de ningún modo ni por ningún método. Hay que saber cuál es el libro escogido y esto lo sabríamos nada más tú y yo. ¿No te parece bien? Me parece que es el mejor sistema. En el próximo viaje te mandaré el libro escogido y te lo diré en próxima carta.

Supongo que ya te habrán informado de la calidad del grupo que llega ahora. Son bastante malos, con excepción de unos cuantos. Van allá como última oportunidad de pelear por el

---

[63]Gálvez Rodríguez (1991: 517-518).

Movimiento. Vas a tener que ponerlos en cintura desde el principio. De todos ellos hay uno que no puede regresar ni aunque se enferme: es el señor Julio Pérez, de Santiago de Cuba. Su última oportunidad es esa. Fue presidente de la Juventud Ortodoxa en Santiago, se cree con ínfulas de jefe y es muy intrigante e indiscreto, tenlo siempre bien controlado.

Ya Norma [Celia Sánchez] me informó sobre las cosas que ustedes necesitan. Ya tenemos aquí un fábrica de mochilas y uniformes que ahora está produciendo para el SF [Segundo Frente], pero en cuanto termine, comenzará a producir para ustedes. Además, mandé a pedir a las otras provincias dinero y equipos para ayudarlos en esto. Santa Clara, con la viuda de Pino a la cabeza [Margot Machado], se está portando muy bien.

Supongo estarás contento con la llegada de Raúl [Chibás], los otros tres no pudieron venir ahora por una serie de problemas que ha habido. Nos interceptaron en la carretera una máquina con armas y estaba a nombre de [Javier] Pazos. Detuvieron al padre; pero como era del hijo, lo soltaron.

Hasta la próxima. Suerte,

DAVID

5 de Julio de 1957

Santiago de Cuba, 5 de julio de 1957

Estimado Alejandro:

Tengo que volver a escribirte y sin pasarlo a clave, pues según informes que tengo de Norma, todavía no te han podido entregar la carta en que te hablaba de ella.

Supongo que ya te habrás enterado de las últimas noticias, hasta la pluma me tiembla cuando tengo que recordar esa semana terrible. Fue nuestra «semana terrible», «nuestra Fernandina»; todas las cosas tan detalladamente planeadas, tan bien distribuidas, todas salieron mal, todas fallaron, unas tras otras venían las malas noticias hasta parecer que nunca terminarían.

La bomba de tiempo, tan cuidadosamente preparada y colocada, falló al caerle agua unas cuantas horas antes; las granadas de mano fallaron; el segundo frente, tan secretamente preparado, fue abortado y perdimos armas y equipos por más de 20 000 y la vida de un compañero; aquí perdimos tres compañeros más, sorprendidos cuando iban a realizar un trabajo delicado y que prefirieron morir peleando antes que dejarse detener, entre ellos el más pequeño que me ha dejado un vacío en el pecho y un dolor muy mío en el alma (...)

El hombre clave de nuestras comunicaciones y avisos enfermó gravemente con lo que lucía una embolia sin poder hablar ni escribir, los avisos para la orden nacional de sabotaje se dieron como pudimos, menos mal que el Movimiento en el resto de Cuba se portó muy bien, demostrando que no fue en balde tantas comunicaciones ni tanta insistencia en disciplina y organización. Y para colmo de males tampoco Bienvenido ha podido salir de Cuba.

La idea que tú nos propusiste es buena para cuando se realice un mitin de la oposición. pero no del gobierno. Vinieron en amplio zafarrancho de combate, tuvieron que dar el mitin apoyados en tanques de guerra, con 3000 soldados sobre las armas y más de 200 apapipios de Masferrer. Hubiera sido una masacre, aparte de que no podíamos arriesgamos a jugar esa carta todavía. Lo que se planeó era suficiente para que la masacre hubiera sido simplemente de ellos. Lo único que salió fue la interrupción, cuando hablaba Masferrer y eso solamente para la trasmisión de La Habana en que le dimos vivas al 26, a la Revolución y a Fidel Castro. Batista oyó esto último bien.

El pueblo se portó muy bien, nadie fue; había solamente unas 5 000 personas y eso que las trajeron de toda la República. Tal fue el fracaso que el gobierno ha trazado planes para Oriente. Masferrer se muda para Vista Alegre, su gente también se muda, ya hemos descubierto dos casas-cuarteles. Tú sabes, aquí es muy difícil que puedan trabajar y moverse sin que enseguida el pueblo los descubra y señale y ya nosotros estamos haciendo nuestros planes para Oriente también.

Llegó un momento en que creímos que te habían cercado cerca de Palma, nos extrañó que anduvieras por allí, pero eran tantas y tan seguras las malas noticias que llegaban, que hasta creímos esto. Ahora vemos que no, y esa fue nuestra primera buena noticia detrás de tantas malas. No sé qué juego se trae el Ejército pues han movido cerca de 300 hombres, artillería ligera y hasta 2 tanques ligeros para Palma. Dicen que quedan elementos armados dispersos de nuestro S.F. pero yo sé que es falso. Ya todos los que se salvaron están aquí y sé que no hay nada por esa zona, pero el Ejército continúa en sus movimientos.

Hasta Manzanillo sé que la han acuartelado.

Supongo que ya te habrán hecho llegar informes militares de Léster. Eso no ha avanzado nada, se hizo el movimiento de mandos pero no situaron al señor que se esperaba en el mando determinado. Con respecto al segundo grupo dijeron que en julio, y estamos en julio, veremos a ver.

¿Qué te parece la fuga de Armando? ¿Formidable, verdad? Estoy esperando noticias de allá ahora, María (4) tiene el defecto de que no se comunica regularmente por más que se lo pido, ahora con Armando espero comunicaciones bastante largas.

Me he cansado de pedirle a Norma la forma de enviarte uniformes, mochilas y botas, etc., pero me contesta vagamente que sí, que mande todo lo que hay, pero es que no se puede hacer así. Tengo que tener la seguridad de que llegan, con el máximo de seguridad que se pueda. Para eso le he pedido que me diga qué cantidad puede pasar de cada viaje y cuán a menudo, sé que ustedes no deben tener uniformes nuevos y algunos que veo en fotos de los que hace Norma no me lucen muy buenos. Le mandaré un modelo para que los haga iguales. Si tú me especificaras más o menos qué necesitas y más o menos las tallas más necesarias, pues te las mandaría. Asimismo quiero que me especifiques el parque que necesitas. Sé que no todos los fusiles son 30.06 Y sin embargo nunca pides otro parque, sé de un fusil muy buen calibre 270 que nada más fueron 200 balas allá en el primer grupo y otro Winchester 250 que nada más tenía 100 balas y los 44 y 22 que pueden utilizarlos de práctica, los revólveres 38, 32 Y 45 y las pistolas 32, 38 Y 45 y las ametralladoras 45 que no deben tener mucho parque. Si tú me dijeras cantidad yo te las iría enviando poco a poco junto con uniformes, comida, etc., asimismo si necesitas fundas para pistolas y de qué calibre, fundas para peines de ametralladoras, de qué tipo y cuántos. Las balas 30.06 y de M-l están escasas, pero de todo esto sí te puedo conseguir, mándamelo a pedir.

Dime el número de botas que más se necesitan y en qué cantidad, el Ché nos mandó un pedido así y vía, y enseguida se los mandamos.

Del Segundo Frente se salvaron 25 armas, las mejores, y un camión de comida, botas, uniformes y mochilas que no lograron ocupar; ayer vi a René y me explicó lo que había pasado, nos pusimos fatalísimos, a veces las cosas hechas a la ligera salen mejor que las planeadas hasta el último detalle. Lo que el Ejército busca es a René y a 20 compañeros más que habían salido del lugar de ocupación y marcharon a pie muchos kilómetros para salvar esas armas de que te hablo y fueron avisados por muchos guajiros (todos les brindaron ayuda) pero que de alegría se pusieron a comentar y llegó a oídos del Ejército de grupos armados y los buscan, pero ya ellos están aquí y las armas por el momento seguras. Dice René que no se alzó con ese grupo porque el camión de los uniformes, mochilas y botas no había llegado. Ahora estamos esperando que se despeje la zona para sacar el camión con el equipo (mejor dicho, el equipo, el camión descargó y se fue), de alimentos, etc., para situarlos donde están las armas ahora y alzarse. Imagínate noventa y tres hombres con veinte y pico de armas y treinta y pico de uniformes y botas. Un desastre. No intento justificarlos pues es natural que cuando la indisciplina, el recelo, el miedo y hasta la deserción en hombres, escogidos así y en tales condiciones, bastante tardó en producirse la hecatombe, unos días aguantaron, perdidos, sin saber de ti, ni si iban a llegar, y cercados por el Ejército. No les envidio los momentos que vivieron, máxime cuando yo siempre catalogo a los hombres como hombres normales, no como superhombres, ni superhéroes, eso se demuestra después, mientras tanto todos son hombres normales sujetos a los mismos defectos de todo el mundo. No es bonito que se «embarque» así a uno por mucha convicción que se tenga. Que las cosas salgan mal después de haberse preparado, es una cosa, y que desde el principio se vea que está en las más pésimas condiciones es otra. Para no seguir, lo que me interesa saber es si llegaron las armas, la comida, el fusil ametralladora Masden, el parque y sobre todo los «clips» con parque de Garand que supongo necesitarás para los Garands que ahora tienes.

Estoy leyendo ahora en el periódico otra ola de detenciones en Manzanillo, toda gente buena. Obra del gallego Morán también. Dicen que ahora está aquí en Santiago y que vive en el Moncada; vamos a chequear si es verdad y tirarle un «gancho».

Te voy a mandar un mortero 60 para que tú lo engrases, lo cuides, lo vayas aprendiendo a manejar y para que lo escondas allá, para que cuando llegue el parque no pasemos tanto trabajo tratando de pasar todo junto; ya Pedro me consiguió 400 granadas y en cuanto el «Gordito» llegue allá lo primero que va a mandar es eso, aunque tenga que fletar casi exclusivamente eso. Espero que en ese viaje venga Pedro también. Bueno, por lo menos el mortero va para allá en cuanto Norma me dé seguridades absolutas, máxime después de tanta mala suerte y de la situación pesada que tiene su pueblo ahora.

Después de ese, poco a poco, te iré mandando 3 morteros más. Creo que con 4 y las 400 granadas podrás hacer bastante, si el «Gordito» consigue alguna «bazooka» mejor, así se ahorrarán parque y no tendrá ninguna ametralladora que tirar 700 tiros.

Los otros morteros pienso destinarlos al Segundo Frente, al Tercer Frente, en cuanto se consoliden (si no llegan las granadas antes y de salida, si llegan).

El día 10 de este mes nos vamos a iniciar el Plan Nacional No.

2 consistente en un mes de sabotaje coordinado nacionalmente, vamos a ir apretando poco a poco.

Esta carta ya es muy larga, así que dejaré para la próxima el hablarte de la reestructuración de la Dirección del Movimiento. Además, espero tener contacto antes con Jacinto [Armando Hart].

Sin más y con abrazo revolucionario para todos.

Por la Dirección Nacional del M-26-7.

David

7 de Julio de 1957

Estimado Alejandro:

Lamento que todas estas cartas no lleguen con la premura que debieran, pues los acontecimientos van adelantándose con bases firmes y sólidas y es necesario que estés bien informado de lo que sucede a la par que todos debemos estar plenamente identificados para cuando el momento de obrar nos lo exija.

Cuando hablamos la última vez en México te dije que no creía en la organización existente en Cuba, en el trabajo obrero realizado para la Huelga General, ni en la eficacia de los cuadros de acción, pues estaban indefensos, impreparados y sin acoplar. Los hechos del 30 [de noviembre], en que palpamos la realidad de las circunstancias temidas, dejaron muy maltrecha nuestra organización, desorientada y casi fuera de combate.

Tu espíritu indomable y el de tus compañeros, que preservaron obstinadamente aún en las condiciones más duras y difíciles, que supieron imponerse a la adversidad en las situaciones más desesperadas, hicieron el milagro que nunca hubiéramos podido lograr todos nosotros, aún con nuestro esfuerzo más desesperado y nuestra convicción más firme. Dando tumbos comenzamos de nuevo. Con el lastre de todas las cosas fallidas, de una insurrección en marcha y de lo enclenque de nuestros cuadros directivos, nos dimos a la tarea de tratar de ayudarte, a la par que levantar de nuevo la organización. El trabajo fue arduo, las condiciones no fueron las mejores y el trabajar edificando sobre la marcha tiene desventajas muy grandes.

Y pasó ese momento, con su saldo de experiencias sufridas y compañeros muy queridos presos o muertos. Ahora el momento necesita de una nueva táctica, de una nueva línea.

Opinaba y conmigo muchos, que el tipo de dirección que funcionaba antes del 30 no podía nunca dar resultados. En una revolución no se pueden hacer asambleas, ni se puede tampoco centralizarlo todo en una persona, ni se pueden otorgar iguales responsabilidades a un número a veces indeterminado de miembros de la Dirección Nacional (recuerdo que unas semanas antes del 30 había veinticinco miembros ejecutivos con igual categoría, y a los cuales había que consultar casi todo y lo deliberaban y conocían todo y aún querían aumentarlo), ni tampoco se pueden establecer "zonas tabú", en las que no se pueda penetrar ni se sepa el trabajo que se realiza.

Ese exceso de democracia contrastaba curiosamente con la acción caprichosa y unipersonal en ciertos campos.

Después del 30 vi con disgusto cómo se volvía de nuevo a la creación de direcciones nacionales y provinciales con exceso de miembros y poco trabajo realizado concienzudamente. Los trabajos 'por la libre' volvieron a imperar. Por suerte, la misma situación revolucionaria brindó la solución, actuando de crisol purificador; se consumió en él, por diversas circunstancias, todo lo que no servía, o lo que estaba enclenque, o lo que estorbaba a la buena marcha de las cosas.

Jacinto [Armando Hart] (que es uno de los revolucionarios de vocación más clara y política y organizador infatigable) y yo discutimos mucho sobre el giro que tomaban las cosas, y nos decidimos audazmente a replantear el Movimiento completo. Se centralizó por primera vez en pocas manos la Dirección, se depararon y se fijaron claramente las distintas responsabilidades y trabajos del Movimiento, y nos dimos a la tarea de hacerlo más activo y pujante. Logramos el reconocimiento de todos y lentamente comenzamos a hacerlo realidad. Caímos presos. El Movimiento sufrió un momento de crisis. Ya Faustino estaba preso y el trabajo fue demasiado para los pocos miembros que lo tuvieron que llevar. Pero las cosas se fueron arreglando. Al salir nosotros el estado del Movimiento era deplorable, pero nunca como después del 30; ya había muchas cosas logradas que seguirían marchando adelante.

De nuevo hubo que machacar mucho sobre la organización y la disciplina. La situación del país, la presión tuya y las obstinaciones del régimen, nos han dado un espaldarazo formidable, que nos coloca hoy como eje de todas las posibles soluciones. Fue necesario en este breve tiempo obrar un poco dictatorialmente, dictando órdenes y siendo un poco estrictos, pero ya ahora podemos encauzar las cosas de acuerdo con los planes preparados y tan cuidadosamente examinados.

TRABAJANDO PARA LA FUTURA HUELGA GENERAL

Siempre se ha hablado de huelga general, pero con los aprestos guerreros se descuidaba una y otra vez este aspecto o se trabajaba en él sin fe y de una forma inefectiva. Era necesario inyectar este sector, darle el impulso que necesitaba, y se comenzó por Oriente.

Ahora la situación ha cambiado, se ha visto que la huelga general es posible, que es necesaria, que es tan importante trabajar en esto como en acción, y se ha hecho. Existe en este momento una Dirección Provincial Obrera, con sus direcciones municipales funcionando a todo pulmón y con bastante independencia económica y propagandística.

Era necesario que el mismo trabajo se realizara en toda la isla y se constituyó una Dirección Nacional Obrera, que daría la pauta y marcaría el día de la huelga general. Para ello se comenzó con un ejecutivo gestor que en este caso es el de Oriente, que ya ha organizado en la misma forma de aquí a Camagüey y Santa Clara.

En este momento los delegados de ese ejecutivo están en

FRANK PAÍS

Pinar del Rio, Habana y Matanzas, para crear donde no haya, unir donde haya ya algo hecho y llevar la idea y los proyectos del trabajo nacional. De acuerdo con nuestros planes, en un mes deben estar creadas y unidas nacionalmente todas nuestras organizaciones obreras. Ese es el momento de hacer efectiva la Dirección Nacional Obrera. El ejecutivo gestor pasaría a serlo en dirigencia y su coordinador, miembro de la Dirección Nacional del Movimiento.

En esto se trabaja en una forma intensísima calorizada y apoyada por la Dirección del Movimiento. En tres meses tienen que llegar nuestros cuadros al máximo de capacidad. El programa obrero, sus consignas y su propaganda, estarán en condiciones de poder unirse en la conjunción final planeada.

Pero hemos pensado que no es solamente este sector el determinante y nos hemos dado a la tarea de unir a nuestra huelga a los profesionales, comerciantes e industriales. Se creó el Ejecutivo Gestor de la Resistencia Cívica; existen núcleos provinciales en todas las provincias. La tarea a realizar marcha pareja a la obrera, aunque un poco más sencilla, pues todas las provincias funcionan; la labor a realizar es ahora que el comité gestor una todas las organizaciones provinciales y cree la Dirección Nacional de Resistencia Cívica. Parejo a los OBREROS ya han marchado, aunque por vías diferentes, naturalmente, a Camagüey y Santa Clara, y en la semana entrante se trasladarán a Pinar del Río, Habana y Matanzas, para constituir la Dirección Nacional de Resistencia Cívica luego, y que en el comité gestor pase a ser ejecutivo en dirigencia, cuyo coordinador general será miembro de la Dirección Nacional del Movimiento. Tienen un plazo más breve. En dos meses tiene que haber llegado a su capacidad máxima y estar listo. Se nota un estusiasmo y una cooperación sin precedentes. Una inmensa cantidad de figuras están realizando estos trabajos, nuestros esfuerzos de vincular a todas las capas sociales de nuestro país a la tarea revolucionaria, están dando resultados.

Inmediatamente después de logradas las direcciones

nacionales obreras y de resistencia, pasarán delegados especiales de éstas a formar un Comité de Huelga cuyo trabajo sería más amplio. Ten en cuenta que todos los organismos de que te he hablado son netamente del 26, o íntimamente ligados a él, y que hay una serie de entidades y organismos que no desean vincularse o sectorizarse, o no pueden hacerlo a un movimiento como el nuestro, pero que están de acuerdo en realizar la paralización nacional para derrocar al régimen. El objetivo de los delegados de nuestras organizaciones sería el acoplar todas las figuras, sectores y organizaciones cívicas, políticas, religiosas, comerciales y obreras en un Comité de Huelga que tendría visos de no parcializado al 26, pero que desarrollaría los hechos en el momento propicio que nosotros planeamos. No tendríamos por qué rechazar ni a sectores políticos que se hallarían casi abiertamente y a los que se les invitaría a participar en condiciones de igualdad. Nuestra fuerza consiste en nuestra beligerancia activa y en nuestros cuadros obreros y de resistencia, que tienen ya una fuerza poderosísima y que en la realidad de todas las circunstancias que se puedan producir, marcarían siempre el rumbo revolucionario ya de antes planeado. Todo esto debe realizarse en un plazo ya prefijado de cuatro meses, pero que podía ampliarse a cinco si surgen algunas dificultades.

El papel de los cuadros de acción es también importante y los estamos barajando inteligentemente. Necesitamos tener milicias en todas partes; milicias activas, disciplinadas, agresivas y audaces. Prácticamente esto es lo que mejor marcha en toda la isla. Solamente tenemos que obligar a todos los cuadros a obrar coordinadamente. Ya con ese fin está en práctica el Plan Nacional No. 2, que servirá para acoplar todas las acciones de sabotaje, dándoles, de ese modo, una fuerza de impacto psicológico mucho mayor. Esto servirá para crear la confianza colectiva en la acción segura, cuando la orden sea dada, para mantener el estado de insurrección, para darles experiencias y para ir aumentando paulatinamente, de acuerdo con planes prefijados, la tensión en el país, hasta llegar al rojo que será el momento en que todas las instituciones y todos los organismos agrupados en nuestro Comité de Huelga lance al unísono la demanda urgentísima de ¡que se vaya Batista!, para solucionar la situación y antes de que el régimen tenga tiempo de redactar la respuesta, toda Cuba pedirá que se vaya Batista y, frente a la incertidumbre que un pronunciamiento tan firme, audaz y nacional producirá, toda Cuba se lanzará a la Huelga General con una ola de sabotaje obrero, técnico y revolucionario nunca visto entonces. Quiero aclararte, pues lo olvidé, que en todas las Direcciones Obreras hay secciones de sabotaje para apoyar en ese momento la acción nacional que se va a desarrollar. Dada la importancia y lo crucial de las mismas, estas secciones son de militantes del 26.

Si este Plan Nacional de Acción No. 2 tiene un buen resultado, reorganizaremos para el segundo mes nuestros cuadros en milicias más disciplinadas, secretas y férreas, y esperamos que en dos meses más ya operen a la perfección, estando en disposición de realizar las tareas que se le encomienden; la forma de armarlas te la digo en otra comunicación.

LA PROPAGANDA

Nuestra propaganda es la que no marcha a pesar de todos los esfuerzos. Se trasladó a La Habana la responsabilidad nacional de realizarla, pero no funciona; con esta misma fecha se vuelve a trasladar la responsabilidad de donde estaba, pues ya ayer se venció la principal dificultad, que era la de una imprenta. Ya con fecha de hoy comienza una intensa campaña de propaganda y para fin de mes espero que ya el periódico se pueda editar quincenalmente y fuera de La Habana.

DIRECCION NACIONAL

La Dirección del Movimiento, nacionalmente, residía en Bienvenido [Lester] en mi y en un pequeño grupo que hacía las veces de ejecutivo gestor. Con fecha de hoy, Bienvenido pasa a ser Delegado del Movimiento en el extranjero y yo ceso en mi calidad de ejecutivo único.

El Tesorero nacional, el Coordinador nacional de la resistencia, el Coordinador nacional bélico y el Coordinador general del Movimiento, formarán el Ejecutivo en nuestra dirigencia; la Dirección Nacional estará formada, además, por los seis coordinadores provinciales. Hemos, tratado de situar en todos estos cargos a revolucionarios de pensamiento y de acción, probados a través de estos días de duras pruebas y de trabajo intenso.Esta Dirección Nacional se hará efectiva en cuanto converse con Jacinto [Armando Hart], María [Haydeé Santamaría] y demás compañeros responsables. Así mismo, queda adscrito a esta dirección un delegado de la Sierra, que es Norma [Celia Sánchez].

"Los planes bélicos contemplan, además de la creación de milicias, compra e introducción de armas en las zonas que demuestren mayor disciplina y organización. Ampliación y refuerzo del frente de la Sierra y apertura de nuevos frentes. Estos planes no conllevan la paralización de los otros, en caso de no poder realizarse plenamente, sino que siempre marcharán atemperados a los otros, aunque trataremos de que se cumplan.

PROGRAMA ECONOMICO

Otro de los defectos que siempre hemos adolecido es la falta de un programa, de lineamientos claros y precisos peros serios, revolucionarios y realizables. Ya ahora se está trabajando intensamente en ello, para unirlo a nuestro proyecto económico y hacer un Programa Revolucionario del Movimiento. El trabajo se realiza por partes, en diferentes sectores y en distintas provincias. Si tienes algunas sugerencias o algunos trabajos, mándalos; de todas maneras, cuando esté el esbozo ya completo de la que ha de ser el Programa, te lo enviaré para que lo supervises y des tu opinión.

En este momento la vaguedad de pronunciamientos, así como la falta de planes y proyectos, hacen que muchos todavía recelen

FRANK PAÍS

de nuestras intenciones y de nuestra capacidad para hacer la Revolución que se espera, porque es ya un hecho que el pueblo de Cuba no aspira ya al derrocamiento de un régimen ni a la sustitución de figuras, sino que aspira a cambios fundamentales en la estructura del país, y es preocupación de todos los sectores y de todos los intereses del país el conocer la verdadera capacidad que puedan tener nuestros líderes y nuestra dirigencia para acometer tales cambios y si somos confiables o no para ello. Ya nadie duda de la caída del régimen, lo que les preocupa es la calidad de ingenieros con que cuenta el 26 para la reconstrucción del nuevo edificio. Y tengo que reconocer que en este sentido hemos hecho muy poco y que la labor a realizar en estos meses es exhaustiva y urgente.

Aspiramos, y haremos todos los esfuerzos necesarios para que se cumpla esta aspiración, a que el Programa del 26 coincida en su salida con el principio de la ofensiva final de propaganda que debe realizarse en dos meses.

La situación del Movimiento fuera de Cuba, como sabes, es muy buena, pero desgraciadamente nos falta el factor unión. Creo que con el nuevo Delegado esto se logrará; por de pronto, hoy contamos con clubes patrióticos, con directivas propias, un delegado del Movimiento y un encargado de relaciones públicas, que es Mario Llerena.

GOBIERNO CIVIL REVOLUCIONARIO

El último punto sobre el que quería hablarte es sobre la formación de un Gobierno Civil Revolucionario. Me parece que la situación para ello no es del todo mal; antes diría yo que favorable. Habrás oído que se ha comentado mucho sobre la incorporación de Raúl Chibás a esa posibilidad, y yo, que oigo las reacciones del pueblo, veo que son favorables, aunque no comprende bien qué cosa sería eso ni que implicaciones puede traer. Me parece que cuando llegue el padre de Javierito [Felipe Pazos], deben ustedes ponerse a estudiar esas posibilidades e ir haciendo los planes necesarios con ese fin, más bien ir seccionando los trámites para irles dando publicidad. Ésta podría ser de dos tipos, una que haríamos nosotros explicando en qué consistería un Gobierno Revolucionario y cómo lo llevaríamos a cabo, y otra de publicidad, llevada por etapas, que pueda comenzar por fotos y entrevistas de los tres o los cuatro juntos, luego declaraciones, etcétera y culminará con la formación del Gobierno Civil, que podría ser un mes o dos antes de la etapa final, coincidente con la salida del Programa o, naturalmente si ustedes creen que sea viable o más efectivo, pues antes. Yo, al recomendar esto, lo hacía pensando en las sutilezas y complicaciones que podrían acarrear algunos aspectos de un Gobierno Revolucionario, como son las contribuciones de impuestos, etcétera, sobre las cuales ya he oído algunos comentarios como "imagínense, tendríamos que pagar dos contribuciones". Esto mucho mejor que yo puede planearlo el padre de Javierito, ya que en eso es una autoridad.

Bueno, ustedes decidirán esto, pero les pido que lo comuniquen a esta Dirección lo más rápidamente que puedan. Asímismo te pido tu opinión sobre todo el trabajo realizado. Hemos tratado de hacer lo mejor y estamos enforzándonos mucho por cumplir nuestro cometido. Cuba y la Historia esperan y el 26 de Julio no puede defraudarlas ni escribir páginas que no sean brillantes, constructivas y patrióticas.

Sin más, con un abrazo revolucionario para todos,
Por la Dirección Nacional del M-26-7,
DAVID

9 de julio de 1957

Esta carta aparece mencionada en Gálvez Rodríguez (1991: 549), pero solo reproduce el siguiente párrafo: "Perdóname por todas las cosas que te hago; hubiera querido quedar mejor contigo, pero los momentos ahora son malos y tengo que pedirte un favor tras otro sin cumplir los que debo".

FRANK PAÍS

11 de julio de 1957

Querido Alejandro:

Esta carta que te adjunto supongo sabes de quién es, por las muchas alusiones personales que contiene, pero por si acaso no lo conoces te digo QUE es de Justo Carrillo.

Yeyé me la entregó y me dijo que la leyera antes de mandártela y me hizo una serie de observaciones que quiero aclararte.

Nosotros sabíamos del estado de opiniones favorables hacia nosotros y la Sierra de un grupo de personalidades, y entonces pensé que sería bueno explotarles y darles el "empujoncito" si hacía falta, pero con mucha sutileza y haciendo como que la decisión salía de ellos. Mandé a María y a otro grupo de jóvenes en esa tarea y así llegaron a Raúl y Felipe, Robertico y Barrosito, Martínez Páez, etcétera, pero quiero aclararte que en ningún momento dijimos ni que tú los mandabas a buscar ni que iban a formar parte de ningún Gobierno Revolucionario. Carrillo dice una serie de cosas en su carta que Yeyé me dijo no le había propuesto. Lo único comentado acerca de su posibilidad de formar parte de un Gobierno Revolucionario, pero no proposición: Comentario personal y nada más. Yeyé me dijo que de todas maneras nos hiciéramos los desentendidos, pues yo quería contestarle cariñosamente aclarándole esos puntos, pero me dijo Yeyé, te repito, que mejor te hiciera llegar la carta y aclarándote lo que hay. Si quieres, le contestas (que creo es lo mejor).

Sobre los puntos que él esgrime como razones para la no formación del Gobierno Revolucionario, tiene razón en algunos y en otros creo que no. Coincido en que este no es el momento, pero como él no sabe nuestros planes, sino solamente los suyos, no puedo discernir sobre el momento en que puedan y deban hacerse las cosas. Yo te adjunto una carta larguísima que te ruego tengas la paciencia de leer, acerca de todos los planes que se están desarrollando para el presente y futuro y que hasta hoy, dia

11, marchan al día.

No coincido con él en sus consideraciones acerca de contar con todos los factores civiles y militares que se mueven en el ambiente como factores imprescindibles para formar gobiernos, etcétera, por la sencilla razón de que seriamos entonces una bicameral cualquiera, con largas discusiones y a "arrebatiñas" entre todos los sectores y, lo más dramático, que eso pudiera ser en los momentos más difíciles de la República. El verdadero miedo de los sectores financieros, y he podido captar esto en las conversaciones con el cónsul americano, es que a la caída de Batista no tengamos la suficiente fuerza para constituir Gobierno propio y estable, sino que tengamos que llamar a los partidos, movimientos y submovimientos que cada dia se dividen y se separan más. Creo que nuestra política de captar una serie de elementos altamente representativos y valiosos de la vida pública nacional y vinculados estrechamente a nosotros, nos pone en disposición de tener la ventaja en el momento preciso de una quiebra nacional, cuando contemos con un movimiento nacional revolucionario fuerte, un ejército combatiente, líderes revolucionarios y a la vez políticos de ejecutoria y arraigo, y personalidades económicas. Está de más seguir razonando. El miedo de que Cuba se convierta en un Haití no tendría cabida con nuestros planes. Mas, sin embargo, quisiera conocer tu respuesta, así como tu pensamiento con respeto a las interesantísimas preguntas que él te hace, porque quisiera ponerlas en conocimiento de todos los cuadros direccionales del Movimiento en toda la Isla y aún en el extranjero.

Aclarado todo, te mando la carta.

DAVID

11 de julio de 1957

Querido Alejandro:

Hoy a las doce, urgentemente María A. [Figueroa] me dijo que el vicecónsul americano quiere hablar contigo; dijo que iría otro señor que no sabe quién es. Fue ahora a La Habana a pedir permiso. Yo le dijo que lo consultaría contigo, que teníamos que averiguar quién era el otro señor y a qué querían ir y para hablar de qué.

Ya el día 3 me había enviado una nota que te adjunto, pero me parece que me luce un paquete de ella, o la están engañando o exagera. Ya yo estoy arisco con tanto movimiento y conversaciones de la Embajada, creo que convendría cerrarnos un poquito más, nunca perder el enlace, pero darles la importancia que se les está dando, pues veo que se están introduciendo y no veo claro qué verdaderos fines. Tengo recelos de otra mediación.

Contéstame esto lo más rápido que puedas,

DAVID

17 de julio de 1957

Parte de esta carta aparece en Gálvez Rodríguez (1991: 554-555). Le informa que tenía en su poder el manifiesto que le enviaron, y que si la revista Bohemia no lo publicaba, lo harían en Santiago. Luego le dice:

A René lo retengo aquí en contra de su voluntad, porque me hace mucha falta. Es muy bueno y muy útil. Además, no desiste del Segundo Frente. Lo pospondré algunos días o algunas semanas, pero tarde o temprano irá. Por culpa de dos hermanos exclusivamente lo perdimos todo, pero volveremos a empezar. Me encarga René que te diga (él es el que se encarga de tratar a todos los que bajan de allá) del estado tan insoportable en que llegan, terriblemente malcriados, creyendo a todos sus esclavos y con la obligación de servirles. Déjame explicarte, aquí se mantienen cuarenta familias de compañeros muertos, presos o que están en la Sierra. Se les da factura de comida y algún dinero; más no se les da, porque no se puede [...] diciendo que la casa que le hemos buscado para esconderse no sirve o no les gusta, que le busquen otra. Otros nos han rechazado ropa que les hemos dado, diciéndonos que las quieren con tales o más cuales pinticas, o que el color no les gusta [...] Me encarga René que tú les podrías decir a los que tienen necesidad de bajar, que aquí se les atenderá lo mejor que se pueda, pero que ni son reyes ni superiores a nadie, que serán tratados igual que el resto de los compañeros. ¡Las cosas que hay que aguantar aquí son terribles! ¡René está loco por irse, dice él que para descansar y hasta yo también! [...]

Aquí estuvieron esta semana Las Villas, La Habana y Pinar discutiendo los planes a seguir del Movimiento. Estoy satisfecho de la organización del Movimiento, va como nunca. Primera vez que se trabaja tan concienzudamente. Yeyé y Enrique Hart estuvieron también con diversos asuntos. Jacinto en cuando pueda vendrá a trabajar aquí conmigo. Los planes que te envié están desarrollándose bastante bien. Hay que trabajar infatigablemente, todavía hay muchas cosas por hacer. Ya Léster llegó a los Estados Unidos, estoy esperando carta de él.

[Finalizaba la carta con un largo y detallado informe de los problemas de La Habana, donde dejaba ver la falta de coordinación y la indisciplina de algunos compañeros que no acataban el mando existente, de lo que se generaban serios problemas y dificultades para las acciones de la Revolución. Le adjuntó el estado de las finanzas de la Dirección Nacional, del 19 de mayo al 8 de julio. Le señalaba la posibilidad de construir equipos de radio para comunicarse entre los destacamentos guerrilleros, del tipo walkie-talkie. A partir del 20 estarían en espera de establecer contacto radiofónico con la Sierra, y le pidió que hiciera una alocución al pueblo el 26 de julio, para transmitirla en cadena a toda la Isla.]

19 de julio de 1957

Estimado Alejandro:

Esta petición que te hago es por urgencia del Departamento de Organización de Asuntos de la Sierra que confronta muchos problemas de tipo de control organizativo en relación con ustedes. Muchas veces concurren personas interesadas en saber si tal o mas cual persona está con ustedes y no se les sabe decir. Otras veces bajan personas que dicen haber estado allí y no se sabe si es cierto. Otras es por controlar la subida y bajada de personas para evitar que se "cuele" alguien que ustedes no conozcan y que aquí se tengan informes.

La petición es en síntesis que ustedes hagan un censo de todo el que está allí y nos lo manden. Nombre, dirección, edad, etc. Asimismo si lo creen conveniente dar noticias de ascensos y expulsiones para publicarlo en nuestro periódico, así como bajas.

No sé si ustedes siguieron empleando el sistema de brazaletes, de triangulillos, distintivos de oficiales. Infórmame de eso que si te faltan, número de determinados batallones o pelotones nosotros te los mandamos. Asimismo si vas a hacer los pelotones de más de 10 o 20, etcétera.

Cuando confrontemos nombres que nos mandes te mandaremos juramentos para que los firmen todos aquellos que no lo hayan hecho.

Estamos organizando batallones de todas las provincias y les estamos haciendo escudillos especiales. Esto es para despertarles el orgullo y para vincular más estrechamente a todas las provincias, ya que casi todas las personas que enviamos o enrolamos son de Oriente.

Creo que nada más.

P.D. Voy a cambiar mi nombre porque me interceptaron una carta con ese nombre. Mónica me ha bautizado Cristian.

Cristian.

20 de julio de 1957

Esta carta aparece parcialmente en Gálvez Rodríguez (1991: 557-558), con nuevos elementos sobre los problemas de La Habana, que se prolongaban ya hasta Matanzas y se inmiscuían en conspiraciones con militares y otros, lo que agravaba la situación. En uno de los párrafos, subrayó: «Las conspiraciones militares están a la orden del día en La Habana; aunque nosotros estamos por encima de ellas, no podemos desconocerlas».

Le prometió conseguir el parque 30.06 y mandarle más botas, uniformes y mochilas. Se refirió a las granadas de mortero que poseía Pedro Miret en México, pero que no hallaba cómo mandarlas. Por último le narró la conversación con el cónsul norteamericana:

Conversamos con el cónsul. Nos dijo abiertamente que el Gobierno americano había cambiado su política para con Batista, que nos miraba con simpatía, que si llegáramos al poder en cualquier forma nos apoyarían y reconocerían inmediatamente. Sus recelos son de que no podamos controlar solos el poder, siguió diciendo (la conversación duró dos horas y media), que el Gobierno Americano no tienen inconveniente en reconocer gobiernos puramente nacionalistas, inclusive que no veian con malos ojos que se nacionalizaran todas las industrias americanas, pero con tal de que seamos electos y únicamente nacionalistas. Noté que le tiene pánico a que detrás de nosotros se muevan los comunistas. Ahora viene lo inaudito. Nos aconsejó que apretáramos el sabotaje y nos dijo que si haciamos un atentado importante, un sabotaje como el de la luz de La Habana, y una acción como la del 30 en dos o tres ciudades, él creía que se caia el régimen. Nos garantizó que el Ejército no subiría a la Sierra a buscarnos, que hay discordias y miedos. Tienen recelos de perder hombres y que se originen descontentos por las bajas, porque están convencidos de que tendrán muchas bajas de subir buscarnos. Esperarán a que tú los ataques, naturalmente, a menos que por una delación sepan exactamente dónde estás. Nos dijo que muchos jefes militares de ciudades no respaldarán al Gobierno de producirse lo que nos dijo, pero que tienen miedo a convertirse en Barquines, palabras textuales.

23 de julio de 1957

Esta carta aparece mencionada en Gálvez Rodríguez (1991:

559). En una nota le dijo a Fidel que le mandaba la carta enviada por Haydée desde La Habana, donde se mostraba disgustada con Frank y Celia. También le informó que algunos militares conspiradores querían incorporarse a la Sierra, advirtiéndoles tener cuidado con ellos y la urgencia por la respuesta a sus cartas.

24 de julio de 1957

Fidel-Alejandro:

Según pasan los días van surgiendo nuevas cosas. Este correo debía haber salido hace varios días, pero cada vez que lo voy a cerrar aparece algo nuevo. Pero éste que voy a tratar es el mejor de todos.

Creo que hoy hemos dado el paso más firme en lo que a relación con militares se refiere. Tú sabrás que en La Habana hay millones de militares conspirando, de todas las escalas y grados, y miles de conspiraciones que no llegan a nada serio y que lo que se hace es perder el tiempo; con algunos de estos conspiradores hemos conversado para pulsar la opinión y el estado de ánimo y saber por lo menos qué se dice. Pero en estos días atrás comenzamos algo serio, que luce traerá buenos resultados. No puedo narrarte en detalle las cosas porque sería muy largo y además peligroso, por lo que voy a tratar de hacerlo suscintamente.

Existía una conspiración en la Marina que desde lo de Agostini estaba algo estancada, si bien progresando muy lentamente. Cuando lo de Barquín, recomenzó a cerrar sus cuadros y hoy se encuentra monolíticamente estructurada. La tónica de este grupo la forman oficiales de nueva promoción y de pensamiento revolucionario, a la vez que democrático. Comenzamos el contacto con ellos hace algún tiempo y los fuimos perforando lentamente. Hoy recibí a un delegado especial, enviado expresamente por la dirección de dicho movimiento. Es un oficial joven, culto e inteligente. Te plantearé brevemente lo que hablamos, aunque la conversación duró cinco horas.

Primero me dijo que tenía la misión de hablar abierta y francamente con nosotros. Me hizo historias de sus antiguas vinculaciones y el por qué de ellas, de su antipatía por el 26 de Julio y en especial por ti. Tenían informes desfavorables de tu actuación en la Universidad, cuando estudiante y de tu papel en el Moncada; además, tenían informes desfavorables de tu persona como caudillista y ambicioso. Creían que estabas de acuerdo con Trujillo y rompieron los nexos que tenían con la FEU cuando se enteraron de lo de la carta de México. Hoy día —siguió diciendo— estas cosas se han superado y tú estás por encima de todo eso, pero tenían recelos acerca del caudillismo y la falta de programa. Le aclaré abundantemente todos estos puntos y señalé tu verdadera posición y la del Movimiento. Hubo entonces mayor confianza.

Me planteó las aspiraciones de la Marina, las cuales coincidieron ampliamente con las nuestras. Le di inclusive un esbozo del Programa que estamos haciendo. Lo leyó por arriba y le agradó mucho, me dijo que lo entregaría a su superioridad y que haría un extenso informe de las cosas que le había aclarado. Se franqueó más entonces: me habló de la forma en que están organizados y cuáles eran sus pretensiones.

Ya en un plano de sincera armonía, le hice ver que siempre habíamos simpatizado con su conducta y él a su vez se excusó de los Laurent y Olayón. Me dijo entonces que el objetivo de su visita era saber si la Marina podría hacer un frente común con el Movimiento. Hablamos largamente de esto. Convencido de que ese era también nuestro anhelo, me dijo entonces que iba a enlazarse con miembros del Ejército. Me explicó largamente la mecánica de todas las conspiraciones existentes. Coincidimos en todo. Me dijo que ellos pensaban e iban a hacer su movimiento solos, pero que pensaron, primero, que no sería revolucionario y, segundo, que una gran parte de los oficiales pensaban que se podía llegar a acuerdos con nosotros y con el Ejército. Me dijo que hablaban primero con nosotros porque nos consideraban mejor preparados, mejor organizados y más francos; que dentro del Ejército hay cinco grupos conspirando; que si nosotros formamos un frente unido, podríamos plantearles su incorporación a nosotros al grupo mejor intencionado y que de cierto tiene los mandos en la mano, que en su opinión eran los de Barquín (ya él tenía cartas de Barquin y contactos para hablar con ellos). En su opinión deberíamos plantearle al Ejército un acercamiento a algo ya serio y de pleno acuerdo, como sería el Movimiento y la Marina juntos. Me gustó la idea. Enjuició muy acertadamente nuestra posición y nuestras posibilidades. Cree, además, que cuando presentemos a las Fuerzas Armadas un bloque revolucionario de civiles y militares unidos, esto fraccionaría y acabaría de destruir la moral que les queda. Cree que una unión de Marina y 26 sería útil para ambos (yo lo veo mejor aún, pues noto una comunión de ideas y de propósitos entre ellos y nosotros, inclusive en su enfoque al problema Ejército). Acordamos unirnos a reserva de ulteriores y más extensas conversaciones; acordamos también la estrategia a seguir con el Ejército (me agrada mucho en la forma que va a hacerse) ...

Hablamos largamente sobre los planes de ellos y los nuestros. Coinciden en líneas generales y aun en muchos detalles. Están dispuestos, si el Ejército no avanza resueltamente, a trabajar solamente con nosotros. No te hablo de los planes porque no es prudente y además porque todavía son generalidades. Salió confiado en que, de ahora en lo adelante trabajaremos estrechamente ligados (yo lo creo así también). Si conquista por fin al delegado de Barquín (cosa que creo fácil por anteriores conversaciones que hemos tenido y que ya te conté), entonces vendrán ambos para conversar largamente sobre planes concretos. En cuanto sea, te aviso. El oficial estaba enterado de muchas cosas, estaba al corriente de muchos detalles: luego comprobé otras cosas que me agradaron más todavía.

CRISTIÁN[64]

---

[64] El 18 de Julio Frank había cambiado el "David" por este nuevo nombre

José Álvarez

26 de Julio de 1957

Querido Alejandro:

Ayer tarde recibí tu carta. Coincidió con otra de Norma y con otra de Léster. Tantas cosas había aquí que hacer que aprovecho la madrugada y mis horas de guardia para escribirte. La situación en Santiago se hace cada vez más tensa; el otro día escapamos milagrosamente de una encerrona de la policía. Había unos compañeros cerca de la casa donde estábamos, una imprudencia, y los chivatos rodearon la manzana; a tres los cogieron, uno huyó por los techos, lo persiguieron y se formó un tiroteo. Logró escapar, pero comenzaron a registrar por los techos y por la calle y cuando ya pensamos mi compañero y yo que nos tocaba el turno de fajamos, se retiraron, registraron hasta la casa de al lado, la nuestra les inspiró confianza. Sin embargo, hay una ola de registros fantástica y absurda, pero que por absurda es peligrosa, ya no esperan un chivatazo, ahora Salas registra sistemáticamente, a cualquiera, sin necesidad de causa alguna. Hemos tenido que volar del domingo a hoy de 3 casas y ayer tomaron la manzana de la que estamos, era para registrar una casa de enfrente, desde ayer estamos turnándonos para hacer guardia. Lo que es a nosotros, Salas no nos sorprende, van a tener que tirar bastante para cogemos.

Me alegro mucho que al fin me hayas tocado los temas que te pedía. Tomaré notas de todas las cosas y trataré de hacerlas lo más rápido posible. Desde este mes nos responsabilizamos de mantenerlos a ustedes.

Del extranjero sólo tengo la carta de Léster que te remito para que te hagas una idea. Lo que sí te ruego es que sobre los puntos que él me plantea me des tu opinión rápida pues tendremos que tomar una decisión urgente.

Las armas que estén descompuestas mándamelas para

---

de guerra debido a la captura de unos documentos por las autoridades donde se identificaba a País como David (Gálvez Rodríguez 1991: 551).

arreglarlas. Mándame los tres fusiles esos para adaptarlos a balas 30.06, pregúntale a Javierito que si el calibre de las balas que usan es ligeramente más pequeño que las 30.06, si es así se pueden adaptar, si es más gruesa es más difícil. ¿No le sirven las balas de los mosquetones ni las de los 270?

Está raro eso, porque no recuerdo que nadie me hablara de balas que no fueran 30.06 o de mosquetones en todo lo que nos mandó Javierito.

Sobre la carta de Cárdenas, Pedro no me insistió más, le preguntaré si le es imprescindible y de qué tipo.

Ha conseguido algún parque 30.06 y te lo enviaré junto con las demás cosas, espero desde hace una semana que Norma me dé la luz verde.

Un abrazo para todos de Déborah; te manda un abrazo
Cristián

P.D. Tengo dos buenas noticias para ti, conseguimos un trípode que te lo mandaré en el equipo que va ahora. Hablando con René me dijo que las balas especiales esas estaban aquí guardadas, que él no sabía de qué eran y las dejó, así que te las mandaré también. Todo ese equipo te lo mandaré con 30 hombres que me pediste. Los hombres quizás pasen de 40, pues hay aquí algunos enfermos ya curados de allá que te devuelvo, además las provincias se me han tirado en el suelo y quieren tener representación, además de que los hombres que se les «queman» no pueden ir a otro lugar que no sea a la Sierra o el exilio y como nosotros hemos prohibido el exilio, pues tendrán que ir para allá. Dales las gracias en mi nombre por su nota tan sincera y de tanto valor y significado para mí, a todos los oficiales y compañeros.

Documentos oficiales

Respuesta a declaraciones del coronel Río Chaviano, 4/22/56

Al pueblo de Cuba en general y a las Fuerzas Armadas en particular son dirigidas estas líneas.

El dolor de nuestros compañeros caídos y las estúpidas y malintencionadas declaraciones de Chaviano y de Laureano Ibarra nos obligan a ello.

Se nos ha llamado 'gánsteres, asesinos, jóvenes influenciados por líderes políticos que nos lanzan al crimen y a la barbarie'.

Se dice que Cuba no debe seguir por la senda del odio y del crimen. Y tenemos que responder nosotros.

¿Quiénes han azuzado el odio? ¿Quiénes han lanzado no a los jóvenes, sino a las Fuerzas Armadas, al crimen y a la barbarie?

¿Quiénes han abusado, maltratado, golpeado, vejado, torturado y asesinado desde el 10 de marzo de 1952?

Día tras día, año tras año, soportando las fanfarronadas de un Batista, de un Chaviano, de un Justo Luis, de un Santiago Rey, de un Laureano, de tantos cínicos, hipócritas y canallas. Día tras día, año tras año, soportando atropellos de esas Fuerzas Armadas que exigen dinero, que venden los favores, que atropellan al estudiante, que agotan el comercio chupando como vampiros, arrancando vidas, cometiendo atropellos que no tienen número, amparados en la fuerza, en el poder y en la nobleza del cubano, que ha esperado y sufrido en silencio estos largos años de miseria y dolor.

El deber de las Fuerzas Armadas es mantener el orden, la paz y el imperio de la vida como esencia de todos los 'derechos'.

Sí, Chaviano, ¿ero el orden, la paz y el imperio de la vida, de quien? ¿el tuyo, el de Haza Grasso, el de Casillas, el de Lavastida, el de Batista, Tabernilla y toda la camarilla de pícaros y aprovechados que le secundan en el pillaje de desgobierno?

No, Chaviano. Aquí no hay paz ni orden, ni garantías, más que para ti y toda la caterva de aprovechados que están contigo.

Una y otra vez se ha dirigido el pueblo en buena forma exhortando a las Fuerzas Armadas a terminar con el abuso, a que no secunden ni amparen a los pillos que se aprovechan de ella.

Creíamos en la buena fe de todas las Fuerzas Armadas, pero ya no, al contemplar cómo policías y soldados atropellaban y tiroteaban sin orden superior ni mandato de nadie, porque les nacía hacerlo. Nos dimos cuenta de hasta dónde llegaba la pudrición nacional que aquí por las buenas ya no hay esperanza de llegar a nada, y dimos un ejemplo de lo que puede un pueblo traicionado y escarnecido y una juventud arrinconada, pero con valor y dignidad.

A Carlos Díaz y Carvajal se les ponchó el carro, por lo que se les dio órdenes de no proceder y retirarse, pero era tal la indignación y el coraje que tenían que contemplar los atropellos de la Audiencia, que por su cuenta prosiguieron su empeño. Sorprendidos a pie, fueron tiroteados, sucesivamente por Valero, León y Jesús Acosta, pero lograron ser llevados al Hospital Civil, donde Machirán no quiso atenderlos. Al ser llevados a Emergencia, Díaz presentaba un disparo en el abdomen y Carvajal uno en un costado, al tratar de auxiliar a su compañero.

De allí fueron arrancados a la fuerza por soldados (que estamos averiguando sus direcciones), acribillados a balazos y luego llevados al Hospital Militar. ¿Quiénes son, sino pandilleros uniformados, asesinos, sin conciencia?

Nosotros atacamos hombres armados y de frente, no personas indefensas, ni heridas. Y oigan, Machirán, soldados que asesinaron a nuestros compañeros y Fuerzas Armadas en general: lo que hicieron la pagarán, porque estamos cansados de que la única sangre que corra sea la nuestra. Este será el último año de la dictadura y con ella irán cayendo los que atropellan y abusan a los que simplemente la sostienen. Y a los dignos militares les recomendamos se unan lo más rápidamente a nuestros cuadros revolucionarios militares para saber sus nombres y conocer sus méritos.

Y sépanlo, Chaviano, Haza o Lavastida: no permitiremos un abuso más, un atropello más, una violación más.

Díaz y Carvajal no fueron los únicos dispuestos a morir. Hay miles. Oigan bien, miles de hombres dispuestos a morir para acabar con esta dictadura y no esperaremos la hora cero para ofrendar nuestras vidas, como no esperaremos la hora cero para cobrar nuestras cuentas.

Y no busquen huellas que tuvimos buen cuidado de borrar, ni armas que tuvimos buen cuidado de guardar, porque esas ametralladoras y esos M-1 harán mucho por la patria todavía.

Y no firmamos para que la soberbia imbecilidad de Lavastida y la asesina hipócrita inteligencia de Haza Grasso no sepan quiénes somos.

Circular "A todos los mandos", 4/22/1956

A todos los mandos de acción de la provincia:

El momento que se supone ha de vivir nuestro país desde hoy es grave. Por lo tanto, traten de prestar atención a las órdenes siguientes:

1) Prío y su gente se pueden lanzar a partir de hoy.
2) Los grupos y jefes de grupos deben estar alertas y localizables.
3) Todo el material humano y bélico debe estar a mano y listo.
4) Trabajaremos coordinadamente con la nacional.
5) No iniciaremos nada. Nuestros movimientos empezarán después.
6) Deben tomarse todos los puestos militares de monte o pequeños que puedan darnos armas.

7) Esto se hará cuando los auténticos inicien el ataque al Moncada.
8) Estamos estudiando planes de la provincia y cualquier variación u orden de objetivo los comunicaremos rápidamente.
9) La orden terminante es no mezclarse con los auténticos y esperar nuestra intervención.
10) Aprender y romper estas claves: Alerta grave: "enferma grave". Visita: "enviaré libros. Pedir noticias: "pedir libros". Atacar: "murió mamá". Mandamos folletos que repartir: "Llegó el dinero".
11) Que estén atentos a la CMKC y al programa de Gloria. Caso de no poder mandar cartas o telegramas, ella lo dirá.
12) Movilícense rápidamente.

Hasta el próximo aviso, buena suerte.

22 de abril de 1956.

"SALVADOR"

Circular "A todos los responsables", 4/22/56

En medio de todas las confusiones desatadas tanto por la prensa como por todas aquellas personas que tienen especial interés en perjudicarnos tengo el orgullo y la alegría revolucionarias de comunicarles lo siguiente:

La presente situación de nuestro máximo líder no es la presentada ante nosotros. Dinero pagado ha hecho que se desatara una tenaz persecución contra todos nuestros elementos en el Distrito Federal de México, no así en el resto de los Estados Mexicanos que de acuerdo con el tipo de organización política de México, son bastante independientes entre sí. Esa persecución ha menguado ya bastante, sin embargo y en este preciso momento hay una orden del Juez Federal Lavalle decretando en el caso de una no acusación concreta la libertad de nuestros compañeros en un plazo de 24 horas y aún en el caso de que fueran acusados y procesados el resto del movimiento sigue trabajando perfectamente inclusive en el Distrito Federal.

Con respecto al equipo ocupado consiste exclusivamente en las armas personales y tres fusiles con algún parque ocupado en la finca, cosa que no es delito en México y lo que me hace deducir personalmente que no se podrán hacer cargos graves contra nuestros compañeros presos. El resto del equipo está perfectamente y los planes intactos pues no han sido ni ocupados ni revelados. Los planos, mapas e informaciones que se dicen ocupados son una falsedad, no existen, por lo que sí puedo informarles que algunos de los presos algunos mexicanos inclusive han sido torturados salvajemente para que hablaran, lo que no consiguieron.

Los planes y órdenes se mantienen intactos, pudiendo asegurar oficialmente y para que se mantenga en absoluta reserva que han sido adelantados en vez de atrasados, así respondemos nosotros al infortunio.

Próximamente y después del viaje que ya saben nos citaremos para personalmente ponernos de acuerdo en nuestra labor personal a desarrollar y que desde ahora presiento será precipitada por lo que encarezco estén preparados para trabajar a todo tren.

Hasta nuevo aviso, revolucionariamente,

Salvador

Circular interna, 12/24 o 25/56

He recibido carta de algunos de ustedes en que protestan de un calificativo de cobardes que se supone les he dicho yo. Me extrañó mucho esto, porque conozco a los hombres con los que trabajo y no les tengo por cobardes.

Los momentos que atravesamos son difíciles por lo siguiente:

FRANK PAÍS

1. Nuestra máxima figura, a pesar de peticiones nuestras de que prolongara un poco más la fecha de su llegada porque no habíamos podido situar todo lo mínimo necesario a todo el mundo, estimó que era más importante aprovechar la conmoción de este año y que si lo prolongábamos, perderíamos esta conmoción y no lograríamos ganar en organización y equipo.

2. Su llegada atrasada (porque se cayó un compañero al agua y perdieron su ruta) permitió al Gobierno prepararse y estar alerta.

3. La huelga general que debieron realizar los obreros, fue un fracaso.

4. Los auténticos, una vez más, incumplieron todo lo acordado y no facilitaron las armas prometidas y no participaron en ningún hecho. Al llegar a Cuba, no encontraron los de México el apoyo de Cuba que esperaban.

5. Su situación en estos momentos es extremadamente crítica.

6. No contamos con muchos elementos de combate que nos pongan en condiciones de hacer algo que valga la pena. Mas, sin embargo, la situación que se ha ido formando a través de los días subsiguientes, ha ido poniendo al Gobierno en una situación difícil por lo siguiente:

    1. En Santiago prácticamente casi toda la población está conspirando y la relación de los civiles con los militares es crítica.

    2. Las pugnas internas de mando en el Regimiento Maceo entre Díaz Tamayo, Barreras, Lavastida, Haza Grasso, Casillas, etcétera, se han reflejado en la tropa y han trascendido a la ciudadanía.

    3. Los gastos ocasionados al Gobierno por el sabotaje y la situación de guerra han llegado a los trece millones, situación que no podrán seguir sosteniendo, obligándolos a retirar tropas.

    4. El sabotaje y el terrorismo han brotado en todas las provincias y afecta al Gobierno más de lo que aparenta.

5. Las horas extras que trabaja el Ejército, en jaque constante, están produciendo ya cierto malestar.
6. Si se sigue quemando caña y saboteando los ingenios, los ingresos del Estado o del Gobierno van a ser mínimos y si el sabotaje sigue ocasionando gastos, la situación del Gobierno, de prolongarse esta situación, hasta el comienzo de la zafra, será desesperante. Por lo tanto, la línea nacional del movimiento mientras no se reciba contraorden es la siguiente:
   1. Hacer de los boletines del Movimiento (que espero estén recibiendo) miles de copias y regarlos lo más posible en lo rural y urbano de sus respectivas zonas.
   2. Hacer de la quema de la caña algo sistemático cada tres días, a partir de una fecha determinada.
   3. Crear un comité dedicado a hacer las denuncias a corresponsales, emisoras de radio, etcétera, de cualquier compañero que caiga preso para evitar así que, sabiendo el Ejército que ya se sabe la detención, le golpee.
   4. Crear otra comisión distinta (pueden ser mujeres) que se encargue de visitar a los posibles presos, llevarles comida, ropa, dinero, etcétera, cuando lo necesiten.
   5. Reunir los jefes de grupos de acción para discutir y planear los sabotajes de antemano, cosa de hacer varios y donde más daño hagan y de hacerlos coordinados y mantenerlos.

La mecánica de esto puede ser así:

a) Reunirse un día, ejemplo lunes, planear para el martes.
b) Separarse, cada uno hace lo suyo el martes.
c) Quedan citados para una hora y lugar el miércoles, donde pasan revista a lo hecho, se reciben noticias e

informes si los hubiere y se planea para el mismo día o el siguiente, dependiendo de la magnitud del trabajo.

d) Se separan y se vuelven a citar para otro día y hora.
e) Se pueden planear trabajos para dos o tres días seguidos, pero no verse tan a menudo.
f) Traten de reunirse en lugares diferentes para evitar delaciones.
g) Traten de reunirse solamente los indispensables.

6. Todas las células de acción deben reorganizarse tratando de encasillar unas dentro de otras, escogiendo los jefes más capacitados y tratando de depositar en pocas manos la jefatura de grupos de acción, con su responsable máximo, que es al que yo escribo. Esto tiene que hacerse rápidamente, pero con cautela, para evitar susceptibilidades.

7. En acción deben quedar solamente los dispuestos a cualquier cosa.

8. Recomiendo, además del sabotaje a la caña, el de los postes telegráficos, de teléfonos, de luz, tuberías del agua, oficinas públicas, comercios y residencias gobiernistas, puentes, carreteras, muchas puntillas, muchos cocteles Molotov, etcétera.

9. Sanción a las personas que torpedeen perjudiquen o se opongan a la Revolución (Sanción: fusilamiento).

10. Hay que trabajar cuidadosa, responsable y rápidamente el problema obrero, fundamentalmente el azucarero, para un día de la zafra declarar la huelga general, parando técnicamente los centrales y lanzando los obreros del Movimiento a la agitación planeada de antemano. No quisiera que esto se postergara, pues es tan importante como el sabotaje.

José Álvarez

Sin más y confiando plenamente en la victoria final,

SALVADOR

Carta a los dirigentes oposicionistas

Señores Presidentes de las Organizaciones Políticas Oposicionistas.
Distinguidos ciudadanos:

La presente tiene por objeto hacerles saber a ustedes y a la organización que presiden que toda actividad de sabotaje, incendio, obstrucción de caminos, quema de caña, etcétera, está orientada por el Movimiento 26 de Julio.

Se lo comunicamos de manera oficial porque el dictador, impotente para contener la rebelión de la juventud revolucionaria y del pueblo, se lo achaca a su similar de Santo Domingo, Rafael L. Trujillo, como si el déspota más despreciable de América pudiera tener la suficiente influencia para provocar el sabotaje que se viene realizando metódicamente en todo el país y que responde a un plan bien elaborado.

La opinión pública sabe que es en la zona reducida del tanquismo gubernamental y del gansterismo precoz oposicionista donde está la verdadera influencia de Trujillo.

Solo creyendo que el sabotaje, quema de caña, etcétera, tiene este origen, se puede explicar que alguno de ustedes lo haya repudiado como método de acción revolucionaria, por lo que siguiendo nuestra invariable línea de conducta de decir en público lo que hacemos o vamos a hacer en la clandestinidad, nos responsabilizamos históricamente con estas actividades.

El Movimiento Revolucionario 26 de Julio afronta todas las consecuencias de la Revolución a que un régimen engreído y despótico nos obligó. Y una Revolución no es simplemente un estallido insurreccional, que violentamente desencadenó la juventud cubana el pasado 30 de noviembre en Santiago de Cuba y el 2 de diciembre en la Sierra Maestra, con el desembarco de Fidel Castro y las tropas por él directamente comandadas.

Una Revolución es eso y mucho más. Cuba entera sabe que, de acuerdo con nuestra estrategia, habremos de provocar, por la acción directa de todo el pueblo, el derrocamiento de la dictadura. Y esa acción se manifiesta en el sabotaje, incendios, quema de cañas, etcétera.

Censúrese el asesinato por la espalda de ciudadanos inocentes de todo crimen, como le ha ocurrido a valiosísimos compañeros nuestros en la zona norte de la provincia de Oriente y de prisioneros llamados, digo, durante la llamada tregua de Niquero. Lo que sí no es justo ni moral es repudiar el sabotaje y la quema de cañaverales, arma impersonal y revolucionaria, pues fueron nada menos que los mambises quienes nos enseñaron, con el ejemplo, a emplearla.

La dictadura pretende desnaturalizar públicamente nuestras reales proyecciones y nuestra fuerza, pero esperamos que ustedes, en conocimiento de la verdad, no se hagan eco de mentiras echadas a rodar por los voceros del régimen. Les decimos esto que hemos escuchado que uno de ustedes, el doctor Lincoln Rodón, aseguró en un programa televisado que Fidel Castro había muerto. Y para que no tengan solo la información del Estado Mayor del Ejército, les habremos de ir enviando, como lo hacemos ahora, los partes del Cuartel General de la Sierra Maestra.

Ustedes nos comprenden, pues aun cuando mantengan con el Movimiento discrepancias, saben, en el fondo, que tenemos la razón.

Piensan, sí, que la línea revolucionaria del Movimiento no resulta efectiva, y por eso la rechazan. Pero cuando un pueblo se le cierran todos los caminos pacíficos para la conquista de su libertad, creemos nosotros que la dirigencia de ese pueblo debe tomar el de la Revolución, so pena de dejar de ser dirigencias si, a la postre, la Revolución resulta efectiva.

José Álvarez

La historia de la lucha contra la colonia y el machadato es una lección demasiado elocuente para ser olvidada por los cubanos. Ella puede durar meses y hasta quizás más tiempo, pero no hay Gobierno que resista mucho a todo un pueblo conspirando. Esa es la Revolución que nosotros dirigimos.

Les estamos reconocidos por sus buenas intenciones para con nosotros, demandando del Gobierno una pronta solución de la crisis política, ante los acontecimientos nacionales, y asimismo agradecemos las frases de elogios que frente a la valentía de nuestros mejores militantes han ustedes expresado, pero también deben comprender que cuando se escribe con sangre la Historia, no se puede permanecer en silencio ante impugnaciones como las que algunos de ustedes han dicho.

De ustedes, atentamente,
DIRECCION NACIONAL DEL MOVIMIENTO 26 DE JULIO

Tesis Económica del Movimiento 26 de Julio

Nota del autor: Como implica el sub-título del documento original, el mismo discute algunos aspectos del desarrollo económico de Cuba. Está dividido en varias secciones que tratan diversos tópicos. Después de una corta introducción, la primera sección discute "Producción y Distribución". Los autores (Boti y Pazos 1958: 249-282) consideraban importante para un gobierno el declarar si el énfasis de su política económica caería en la esfera distributiva o en la productiva. Algunas de las ideas expuestas incluyen:

• El aspecto fundamental es el foco de la política gubernamental: distributivo o productivo. El punto en cuestión es si una persona debe ser privada de su pedazo del pastel para distribuirlo en pedazos pequeños, o si el pastel puede hacerse mayor y ser distribuido de manera más justa.

• La idea del ciudadano promedio en Cuba era el abogar por una fuerte política estatal distributiva encaminada a un constante aumento de salarios. Eso se justificaba en la base de que la

412

economía nacional se fortalecería con las ganancias decrecientes de los empresarios y el correspondiente aumento del ingreso de los trabajadores.

• El problema económico de Cuba es crecer, mientras se eliminan los focos de injusticias sociales. El crecimiento sostendrá los ingresos actuales.

• Aun en el caso extremo de que un gobierno distribuyera todas las ganancias entre los trabajadores, eso no aumentaría de forma sustancial el nivel de vida de la población ni el poder económico del país: sería redistribuir de manera infantil el ingreso nacional de Cuba, pequeño de por sí, como se distribuyen las porciones de un pastel. Más importante es tratar de alcanzar un pastel mayor para la nación para que todos tengan más.

• El camino correcto es el establecimiento de un plan nacional de crecimiento económico, con fuerte apoyo nacional, para desarrollar la economía cubana, proveer empleo productivo y, finalmente, aumentar el ingreso per cápita sin excluir ninguna medida que demande la justicia social.

• La patria, llena de necesidades urgentes, no puede dares el lujo de ver a sus hijos más firmes confundidos por ideologías vanas y absurdas.

En lo concerniente a las relaciones con los Estados Unidos, el Documento declaraba:

• Contrastando con la pesimista e intangible naturaleza de las relaciones económicas con los Estados Unidos, contaremos con la acción patriótica e inteligente del Gobierno Democrático del 26 de Julio, apoyado por las grandes mayorías nacionales, para demandar, a través de conversaciones bilaterales y en congresos internacionales, lo que Cuba necesita, lo cual resultará beneficioso para la economía de ambos países.

El papel inmediato y futuro de la industria azucarera era considerado importante. En vez de abogar por su reducción, llamaba a un programa de diversificación junto a una expansión azucarera. La industrialización debería incluir la creación de industrias pesadas, semi-pesadas y ligeras, a pesar de los retos, ya que los mismos pueden ser vencidos si se parte del supuesto de que Cuba posee una diestra fuerza laboral, empresarios capacitados, recursos naturales y ahorro de capital doméstico.

Siendo un ahorrador pobre, el país se debe inducir a canalizar todo el ahorro nacional que se exporta hacia el financiamiento del desarrollo económico, si se proveen los incentivos adecuados a quienes poseen el capital.

Se requiere un balance entre el desarrollo agrícola y el proceso de industrialización. Grupos de agricultores independientes cultivan las tierras marginales en las pendientes de montañas y otros lugares. Están removiendo la débil capa vegetal con sus azadones, sin asistencia técnica o ayuda financiera. El agricultor cubano no es indolente. La industrialización y la agricultura no debieran ser mutualmente excluyentes. Un plan nacional puede señalar un progreso uniforme para ambos.

El Documento menciona también el papel de la planificación en un Estado democrático. Que el Estado debe asumir la responsabilidad del estudio y ejecución de un plan de desarrollo económico no implica la implementación de poderes dictatoriales por las siguientes razones: la esencia de la planificación democrática descansa en la participación de la opinión pública con sus grupos sociales diversos, a través de las organizaciones revolucionarias, instituciones cívicas, sindicatos obreros y grupos empresariales, partidos políticos, congresos, etc. Depende también de una intensa movilización de todos los ciudadanos para discutir e implementar los planes económicos y en delinear sus objetivos en el corto y largo plazos.

En relación con los diferentes sectores y clases sociales, el pensar era que, una vez fijado el objetivo, el Estado democrático puede elaborar las técnicas de acción social necesarias y apropiadas para cumplir sus tareas sin apelar a la violencia sobre grupos disidentes, clases sociales inconformes, usufructuarios de intereses mezquinos, y minorías.

La última Sección del Documento se refería a los resultados

potenciales que se esperaban diez años después de la implementación del plan de desarrollo económico, a saber:
• Duplicado el ingreso nacional –de 1,735 millones de pesos a 3,540—a una tasa de crecimiento de 7.5%.
• Eliminación del desempleo y el subempleo.
• Creación de 40,000 nuevos empleos al año para trabajadores jóvenes.
• Aumento del ingreso per cápita promedio de 300 pesos anuales a 500 pesos en 1968.

Respuesta al Bloque Cubano de Prensa, 1/1/57[65]

Quiere el Bloque de prensa que la crisis cubana se dirima por medios civilizados. El único que nosotros hemos encontrado es el que empleara el ciudadano más civilizado amante de la paz de nuestro continente, José Martí; el mismo que en los últimos cuarenta años han utilizado todos los países cultos para vencer sistemas de opresión y que, por significativa coincidencia, resulta que también ha sido usado por aquellos que de una manera u otra han hecho progresar a la humanidad, es decir: el método de la revolución y la guerra [...]

Sobre esa grave cuestión que nos ocupa desde el 10 de marzo de 1952, no caben alternativas. Cuba solo puede ir hacia la normalidad política con un gobierno que inspire respeto y confianza en la población; y evidentemente, el actual no la inspira. De ahí nacen nuestra firmeza revolucionaria y nuestra fuerza creciente.

El 26 de Julio, por otra parte, se ha responsabilizado públicamente con cada uno de sus actos y afronta las consecuencias de la Revolución. Toda Cuba sabe que el sabotaje,

---

[65] Esta carta respuesta se origina en unas declaraciones del Bloque Cubano de Prensa y del ministro Santiago Rey, hechas durante un viaje a los Estados Unidos y publicadas en *The New York Times*.

obstrucción de caminos, incendios, quema de caña y cualquier forma impersonal de la violencia, está orientada y llevada a cabo por el Movimiento. Nuestro objetivo consiste en provocar la crisis de la dictadura por donde único se sostiene el aparato de fuerza.

Nos afirmamos en esta estrategia porque es la única adecuada para resolver la cuestión cubana. Equivale a decir para traer paz y seguridad verdaderas. Con ella comparecemos ante el tribunal de la opinión pública y el de las generaciones venideras, que juzgarán todas las conductas de hoy con absoluta imparcialidad. Estamos en disposición de defender nuestros puntos de vista en ese terreno, pero también hemos de continuar la ruta iniciada el 30 de noviembre último, hasta que caiga la tiranía o caiga el último militante revolucionario.

Señores miembros del Bloque Cubano de Prensa, ustedes, que están preocupados por el futuro inmediato de la patria, no han de pasar por alto la siguiente verdad: ha entrado en la historia de Cuba una nueva generación que por no vivir en complicidad con el pasado y repudiar con sana pasión el presente vergonzoso, está dispuesta, como lo viene demostrando el sacrificio heroico de tantos compañeros nuestros, a inmolarse completamente por conseguir la libertad para el futuro de Cuba. Una libertad que aun no hemos disfrutado y que el país necesita para poder desarrollar sus ilimitadas capacidades y de esta manera disfrutar de un paz negada por muchos de esos que hablan de ella mientras apoyan directa o indirectamente a un sistema de opresión nacido y sostenido por el crimen, el atropello, la violencia y la negación de todos los derechos.

Carta al *The New York Times*, 1/6/57

En dias pasados la prensa de ese país recogió las declaraciones públicas del ministro de Fulgencio Batista, doctor Santiago Rey Perna, que hiciera a su llegada a Washington.

En esas declaraciones se afirma que los asesinatos políticos ocurridos recientemente en Cuba recayeron en agentes comunistas que realizaban sabotajes en los campos de caña. Con ese burdo pretexto pretende el doctor Rey justificar en el democrático pueblo de los Estados Unidos más de treinta asesinatos cuyas víctimas en realidad eran militantes oposicionistas e incluso algunos de ellos relevantes figuras políticas en sus localidades. Como si hubiera alguna forma de explicarle al pueblo de Lincoln el por qué están siendo cobardemente ultimados los cubanos hechos prisioneros por la dictadura [...]

La mayoría de los muertos pertenecen a los partidos políticos Auténtico, Ortodoxo, al Movimiento 26 de Julio y a las zonas ciudadanas sin militancia. No dudamos que algunos de ellos pudieran ser comunista, pero entendemos nosotros que esto no es motivo para asesinarlos cobardemente [...]

Con tal pensamiento, la juventud cubana y el pueblo de esta tierra va sin ayuda extraña, porque no la necesitamos ni la creemos justa, hacia la conquista del Gobierno del pueblo, para el pueblo, y por el pueblo, como definiera la democracia el gran estadista estadounidense, que nosotros tenemos como nuestro.

Circular de orden interno No. 2, 1/31/57
(Solo para responsables del Movimiento)
Comunicación urgente a toda la isla

Enero 31 de 1957

Por personas que llegaron ayer 30 de una finca de la Sierra, se ha sabido aquí que había 6 aviones de bombardeo lanzando bombas incendiarias y de demolición sobre diferentes áreas de la Sierra.

Se han quemado muchos bohíos de campesinos sospechosos de colaborar para obligarlos a marcharse.

Han asesinado mayorales de diversas fincas por servir a los revolucionarios. Han hecho emigrar familias enteras de áreas donde se suponen que los revolucionarios pudieran surtirse de cualquier cosa.

Han subido unos 1,200 soldados con cuerpo de ingenieros para acampar con todo el equipo de armar campamentos incluyendo mulos, caballos, etc.

Anoche 30 se rumoraba que las tropas de paracaidistas y los cuerpos técnicos habían llegado.

Se tomaron comunicaciones de radio (día 28) en las que se hablaba de un coronel norteamericano instruyendo tropas del ejército en guerra de guerrillas y campañas abiertas.

Salvador

Estatutos de la Fundación del Movimiento de Resistencia Cívica

La fraseología del primer Artículo es muy reveladora: "Un grupo de ciudadanos responsables, preocupados por los problemas de la Patria y alentados por el ejemplo de la juventud cubana, que ha tomado el camino del sacrificio para devolverle a Cuba su libertad, se reúne en Santiago de Cuba e, invocando la ayuda de Dios, funda una institución cívica secreta, y acuerda que su nombre sea Movimiento de Resistencia Cívica (MRC) (Cuesta Braniella 1977: 317).

Las metas incluyen el apoyo al esfuerzo heroico del Movimiento 26 de Julio para retornar la libertad y soberanía a Cuba; ayudar en la vuelta a la legalidad y al régimen democrático establecido y confirmado por la constitución de 1940; devolverle la soberanía al pueblo; contribuir a una transición suave a la normalidad, sin grandes convulsiones, actos violentos o excesos; colaborar en la estructuración de un programa mínimo de cumplimiento factible por el futuro gobierno revolucionario provisional, y en la selección de los hombres que, debido a su formación, educación, integridad y buena fe, serían recomendados para convertirse en parte de ese gobierno, en la nación, las provincias y los municipios.

El MRC sería organizado en forma celular y secreta. En cada

municipio o centro importante de población habrá un Comité Ejecutivo compuesto de un número de miembros que variarán dependiendo de la importancia del lugar. La estructura era compleja, basada en las letras del alfabeto.

El Comité Ejecutivo era el órgano superior de la institución. Para el mejor desarrollo de sus funciones, seleccionará, entre sus propios miembros, una secretaría o una oficina de la dirección que estén compuestas de cinco miembros: un secretario general, un secretario de organización, un secretario de finanzas, un secretario de propaganda y un secretario de actas. Funciones específicas fueron delineadas para cada líder y militante. También estableció una cuota mensual mínima de un Peso para contribuir, y especificó cómo estos fondos, y otras contribuciones, debían ser utilizados.

El MRC desarrolló un plan para la recuperación nacional como contribución a la tarea inevitable de canalizar la nación por senderos de orden y paz dentro de un marco democrático que garantizara un régimen de libertad individual y de justicia social, basado en el respeto a los derechos humanos fundamentales.

Santiago de Cuba, febrero de 1957

Reglamento de las Milicias del 26 de Julio
ARTICULADO
Capítulo No. 1
RAZONES Y FUNCIONES DE LAS MILICIAS

Artículo 1.- Del origen y constitución de la milicia

Hasta la huelga de principios de agosto de 1957, la acción y el sabotaje revolucionarios fuera de la Sierra Maestra habían sido llevados a cabo por los llamados Cuadros o Células de Acción, los de Sabotaje Obrero y por las Brigadas Estudiantiles, todos respondiendo a la orientación de la Dirección del Movimiento 26 de Julio. Sin embargo, se habían multiplicado los hombres dispuestos a la lucha y también los grupos, haciéndose cada vez más difícil su organización y control, y menos su efectividad. De ahí la necesidad de aglutinar todas las fuerzas dispersas en un solo aparato, fuerte, disciplinado y bien organizado, con capacidad para producir hechos de mayor envergadura y cumplir fielmente el papel que le viene impuesto a los hombres de la acción antes y después del derrocamiento de la Dictadura.

Ese aparato es la MILICIA DEL MOVIMIENTO REVOLUCIONARIO 26 DE JULIO, feliz iniciativa de nuestro inolvidable Frank País que sus compañeros hemos querido convertir en hermosa realidad.

Artículo 2.- De las funciones de la milicia

a) En la presente etapa insurreccional, hacer la guerra en el territorio fuera de la Sierra Maestra, obedeciendo las tácticas que el Movimiento determine.

b) Al derrocamiento de la Dictadura, las Milicias Revolucionarias velarán por la consolidación del Gobierno auspiciado por el Movimiento 26 de Julio. Las milicias, al igual que el ejército revolucionario de la Sierra Maestra, permanecerán sobre las armas en el territorio que se designe, mientras no se depuren las actuales Fuerzas Armadas.

Artículo 3.- De la ética adoptada por la milicia.

La milicia se constituye obedeciendo al siguiente principio ético: «La Revolución es nuestro objetivo, ante el cual subordinamos el bienestar y la seguridad propios, y nuestra conducta ha de ser en todas las situaciones, elevada, digna y honesta.

Capítulo No. 2

DE LA ORGANIZACIÓN Y LA DISCIPLINA

Artículo 4.- Estructura de la milicia

a) Nacionalmente:

Un Estado Mayor constituido por:

1 Comandante en Jefe de las Milicias

FRANK PAÍS

1 Jefe de Información
1 Cuartel Maestre

b) Por Provincias:

Pinar del Río... 1 Comandante

Habana........... 1 Comandante (ciudad)
1 Capitán (demás términos)

Matanzas........ 1 Comandante

Las Villas........ 1 Comandante

Camagüey...... 1 Comandante

Oriente.......... 1 Comandante (Sgo. De Cuba)
1 Comandante (demás términos)

c) Por Municipios

Capitanes y Tenencias de acuerdo con el número de milicianos y las necesidades locales, pudiendo existir en algunos casos más de un mando igual.

d) Constitución de los Cuadros.

1 Escuadra. 5 milicianos al mando de un Cabo.

1 Pelotón. 3 escuadras al mando de un Sargento.

1 Compañía. 4 pelotones al mando de un Teniente.

1 Escuadrón. 3 compañías al mando de un Capitán

e) Constitución de los Cuadros.

Quedando constituidos del modo siguiente

UNIDAD	HOMBRES		CLASIFICACIÓN			
Escuadra	6	Mil. 5	Cabos—	Sarg.—	Tte. —	Capt. —
Pelotón	19	15	3	1	—	—
Compañía	77	60	12	4	1	—
Escuadrón	232	180	36	12	3	1

Artículo 5.- Nomenclatura adaptada

Para denominar:

Escuadrones: Se empleará el nombre de uno de nuestros mártires al que se le añadirá el de la jurisdicción del Escuadrón.

Para evitar la dualidad de nombres escogidos, empléese con preferencia el de mártires locales y en los casos de localidades donde existe un solo Escuadrón con el nombre de la localidad bastará, pero en ningún caso el nombre de la localidad podrá omitirse.

Compañía: Se denominará empleando los números ordinales (1ra., 2da., 3ra., Comp.), referidos a la jurisdicción o Escuadrón a que pertenezcan.

Pelotones: Se denominarán empleando las cuatro primeras letras del alfabeto (A, B, C, D), referidos a la Compañía y Escuadrón al cual pertenezcan.

Escuadras: Se denominarán usando la combinación numérico-alfabética (1-2, 2-C, etc.) resultante del número cardinal de la Escuadra y la letra del Pelotón, referidos a la unidad mayor a la cual pertenezca.

Cuadros Oficiales: Grado o unidad que mandan referidos a la unidad mayor y jurisdicción a la cual pertenezcan.

Podrán emplearse las siguientes abreviaturas:

	Abrev.		Abrev.
Miliciano	Mil.	Unidad	U
Cabo	Cabo	Escuadra	Esc.
Sargento	Sgto	Pelotón	Pel.
Teniente	Tnte.	Compañía	Comp.
Capitán	Cap.	Escuadrón	Escdn.
Comandante	Cmdte.	Comandancia	Cmdca.

Artículo 6.- Funciones y deberes de los oficiales
—Comandante Jefe
Mandar todas las milicias del territorio nacional.
Fungir como jefe del Estado Mayor.
Dictar las Circulares, Órdenes y Disposiciones de carácter nacional.
Aprobar o desaprobar las disposiciones para jefes Provinciales.

Inspeccionar los mandos provinciales.

Decidir en última instancia en las peticiones, quejas y consultas formuladas por los oficiales con mando ejecutivo y en los procedimientos penales seguidos a dichos oficiales.

Ordenar y vigilar el cumplimiento de los planes nacionales de acción.

—Jefe de información:

Recibir y remitir circulares, formularios y cuantos otros documentos lleguen o partan del Estado Mayor.

Editar y hacer circular los órganos de formación ideológica de las milicias.

Otras a discreción del Jefe del Estado Mayor.

—Cuartel maestre nacional:

Control nacional del equipo de las milicias.

Adquisición y distribución de equipos.

Todas aquellas cuestiones referentes a equipos nacionales y las que pueda determinar el Jefe del Estado Mayor.

—Comandante de las ciudades de la Habana y de Santiago de Cuba:

Fungirán como jefes de Plaza de esas ciudades y por lo tanto determinarán dentro del marco de las tácticas nacionales acordadas, las acciones locales de su mando, a través de los capitanes.

Informarán de:

a) Efectivos de hombres y equipos a su cargo, en los modelos suministrados por el Estado Mayor.

b) La organización, conducta y disciplina de las unidades a su mando. De la conciencia de los oficiales subordinados.

c) De las acciones efectuadas en su zona, forma de ejecución y resultado.

d) Sobre los ajustes que la táctica nacional y según las características locales, sean necesarias a su juicio.

e) Sobre cualquier tema solicitado por el Estado Mayor.

—Comandantes provinciales:

a) Coordinarán las acciones de los Jefes Municipales.

b) Recibirán y transmitirán las comunicaciones que para esos oficiales reciban y las que mutuamente sean necesarias.

c) Adaptarán las tácticas nacionales al marco de la Provincia, para lo cual informarán y consultarán al Estado Mayor.

d) Cumplirán y harán cumplir las disposiciones y circulares que reciban del Estado Mayor.

e) Inspeccionarán los Municipios de su Jurisdicción vigilando y cuidando del mantenimiento de la disciplina y organización, cosa de la cual informarán al E. Mayor.

f) Informarán de las acciones efectuadas, forma de ejecución y resultados.

—Capitanes y tenientes:

Como jefes de unidades las siguientes:

a) Transmitir o dar en cada caso las órdenes relativas a su unidad o unidades menores que la integran.

b) Inspeccionar las unidades menores a su mando.

c) Informar de la conducta, disciplina y conciencia de los subordinados.

d) Informas de los efectivos en hombres y equipos y de su conservación.

e) Informar de las acciones efectuadas en su jurisdicción, forma de ejecución y resultados.

f) Recibir y transmitir los informes y comunicaciones que les sean solicitados a la mayor brevedad.

g) Como jefes de municipios, las siguientes:

a) Coordinar las acciones de las unidades (siempre que no contravengan la táctica) de las zonas a su cargo y ordenar al respecto.

b) Determinar las acciones de las unidades, siempre que no contravengan la táctica o disposiciones nacionales o provinciales.

NOTA: La diferencia de funciones entre capitanes y tenientes está determinada por la diferencia existente entre las unidades a su mando.

—Obligaciones comunes a todos los oficiales:

a) Informar y mantenerse informados por conducto de su superior inmediato.

b) Resolver o cursar las peticiones, objeciones o sugerencias que resulten, digo, reciban, según los casos.

c) Cuidar de la conciencia de sus subordinados inmediatos.

d) Cumplir hacer cumplir las órdenes recibidas.

e) Mantener contacto frecuente con sus superiores y subordinados inmediatos.

f) Cuidar del adiestramiento y disciplina de su tropa, así como del equipo a su cargo.

g) Informar de los efectivos y posiciones de las fuerzas armadas destacadas en su jurisdicción.

h) Cuidar de la circulación y distribución de los órganos oficiales de la milicia y de que estos sean leídos, cosa a la que están obligados a su vez.

Artículo 7.- Deberes y funciones de sargentos y cabos:

a) Mandar las unidades respectivas.

b) Cumplir y hacer cumplir las órdenes recibidas.

c) Informar de la disciplina y conducta de sus subordinados.

d) Adiestrar a los milicianos.

e) Mantener la disciplina y cuidar los equipos de sus unidades.

f) Dar cuantos informes le sean solicitados por sus superiores.

g) No ordenar ni participar en acciones que no les hayan sido ordenadas a su vez por sus superiores o autorizadas cuando hayan hecho solicitud al respecto.

h) Procurar la circulación y lectura de las publicaciones de la milicia.

i) Efectuar alistamientos, sometiéndolos previamente a la consideración.

Artículo 8.- Deberes y funciones de los milicianos:

a) Efectuar el juramento escrito de rigor.

b) Guardar la disciplina y conducta exigidas.

c) Mantenerse en contacto con su jefe de unidad.

d) Obedecer las órdenes recibidas y cuidar de su cabal cumplimiento.

e) Cuidar y mantener en buen estado las armas que reciba, así como devolverlas una vez usadas, previa limpieza, excepto cuando se disponga lo contrario.

f) No participar en acciones que no le sean ordenadas por el jefe de escuadra en activo.

g) Mantenerse orientado mediante los órganos oficiales del Movimiento y en especial de la Milicia.

Artículo 9.- Deberes comunes a todo miembro de las milicias sin distinción de grado.

a) No permanecer en lugares públicos después de la hora señalada por el mando local, sin previa autorización al respecto.

b) Mantenerse informado y en contacto con sus superiores.

c) Hacer por escrito las peticiones, objeciones, proposiciones y consultas que desee formular.

d) No cometer indiscreciones, ni aún ante miembros del Movimiento y de su círculo de acción; no se harán comentarios acerca de las acciones realizadas u ordenadas si no es absolutamente necesario.

e) Cumplir siempre las órdenes recibidas, excepto por causas comprobadas y plenamente justificadas.

f) Cuidar de los equipos que use o tenga a su cargo.

g) No participar en acciones ajenas al Movimiento y en las que no sean ordenadas por los conductos oficiales y dadas por el superior inmediato.

h) Todo lo que la seguridad y la mejor marcha de la lucha indiquen; para ello en casos no previstos use su criterio.

Artículo 10.- Relativo a los cambios y promociones

a) Todo miliciano por méritos y existiendo plaza, podrá ser ascendido por el jefe municipal o provincial o nacional, según el caso.

b) Todo miliciano, cualquiera que sea su grado, podrá ser trasladado de su unidad (esc. Pel., com., etc.) o de su jurisdicción (zona, municipio o provincia). La no aceptación puede ser calificada de indisciplina grave y aún de deserción, según circunstancias.

c) Todo miliciano tendrá en cuenta que pertenece a un cuerpo militarizado, de una organización revolucionaria dirigida por un Estado Mayor con jurisdicción en todo el territorio nacional.

d) Todo miliciano de igual manera tiene el derecho de cursar peticiones escritas y fundamentadas solicitando su traslado o su baja por intermedio de su superior inmediato dirigida al jefe de la jurisdicción quien resolverá en un sentido u otro en todos los casos.

Artículo 11.- Relativo a faltas

Su clasificación como leves, graves y muy graves.

1-Se considerarán COMO LEVES, las siguientes:

a) Faltar o llegar tarde a las citas o reuniones convocadas por el superior inmediato, sin motivo que las justifique.

b) Descuidar los equipos, si no ocasionan la pérdida o inutilización de estos.

c) Perder el contacto, sin causa justificada.

d) Indiscreciones y comentarios ante miembros del Movimiento ajenos a su unidad.

e) Conducta impropia.

f) Cualquier contravención de este Reglamento.

2. Se considerarán COMO GRAVES, las siguientes:

a) Pérdida o extravío de equipos.

b) Indisciplina.

c) Insubordinación.

d) Falta de ética.

e) Beber en el desempeño de misiones y la embriaguez en todos los casos.

f) Incumplimiento injustificado de órdenes.

g) Violaciones del reglamento o de disposiciones de este.

3. Se considerarán COMO MUY GRAVES las siguientes

a) Comprometer la seguridad de la unidad, de los compañeros y todo lo que afecte la seguridad del Movimiento.

b) Insubordinación durante acciones.

c) Traición en cualquiera de sus modalidades, tales como delación, entrega de equipos al enemigo o aotras organizaciones o su venta, deserción, etc.

Nota: En los casos de individuos en la clandestinidad, constituirán faltas graves o muy graves: salir sin autorización, llevar personas no autorizadas al lugar donde se hallen escondidos, y en general todo lo que afecte la seguridad de personas, equipos o cosas sostenidas por o a favor del Movimiento.

Artículo 12.- Penalidades
—Para faltas leves: Amonestaciones privadas o ante sus compañeros; encierro voluntario de 1 a 7 días.
—Para faltas graves: Separación por semanas o meses, hasta término de tres meses.
Degradación.
Expulsión.
—Por faltas muy graves. La expulsión deshonrosa y pública o la aplicación de la pena de muerte.

Artículo 13.- Procedimiento y constitución de tribunales
Para FALTAS LEVES: Decidirá el Jefe superior inmediato.
Para FALTAS GRAVES Y MUY GRAVES: Se constituirá un Tribunal integrado por tres a cinco. En el primer caso presidirá el jefe de Unidad u oficial delegado de este; en el segundo caso siempre presidirá un oficial de mayor graduación que el acusado.
Debe nombrarse investigador y un máximo de dos testigos por parte, no obstante antes de la vista el investigador podrá interrogar a cuantos crea menester si esto ayuda al informe que hade rendir al Tribunal.
El procedimiento en estos casos será sumario y se dictaminará en una sola vista. La aplicación de la pena se efectuará en el término de 48 horas si no afecta la seguridad; si la afecta, en la primera oportunidad.
En los casos no previstos o que ofrezcan duda, si no afecta la seguridad, se establecerá consulta con el mando provincial o nacional.
Para las apelaciones se procederá del modo siguiente: CLASES Y MILICIANOS apelarán ante el jefe de unidad mayor o de jurisdicción. Los OFICIALES ante el jefe provincial y estos ante el Estado Mayor. En casos de traición o que afecten la seguridad no será posible la apelación.

José Álvarez

Artículo 14.- Todas aquellas disposiciones que exijan una reglamentación (adicional) serán estudiadas por el Estado Mayor, quien la remitirá a todos los mandos por conducto de la Jefatura de Información.

Artículo 15.- Disposición transitoria

    Aquellos oficiales que ocupen las Jefaturas Provinciales y Municipales de Acción, deben tener presente que el Coordinador Municipal y Provincial está facultado para solicitar de dichos oficiales la suspensión de cualquier acción señalada que obstaculice o perturbe las labores de las demás secciones del Movimiento.

"Nuestra Razón":
Manifiesto Programa del
Movimiento 26 de Julio

Nota del editor: El largo documento contiene una breve introducción y cuatro secciones importantes. Al principio, indica que la lucha está basada en las ideas que han estado presente en la conciencia del pueblo cubano desde la fundación de la nación cubana; son las mismas ideas inspiradas en las guerras por la independencia y expresadas luego de manera brillante por José Martí. El Apóstol es "la fuente ideológica del Movimiento 26 de Julio". El objetivo del documento es compilar las ideas de Martí del pasado e interpretarlas en el presente dramático de Cuba dentro de los objetivos básicos de la revolución.

I. El presente. El objetivo principal del M-26-7 es satisfacer las ideas olvidadas de la nación cubana, como continuación de las luchas pasadas. Define a tres entidades con una mentalidad colonial: dominación económica extranjera, corrupción política, y militares fuera de control. Entonces procede a calificar la república desamparada, las reservas jóvenes, una revolución verdadera, y la guerra necesaria en curso. Se refiere a las fuerzas positivas y negativas en el juego. Concluye con la creencia de que la situación actual presenta una sana oportunidad histórica.

II. La nación cubana. Esta sección contiene una larga historia de las justificaciones para la existencia de Cuba como nación independiente y soberana. Conduce a la interrupción causada el 10 de marzo de 1952, y a la necesidad de volver a una orden constitucional.

III. La doctrina de la revolución. Esta es una sección muy importante porque explica la ideología del M-26-7. Para integrar la nación cubana, hay tres elementos: soberanía política, independencia económica, y diferenciación cultural. El primero define la condición del estado; el segundo indica la necesidad del auto-sostenimiento; el tercero se relaciona con la idiosincrasia y actitud mental propia de la gente.

Las metas de la revolución cubana son: Patria libre y soberana, república democrática, economía independiente y cultura diferenciada. Ningunas de estas metas pueden existir independientemente. No hay patria sin una economía, ni república sin cultura, o viceversa. Su integración es necesaria porque todos tener una presencia relevante.

• Ideología. - *Una constitución es una ley viva y práctica que no puede construirse con los elementos ideológicos.* José Martí.

Respecto a definiciones ideológicas, el Movimiento 26 de Julio prefiere evitar fórmulas abstractas o clisés preestablecidos. La ideología de la revolución cubana debe surgir de sus propias raíces y las circunstancias de la gente y del país. No debe ser, por lo tanto, algo importado de otras latitudes, ni algo a lo que se llega por elaboraciones mentales directas que se aplicarán más adelante a la realidad actual. El Movimiento 26 de Julio puede ser definido como guiado por un pensamiento democrático, nacionalista y de justicia social. Los tres términos se explican a continuación.

Con relación a la **democracia**, el M-26-7 todavía considera válida la filosofía de Jefferson y suscribe totalmente la fórmula de Lincoln del "gobierno del pueblo, por el pueblo y para el pueblo". La democracia no puede ser el gobierno de una raza, una clase, una religión, sino de todo el pueblo.

Respecto al **nacionalismo**, este es la consecuencia natural de las circunstancias geográficas e históricas que rodean el nacimiento de Cuba como estado independiente. Es la "voluntad de ser una nación" de una gente que ha podido conquistar su libertad.

Entendemos por **justicia social** el establecimiento de una orden tal que las todos los derechos inalienables de los seres humanos - políticos, sociales, económicos y culturales-- sean satisfechos y garantizados enteramente. En este respeto, tenemos que reconocer que el sistema capitalista de la libre empresa conduce a la concentración de la abundancia en pocas manos con la resultante explotación del resto de la gente. La posición ideológica puede ser analizada como sigue:

• Soberanía nacional. - *Si algún oficio tiene la familia de repúblicas de América no es ir de arria de una de ellas.* José Martí.

La soberanía es el derecho de la nación a orientar y gobernar su propio destino. Sin este punto de partida, todo el resto - el estado, gobierno, cultura carece un significado nacional; es falso. El primer objetivo de la revolución es consolidar la total soberanía de Cuba.

• Independencia económica. – *Sólo perdura y es para bien la riqueza que se crea y la libertad que se conquista con las propias manos.* José Martí.

La independencia económica significa la capacidad de un país de ser auto-suficiente dentro de los engranajes naturales de las relaciones internacionales. Esta independencia es la base imprescindible de la soberanía política. Ese principio consiste en revertir al país la mayor parte posible de los beneficios generados por la producción nacional. Cuando van al extranjero, el desequilibrio que resulta en reservas monetarias causa la subordinación y la dependencia junto con el empobrecimiento y la carencia de la soberanía económica.

• Trabajo. - *La felicidad general de un pueblo descansa en la independencia individual de sus habitantes*. José Martí.

Aunque el M-26-7 no apoya la doctrina del determinismo económico, sin embargo proclama que no pueden existir democracia o justicia social si los hombres no tienen los medios para satisfacer sus necesidades diarias.

• Orden social. – *Hay que impedir que las simpatías de Cuba se fuercen y esclavicen por ningún interés de grupo, o autorización desmedida de una agrupación militar o civil, ni de una comarca determinada, ni de una raza sobre otra*. José Martí.

La postura de M-26-7 en problemas sociales se toma de Martí. Su idea en este sentido es la unidad orgánica de la nación. Ningún grupo puede poner su interés delante del interés de la nación.

• Educación. - *La medida de responsabilidad está en lo extenso de la educación*. José Martí.

Puesto que no puede haber patria sin conciencia nacional, o democracia sin los ciudadanos, hay la necesidad de la acción paciente y sistemática dedicada a proporcionar tales factores. El Estado debe tener un interés especial en la educación. Para el M-26-7 éste será un proceso inteligente y sistemático de la enseñanza. La educación cubana debe abarcar cuatro factores importantes: cultural, vocacional, cívico, y nacional

José Álvarez

• **Política.** - *El gobierno no es sino la dirección de las fuerzas nacionales, de manera que la persona humana pueda cumplir dignamente sus fines, y se aprovechen, con las mayores ventajas posibles, los elementos de la prosperidad pública.* José Martí.

El Movimiento 26 de Julio contempla decididamente el ideal de la república democrática, inspirada en el credo de la libertad y fundada en el carácter y capacidad de sus ciudadanos. Aspira al establecimiento de una forma de gobierno y régimen de derechos públicos e individuales, que no sólo sea letra escrita en la constitución y en las leyes, sino que tengan justa y plena vigencia en la realidad práctica de la vida.

• **Autoridad civil.** – *El poder de las repúblicas debe estar solamente en manos de los hombres civiles… Un pueblo no se funda como se manda un campamento…* José Martí.

Todas las garantías del sistema democrático, contenidas esencialmente en todos los documentos históricos del mundo occidental, asumen el establecimiento de una autoridad civil firme que asegure su cumplimiento. Cuba ha descendido a los niveles más bajos del primitivismo político. Nuestra historia está llena de la dedicación más civilista de nuestros combatientes por la libertad. La postura más civilista no se limita al aspecto personal de las biografías porque ella permaneció escrita en todas las constituciones y otros documentos de la república. El M-26-7 abraza la posición civil como avance de una acción programática futura una vez en el poder.

• **Libertad de la conciencia.** - *Libertad es el derecho que todo hombre tiene a ser honrado y a pensar y hablar sin hipocresía.* José Martí.

El principio de la libertad de la conciencia es intrínseco a la revolución. Cada ciudadano debe estar libre de elegir una creencia religiosa particular o no tener una.

• Moralidad pública. - *La política virtuosa es la única útil y eterna... Los negocios públicos se deben quitar de las manos de los que trafiquen en ellos.* José Martí.

La república cubana nació llevando los gérmenes coloniales de la corrupción política. El tiempo ha convertido ese estado de cosas incluso peor. La revolución cubana tiene que complementar su ideología con una seria proposición ética. La corrupción pública se puede combatir en los tribunales de justicia y en las aulas. El M-26-7 se propone hacer eso.

• Posición internacional. *Lo que el americanismo sano pide es que cada pueblo de América se desenvuelva con el albedrío y propio ejercicio necesarios a la salud... sin dañarle la libertad a ningún otro pueblo.* José Martí.

La revolución cubana queda históricamente situada dentro de la más pura corriente americanista. La familia entera de naciones del continente debe cooperar para mantener y desarrollar sus lazos comunes.

IV. El futuro. Cuba está hoy en una encrucijada crítica. Las opciones son claras: el triunfo de las fuerzas revolucionarias o la permanencia en el poder de las fuerzas corruptas. El Movimiento 26 de Julio no sólo lucha para quitar la presente dictadura sino que se propone tomar el poder para implementar las transformaciones que constituyen la parte positiva de la revolución. Éstas son solamente algunas medidas:

En lo Político

Una política gubernamental siempre inspirada en la completa afirmación de la soberanía nacional y el respeto sagrado por la constitución y la ley. Creemos en la separación de poderes. Cómo evitar gobiernos unipersonales: Reformas que aseguren una representación verdadera de la gente en el poder legislativo; un régimen de libertades públicas y un reconocimiento verdadero de los derechos individuales; una estructura democrática de partidos políticos; medidas para asegurar la validez y la eficacia del voto, incluyendo un nuevo código electoral; y un sistema que contenga la descalificación y las sanciones para los responsables de crímenes contra el orden democrático.

En lo Económico

Una política gubernamental encaminada a asegurar la independencia económica de Cuba: Un plan de desarrollo de nuevas fuentes de producción y empleo; una reforma agraria para proscribir el latifundio y alentar la formación de propietarios agrícolas de clase media; la creación anual de las unidades de producción necesarias para proporcionar 100,000 nuevos empleos productivos cada año; diversificación de la producción agrícola y de las regulaciones de mercado para garantizar su comercio; atención y estímulos a las cooperativas; la recuperación de la riqueza del subsuelo; nacionalización de las utilidades públicas; estímulos a la inversión de capitales domésticos; aumento progresivo de la productividad media por trabajador y de los ingresos medios por habitante; desarrollo de una flota nacional de la marina mercante; y extensión del comercio exterior.

En lo Social

Una política gubernamental inspirada en el principio de la unidad orgánica de la sociedad: Elevación del trabajo a la categoría de agente asociado de producción; sistema de aumento progresivo del salario; unificación del seguro social y aplicación de sus beneficios a todos los ciudadanos; garantía al derecha de huelga; libertad de sindicatos; un estudio cuidadoso del sistema de salud pública, de hospitales, y de la medicina social; la reforma del sistema penal enfocado en la rehabilitación de los prisioneros; extirpación total del juego organizado, incluyendo la lotería; plan educativo para entender la integración racial; plan de ayuda social eficaz; y financiamiento estatal de la vivienda.

En lo Educacional

Una política educativa inspirada en los valores de la dignidad humana, la libertad y la patria: un plan educativo estructural para unir el proceso educativo en su totalidad; escolaridad obligatoria entre 5 a 15 años de edad; asistencia obligatoria a la escuela media después de que se haya acabado la escuela primaria; multiplicación y consolidación de las escuelas de corte técnico-profesional; revisión de las carreras universitarias; multiplicación de escuelas y que la escuela se centre según la demografía; estudio especial de pedagogía que mejor se ajuste a la gente y el clima de Cuba; plan selectivo de la mejora para los profesores; sistema de los sueldos progresivos para los educadores; un ministerio de educación más técnico; reducción de la burocracia en los niveles administrativos y de enseñanza; estudio científico del presupuesto; plan para mejorar los textos de la escuela; plan intensivo de la instrucción; atención a la educación rural; establecimiento de "ciudades niños" de naturaleza urbana-rural; y promulgación de una ley de enseñanza nacional.

En lo Judicial

Una política gubernamental para establecer una estructura judicial que garantice el estricto cumplimiento del sistema de derecho: Purga moral del poder judicial; reforma del área procesal para simplificar la función de la justicia; revisión de los códigos y de las leyes para adaptarlos a las actuales necesidades; y un estudio de un régimen penitenciario que considere la rehabilitación de los delincuentes.

En lo Internacional

Una política exterior dirigida al logro y mantenimiento de un orden internacional de justicia y paz, especialmente al mejoramiento de las relaciones internacionales: Revisión de tratados o acuerdos que disminuyan la soberanía o la independencia de ambas partes; sugerencia de medidas para facilitar el comercio y el intercambio económico entre los países de este continente; estudio del potencial para las integraciones educativas y monetarias en América latina; medidas para aumentar intercambios culturales con América latina; medidas dirigidas a combatir el totalitarismo y las dictaduras en América; medidas y acuerdos internacionales para promover la protección del sistema democrático; política extranjera dedicada a la defensa y a la aplicación de la declaración de los derechos humanos de las Naciones Unidas; y reiteración del derecho al asilo político.

Circular 5/15/57

A los compañeros de Dirección del 26 de Julio de toda la Isla.

Quisiera ser lo más breve y conciso posible estas mis primeras palabras a ustedes luego de mi involuntaria ausencia.

Al estudiar y analizar la marcha de los acontecimientos veo que cl Movimiento no se encuentra *a* la altura de lo que las circunstancias nos exigen, carecemos de una organización efectiva, la intercomunicación es deficiente, la coordinación de los esfuerzos no existe, la propaganda es escasa, la tesorería es pobre y la unidad en general del Movimiento no existe.

Todos estos puntos fueron ampliamente discutidos y analizados por la Dirección del Movimiento designada de acuerdo con los compañeros de la Sierra, llegándose a las conclusiones siguientes:

1. La centralización de la Dirección del Movimiento en el menor número posible de personas.
2. Separación y tecnificación de cada una de las secciones del Movimiento, con plena autoridad y responsabilidad de los encargados de dichas secciones, distribuyendo el trabajo lo más organizadamente posible.

3. Aumentar las recaudaciones.
4. Aumentar la propaganda.
5. Aumentar el sabotaje.
6. Sincronizar nacionalmente todas las acciones del Movimiento.
7. Rendir informe semanalmente de lo realizado, estado del Mov., etc.

Por la facilidad con que puede desenvolverse el Mov., por la amplia cooperación de todos los sectores, por existir las mejores condiciones para desenvolverse y por la cercanía con el grupo rebelde que se encuentra alzado Se centraliza la Dirección del Mov. en Stgo. de Cuba.
Que es nuestra obligación pensar y tratar de realizar la Revolución nacionalmente. Que las secciones en que trabajará el Mov. en cada provincia serán las siguientes:

1. *Organizador* que recibirá contactos, rendirá informes, recibirá instrucciones, llevará la correspondencia y trabajará íntimamente ligado con los demás sectores. Ojo: Trate de nombrarse al individuo de mayor capacidad y personalidad para este cargo.
2. *Obrero*
3. *Sabotaje*
4. *Propaganda*
5. *Tesorero*

Todos estos cargos deberán tener un sustituto.
Los planes nacionales de propaganda, sabotaje, tesorería, obrero y organización serán hechos por la Dirección del Mov. y transmitidos oportunamente a las provincias. Estos planes que serán de índole general serán adaptados y llevados a la práctica de acuerdo con las particularidades de cada zona por las Direcciones Provinciales y Municipales.
Es imprescindible la comunicación semanal de todo el

Movimiento y hay que organizar primeramente las líneas de comunicación para lo general del Mov. y para los casos de avisos urgentes.

Esperamos lo más rápidamente posible la ratificación de estos acuerdos por la buena marcha y el éxito de la Revolución.

Por la Dirección Nacional del Mov. 26 de Julio

David

P. D. Quisiera que estos cuadros se crearan lo más rápidamente posible, teniendo en cuenta lo sobrecargado de trabajo en que está esta Dirección por lo que pedimos se creen entre ustedes mismos sin que tenga que intervenir esta Dirección.

Circular a los responsables de propaganda

Con vistas al nuevo plan de trabajo inmediato que debemos desarrollar, la dirección de nuestro Movimiento ha tenido a bien dictar las siguientes normas de trabajo:

1. La propaganda llegará diariamente.
2. Las consignas que en ella se indiquen han de ser cumplidas rigurosamente.
3. Cada responsable está obligado a difundir dicha propaganda a todos los sectores de la ciudadanía, inclusive cuando el caso lo requiera a los miembros de las fuerzas armadas.
4. Del cumplimiento de estas consignas por todos y cada uno de los miembros responsables depende la culminación victoriosa de la Revolución.

Es imprescindible, hoy más que nunca, el cumplimiento de lo estipulado en el punto tres de esta Circular, aun cuando esto implique un aumento de trabajo y mayor riesgo personal, pero es absolutamente necesario pues ha de redundar en la huelga general que derrumbará la dictadura.

FRANK PAÍS

Adelante con la consigna de la Revolución.

DIRECCIÓN GENERAL DE PROPAGANDA DEL MOMIENTO 26 DE JULIO

Circular, 5/17/57

A los compañeros Responsables del Movimiento 26 de Julio

Espero que cuando reciban esta carta ya hayan recibido dos circulares anteriores, la primera tomando posesión de la Dirección y la segunda dictando los primeros acuerdos sobre organización y reestructuración.

Así mismo creo ya habrán recibido la orden de visitar todos los encargados de Organización a esta Dirección para coordinar rápidamente toda la mecánica del Movimiento y para comenzar a lanzar los planes de todas las secciones del Mov.

Les ruego como revolucionarios y les ordeno como militantes de una organización disciplinada que brinden el máximo de esfuerzo a los planes que vamos a desarrollar y creo que está demás el recalcarles la importancia que tienen para nuestro triunfo.

Estamos viviendo momentos de mucha confusión, confusión que busca el gobierno y que secunda la pseudo-oposición con su torpeza, egoísmo y desmedida ambición. El gobierno en su inteligente juego de afloja y recoge comete sin embargo sus errores como el de las intervenciones sindicales en momentos como estos que no les son convenientes. La pseudooposición en su ambición, se combate, se crítica, se desune y se destruye, pretendiendo cada una de sus facciones llegar a ocupar el punto culminante en los arreglos con el gobierno. Lo que resulta es que por turnos, unos primeros, otros después, conversan, colaboran, le hacen el juego, luego hacen el ridículo y se retiran de sus pretendidas soluciones pacíficas con el gobierno, desengañando y confundiendo a la opinión pública. Y mientras ellos comulgan sonrientes con los personeros del régimen, una juventud gallarda se halla en la Sierra Maestra y un Movimiento Nacional labora en

José Álvarez

la clandestinidad combatiendo diariamente y siguiendo propias consignas.

Frente a la Demagogia, a la división, a la falta de ideario revolucionario, se funde y se logra, un programa limpio, inteligente y nuevo, con una generación honesta, valiente y revolucionaria, que recoge en sus filas a todos los que sienten y aspiran a una verdadera revolución.

Mientras la pseudo-oposición busca arreglos y entendimientos que logren salvar sus enmohecidos partidos y sus apetitos de siempre, surge en el Movimiento 26 de Julio un nuevo concepto, una nueva idea, que recoge las frustraciones cubanas desde 1902 hasta la fecha y trata de aprovechar las experiencias históricas para unirlas a las necesidades económicas, políticas y sociales de nuestra patria y darles las verdaderas soluciones. Pero hay más, no sólo aspiramos a derrotar una dictadura que mancha nuestra historia de pueblo amante de libertad; no sólo aspiramos a poner fin a la bancarrota económica, no sólo aspiramos a administrar y vivir honradamente, no sólo aspiramos a devolver la libertad y la seguridad al pueblo de Cuba, aspiramos y esto debe estar bien claro en *todos* los militantes del M-26-7 a encauzar a Cuba dentro de las corrientes políticas, económicas y sociales de nuestro siglo, aspiramos a conmover profundamente *todos* los sectores del país, aspiramos a crear planes revolucionarios que pongan a todos esos sectores a trabajar en beneficio de la Patria Nueva. Aspiramos a remover, derribar, destruir el sistema colonialista que aún impera, barrer con la burocracia, eliminar mecanismos superfluos, extraer los verdaderos valores e implantar de acuerdo con las particularidades de nuestra idiosincrasia las modernas corrientes filosóficas que imperan actualmente en el mundo, aspiramos no a poner parches para salir del paso sino a planear concienzuda y responsablemente la construcción de la Patria Nueva con la seriedad, inteligencia y desinteresado amor patrio que caracteriza al Movimiento 26 de Julio.

Esta idea, este sentir, estas proyecciones, deben ser ampliamente difundidas y discutidas dentro de todos los sectores del

FRANK PAÍS

Movimiento. Tenemos que lograr la verdadera unidad ideológica, la plena identificación de principios y propósitos para que sea sencillo el aunar las acciones de tantos militantes, coordinar sus esfuerzos y dirigirlos a puntos concretos.

Por ejemplo, creo que es muy vaga la idea que tienen los dirigentes del Movimiento acerca de cuál es nuestra conducta a seguir, cuáles planes trazar y qué hacer.

Vamos a analizar estos puntos.

La falta de una verdadera unidad, de un verdadero y *mds acabado* trabajo revolucionario, la falta de recursos y de medios bélicos, hizo que el brote insurreccional del 30 de noviembre no tuviera el empuje necesario como para derrocar el régimen. Esta experiencia nos ha costado un saldo doloroso de mártires, pero ganamos en madurez, en conciencia revolucionaria, y nos demostró lo ineficaz de muchos de nuestros procedimientos y de muchos de nuestros líderes. Ahora tras meses de trabajos agotadores, de expectación y de situaciones cambiantes, el Movimiento se consolida y se perfila, pero a su vez pierde muchos de sus valores que tenemos necesidad imperiosa de sustituir.

Analicemos que hay y qué debemos hacer.

Tenemos un grupo en la Sierra Maestra, un grupo alzado, un grupo creciente que hay que suplir de armas, de municiones, de alimentos, de ropas, de medicinas, de equipo de todas clases. Para darles una idea aproximada de lo que esto cuesta hagamos unos cálculos ligeros.

Calculemos unos 200 hombres. Estos hombres consumen (fíjense bien) solamente 0.70 diarios de alimentos entre desayuno, almuerzo y comida. Multiplicando tendremos $0.70 por 200 son $140 diarios, al mes unos $4 200.

El gasto mínimo de ropas, botas (esto se gasta bastante y tienen que ser de la mejor calidad) uniformes y equipo en general es de $7.00 mensuales por hombre, multiplicado por 200 son unos $1 400 mensuales que unido a lo anterior hacen unos $5,600 mensuales. Si a todo esto unimos los gastos extras de compra en el clandestinaje, transporte, movilización y situación en el lugar definitivo, pago extra por la comida al campesino en la Sierra, pues el Mov. no se sostiene del abuso ni del dolor de los demás, tendríamos que a pesar de toda la amplia cooperación de la ciudadania, de sus contribuciones en víveres y equipos, únicamente del grupo de la Sierra, los gastos serían bastante más de los 6000 pesos mensuales. Esto sin contar naturalmente los gastos de compra de armas que son mucho mayores.

¿Dónde recoger tal dinero?, ¿de dónde sacarlo? ¿dejaremos al abandono a nuestros bravos combatientes que arriesgan diariamente la vida y sufren mil penalidades y sacrificios? Es muy fácil y cómodo comer diariamente y a su hora, tener un lecho y una casa, tener máquinas y ómnibus para trasladarnos de sitio y no pensar en el frío, la lluvia, el hambre, las largas caminatas, los sufrimientos de la intemperie y la amenaza constante del enemigo.

¿Sobre quién debe recaer la responsabilidad del mantenimiento del Dr. Fidel Castro y todos nuestros bravos compañeros?

Creo es nuestro deber pensar en esto un poquito más, salirnos de los marcos estrechos de egoísmo y recelos y contribuir generosa y responsablemente., cada militante, cada simpatizante a las tesorerías municipales y provinciales para que se remita a la Tesorería Nacional quien lleva sobre sus hombros toda la responsabilidad desesperante del mantenimiento de este frente.

Es responsabilidad del Movimiento en todas las provincias y aún en los clubes del 26 de Julio del extranjero el preocuparse por crear los fondos necesarios para el mantenimiento de la Revolución. Y, si calculamos que no podemos quedarnos estáticos en un solo frente sino que debemos crear otros, veremos cuán necesaria es la creación de un presupuesto, de una tesorería estabilizada que pueda hacerle frente a todos estos gastos.

Pasando ya de este punto voy al siguiente que ya enuncié, hay que ir rápidamente a la creación de varios frentes más, en orden de efectividad e importancia, de ahí que sea labor de todas las Direcciones Provinciales y Municipales el hacer labor intensa en las regiones que pudieran utilizarse para futuros frentes, estudiarlas, hacer contactos, mantenerlos, aportar en fin todos los detalles a la Dirección Nacional pero en forma discreta, sin despertar revuelos, sin prometer nada, ni hablar más de la cuenta. La Dirección Nacional hará los estudios y resolverá lo que crea más conveniente y posible.

El tercer punto es el trabajo efectivo de organización dentro del Movimiento.

No necesitamos aparatos inmensos de acción y sabotaje, necesitamos el menor número de hombres entrenados y disciplinados lo mejor posible.

Hay que estudiar los sabotajes, crear planes de trabajo y ponerlos a funcionar lo más rápido posible, teniendo normas estrictas de *disciplina, silencio* y *organización,* castigando hasta con la vida los casos de delación e indiscreción. Todo el que caiga preso y bable está automáticamente sentenciado y esta sentencia debe cumplirse hasta en la cárcel. La maquinaria de sabotaje tiene que ser perfecta, no puede tener errores.

Lo que si necesitamos en cantidad es un trabajo de proselitismo que nos sirva de cantera para retaguardia, a decir, para obtener lugares donde guardar (con seguridad) equipo, personas, etc, para obtener enlaces, informantes, etc.

Es nuestro fin primordial el hacer conspirar el mayor número de personas posibles cuanto más importantes mejor y hay muchas formas de hacerlo. Hay que ingeniarse para hacerlos conspirar en el caso de que no sean útiles en funciones determinadas, que sigan conspirando sin perjuicio de los cuadros básicos del Movimiento. Para eso se creó el Movimiento de Resistencia Cívica, sección que bien controlada nos sirve para hacer conspirar profesionales, comerciantes, industriales, hombres de posición que no podrían ser captados en otra forma y que sirven de cantera para extraer elementos valiosos y responsables para nuestros cuadros dirigentes, para entrenar y disciplinar a esas clases sociales, para difundir propaganda y para recaudar fondos.

Pero ocurre que nos olvidamos de la importancia de los obreros. Estos son los que bien administrados y dirigidos derrocarán al régimen. Parece mentira lo liviano y superfluo de nuestra actuación en este sector. Tenemos que recobrar el tiempo perdido y dedicarnos a barrenar en todas direcciones todos los sindicatos y organizaciones obreras, tenemos que inundarnos de propaganda dirigida y sustanciosa que llegue al obrero y diga algo. Crear cuadros y dirigencias, doctrinarios, disciplinarios y entrenarlos hasta llegar a pequeñas pruebas de Huelgas Generales como ya se ha hecho en Guantánamo cuyo trabajo obrero es formidable y que ha demostrado en la práctica que esto se puede hacer.

La propaganda sólo se necesita dirigirla para que llegue a todos los sectores, no es imprescindible que sea tan numerosa como bien colocada para que corra en todos los sectores, eso sí, se necesita propaganda bien hecha, que diga algo y que no pugne con la doctrina del Movimiento.

No puede permitirse la anarquía en la propaganda ésta sólo puede partir de la Dirección Nacional del Movimiento o de sus cuadros más responsables. Vuelvo a repetir y ya para finalizar que las normas inflexibles que deben operar en los cuadros básicos del Mov. son: *disciplina, discreción* y *organización.* Constantemente debemos machacar en estas normas y vigilar su estricta observancia. Sólo con la acción disciplinada y uniforme de nuestro Movimiento alcanzaremos la victoria que es nuestra meta.

Por la Dirección Nacional del Movimiento 26 de Julio

David.

Circular sobre El Uvero, 6/3/57

A los responsables del M-26-7

Esta circular es de orden interior, para conocimiento de los responsables de las direcciones provinciales y municipales nada más. Se ruega no se filtren estas noticias. Hago esto para poner a prueba la discreción de los dirigentes del M-26-7.

FRANK PAÍS

En el ataque del Uvero tuvimos catorce bajas, siete muertos y siete heridos.

Muertos: teniente Emiliano Díaz Fontaine, teniente Julio Díaz González; combatientes Gustavo Adolfo Moll, Francisco Soto Hernández, Anselmo Vega, Eligio Mendoza, [Rigoberto Emiliano] Sillero.

Heridos: capitán Juan Almeida, teniente Félix Pena, teniente Miguel A. Manals; combatientes Mario Maceo, Manuel Acuña, Enrique Escalona, Mario Leal, todos más o menos graves.

La batalla duró tres horas, 5 y 15 am. – 8 y 15 am. El cuartel estaba bien defendido, con una línea de defensa exterior formada por cuatro fortines de polines de línea, con cinco hombres cada uno. En total eran sesenta soldados. Nuestros hombres tomaron por asalto cada posición, avanzando sobre las balas y combatiendo largamente. Todo lo que se diga sobre la valentía con que lucharon no acertaría a describir el heroísmo de nuestros combatientes. El teniente Díaz Fontaine jugó un papel brillantísimo. Lo mataron en el instante mismo en que los soldados comenzaban a rendirse, con los últimos tiros. Hemos sentido entrañablemente su caída. Todos los santiagueros, a las órdenes del capitán Sotús, se portaron muy bien, sin excepción. El teniente Pena actuó brillantemente lo mismo que los demás estudiantes. Los nuevos ingresados no se quedaron atrás y me sorprendió la eficacia con que actuaron. El capitán Almeida dirigió un avance casi suicida con su pelotón. Sin tanto derroche de valor no hubiera sido posible la victoria.

El adversario tuvo once muertos, diecinueve heridos y dieciséis prisioneros, cuarenta y seis bajas en total. Unos pocos restantes pudieron escapar.

Estas son palabras textuales del informe de Fidel a esta Dirección Nacional: Continúa Fidel en su informe: 'Me disgustó mucho el reportaje aparecido en la última Bohemia. Nada de lo que aparece como opinión mía en lo relativo al terrorismo y al ataque de Palacio consta en las respuestas que di a los reporteros. Ahora precisamente es cuando hay que intensificar la lucha en todos los órdenes. La organización nacionalmente debe secundarnos con todas sus fuerzas.'

Termina Fidel en su informe: 'Me resta decirles que en Uvero ocupamos 24 Garand, una ametralladora 30 y veinte Springfield. Además, numerosas pistolas, revólveres, parque y equipo.'

Estos informes, repito, son de orden interno y no deben darse a la publicidad antes de que lo haga el periódico del Movimiento, que saldrá a mediados de mes.

Sin más por el momento.

Por la Dirección Nacional del M-26-7.

DAVID

Circular a todos los responsables del M-26-7, 6/6/57

A todos los Responsables del M-26-7

Junio 6 de 1957

Después de producido el desembarco del Conrynthia enviamos hombres del Movimiento a dicha zona para tratar de saber realmente cuántos eran y en qué disposición se encontraban.

Por desgracia, ese contacto no pudo establecerse antes de que los asesinos, pues pensando nosotros que se dirigían al Sur rumbo a Sierra Cristal enviamos en ese rumbo a nuestros hombres pero ellos inexplicablement etomaron rumbo Oeste, torciendo hacia Mayarí.

Luego supimos las causas.

Desembarcaron nada más 28 hombres armados. Se les perdieron 6 hombres al comenzar a marchar entre ellos el guía. Hubo dos que desertaron. Estos dos fueron hechos prisioneros. Los otros seis andan todavía desandando por la zona si es que no han salido ya de ellos. El resto perdido y desorientado sin guías tomaron por caminos llanos hacia el Oeste en vez del Sur. Fueron delatados por varios campesinos que informaron al ejército sus movimientos, el ejército los envolvió y los conminó a rendirse.

Calixto Sánchez aceptó y entonces Cowley los asesinó a todos menos uno que logró escapar milagrosamente. Momentos antes 3 se habían logrado separar del grueso del grupo.

Nosotros tenemos 3 escondidos y estamos tratando de localizar el resto.

La operación del Cotynthia ha terminado.

Por la Dirección Nacional del M-26-7,

David

Circular a todos los Responsables del M-26-7, 6/7/57

A todos los Responsables del M-26-7

Se ha informado que por varios partes del ejército de un encuentro habido en las inmediaciones del Turquino después de la batalla del Uvero, donde se nos atribuyen 8 muertos y 5 heridos, así como la captura de armas, municiones y equipo de radio. También informaron, aunque lo desmintieron después, de la captura de Celia Sánchez. También notificaron de reincorporación de tropas que escaparon del Uvero durante el ataque. Con respecto a todas estas noticias la Dirección Nacional del M-26-7 quiere informarles lo que hay de cierto.

Es falsa la captura de Celia Sánchez. Es falsa la noticia del encuentro del Turquino. Es falsa por la tanto lo de la captura del equipo de radio, de armas, etc., y es falso que haya habido muertos y heridos.

Los prisioneros habidos en el Uvero, fueron dejados en libertad a los dos días del combate, luego de ser interrogados y haber firmado un acta de liberación que aparecerá oportunamente en nuestro periódico. Estos fueron los soldados que el ejército informó como incorporados, así mismo ellos informaron (porque lo vieron) el número exacto de bajas nuestras en el Uvero (cosas que ellos no sabían) y entonces inventaron lo de la batalla y encasillaron nuestras bajas en esa batalla. El nombre y número de dichas bajas ha sido informado en otra circular anterior.

Por la Dirección Nacional del Movimiento 26 de Julio,

David

Carta denuncia enviada a toda la República, 6/18/57

A toda la República:

Por este medio notifico a todos los mandos de acción de la República, y en especial a los de la Habana, para que procedan a la búsqueda y ajusticiamiento de José González Cuba, más conocido por el "Teniente".

Este individuo trabaja con Masferrer y por un error Roberto Lamela creyó en él y a pesar de nuestras advertencias lo mantuvo unido a él y lo trajo de la Habana a Stgo de Cuba. Siendo él el causante de la muerte de Roberto Lamelas, Joel Jordán, Fernández Badelll y Rosales Clavijo todos de Stgo. Y vinculados con Lamelas.

Después de delatarlos escapó hacia la Habana, pero pudiera estar en estos momentos en cualquier provincia. En próxima comunicación les enviaré una foto de él.

Procedan a ajusticiarlo sin más averiguaciones. Los datos que tenemos de él son los sgtes:

José González Cuba

Cartera Dactilar 227774

Calle 5ta. No. 112 Sta. Bárbara

Stgo. De Cuba (ya no vive allí)

Tiene un tío político: Enrique Serrano

Lamparilla No. 513

Habana (puede estar aquí)

Tiene otro tío: Agustín González

La Maya

Oriente
Tiene un cuñado: Antonio Fernández
Mayarí Arriba
Alto Songo
Oriente
     Según últimos informes ha sido visto en Calabazar Habana con Enrique Serrano.
Tengo especial interés en que todos busquen a este individuo, pues es de la peor especie.
Sin más,
Por la Direc. Nac. Del M-26-7
David

Carta a los compañeros del 26 de Julio En Holguín, 6/18/57

Para Holguín:

    Espero hayan recibido todas las comunicaciones e informes enviados. La presente es para darles las gracias por haber liquidado sus cuentas de Tesorería satisfactoriamente. Pero así mismo quería recordarles que no nos podemos quedar estáticos y que necesitamos un aporte económico continuo y que hay necesidad de reanudar de nuevo la Tesorería con la nueva aceptación de Banes, los pido este esfuerzo por la necesidad casi crucial del Movimiento en este instante. Tengo plena confianza en ustedes pues se que aún en los momentos más difíciles ustedes han sabido estar siempre firmes. Por eso y por lo rico de la zona espero el máximo de ustedes.

    También les anuncio la llegada de un valioso compañero nuestro del que ya seguro les han hablado para ver si se pueden ampliar los trabajos y el Movimiento en ese Distrito. No lo abandonen y traten de que su trabajo sea el mejor posible. Así mismo prometo irán los obreros a hacer captación y cómo se supone que tú dirijas todo.

Sin más,

Por la Dirección Nacional del M—26-7

Carta a los compañeros del 26 de Julio en Matanzas, 6/18/57

Para Matanzas:

Recibí tu carta de junio 10 y enseguida mandé a que te comenzarán a enviar la dinamita para el plan acordado, no sé si podrán enviar la cantidad pedida pero harán el esfuerzo.

La persona que enviaste quería (...) pero le contestamos que no necesitábamos hacerlo; que se tomaran del dinero de la Dirección Nacional; eso sí, necesitamos por lo tanto que todas las provincias cumplan sus compromisos económicos con esta Dirección Nacional en el caso de ustedes con él % acordado.

Espero saber pronto de ti. Por la Dirección Nacional, M-6-7,

David

Circular a todos los miembros del 26 de Julio, «A quien pueda interesar», 6/21/57

A quien pueda interesar:

La Dirección Nacional del Movimiento Revolucionario 26 de Julio tiene a bien aclarar y dejar plenamente establecido que los compañeros P.M. y G.A. son las personas designadas por esta Dirección para ostentar la representación del Movimientofuera de Cuba. Así mismo hace constar que próximamente partirá hacia el extranjero un delegado personal de esta Dirección con plenos poderes de esta y del Estado Mayor Revolucionario de la S.M. con instrucciones precisas de colaborar con distintos compañeros y darle mayor unidad al trabajo realizado fuera de Cuba.

Aclaramos que el Movimiento en Cuba no tiene ningún tipo de relación ni comunicación con otras personas que no sean los ya

antes mencionados compañeros.
Por la Dirección Nacional del Mov. Rev. 26 de Julio.
F.P.

Circular sobre el Plan No. 1 a todos los miembros del Movimiento 26 de Julio en Cuba, 6/26/57

¡Urgente!

A todos los miembros del Mov. Rev. 26 de Julio en Cuba:

Dentro de pocos días pondremos en práctica el Plan Nacional No. 1. Consiste en la ofensiva nacional que ya estamos hablando hace más de un mes. Espero que todas las provincias tengan sus planes preparados y que hagan el mayor esfuerzo el día y hora que indicaremos. Vuelvo a pedirles que cursen desd eahora todas las órdenes necesarias a todos los Distritos de sus respectivas provincias.

El aviso del día y hora lo mandaremos por telegrama, dando el día y hora en que ingresarán a mamá.

Espero confiado en el esfuerzo de Uds.

Por la Dir. Nac. Del Mov. 26-7.

David

Exhortación al pueblo de Santiago de Cuba para que se abstenga de asistir al mitin del 30 de junio

A todos los obreros y pueblo en general:

Las personas más connotadas del [...] régimen del dictador Batista, como Santiago Rey, Rolando Masferrer, Justo Luis del Pozo y otros, pretenden profanar con su presencia ingrata y repudiable la gallarda e indómita región de los Maceo, para montar un show politiquero de soberbia y de reto al dolor y al acendrado patriotismo de los orientales, cuyo valor y abnegado sacrificio por la patria tiene ejemplos bastantes que la honren.

Desde el indio heroico que hirió con su lanza la tierra oriental hasta nuestros días hechos [...] los orientales a la cabeza con vigoroso entusiasmo en cuantas luchas por la libertad han sido preciso librar.

En Santiago de Cuba, cuna de valientes y de hombres enteros no caben ni por un instante estos pillines y traidores, embajadores del odio y del crimen y mucho menos cuando vienen a blasfemar sobre la sangre más caliente de nuestros mártires.

Oriental, Santiaguero, repudia el acto batistiano del día 30 de junio, que te humilla y ofende.

¡Fuera los mercaderes del Templo!

Movimiento Obrero Revolucionario 26 de Julio

Circular No. 3, 6/29/57

"Circular interior No. 3. A todos los responsables de los departamentos: Obreros, Resistencia Cívica, Finanza, Propaganda, Brigadas y Sabotaje. Instrucciones: Para transmitir a todos los grupos, células y hombres del Movimiento de forma verbal.

"Deben cumplimentarse las siguientes instrucciones a la mayor brevedad:

"1) Reportar toda clase de postas fijas que están repartidas por la ciudad por los cuerpos armados y represivos.

"Especificando:

"a) Cantidad de hombres.

"b) Cuerpos a que pertenecen.

"c) Clase de armas que usan.

"d) Lugar exacto y fijo de la posta.

"e) Por qué y a quién realizan la posta (si es por vigilancia o custodia).

"f) Cambios de guardia.

"g) Observaciones.

"2) Tomar notas y reportar todos los detalles, observaciones, notas, planos, etcétera, de las estaciones de policía, cuarteles, cuartelillos del Ejército, Policía y Marina, Buró, etcétera (tratar de determinar número de hombres total, número de hombres en cada guardia, armas totales, tipo de ellas, oficiales, nombres, etcétera, cantidad de máquinas), vigilancia en los alrededores.

"3) Reportar el número de la chapa, color y tipo de todos los automóviles particulares que estén al servicio del Gobierno o de sus hombres, ya sean particulares, como de vigilancia y represión, y tratar de determinar quién la tiene, dónde la deja y por qué y para que la tiene. Se hace hincapié en la urgencia de este trabajo e información, pero al mismo tiempo en la fidelidad de los datos ofrecidos.

"No puede haber errores, ni falsas interpretaciones, ni los datos pueden ser tomados de oídas y a la ligera. La vida de muchos compañeros del Movimiento depende de ello, de que éste se cumpla y que se cumpla bien.

Departamento de Acción

"Estado Mayor

"Sección de Planes y Operaraciones"

"Circular interior No. 3. A todos los responsables de los departamentos: Obreros, Resistencia Cívica, Finanza, Propaganda, Brigadas y Sabotaje. Instrucciones: Para transmitir a todos los grupos, células y hombres del Movimiento de forma verbal.

"Deben cumplimentarse las siguientes instrucciones a la mayor brevedad:

"1) Reportar toda clase de postas fijas que están repartidas por la ciudad por los cuerpos armados y represivos.

"Especificando:

"a) Cantidad de hombres.

"b) Cuerpos a que pertenecen.

"c) Clase de armas que usan.

"d) Lugar exacto y fijo de la posta.

"e) Por qué y a quién realizan la posta (si es por vigilancia o custodia).

"f) Cambios de guardia.

"g) Observaciones.

"2) Tomar notas y reportar todos los detalles, observaciones, notas, planos, etcétera, de las estaciones de policía, cuarteles, cuartelillos del Ejército, Policía y Marina, Buró, etcétera (tratar de determinar número de hombres total, número de hombres en cada guardia, armas totales, tipo de ellas, oficiales, nombres, etcétera, cantidad de máquinas), vigilancia en los alrededores.

"3) Reportar el número de la chapa, color y tipo de todos los automóviles particulares que estén al servicio del Gobierno o de sus hombres, ya sean particulares, como de vigilancia y represión, y tratar de determinar quién la tiene, dónde la deja y por qué y para que la tiene. Se hace hincapié en la urgencia de este trabajo e información, pero al mismo tiempoen la fidelidad de los datos ofrecidos.

"No puede haber errores, ni falsas interpretaciones, ni los datos pueden ser tomados de oídas y a la ligera. La vida de muchos compañeros del Movimiento depende de ello, de que éste se cumpla y que se cumpla bien.

Departamento de Acción

"Estado Mayor
"Sección de Planes y Operaraciones"

Circular Plan No. 2, 7/5 o 7/57

DE LA DIRECTIVA NACIONAL A TODOS LOS MANDOS DE ACCION Y SABOTAJE DEL M-26-7

"El plan Nacional No. 1 fue cumplido bastante bien, aunque con algunas deficiencias naturales al tratar de acoplar todo sabotaje nacional y tratar de coordinar en fecha determinada para darle mayor empuje y organización y hacerlo por primera vez.

"Ahora el Plan Nacional No. 2 no contempla cierta libertad y una sola fecha determinada, sino que es como prometimos, todo un calendario de actividades. Vamos a probar verdaderamente todo el empuje de nuestra organización de sabotaje.

"Este Plan No. 2 es enviado a los coordinadores para que ellos tomen nota de las fechas y cuiden de que los trabajos de los demás sectores no coincidan o se vean malogrados o interrumpidos por estos planes; pero se ruega la más absoluta reserva. No se divulgue este calendario más que al organizador y jefe de sabotaje.

"Una sola observación: como se desprende, no puede haber puentes, ferrocarriles, transportes urbanos, etcétera, en todos los distritos de cada provincia, por lo que se pueden organizar los trabajos para que se realicen por zonas en determinados sabotajes; y en otros podrá trabajar la provincia entera. Lo que sí debe tratarse es de no hacer ningún tipo de trabajo fuera de estos días, para lograr la unidad de impacto que es un arma terrible. Esto tiene dos objetivos: uno, amedrentar al régimen con el trabajo nacionalmente organizado, y dos, darnos propia confianza y entrenamiento para el dia en que habrá que desatar la Huelga General.

"Todos los meses se enviarán planes nacionales que forzosamente se irán haciendo más fuertes y de más exacto cumplimiento. Al principio podrán perdonarse ciertas fallas; después, no.

"Aquí va el plan:

"PLAN NACIONAL NO. 2

"Día 10 de julio:

"Atentados dinamiteros libres. Se permitirá que trabaje todo el mundo, con cierta libertad. Traten que sean locales, o sea, en las ciudades, y comiencen a cargarlos en niples con metralla. Llévense vidrieras preferentemente.

"Día 12 de julio:

"Día de alcayata. Se regará en las ciudades y carreteras el mayor número posible.

"Día 15 de julio:

"Día de la quema. Podrán hacerse atentados con Molotov, quemas con fósforos, ácidos, etcétera, lo mismo a casas, establecimientos, que a tabaco, azúcar, en almacenes y todo lo que sea susceptible de quemarse y lo crean conveniente.

"Día 19 de julio:

"Día de la electricidad y luz. Se harán apagones y sabotajes a las Compañías de Electricidad, de cualquier tipo. Lo mismo postes que cables, transformadores y pizarras.

"Día 24 de julio:

"Día del ferrocarril. Sabotajes a las líneas, a los andenes, etcétera, preferentemente zafen clavos o separen líneas para provocar descarrilamientos.

"Día 26 de julio:

"Día de sabotajes libres. Para que se haga el máximo que se pueda.

"Día 29 de julio:

"Día dedicado al transporte. Sabotaje a guaguas, rastras, aviones (preferentemente militares), etcétera. El sabotaje a aviones puede hacerse mezclando azúcar blanca con la gasolina en el momento de echarse esta al avión.

"Día 1ro. de agosto:

"Día del teléfono. Cortar líneas, postes, llevarse pizarras, etcétera.

"Día 4 de agosto:

"Día dedicado a los puentes. Quemarlos y preferentemente volarlos.

"Día 10 de agosto:

"Día del ajusticiamiento nacional. Este día debe prepararse cuidadosamente desde que se reciba este Plan. Es para ajusticiar a personajes mayores o menores que colaboran activamente con el régimen, chivatos, agentes de SIR o algún caso de traición, robo o indisciplina en nuestras filas.

"Espero que este segundo esfuerzo nacional, bastante más delicado y difícil que el primero, sea llevado a cabo con ese espíritu de disciplina y sacrificio que siempre ha caracterizado a nuestro Movimiento.

"Por la Dirección Nacional del Movimiento Revolucionario 26 de Julio.

"DAVID"

Carta a los delegados del Movimiento 26 de Julio en el extranjero, 7/27/57

Santiago de Cuba, julio 27 de 1957
Al Delegado del Movimiento 26 de Julio
Y a los Responsables Extranjeros que compitan

Por sugerencia del Estado Mayor de la Sierra Maestra y por acuerdo de la Dirección Nacional del Movimiento 26 de Julio se les comunica lo siguiente:

Que en consideración a la imperiosa necesidad que tenemos de armas y parque se le entregue a los compañeros Pedro Miret y Gustavo Arcos todo el dinero recaudado en el extranjero que esté disponible en México y todo el que en lo adelante se recaude por nuestros Clubes de Emigrados y contribución personal a fin de que con la mayor premura se trasladen a Cuba trayendo con ellos la mayor cantidad posible de armas y parque. Sin esta ayuda urgente la situación nuestra se hará en extremo difícil.

No podemos permitir de ninguna manera que en este momento determinante en que tantos compañeros sacrifican su vida y su seguridad personal en aras del triunfo de nuestra causa, intrigas y recelos que nunca debieron tener cabido mermen e imposibiliten el apoyo y la ayuda que nuestras emigraciones puedan aportar a la Revolución.

José Álvarez

Se les pide un esfuerzo supremo que deje atrás todas las cosas secundarias y que posibilite el apoyo de todos en esta hora decisiva.

Confiando en que nuestra grandeza revolucionaria está por encima de todo.

A nombre de la Dirección Nacional del Movimiento Revolucionario 26 de Julio.

CRISTIAN

Correspondencia oficial

Arturo Duque de Estrada

Querido Arturo:

Adjunto te mando tres copias de tres periódicos mexicanos. Lo que quisiera es que antes del Domingo estas copias circularan o estuvieran ya en poder de todas las delegaciones en el interior.

Como nada mas conseguí una de cada una ve a ver si sacas copias fotostáticas para darle una a cada zona pero tiene que ser volando porque el objetivo es propagandístico dentro de nuestras filas y algo de esto va a salir en Bohemia y lo correcto es que nos enteremos antes que los demás de las cosas.

Tengo formidables noticias, conseguí todo lo que vine a buscar con excepción del viaje hasta hoy que estoy esperando una llamada telefónica. Conseguí también un ascenso, nada que me están superestimando.

Hasta pronto,

Salvador

P.D. Te voy a mandar una comunicación para el interior que quisiera la remitieras más rápidamente que las copias fotostáticas.

Carlos Iglesias Fonseca [Nicaragua], 4/17/57

Querido Manolo:

Les leí tu carta a los dos compañeros que junto conmigo dirigimos esto aquí. Acordamos intentar lo que sabes antes del 22 por x razones.

Procura prepararlo todo, casa, máquina, etcétera.

José Álvarez

Hoy miércoles, después de la visita, me partiré un brazo jugando con un compañero. Hoy mismo, o a más tardar mañana, el médico me verá y pedirá una radiografía. Pasará el informe al capitán, que me mandará al Hospital Civil mañana o pasado, más seguro sea de viernes a sábado. Me llevarán en guagua con dos soldados. A la entrada uno irá a buscar un turno médico, etcétera; el otro se quedaría cuidándome; luego me tomarán la radiografía. Saldremos y trataré de invitarlos a tomar café o refresco. Luego tomaremos la guagua.

Es muy remoto, casi imposible, que me lleven en el camión de la prisión. Si es así, me bajarán en la puerta. Al salir tendremos que ir hasta donde esté parqueado el camión.

Seguro que alguien que me conozca esté por la puerta de la clínica para saber cuando vaya. Nada más puedo ir por la mañana, entre las siete y la una.

El resto lo dejo a ustedes, que saben mejor que yo cómo está la situación en Santiago.

Les recomiendo para la vigilancia a [Orlando] Regalado, que salió hace poco de aquí, que me conoce y además vive por allí. Eso si él está en Santiago. Es del grupo de Casto Amador.

Más nada, todo depende de ustedes.

Recuerdos a todos y suerte,

SALVADOR

P.D. Cuando me escribas no pongas mi nombre, sino *Salvador*. Rompe enseguida el papel.

El mapa que ayer te mandaron es mío, que yo había mandado a hacer hace días. Es el plano de aquí, hecho por Galvin con anotaciones e indicaciones de él, algunas de las cuales creo exageradas.

Perro Chulo trató de fugarse anteayer con cuatro comunes más. No pudo y hoy está en el quinto.

FRANK PAÍS

Carlos Iglesias Fonseca [Nicaragua], 4/18/57

Para Manolo:

Hoy tengo el brazo partido. Hoy me verá el médico y pasará rápidamente el informe al capitán, pero hay un pequeño detalle: he sabido que el sábado van a llevar al hospital a Núñez y a Paquito Betancourt, dos buenos compañeros, a hacerse radiografías también. Es casi seguro ahora que no me llevan antes, sino que aprovechen la oportunidad para llevarnos a los tres juntos. Esto quizás beneficie pues somos más y quizás perjudique pues nos llevan en camión.

Sin embargo, hay un antecedente: a Montané, Echevarría y Gilberto, los tres del "Granma", que hicieron denuncias en Instrucción, los llevaron en guagua y con dos soldados, a pesar de que por lo menos Montané está catalogado como peligroso.

Por eso y quizás como vayan dos enfermos del estómago a hacerse placas y yo del brazo, pues nos lleven en guagua. Sin embargo, no hay que descartar que quizás nos lleven en camión.

Ayer recibí tu carta, tiene muy buenas noticias.

Bueno, si tenemos suerte nos veremos pronto. Procura escoger buen material humano.

Hasta pronto,
SALVADOR

Manolo:

El médico me dijo que mejor me enfermara del estómago, así que me llevarán a hacerme placas del estómago.
SALVADOR

«Chucho» [Arturo Duque de Estrada], 5/4/57

Para Chucho:

Hace días quería escribirte, pero desde un punto de vista más personal que del Mov. Quería que me dieras tu opinión personal o por lo menos tu punto de vista sobre una serie de cosas.

No sé qué pasa que muchas cosas internas del Movimiento se están sabiendo en círculos que no son internos del Movimiento, sino por el contrario, una serie de personas que se pueden catalogar de indiscretas saben y difunden noticias importantes.

Además, hace dos semanas recibí dos quejas de sectores diferentes en que se ponía en duda el empleo del dinero del Movimiento. Esto me afectó mucho, pero callé pensando que quizás fueran apreciaciones erróneas y que pudiendo salir, se pudieran aclarar. Ahora dudo de salir y no quisiera dejar estas cosas así. Las quejas concretamente se refieren a que se malgasta el dinero en cuestiones personales o en cosas que no tienen razón de ser. También con dolor recibí noticias de visitas de muchachas a muchachos y algo más, que ponen en duda ante los ojos de mucha gente la seriedad de nuestros principios.

Me dicen que la organización se ha descuidado bastante y que está permitiendo que funciones que debe llenar el Movimiento, las llenen organizaciones extrañas. Este campo es muy sutil y muy complicado. Pueden aducirse cientos de razones en pro y en contra, pero lo cierto es que el Mov. pierde funciones que debe llenar él en este momento y en el futuro, ya que nuestra misión es incorporar nombres, figuras, organizaciones, etcétera, a nuestra disciplina y no de doblar o confiar a manos extrañas, por amigos que parezcan o nos digan. No sé si lo hacen por falta de experiencia o por ignorancia, pero se está haciendo y esto es fatal.

Ya me han dicho que Manolo [Carlos Iglesias Fonseca – "Nicaragua"] subió y bajó de la Sierra, que ahora no está en Santiago, que fue a La Habana, que Julio Pérez fue allá huyendo, que Manolo es Marcos. Que trajo instrucciones estrictas y disciplinarias de la Sierra, que se están trayendo armas de La Habana a Santiago y etcétera.

Esto, dicho por ocho personas diferentes a distintas personas, en plena Audiencia o aquí, en visitas. Creo que no pueden seguir esas indiscreciones, hay que frenarlas enseguida. Y ahora no es una petición, sino que lo hago bastante disgustado, dilo así.

La última noticia que he recibido es que se están enviando tropas a las zonas de la Sierra, pues esperan un desembarco extranjero o que Alex baje. Quiero que esta noticia la transmitas lo más rápidamente que puedas, pues es de buena fuente.

Por último, quiero que hagas hincapié una vez más en la discreción y el silencio, pues si no, va a traer una ola de registros de la fuerza pública apenas se filtre algo, lo que no ha de tardar, al paso que va.

Quisiera me contestaras tú y me dijeras tu opinión.

Hasta pronto,

SALVADOR

Nota: Averigua si ya lograron contacto con el individuo que dejó Paneque en Holguín con 18 aparatos, entre ellos un M-1 y que yo le dije la manera de hacer contacto, pero que no me han contestado desde hace rato, ¿qué pasa?

«Chucho» [Arturo Duque de Estrada], 5/4/57

Para Chucho:

Ya leí todos tus informes. Ya los contesté y quemé el papel. Ahi te mando las credenciales para José Pepe, háblale tú más detalladamente de esos asuntos; que se vayan lo más rápidamente que puedan. Dale $50.00 para sus gastos. Allá le resolverán el resto, aunque creo que no va a tener que gastar nada, así que espero nos devuelva por lo menos $30.00. Díselo así. Dile que deje aquello nuevo, que no vuelva hasta entonces, naturalmente salvo emergencia.

Todas las cartas que van abiertas es para que tú les tires un vistazo y las cierres.

Guarda tú la dirección de los 4 grandes, las de los directores. Nombraré a Ñico a que te le pida cuando sea necesario. De los 4 grandes nada más vino uno que se fue hoy por la mañana.

José Álvarez

Cómprame dos libros nuevos. Cualquiera con tal de que sean exactamente iguales, pequeños y que no pesen mucho y que sean bastante fuertes. Uno lo guardas tú y el otro prepáralo para mandárselo a Alejandro para utilizarlo de Código.

Consiste en el Santiago por ejemplo una palabra 27-6-9; esto quiere decir, primer número página, segundo número renglón, y tercer número palabra. Todo del libro que tú compres, que cifras del libro, entonces escribes así:

| 27-13-2 | 27-11-8 | 28-2-6, etc. |
| 1ra. palabra | 2da. palabra | 3ra. palabra, etc. |

Trata de buscar la palabra dentro de una misma página a lo menos dentro de 2 o a lo más 3, para no pasar trabajos. Luego en otra comunicación pues escoges otras páginas. ¿Qué te parece? Si no lo entiendes bien me lo dices. Ya esto lo sabe Alex, aunque esperamos que tú compres los libros.

David

Te mando aquí el teléfono de Fernando Ojeda. Gloria lo vio y le dijo que tenía invitado directo un periodista del Life y del Time, que cuando quisiéramos un reportaje especial le avisáramos a Fernando por ese teléfono, que él les avisaba y en 24 horas están aquí. Sácame copia del periódico para mandárselo a Alex.

Alberto Bayo, 5/15/57

El que a usted le escribe es la persona que estuvo a cargo de las operaciones del 30 de noviembre en Santiago, Ermita y Guantánamo, y que ahora ocupa el puesto de responsable Nacional del Movimiento 26 de Julio en toda la Isla [...]

Recibimos sus dos cartas y ambas fueron remitidas, junto con otra de Moisés, que supongo sabrá quién es, a Fidel. Las leyó y delegó en el compañero que entonces ocupaba la Dirección para contestarlas, pues él no podía prometer ni contraer compromisos, ya que su campo de operaciones se circunscribía a la Sierra y que todo lo concerniente al Movimiento en el resto de la Isla está en mano de la Dirección Nacional y él no quería sentar un mal precedente de indisciplina organización interfiriendo o restando autoridad a dicha Dirección. Quiero aclararle que por aquel entonces por razones de fuerza no estaba yo en la Dirección. Todos los antecedentes le contesto [...]

En primer lugar, quisiera aclarar lo que usted dice al referirse a la falta de cooperación nacional. Efectivamente, después del 30 de noviembre hubo una pequeña desorganización, más debida a la falta de contactos que a no haber organización. Los contactos se restablecieron y se organizó el sabotaje. Oriente siempre al frente. Naturalmente, la dictadura implantó una censura tan estricta que ni nosotros hubiéramos sabido los trabajos realizados, a no ser por los reportes que se enviaban. Allá, en Miami, me imagino que a la censura se unía la mala intención y la intriga de muchos, y los deseos de que todo fracasara, de otros.

Y (quisiera que esto lo dijera a los Auténticos de allí), si usted viera el egoísmo, la forma de proceder tan indigna y a la postre tan estúpida de los auténticos de aquí, negándose a cooperar en ningún sentido, entregando (oiga bien) armas al Gobierno por dinero, perdiéndolas por delaciones, pero no queriendo hacer nada ellos, ni dejarnos hacer a nosotros. Suponga que los de allá no saben lo cobardes e irresolutos de sus cuadros aquí, que yo sinceramente no comprendo cuál es su juego ni qué persiguen, porque las tácticas en política y en Revolución no son las mismas.

Sin embargo, tengo que reconocer que hemos encontrado verdaderos valores, que no se han resignado a la actitud pasiva de sus compañeros y que se encuentran laborando en franca cooperación con nosotros por el triunfo de la verdadera Revolución. Desdichadamente, no todos han seguido estos pocos ejemplos y nos hemos visto en el triste caso de tener que negociar y comprar las armas de la Revolución, pues solo así han accedido a entregárnoslas, por dinero.

Esta es nuestra lucha diaria, armas y dinero, si lo tuviéramos, no en grande sino aunque fuera un mínimo, ya toda Cuba estuviera incendiada y quizás a esta hora Batista no estuviera en el poder.

Si es cierto que sus deseos de cooperar son sinceros, en esta forma puede hacerlo, estamos empeñados en abrir nuevos frentes, necesitamos un mínimo de armas. Poco nos falta para terminar de reforzar la Sierra y que la montaña explote cualquier día, como dijo el americanito Garvey [...]

Expediciones fantásticas de cientos de hombres, lanzamiento en paracaídas, etcétera, son planes muy difíciles de desarrollar; más útil y práctico es hacer lo que ha hecho Moisés, que llegó con su cargamento y se envió a donde más falta ha hecho. Por la misma vía se puede enviar mucha ayuda. Salvaría muchas vidas y haría factible rápidamente la Revolución.

Mas, sin embargo, algo que luce tan sencillo no lo creo tan fácil, y a pesar de todo el respeto que me merece usted, no tengo grandes esperanzas de que llegue ayuda efectiva y con dolor tengo que pensar: ¡podrían hacer tanto ustedes por la Revolución!

Sé que debe haber miles de intrigas y recelos consumiendo el tiempo y la energía de los exiliados. Nunca hemos estado reacios a ningún acuerdo (como no lo estuvimos el 30 de noviembre, cuando lo comunicamos a la dirección auténtica nuestro Movimiento, y hasta le dimos participación en él, dejándonos, como se dice, embarcados después de comprometerse con nosotros y tener participación en los planes, yéndose para La Habana y dejándonos solos en Santiago, escondiendo sus armas para no tomar parte en los hechos), siempre que sea efectivo, que tenga resultados prácticos. Ya saben allá lo que necesitamos. Ahora quisiera saber en realidad qué es lo que persiguen los auténticos. Lo que sí no podemos hacer es conversar, hablar y hablar, perdiendo el tiempo en diplomacias, mientras allá en la Sierra el doctor Fidel Castro y nuestros bravos compañeros sufren mil penalidades y enfrentan la muerte diariamente.

Sé de su buena intención y del cariño que siente por nosotros y a usted apelo y en usted confío,

FRANK PAÍS

DIERECCIÓN NACIONAL DEL MOVIMIENTO
REVOLUCIONARIO 26 DE JULIO

Pedro Miret, 5/23/57

Me alegró mucho recibir tu carta, hacía días que tenía deseos de saber de tí y de Gustavo.

Nosotros estamos ahora empeñados en hacer una reorganización nacional. Esto con la prisión de Faustino, Armando, Iglesias, Léster y mía, te imaginarás quedó en el aire. Ahora estamos restableciendo rápidamente los contactos y reestructurando el Movimiento.

La Dirección Nacional se centralizó en Santiago y en dos personas, Léster y yo, con los demás cuadros anexos. Funcionar luego las Direcciones Provinciales siguiendo planes trazados por la Dirección Nacional para todos los sectores siguiendo un calendario.

Las recaudaciones como se hacían antes se han suspendido. Ahora el Movimiento posee billetes de a uno, diez, cincuenta y cien pesos a colores, numerados, etc., por medio de los cuales se recaudan, son los billetes de la Revolución. Los vemos sustituidos nacionalmente mas, porque sé que en los E.U. hay bastante líos ya para lanzar billetes allá y crear otro lio más.

Tenemos contacto con Alejandro, les hemos remitido equipos, hombres y dinero a la medida de nuestras fuerzas. Ahora tiene ametralladoras 30 de peine y de trípode, Thompson, M-1, Garand, etcétera y bastante buena gente. Las ametralladoras de trípode las pasamos hace poco (conseguidas de los auténticos) antes que el ejército lo cercara. Ahora en estos momentos tiene un doble cerco, pero como a diez kilómetros a la redonda. El ejército lo localizó porque tuvo que acercarse demasiado para que le pudiéramos pasar armas, uniformes, botas nuevas, etc. Pero el ejército sabe que está muy bien armado y no se ha atrevido a entrarle, pero nos cerraron el camino. El último aviso de él fue que sabía que lo estaban cercando, pero que con el equipo y hombres que tenía y el terreno que pisaba, sabía que lo podía romper bastante fácil e internarse de nuevo en la Sierra firme. Ahora después del desembarco de los auténticos por Mayarí, la concentración de tropas en la Sierra supongo se habrá aliviado algo y le será más fácil pasar. Por el momento, toda comunicación con él está cortada y tenemos que esperar a que rompa el cerco y se aloje en otra zona. Las cartas que pides ya nosotros las habíamos pedido al mensajero pero este se tuvo que quedar pues no podía bajar. Lo que sí vamos a hacer es mandarle una carta de la Dirección Nacional del Movimiento nombrándoles a ustedes delegados en el extranjero, abarcando México y los E.U. por orden del Movimiento y del Estado Mayor de la Sierra, y en cuanto se tenga comunicación con F les mandaremos lo mismo firmado por él. Yo pensaba que ustedes estaban preparando nuevas expediciones y pensaba persuadirlos de esa idea no práctica, aquí estamos preparando nuevos frentes y lo que necesitamos son armas y parque y creo que la misión de ustedes es tratar de meterlos clandestinos (los hombres si quieren igual) y nosotros los situamos en el lugar necesario. Así es más fácil y práctico, no se pierden y los situamos donde más falta hacen y donde más daño producen. Armas y equipo, Pedro, eso es lo que nos hace falta. Ya estamos tratando con quien propusiste a ver si Léster puede ir a verte y coordinar esto y si alguien de ustedes pudiera venir para hacerse cargo de uno de los frentes, mejor.

Bayo escribió y le contesté, copia de la cual te mando para que sepas lo que se le ha dicho. M. Crespo vino con 10 M-1 y $1 000 que le mandaron a F y que quería verle, pero en eso le cercaron y no pudo ir (parece que él nos dijo eso para que le diéramos el visto bueno y nosotros naturalmente nos dejamos engatusar) parece que quería hablar de los desembarcos de parte de Prío. Según él, esperaban la respuesta y como no regresó parece que no lo esperaron. Nosotros mandamos gente de Mayarí y Sagua a tratar de hacer contacto con ellos y ver en qué disposición están, si quieren cooperar y subordinarse, entonces lanzaremos nuestro segundo frente por cerca de aquella zona (tenemos armas para eso) para que ellos se incorporen a nuestra gente y le surtiremos de alimentos y ropa. Si quieren establecer un comando aparte, los dejaremos solos para que prueben un poco de la vida de la Sierra sin suministros y respaldo.

Por lo pronto estamos a la expectativa a ver si logran consolidarse pues si no lo logran los dejaremos sin respaldo, como ellos hicieron con nosotros el 30 de noviembre.

Se rumoran desembarcos en Camagüey y Santa Clara. También estamos a la expectativa en aquellas zonas. Hay rumores de arrestos en la alta oficialidad en una intentona de golpe militar, nada se sabe, pero hay mucha reserva y movimientos extraños en el ejército. Aquí no hay mando pues los jefes están en La Habana o en la Sierra.

Ve a ver si nos puedes conseguir granadas de morteros de 60 o 61 mm (de ese tipo liviano que es de los sesenta y pico), pues tenemos los morteros nuevecitos que robamos de la Base Naval sin parque.

Acusa recibo de la llegada de esta carta para probar nuestra vía pues la voy a mandar a echar fuera de Cuba.

Recuerdos a todos,

Frank

Familia de Guillermo Domínguez, 5/30/57

Sr. Domínguez y fam.

El Movimiento 26 de Julio tiene la triste encomienda, en estos instantes, de comunicarles la pérdida de nuestro querido compañero Guillermo Domínguez.

Murió valientemente, combatiendo de frente y de cara al sol, como lo soñara nuestro Apóstol.

Su cuerpo fue rescatado por sus compañeros, luego de breve escaramuza en las cercanías de Bueycito. Era oficial del grupo, muy querido y respetado por todos.

José Álvarez

Es para nosotros doloroso perder compañeros que como Guillermo son la esperanza y el sostén de esta nueva generación cuyos anhelos de libertad, justicia y decoro la han obligado, como a nuestros abuelos, a luchar con las armas en la mano contra la opresión, la injusticia y la negación de todo ideal.

A nombre de Fidel Castro y de la Dirección Nacional del Movimiento, hacemos llegar hasta ustedes nuestro dolor y nuestro reconocimiento por quien es pérdida irreparable para nosotros.

DIRECCION NACIONAL DEL MOVIMIENTO REVOLUCIONARIO 26 DE JULIO

Alina Jiménez, 6/2/57

Mi querida Alina:

Estoy oyendo una melodía que me trae tantos recuerdos, de muchos años atrás, muchos, Las hojas muertas.

No sé por qué el dolor me viene tan junto. Ahora recibí la noticia de la pérdida de ocho compañeros, entre ellos uno que era el último hijo que le quedaba a una señora a quien ya le habían matado al otro hijo. Éste por lo menos ha muerto combatiendo de frente y como un valiente.

Quiero que también le notifiques a nuestros amigos, a reserva de que lo haga de una manera oficial mañana, que ha muerto también un compañero de allá, Gustavo Moll. Será éste un golpe duro para su esposa e hijos, pero si algún consuelo cabe para su pérdida, es el consuelo de que murió noblemente, con bravura, con gloria, escribiendo parte más brillante y más valiente de la historia de nuestro desdichado país.

¿Qué será nuestro camino también? Dios sabe. A veces el dolor me hace pensar que si hasta sería preferible morir y no ver malogrado tanto sacrificio, tanto esfuerzo, tanta sangre noble, tantas vidas preciosas, tantos compañeros queridos. Me aterroriza pensar que algún ambicioso un día enlodara algo tan precioso; que estos ideales, que tan caro nos cuestan, se malograran.

Ojalá que el destino no sea tan cruel. Quisiera terminar esta etapa tan triste e irme muy lejos, a tratar de olvidar tanto dolor, tantos recuerdos, tantos compañeros caídos.

No puedo escribir más, el recuerdo me nubla los ojos y me hace temblar la pluma.

Hasta pronto.

FRANK

Familia de los Hermanos Díaz, 6/6/57

Sr. Díaz y familia:

Aunque el dolor me inhabilita para ser quien escriba a ustedes por el Movimiento, he querido hacerlo porque no podría callarlo y por ser yo quizás más responsables que nadie de lo que quise hacer y de lo que el Destino ha hecho.

Todas las palabras me suenan huecas porque creo que, frente al dolor de una madre, el sentimiento de un padre y el cariño de una hermana todas las cosas que se puedan decir no tendrían significado, ni mitigarían ningún dolor.

Creo que más que el deber me impulsa el salir de mi propio dolor, de mi propia amargura, de mis propios sentimientos que tengo que callar porque en mi se supone que no deben existir y los tengo que callar, aunque muerdan el alma, me nublen los ojos y me hieran en lo hondo.

Tengo madre... tengo hermanos, algunas veces he imaginado perderlos, otras los he creído perdidos... pero el sentir, el compartir, el vivir, el compenetrarse cada día con muchos hermanos. El sufrir juntos cada día los fracasos y sinsabores, el anhelar mes tras me la realización del ideal que se lleva en el pecho y que se cree justo y que se cree necesario..., y que se cree honrado. El compartir el peligro, la fugaz victoria y el riesgo de la vida y el cariño de los demás, siembra en el alma un cariño mucho más grande que el del hermano, más profundo y recio que el de un padre, tan abnegado y noble como el de una madre. Es como si tuvieran muchas madres, muchos padres, muchos hermanos.

Y se les ven caer uno a uno... y se siente morir en cada caído y aprende a quererse más al que queda... y se le ve caer también... y al otro... y al otro... Como si el sino del justo fuera la tristeza, como si el premio a la justicia y la rectitud fuera siempre la muerte.

Y se pierde a los que más se quieren... Yo quería a Carlitos y lo he perdido, yo quería a Carvajal y lo he perdido, yo quería a José Tey y lo he perdido, yo quería a Tony Alomá y lo ha perdido, yo quería a Otto Parellada, a Orejón Frómeta, a Nico López, a Cándido González, a Mario Lamelas, a Joel Jordán, a Guillermo Domínguez y tantos más... y a todos los he perdido sintiendo en cada uno de ellos como si me arrancaran algo de mi vida.

Yo los quería a todos, pero a Nano le tenía un cariño especial. ¿Por qué?... Sería tan triste y doloroso el recordar tantos momentos vividos... A veces pienso que si sería mejor morir y ser eternamente joven y cesar de sufrir y no vivir sintiendo la muerte de cada hermano que cae y temer angustiosamente que los que quedan no puedan cumplir con lo que nos cuesta tanto heroísmo, tanta abnegación, tanto sacrificio.

Fidel en su nota oficial nos dice «cayó delante de mí peleando bravamente, casi al terminar el combate. En tan poco tiempo había aprendido a quererlo y respetarlo y lo tenía a mi lado en el Estado Mayor. Todos hemos sentido su caída... la pérdida de Nano es irreparable para nosotros».

Yo... ¿qué más puedo decir? Algún día sus restos podrán ser traídos de las cercanías de El Uvero donde sus compañeros lo enterraron y si el Destino me permite ser de los que estén presente le llevaré una flor blanca que en mudo lenguaje sabrá expresar mis sentimientos por quien murió con la misma dignidad, pureza de ideales y hombría con que supo vivir,

FRANK PAIS

Faustino Pérez y Armando Hart, 6/8/57

Srs. Faustino y Armando:

Quisiera sabe si han recibido todas las cartas que les he enviado, porque no sé por qué me presiento que Carlos (Javier Pazos) a quien encargué de entregarte todas las cartas, no lo ha hecho. No sé por qué luce un poco informal.

María [Haydée] desde que se fue para allá, hace dieciocho días, no ha ni escrito ni informado nada, y eso que quedó en hacerlo antes de los cuatro días, pero qué le vamos a hacer. Parece que llegar a La Habana significa impuntualidad.

Les he escrito porque quisiera que me informaran a la mayor brevedad sobre lo siguiente:

Aquí llegaron informes de personas a quienes Miró Cardona aseguró que él le había entregado $18,000 en diferentes partidas al papá de Carlos; quisiera que ustedes me dijeran si es cierto.

También un tal Junquero juró que él había enviado $100,000 a Santiago para pagar unas armas sacadas de la Base. Quisiera saber qué clase de loco es el tal Junquero.

Les agradeceré me informen esto lo más rápido que puedan, así como lo que deseen.

No les cuento más porque supongo que todo está dicho en las cartas enviadas.

Sin más, por la Dirección Nacional del M-26-7.

DAVID

Celia Sánchez, Sierra, Guerra Matos, 6/19/57

Para Norma, Sierra, Agitado y todos los demás:

Las cosas que están sucediendo en el territorio de ustedes están por demás decirlo muy desagradables, parece mentira que el Distrito de ustedes que debería marchar a la cabeza de todos en organización, unión y espíritu no lo está.

José Álvarez

Están trabajando cada uno por su cuenta desconociendo o pretendiendo desconocer las labores realizadas por los otros, no se respetan jerarquías y se interfieren mutuamente sus trabajos, resultando la pobreza de esfuerzo y la mala impresión que causa entre todos los que van conociendo los problemas. Urge por lo tanto el respeto, la disciplina y la jerarquía y en vista de que hemos tratado de que se arreglen ustedes solos, y no lo han hecho pues tendremos que enviar un Delegado de esta Dirección Nacional con plena responsabilidad y jerarquía sobre todos y haremos que sus decisiones se cumplan, en caso que no surja de ustedes pues surgirá de esa Dirección Nacional.

Cuando esta carta llegue posiblemente ya estará al salir dicho delegado.

Ahora algo específico para cada uno:

Norma:

Te envío copia de la carta que el señor Echevarría hizo llegar a esta Dirección situándose en un plano indisciplinado y anárquico, esto no puede seguir sucediendo, hay que terminarlo y rápido. Por supuesto que no le enviaremos ningún bono.

Surgió un pequeño problema con los $100 que le pediste a la mamá de Jorge. Yo no sabía que lo habían hecho con bonos y entonces al pasar balance faltaban $500. Al investigar nos enteramos que habías dejado $400 aquí y que solo te habías llevado $100. Entonces para obviar esta acordamos sumarlo a la cuenta de Manzanillo que queda así:

Pidieron primero	— 5 300
Luego pidieron	— 1 500
Y más	— 500
Total	—7 300
Mas los $100 de ahora	100
	7 400

Se acordó así mismo que Manzanillo como regla de disciplina rindiera a la Tesorería Nacional el 50% de las recaudaciones hechas quedándose con el otro 50% para gastos locales. Pero se acordó así mismo que en vista de que tú eres miembro de la Dirección Nacional encargada y con contactos más íntimos con la Sierra y con plena confianza de esta Dirección Nacional autorizarte para que en caso de que lo creas necesario e imprescindible tomes del dinero local y luego rindas cuenta a la Tesorería Nacional como gastos correspondientes a la parte que le corresponde a la Nacional. Eso sí crees que no te alcanza. Si hacen falta más bonos te ruego los pidas, pues los hay. Así mismo te hago ver las grandes necesidades nacionales que hay que satisfacer y que dependen del aporte de todos entre ellos Manzanillo.

Gracias.

A Sierra:

Lamento tener que desautorizarte en enviar nuevos hombres a la Sierra. Esto no lo puedes hacer más ni tú ni nadie más en ninguna parte. Hay un organismo nacional encargado de esto y que tiene compromisos en todas las provincias. Este organismo selecciona y escoge nacionalmente el elemento que debe ir a pelear. No puedes recargar con hombres de tu Distrito en menoscabo de otros y además que debe hacerse con el control del organismo ya creado para eso. Ustedes procuren ayudar primero su distrito. El hecho de estar en posición prominente no les da derecho a ustedes y lo segundo de esta Dirección Nacional así mismo recibí con disgusto el informe de Alejandro diciendo que tú abres toda la correspondencia de él sea para la persona que sea, esto no está bien, así como tampoco está bien que se abra lo que ya ve censurado de aquí hacia allá a lo muy reservada de esta Dirección del Estado Mayor.

Aquí va comunicación de Francisco Echevarría desconociéndolos a ustedes y pretendiendo entenderse con nosotros ¿Qué pasa que no acabamos de arreglar ese problema? ¿hasta cuándo? ¿Qué ha pasado con Morán? Todavía no he oído nada.

Al Agitado:

He recibido todos tus papeles y me alegra mucho que trates de obrar disciplinadamente, te conozco y no esperaba otra cosa de ti. Ahora bien, hay un puntito que si quisiera tratarte. Tú me hablas de una serie de armas para las cuales necesitamos parque. Tú sabes que yo no me opongo, es más, trato de ayudar siempre a que todos tengan armas en sus distritos pero he especificado repetidas veces que deben ser armas cortas para trabajos locales de mayor calibre serán ametralladoras de mano y escopetas automáticas para atentados pero los fusiles de cualquier tipo que sean los necesitamos en la Dirección Nacional para situarlos donde mejor se crea, ya situamos por el momento lo que podíamos enviar allá, ahora necesitamos todas las armas largas de todos los lugares, aunque estén descompuestas para nuevos planes que no tengo que decir.

Te creo lo suficientemente inteligente como para comprender. Todas las que haya y puedan conseguir (largas) las necesitamos y las mandaremos a buscar dentro de 2 días para la ametralladora les mandaré los peines. Espero me comprendan y me perdonen si en la rapidez de esta carta he tenido que ser algo duro o brusco, pero me gusta hablar claro y quisiera que las cosas se arreglaran rápido.

Sin más,

Por la Dirección Nacional del Movimiento 26-7,

David.

Mario Llerena, 6/21/57

Al señor Mario Llerena

La Dirección Nacional del Movimiento Revolucionario 26 de Julio le comunica por la presente que ha sido designado Encargado de las Relaciones Públicas del Movimiento fuera de Cuba.

Así mismo le recuerda que para la buena marcha y mejor organización y disciplina de nuestra organización extranjera es necesario que trabaje en perfecta armonía y sincronización con nuestros Delegados al extranjero compañeros Pedro Miret y Gustavo Arcos.

Esperamos de usted el mayor esfuerzo ya que los momentos que vivimos son preciosos.

Por último, le ratificamos nuestra confianza en su capacidad y disciplina tantas veces demostrada en Cuba.

Sin más y deseándole suerte,

Por la Dirección Nacional del Movimiento Revolucionario 26 de Julio,

F. País (firma y sello)

P.D. Próximamente irá a visitarlo un Delegado Personal de esta Dirección y del Estado Mayor Rev. de la Sierra con instrucciones precisas para su cargo (Llerena 1981: 85).

Pedro Miret, 6/22/57

Para Pedro en México.

"Dentro de poco iniciaremos el Segundo Frente, no con muchas armas, pero con lo que tenemos.

"Te he mandado todas las cartas menos la del Cuate, porque no sé su nombre. Si me lo dices, te la hago enseguida. Comprenderá, no voy a poner 'Sr. Cuate'.

"Ya le avisé a Fidel para la carta a Lázaro [Cárdenas].

"Dice Lester que si Cándido tiene armas, las podemos considerar nuestras.

"Ha tropezado con bastantes dificultades para salir, pero creo que la semana entrante sale.

"Aclárame si la dirección que me diste de Miami es para escribirte también o solamente para en caso de llegar, ir a ver a ese señor.

"Avisa pronto.

"Por la Dirección Nacional del M-26-7,
DAVID

Celia Sánchez, 6/25/57

Para Norma:

"Recibí tus cartas y las de Alex. A pesar de eso espero noticias más precisas sobre la forma de devolver a esa gente que abandonó el campamento. Eso me interesa mucho, no los de Bayamo ni los que tienen deseos de ir, sino algunos que tienen que ir de todas formas, porque no les queda otro camino. Así que me interesa que tú te ocupes de que lleguen los que están allá y yo de aquí te mandaré algunos de los que están en esas condiciones. [...]

"Espero urgente unas cartas de Alex; te agradecería me las hicieras llegar lo más rápido que pudieras.

"Lo de Morán no tiene ni que aclararse, si lo tomamos aquí, nada más le queda un camino. No sé qué esperan ustedes. Tienen que ajusticiarlo rápidamente antes que los delate a todos; los va a perjudicar grandemente. No esperen un día más en ajusticiarlo. Lo sentimos mucho, pero ningún militante puede hacer lo que hace él. Tienes que obligar a esa gente de allí a que le arregle cuentas antes que los delate a todos.

"Espero más informes con Arturo [Duque de Estrada], que debe estar contigo ahora allá.

"Sin más,
DAVID

Celia Sánchez y "Chucho", 6/27/57

Para Chucho:

Ya leí todos tus informes. Ya los contesté y quemé el papel o papeles. Ahí te mando las credenciales para José Pepe [José Cala]. Háblale tú más detalladamente de esos asuntos, que se vaya lo maś rápidamente que pueda. Dale $50.00 para sus gastos. Allá le resolverán el resto, aunque creo que no va a tener que gastar nada, así que espero nos devuelva por lo menos $30.00. Dícelo asi. Dile que deje aquello nuevo, que no vuelva hasta entonces, naturalmente salvo emergencias.

Todas las cartas que van abiertas es para que tú les tires un vistazo y las cierres.

Guarda tú la dirección de Los Cuatro Grandes y la de los desertores. Manda a Ñico a que la pida cuando sea necesario. De los cuatro grandes nada más vino uno y se fue hoy por la mañana. Cómprame dos libros nuevos, cualquiera, con tal de que sean exactamente iguales, pequeños, que no pesen mucho y que sean bastante fuertes. Uno lo guardas tú y el otro prepáralo para mandárselo a Alejandro para utilizarlo de Código. [...]

¿Qué te parece? Si no lo entiendes bien, me lo dices. Ya esto lo sabe Alex, así que esperamos que tú compres los libros.
DAVID"

Celia Sánchez, 6/27/57

Santiago de Cuba, 27 de junio de 1957

"Para Norma:

"Recibí todas tus notas, que me trajo Chucho. Te doy la razón a ti y al Agitao en cuanto a que la calidad de la mayoría de los que fueron de Santiago esta vez, salvo excepciones honrosas, no es de lo mejor; por eso te ruego los despaches lo más rápidamente que puedas, para que no vaya a ocurrir una hecatombe en Manzanillo.

"Asimismo me han informado que ya todo el mundo sabe que tú estas en Manzanillo, que todo el mundo te ve y que te *queman* (por muy conocidas) las casas enseguida. Te pido que no sigas haciendo eso, yo sé los resultados que trae; te lo pido porque creo eres lo suficiente prudente y disciplinada como para comprender tu importancia y necesidad. Creo que lo primero que debes hacer es ordenar el trabajo.

José Álvarez

"Busca y nombra los encargados de sabotaje, propaganda, obrero y tesorero, y dales toda la responsabilidad y trabajo que cuando alguien quiera verte para esos asuntos, tú lo mandes con ellos, como responsables, y tú solamente los ves a ellos y a alguien supernecesario o importante.

"A nosotros y a Alex solamente nos interesa que tú te encargues de la vía, suministro y comunicación con la Sierra. Es peligrosísimo mezclar estas funciones con las del Movimiento. Aquí nosotros tenemos un grupo de personas dedicadas a trabajar única y exclusivamente en estas cuestiones, completamente separadas y aisladas del resto del Movimiento. Si tú no haces eso, y pronto, les pronostico un desastre. Hazme caso, que no quisiéramos que esto sucediera.

"Como de todas maneras nosotros vamos a enviar un delegado para que depure responsabilidades, porque si gente de aquí fue la causante del desastre la juzgaremos, tú puedes valerte de él para que se encargue de la reestructuración del Movimiento allí y te ayude en la responsabilidad. No cometas locuras, cuídate y cuida los lugares donde estás.

"Con el Gallego Morán no esperen más; los va a delatar a todos. No me gustan nada sus maniobras y antes que nos ocurra una desgracia a nosotros más vale que le ocurra a él.

"No te olvides de lo que te he dicho; no puedes seguir trabajando así, tienes que darle plena responsabilidad a los mejores para que ellos resuelvan las cosas del Movimiento y tú las de suministros.

"Nosotros tenemos ya dos fábricas de uniformes y de mochilas que ahora producen para el SF (Segundo Frente), pero que en cuanto terminen, comenzarán a producir para allá. Arregla la forma de enviártelos.

"Espero me hagas caso, aunque sea en lo de no exponerte como ahora.

"Te quiere,
DAVID

FRANK PAÍS

Celia Sánchez, 7/5/57

Santiago de Cuba, julio 5 de 1957

"Querida Norma:

"Mañana por la mañana salen para allá el papá de Javierito y un médico afamado [Julio Martínez Páez]. Trata de mandarlos para arriba lo más pronto que puedas. Posiblemente mañana mismo salgan para allá equipos como para siete u ocho hombres completos. Aquí tengo una dirección que, según me dicen, tú la mandaste para que le envíen los equipos allá. Yo la voy a situar en un almacén y entonces avisaré a esa dirección para que los recojan. Posiblemente sea en los almacenes del Banfaic. Estáte atenta a eso y si llega bien, mandaré en mayor cantidad, inclusive equipo bélico.

"Hay una serie de cosas que te mando a preguntar siempre y que no me contestas; son éstas:

"1. - ¿Llegó Paco y su gente? Aquí me han dicho que se fue para La Habana, ¿es verdad eso?

"2.- ¿Tienes vías para mandar gente o no?

"3.- ¿Llegó Raúl o no?

"4. ¿Se fueron Lupiáñez, Julio Pérez y demás que están regados?

"5.- ¿Puedes mandar gente que yo te envíe? ¿Rápido?

"6.- ¿Puedes pasar equipo? ¿En qué cantidades? ¿Grandes o pequeñas? ¿De cuánto?

"7.- ¿Existen responsables de organización, tesorero, acción, obreros, resistencia y propaganda en Manzanillo?

"8.- ¿El equipo que fue con Paco llegó o no?

"9.- ¿Puedo mandarte otro médico?

"10.- ¿Puedo mandarte a Javierito y seis compañeros más?

"Trata de contestarme esto lo más rápido que puedas.

"Gracias.

"David"

Celia Sánchez, 7/8/57

Stgo de Cuba, 8 de julio de 1957
Querido Norma:

Recibí tu carta y me alegro mucho de saber por fin una serie de cosas que tenía en duda. Ahora todo queda por nosotros, teneos que trabajar duro.

De los modelos que mandé fíjate cómo son los uniformes, pues me parece un poco extraño el que le vi puesto a Raúl. Fíjate también cómo son los brazaletes para que sean iguales.

Me dices de mandar a Javierito y sus amigos hoy lunes, pero como sus equipos están atorados en Contramaestre y me hablas de que no debes mandarme a la gente primero, voy a esperar el miércoles. El equipo he mandado a que te lo manden por expreso antes del miércoles.

Voy a ver si aprovecho y meto un mortero en el embarque. Ya de eso le hablé a Alex. No tiene parque ahora, pero es mejor situarlo ahora que es más fácil para que no nos sea más engorroso después mover todo junto.

En cuanto llegue el parque te lo mandaré aunque te recomedaré las precauciones que hay que tomar porque es muy peligroso la granada de mortero después de armado por eso quiero mandarlos separados

Gracias por tus atenciones.

FRANK PAÍS

Te quiere,
David

Léster Rodríguez, 7/57

Al Gordito:

Luis no sabe ahora la cantidad de... pero te la daré cuando vaya a verte para ultimar los detalles. Acuérdate necesitamos parque 30.06 y de M-1.

Sobre los 4 puntos que planteas tú sabes bien cuál es la opinión de todos. A María no le gusta nada, a Alex le interesan las armas. Faustino coquetea con ella sin llegar a nada serio. Jacinto les repudia y yo pienso que el momento es tan determinante que no podemos seguir utopías, pero tampoco debemos vender ideales por armas. Nunca he sido opuesto a la cooperación y coordinación de planes y trabajos, pero cada uno en su acera.

Si Carlos te ha ofrecido dinero y tú sabes que nosotros podríamos ayudar a la vez te mando estas cartas para que se unan todas las recaudaciones en el extranjero, pero no crees tú que con un poco de esfuerzo y trabajo se pudiera lograr que las emigraciones reunieran los dineros necesarios para las armas y el parque. Si crees que es imposible hacerlo y hacerlo relativamente rápido pues entonces, ¿qué pudo yo decirte?

Te quiere,
Tu hermano David.

P.D. Te adjunto carta de Corensky para que tomes las conclusiones que creas pertinente. A ambos les detuvieron aquí por separado, ya saben más o menos en qué andan. A la Sra. la embarcó «al extranjero la Embajada Americana» y a él lo embarcamos nosotros. Estoy cansado ya del lio de ellos. No dejes de tenerme «informado» no sean haragán y trata de mandarnos dirección de clubes del 26 para comunicarnos con ellos y sobre todo a ver si aceptamos propaganda, noticias, etc., y les recordamos la disciplina de vez en cuando.

Aquí todos te mandan recuerdos.

485

José Álvarez

Ahora Mónica me bautizó *Cristián.*
Cristián.

Ayán Rosell, 7/12/57

Mi querido Hipólito:

Hoy he tenido uno de los días más agradables de estas últimas semanas, porque he podido compartir unas horas con Mercedes [Margot Machado] y su hija. Cada nueva vez que las veo crece mi admiración por ellas y un aliento nuevo, una fuerza nueva me hace crecer las mías, pensando en el valor incalculable que representa para nosotros el tener compañeras como ellas.

Al encontrarse con alma tan nobles y abnegadas, tan superiores y sencillas, se siente uno renacer y siente el goce de disfrutar sensibilidades tan exquisitas.

Parece absurdo que haya compañeros que rocen con su torpeza la delicadeza de una mujer que, como Mercedes, merece todo el cariño, todo el respeto y toda la admiración que podamos brindarle. Esto solo es concebible en quien no comprenda o no vea, por su poca sensibilidad o pocas luces, todo lo que en ella hay de mujer, madre y revolucionaria.

Me ha dolido mucho que compañeros que ocupan una responsabilidad tan determinante en nuestros cuadros, no se hallen completamente integrados a ustedes, máxime cuando les reconozco como compañeros de la mejor calidad con que contamos.

Es indudable que en esas condiciones no se puede trabajar con la amplitud y la capacidad que necesitamos. Ya de eso hablé extensamente con Jordán [Julio Camacho] y con Mercedes, y creo que la mejor solución sería que poco a poco se le fuera dando a Jordán esa responsabilidad, y que tú te quedaras de coordinador y Mercedes de tesorera, aparte de toda la inmensa ayuda que puedo prestar en todos los sectores. A Osvaldo podrían ustedes hábilmente colocarlo al frente de un grupo que fuera a la Sierra, dado lo difícil que (ustedes podrían hacerlo razonar) se le está haciendo su situación y dada la necesidad urgente que tenemos aquí en la Sierra de jefes como él.

Reúnanse los tres (tú, Mercedes y J0rdán) y planteen esto lo más rápido que puedan, pues pronto habrá una subida a la Sierra. Le dije a Mercedes que irían cinco de Las Villas, pero en este caso sacrificaríamos los cinco de Oriente y mandaríamos un grupo de diez o quince comandado por él.

No quiero molestarte más, ya Mercedes y su hija llevan cantidad de cosas que contarles; pero no quiero terminar sin pedirte les des a todos y recibas tú un fuerte abrazo revolucionario de todos los compañeros aquí.

Te aprecia,
DAVID

Celia Sánchez, 7/23 o 24/57

Aly:

Aquí tenemos aguantados en el aire como a catorce muchachos; así que cuando esté lista la vía me avisas.

Esto está muy malo: el domingo se formó un tiroteo por la cuadra donde estaba, tuve que ver cómo cogían a dos compañeros y no hacer nada, porque si les tiraba iba a tener que irme después y descubrir mi posición. Esperamos, comenzaron a registrar toda la manzana, por los techos y por la calle. Yo y un compañero estábamos desde un alto apuntándoles, en el último momento algo me mandó a aguantar y tuvimos suerte, registraron hasta la casa de al lado y no siguieron a la nuestra, y se marcharon.

Hay tal cantidad de policías y soldados y Salas está tan acobardado, que no cesa de hacer registros a diestra y siniestra; para las máquinas, los camiones, las camionetas, las guaguas, se mete en cualquier casa. Yo diría que está medio loco, pero en su locura me ha hecho brincar desde el domingo hasta hoy de cuatro casas; hemos estado dichosísimos, pero no sé hasta cuándo me durará: ojalá sea lo suficiente hasta algo que debo hacer.

No te olvides del resto de los compañeros, que están como

José Álvarez

en una ratonera, hay que tratar de darles salida.

Te quiere,

CRISTIAN

P.D. Naturalmente que nadie mandó a Guayo [camarógrafo cubano] ni yo ni nadie; vino por su cuenta; las demás gente también. Tú sabes cómo procedemos cuando mandamos a alguien.

Celia Sánchez, 7/25/57

Nota del editor: Esta carta aparece parcialmente en Gálvez Rodríguez (1991: 569). Y dice:

Tenemos cantidad de cosas que mandar, trata de que el Gustavo ese no falte el sábado. Vamos a ver si el lunes o el martes lo mandamos. Las balas 30.06 que conseguiste, súbelas junto con esto que va ahora.

Sobre los bonos, al igual que los demás gastos en Manzanillo, tú sabes que tienen una situación especialísima. Trata nada más de rendir cuentas de recaudaciones y gastos mensuales, porque nos interesa hacer estadísticas de todo esto, y trata de crear un pequeño fondo allí. [Le explicó cómo debía hacer las cuentas y autorizó que Manzanillo se quedara con todo lo recaudado]. Si tienes puntos económicos y crees que no puedas afrontarlos, me avisas y te mando lo que necesites. [Dio instrucciones de eliminar a dos futuros traidores]. Sobre Beto Saumell tienes razón. Debemos tratar de rodear a Alex y sus compañeros de la mejor gente y si Betoi no lo es, no debe ir, eso está en tus manos.

Ayer volvieron a tomar la calle donde estaba, pero era para registrar frente a nuestra casa. Rompimos el record que teníamos anteriormente enlo que a prepararse rápido y ponerse en pie de lucha se refiere, y eso que estábamos durmiendo. Pero tuvimos suerte otra vez.

LIBRO III

El Frank País que revelan sus escritos y acciones

José Álvarez

(Autor)

1) Visión de la revolución

Desde pequeño, Frank País tuvo una idea clara sobre el concepto de revolución y cuál era la revolución que aspiraba para Cuba. Lo expresó en sus poemas, en sus discursos en fechas patrióticas, en escritos para los periódicos estudiantiles y en proclamas para el pueblo. Pero el niño creció y se convirtió en adolescente y es ese quien se gradúa de maestro y lo primero que hace con sus alumnos es darle forma a ese pensamiento y funda en las aulas la «República Escolar Democrática». Con esa acción País estaba postulando la futura República.

En lo que pudiera considerarse como el preámbulo, los alumnos expresaban: «Nosotros, los miembros todos de esta República, reunidos a fin de darnos una ley que garantice organización, libertad y justicia, mantener el orden y promover el bienestar general, acordamos esta Constitución». Y seguían los artículos que no eran más que un reflejo de los principios generales y contenían frases como: «El verdadero Gobierno reside en el pueblo»; «En las elecciones decidirá la mayoría de votos, y se dará a conocer el resultado»; «El ciudadano tienen derecho a votar según sus derechos individuales»; «Se declara ilegal cualquier discriminación por motivos de raza, sexo, color o clase»; y «Toda persona tiene derecho a emitir su pensamiento libremente».

Ese concepto de patria lo albergó Frank País en su corazón durante los 22 años de su vida. Como era tan espiritual, creía en el concepto de nación como alma. La mitad de esa alma la encontró en la Historia; la otra mitad, en la comunión con su pueblo. Y él supo cómo enseñar esa historia a sus alumnos, mientras que arriesgaba la vida para cambiar su curso en la dirección de una verdadera democracia. País estaba convencido de la necesidad de un programa «para que el pueblo sepa a dónde vamos». Ese programa —lo repitió Frank País muchas veces— estaba basado en la ideología de José Martí. Cuando le escribió a Castro el 7 de julio de 1957, que el Movimiento sufría de "la falta de un programa de lineamientos claros y precisos", no estaba más que repitiendo su convicción de la necesidad de decirle a los cubanos los planes y propósitos de su organización una vez alcanzado el poder.

Y surgió la «Tesis económica del Movimiento 26 de Julio». El líder del M-26-7 quería limpiar y reconstruir la República que la dictadura había saturado de corrupción, injusticias e inequidades. El pensamiento fundamental detrás de la distribución del pastel es tratar de alcanzar un pastel mayor para la nación para que todos tengan más —concepto totalmente opuesto a la distribución en países donde se practica la doctrina marxista. «La patria», afirmaba la Tesis, «no puede darse el lujo de ver a sus hijos más firmes confundidos por ideologías vanas y absurdas». Debido a lo anterior, el camino correcto es el establecimiento de un plan nacional de crecimiento económico, con fuerte apoyo nacional, para desarrollar la economía cubana, proveer empleo productivo y, finalmente, aumentar el ingreso per cápita sin excluir ninguna medida que demande la justicia social. Lo anterior se puede resumir en una sencilla aspiración: implementar una política económica de continuo crecimiento para beneficio de todos.

Esa economía de mercado para beneficio de todos la quería ver florecer dentro de una sociedad civil que disfrutara de todos los derechos de un país libre. Para ir adelantando en ese propósito fundó el Movimiento de Resistencia Cívica, separando a la sociedad civil de las milicias. Invitó a su organización a profesionales prestigiosos que le dieron el impulso inicial.

País hizo más. Su deseo de explicarle bien al pueblo las razones que habían creado la necesidad de la revolución, y lo que esta conllevaba, lo llevó a organizar otro pequeño grupo bajo el Dr. Mario Llerena, para que redactaran un documento mucho más completo que los anteriores. Lo bautizaron «Nuestra razón».

Las metas de la revolución cubana son: Patria libre y soberana, república democrática, economía independiente y cultura diferenciada. Ningunas de estas metas pueden existir

José Álvarez

independientemente. No hay patria sin una economía, ni república sin cultura, o viceversa. Su integración es necesaria porque todos tienen una presencia relevante.

Justo al comienzo, se trata el tema de la ideología con un pensamiento de José Martí: «Una constitución es una ley viva y práctica que no puede construirse con los elementos ideológicos.» La ideología de la revolución cubana debe surgir de sus propias raíces y las circunstancias de la gente y del país. No debe ser, por lo tanto, algo importado de otras latitudes, ni algo a lo que se llega por elaboraciones mentales directas que se aplicarán más adelante a la realidad actual. El Movimiento 26 de Julio puede ser definido como guiado por un pensamiento democrático, nacionalista y de justicia social.

Con relación a la **democracia**, el M-26-7 todavía considera válida la filosofía de Jefferson y suscribe totalmente la fórmula de Lincoln del "gobierno del pueblo, por el pueblo y para el pueblo". La democracia no puede ser el gobierno de una raza, una clase, una religión, sino de todo el pueblo.

Respecto al **nacionalismo**, este es la consecuencia natural de las circunstancias geográficas e históricas que rodean el nacimiento de Cuba como estado independiente. Es la "voluntad de ser una nación" de una gente que ha podido conquistar su libertad.

Entendemos por **justicia social** el establecimiento de un orden tal que todos los derechos inalienables de los seres humanos - políticos, sociales, económicos y culturales—sean satisfechos y garantizados enteramente. En este respeto, tenemos que reconocer que el sistema capitalista de la libre empresa conduce a la concentración de la abundancia en pocas manos con la resultante explotación del resto de la gente.

¿Qué tenía entonces en su mente el dirigente máximo del Movimiento 26 de Julio? País creía que los principios contenidos en este programa estaban basados en la realidad de Cuba. Frente al pesimismo negativo de los que veían como extranjeros los problemas cubanos y atribuían a los defectos de la gente las

FRANK PAÍS

injusticias de nuestra historia, el 26 de Julio no adoptaba la postura ingenua y simplista del realismo constructivo. Finalmente, se deseaba que Cuba ocupara la posición digna y honorable que le corresponde en la lucha por la libertad, la democracia y la justicia de modo que el mundo pueda ser una confederación de países libres, uno de los ideales de Martí y también de la revolución cubana que ha costado miles de vidas jóvenes, sacrificios desiguales, dolor infinito, pero que sin dudas superará el signo trágico que ha dado forma a nuestra historia hasta este momento, y hará libre y próspero al pueblo cubano.

José Álvarez

2) Religión y revolución

Un tópico importante poco discutido en las biografías y otros escritos sobre Frank País está relacionado con la aparente contradicción entre la práctica de sus ideas religiosas y su militancia revolucionaria. Se sabe que País consideró en algún momento de su juventud seguir los pasos de su padre y dedicar su vida a la evangelización. El abrazar la causa revolucionaria no solo tronchó esa incipiente vocación religiosa sino que le causó el gran conflicto de su vida. Sus amoríos y la lucha revolucionaria que engendraba violencia estaban en contradicción con sus arraigados principios religiosos.

De su correspondencia resalta que Frank País tuvo dos confidentes en su vida: César López —para la parte personal de su vida relacionada con su vida amorosa— y Alina Jiménez —para sus confidencias respecto a su vida como revolucionario—, ambos practicantes de la religión Bautista. A ellos confió su estado de ánimo en numerosas ocasiones a través de sus cartas.

César López era feligrés de la Primera Iglesia Bautista de Santiago de Cuba. Al terminar el bachillerato se fue a residir en la capital de la República donde se matriculó en la escuela de medicina de la Universidad de La Habana. A País le atraía su madurez y, a pesar de la distancia, continuaron su estrecha amistad que no solo consistía en las respectivas misivas sino también en compartir durante los viajes que Frank tenía que hacer a la capital para realizar las tareas inherentes a su liderazgo revolucionario. Al cerrar sus puertas la Universidad de La Habana a fines de noviembre de 1956, López se marchó a España a terminar su carrera.

Alina Jiménez, practicante también de la religión Bautista, residía en la ciudad de Guantánamo, donde País la conoció en uno de sus viajes relacionados con las actividades de la Iglesia. Entre ambos surgió una estrecha y sincera amistad que supieron cultivar durante un largo tiempo, hasta la muerte de País.

FRANK PAÍS

Las cartas que Frank País escribió a López y Jiménez revelan aspectos poco divulgados de la vida del dirigente del Movimiento 26 de Julio. Comencemos por el primero de ambos.

Las confidencias a César López

Las cartas parecen comenzar a principios de 1954 y terminan en octubre de 1955; es decir, alrededor de la fecha en que, después de meses de indecisiones y consultas, País decide fusionar su Acción Nacional Revolucionaria (ANR) con el Movimiento Revolucionario 26 de Julio creado el mes de mayo anterior. Todas y cada una de esas cartas revelan un amplio rango de aspectos de su vida íntima.

La carta fechada el 22 de marzo de 1954 parece no ser la primera ya que País le comenta de una anterior «que no pudo llegar». Comienza diciendo que ese día se encontraba «muy abatido, diría que desesperado» y que, para tratar de liberarse de ese estado, se había puesto a caminar sin rumbo por espacio de algo más de cinco horas. El agotamiento físico no logró eliminar el pensamiento de ser infeliz.

Comienza entonces a revelar (¿algunas?) de sus relaciones amorosas que, aparentemente, su amigo ya conoce. Le repite la escena fuerte que había tenido con Isel antes de marcharse para El Cristo y que no la había vuelto a ver. Con respecto a Ruth, apenas se hablaban, y que con Nena[66] no sostenía correspondencia desde hacía unas tres semanas. A pesar de ello, le dice que experimenta «un sentimiento de alivio».

Luego le dice que las cosas habían cambiado: Isel le había pedido perdón, Nena le había escrito y Ruth lo había llamado pidiéndole llorando que volviera a su lado. A continuación, le confiesa que se ha llegado a asustar porque no puede decir que no y, después de analizar la situación, se llama «sinvergüenza». Su debilidad con el sexo opuesto la expresa claramente de la manera

---

[66] Se refiere a Elia Frómeta, antigua compañera de la Escuela Normal y su primera novia, residente en Guantánamo.

siguiente:

> ... sé que estoy haciendo cosas mal hechas, muy mal hechas, pero las sigo haciendo César, no tengo el valor de decir no. Y ahora no son tres sino cinco, comprendes esto, y no es que me vuelva loco esto, pues me paso a veces una semana solo, sin ver a nadie, a pesar de que parecen tantas, lo que me vuelve loco es pensar que estoy engañando a cinco. A Isel, sé que no la quiero, a las otras dos tampoco, me une el deseo a ellas, a Nena y a Ruth es algo raro que no sé qué es, pero sé que no es una pasión.

La confesión no termina ahí. País continúa con una revelación que será la fuente de otra contradicción en su vida. Le dice que está enamorado de una sexta, de una forma «loca, apasionada, vehemente, como nunca pensé... nada me importa tanto como ella, dejo mi trabajo, mis estudios, las cinco, mi casa, mi comida, todo por ir a sus pies». Luego de describir otros de sus sentimientos hacia su nuevo amor, le dice a César: «... la conoces, aunque quizás no entiendas o no puedas comprender este cariño». Con una bella metáfora le revela al amigo la identidad de su nuevo amor: «Es la de la falda de rayas azules y blancas, y con un gorro frigio con una estrella sobre su cabeza, ¿la conoces?, ¿entiendes lo que siento? Es algo como nunca lo había sentido solo cuando me enamoré de Nena». Es temprano en la lucha, pero ya Frank País ha decidido que, a pesar de los muchos amoríos a su disposición, ha encontrado su verdadero amor y a ella va a dedicarle el resto de su vida.

Esa vida va a estar repleta de problemas. Su próxima carta está fechada el 3 de agosto de 1955, diez días después del asalto a la estación de policía de El Caney, donde tuvo que disparar contra un policía que murió horas después. La misiva comienza con un párrafo en extremo revelador:

FRANK PAÍS

... Ya tú habrás oído las cosas que han pasado, no son excusas, solamente las menciono. No sé qué pensarás ni qué estás haciendo, yo me estoy cansando de todo, ni diciéndotelo podrás imaginarte los malos ratos que he pasado, pensé tantas cosas, pero total, de qué sirven, al salir, todo ha vuelto a ser igual porque no lo puedo cambiar; en estos mismos momentos tengo náuseas y asco de todo esto. No sé lo que pensarás por "esto" pero no es lo que hago sino las cosas que me obligan a hacer.[67]

Algunos autores —especialmente Gálvez Rodríguez (1991: 210-211) mencionan un diálogo ocurrido días después entre madre e hijo que ha sido motivo de cierta polémica. Transcribimos literalmente lo escrito por el principal biógrafo de País, a la vez que cuestionamos la fuente de su información pues ni Rosario ni País tenían una relación tan estrecha como para confiarle lo que relata el autor 36 años después de ocurridos los hechos:

Terminaba Frank de darse un baño y se cambiaba de ropa en su cuarto, cuando Doña Rosario se acercó, mostrando un gran disgusto:
— ¿Se puede pasar?
— Sí, mamá.
— Frank, quiero hablar contigo acerca de lo que me contaste que hiciste en El Caney.
— ¿De qué se trata?
    Él se para, pero ella lo mandó a sentarse de nuevo, la Doña permaneció de pie, junto a la cama.
— Me dijiste que tuviste que matar a ese hombre, ¿cómo

---

[67] La carta fue escrita poco después de ser liberado bajo la acusación de haber participado en el asalto a la estación de policía de El Caney, durante el cual disparó contra un policía que falleció luego a consecuencia de las heridas. País parece haberse impresionado al enfrentar la dura realidad de lo que se necesita hacer cuando se está involucrado en una rebelión.

fue?

— No fue mi intención, pero si no lo hago, él hubiese matado a dos compañeros.

— Pero no debiste hacerlo porque eso está contra nuestros principios religiosos, tú sabes que esa es una acción que el Señor no la aprueba, es un pecado mortal —la voz de la Doña estaba alterada.

Con el fin de calmarla, Frank le dice:

— Mamá, en los días que han pasado he reflexionado mucho sobre lo que me dice, y le confieso que no tengo ningún remordimiento espiritual por lo ocurrido, por considerarlos un acto de defensa. Además, la historia de nuestra religión nos muestra la necesidad de matar a nombre del bien y en este caso, aunque le repito que no fue nuestra intención, lo hicimos con ese fin. Usted sabe que los que defienden una tiranía están al lado del mal y los que la combaten estamos al lado del bien. Ha leído la Biblia buscando qué dijo Jesús con relación a los que matan y los que no irán al cielo y he encontrado esto: «Mas os digo, amigos míos: "No temáis a los que matan el cuerpo y después nada más pueden hacer". Pero os enseñaré a quién debéis temer: Temed a aquel que después de haber quitado la vida, tiene poder de echar en el infierno; sí os digo, a este temed" (Mateo 10: 26-31).

A pesar de lo dicho por Frank, la Doña no quedó satisfecha, pues su hijo había roto por la acción menos imaginable de todas, la violencia, la temperancia impuestas por su religión, mostrando incomprensión y esto la angustiaba. Rosario aún no tenía claro que realizara actividades contra la tiranía de ese tipo y menos que pusieran en peligro su vida. Era lógico que su amor de madre, queriendo protegerlo, le reprochara su acción.

— Me consuela lo que dices — exclamaba la Doña y tras un instante de reflexión, añadió—: A pesar de lo que dice la Biblia, quiero pedirte que por todos los medios evites repetir un hecho semejante.

Convencido de que el disgusto de su madre no iba a variar, le pidió permiso para marcharse.

— Así será, madre. Pero recuerde que combatimos el mal.

Muchos años después, en una entrevista a César López,[68] este le afirma a su interlocutor: «Yo estoy seguro de que esa pretendida conversación entre Frank y Doña Rosario sobre el tema de matar o no, nunca se produjo. Frank nunca le habría hablado así a su madre, y menos Josué. Creo que esa es una reconstrucción que hace Doña Rosario [o una recia guayaba de Gálvez Rodríguez] movida por la emoción y por la distancia temporal... Esa certeza que tengo está motivada por la extrema confianza que teníamos Frank y yo...»

Sin embargo, Agustín País,[69] afirma creer que esa conversación sí se produjo debido al carácter duro de su madre, «que no creía que por la política había que matar». En cuanto a la afirmación de López de que Josué sería menos capaz aún de hablarle así a Doña Rosario, Agustín revela un pasaje hasta ahora desconocido de la vida en el hogar: «Josué insultó una vez a mi mamá y yo tuve que intervenir».

En esa carta le habla luego de su novia, la que considera más alejada que nunca. Ahora no es solo la distancia la que los separa: «Somos distintos, ella es una muchacha Cristiana y yo no lo soy ahora». Por un lado, ese «ahora» del final parece reflejar la certidumbre de la incompatibilidad de su religión con su labor como revolucionario. Por otra parte, no creo que País igualara la

---

[68] «El Frank que conocí. Entrevista a César López», por Oscar Puig, *CAMINOS, Revista cubana de pensamiento socioteológico*, 9 de abril de 2012 (revista.ecaminos.org/article/el-frank-que-conoci-entrevista-a-cesar-lopez/).

[69] Correo electrónico y conversación telefónica del 3 de diciembre de 2017.

fidelidad a sus principios religiosos con la afiliación a una asociación en la que uno se puede dar de baja y de alta según las circunstancias.

El 12 de agosto le vuelve a escribir para darle las gracias por las palabras de aliento de su respuesta. Ella demuestra la confianza que País tenía en López y en sus consejos, lo que este último corrobora 57 años después cuando más arriba el amigo la califica de «extrema».

Luego le cuenta que, para él, la vida es dura y que no se explica por qué siempre le suceden las cosas más difíciles. Lo habían vuelto a detener, solo por unas horas. La novia había estado de visita, pero no habían salido, aunque tanto ella como su hermana que la acompañó, se habían comportado bien con él.

Cinco días después, el 17 de agosto de 1955, le escribe nuevamente. Dicha carta insiste en la sensación de cansancio. Pero comienza con un hecho no comentado anteriormente. Le dice que su sobrino Daniel[70] le ha prometido de manera informal facilitarle los medios para salir de Cuba, «pero no veo nada claro». Es evidente que Frank País, al menos en esta época, consideró salir al extranjero. Como el deseo no pudo convertirse en realidad, y no se vuelve a mencionar, no sabemos si estaba considerando un viaje temporal o si pensaba exiliarse.

Le comenta que el Reverendo Agustín González Seisdedos lo explota en el Colegio El Salvador pero que no posee opciones de trabajo. También le habla de las asignaturas que tiene pendientes en la Universidad de Oriente debido a sus detenciones. Los tres asuntos, sin dudas, lo tienen en extremo contrariado. Más aun cuando los miembros del Servicio de Inteligencia Regimental (SIR) y de la policía parecen sentir una predilección por hacerle la vida imposible. A todo lo anterior agrega un racimo de problemas variados: los problemas de la casa, las envidias de cierta gente y lo

---

[70] Daniel era hijo de Sara País, hija del primer matrimonio del Reverendo Francisco País y, por lo tanto, media hermana de Frank, Agustín y Josué País.

poco que está contando con Dios para todas sus cosas. Le confiesa no saber qué hacer.

El cansancio vuelve a relucir: «La vida es dura, muy dura, quizás como dices, lo interesante es que sea dura para vencerla, pero es que hasta el más terco se cansa. Lo que me hace más insoportable quizás es que los que más quiero están tan lejos». Pasa entonces a explicar primero el caso de su novia. Por ser tan joven no puede comprender ciertas cosas y no puede confiar todo en ella. A César se las dice, pero, debido a la distancia, se harían interminable las cartas. Y le confiesa: «Además, hay sentimientos, recelos, temores que no se pueden expresar, pero se sienten. No sé por qué la vida tendrá que enmarañarse y complicarse tanto».

La carta del 4 de octubre de 1955 revela que ha llegado a Santiago de Cuba procedente de la capital donde estuvo con López y este le había facilitado una maleta que ahora País gestiona para devolver. No hay nada impactante en esta carta. Se queja del trato que recibe en la Escuela, del disgusto que siente su madre por sus actividades, pero agradece el apoyo de sus amigos... Se despide con un «adiós» que meses después se convertiría en definitivo.

Los amoríos de País y las acciones violentas de su militancia revolucionaria parecen haber sido la inspiración de un poema cuya fecha debe estar cerca del final del año 1956, cuando se encontraba preparando el alzamiento del 30 de noviembre en apoyo a los expedicionarios que llegarían de México. El título «Arrepentimiento» se debe al historiador Monroe pues el autor no le puso uno.

Varios de los versos son una viva expresión de los sentimientos encontrados del autor. La primera estrofa valida todo lo que le ha contado a su amigo, y dice:

Dios mío, Dios mío, cuánto mal he hecho. He pecado contra el cielo y contra tí. Muchas veces te he negado traidoramente; siento en mi alma la desesperación del que mucho ha pecado a sabiendas del mal, y ese mal se ha aglomerado presionándome la vida, haciéndome daño, mucho daño, Señor.

Seguidamente le pregunta a Dios si pudiera perdonarlo a pesar de que no piensa más que en su orgullo, en su vanidad de amor. Le dice que está lejos de ÉL y solo él, Frank, tiene la culpa por haberlo echado de su vida después de conocerle. Reconoce haber sido sordo a su llamar y que, a pesar de haberle hecho misericordia, ha sido sordo a su llamado. Y termina con dos dramáticos versos: «¿Tendrás piedad de mí, oh Dios?» / «¿Me darás una oportunidad más?»

Frank País no tuvo tiempo (¿o deseos debido al grado de compromiso que había adquirido?) de meditar sobre el grave problema encerrado en los versos de su poema. Los acontecimientos se desarrollaron de manera vertiginosa. Al parecer, no hubo más cartas para César López sobre los problemas que aquejaban su espíritu religioso referente a sus amoríos y métodos revolucionarios. Es en este momento que reanuda su vieja amistad con una amiga guantanamera, cuyas cartas nos van a dejar sus sentimientos respecto a la causa que había decidido abrazar de manera absoluta y por el resto de sus días.

Las confidencias a Alina Jiménez

Aunque la amistad de País con Jiménez había comenzado tiempo atrás, no es hasta que el primero se encuentra detenido en espera de juicio en la prisión de Boniato que decide reanudar su correspondencia escrita con la misma. Las cuatro cartas, todas escritas en 1957, son un libro abierto del alma de País en relación con el dolor que representaba estar en el lugar que ocupaba.

El 6 de abril de 1957 le envía la primera carta desde la prisión. En tono burlón la saluda diciéndole que espera se encuentre al menos un poquitín preocupada por su suerte. Reconoce que, después de tanto tiempo sin saber de él, la carta no va a llegar en buen momento. Por su parte, él se encuentra un poco apretado entre tanta gente pero con buenos compañeros cuya compañía «cimienta las ideas y se funden en acero nuestras voluntades». Le recuerda entonces las palabras de Tolstoi, quien dijo que la cárcel era una de las muchas pruebas que debía pasar un hombre verdaderamente hombre y con aspiraciones de carácter. «Yo estoy cumpliendo fielmente las ideas de Tolstoi», agregaba.

Ya Frank País parece haber echado a un lado sus preocupaciones religiosas porque eligió el otro camino. Las siguientes palabras a su amiga Alina no dejan dudas de su posición: «... con orgullo llevo la cárcel, que es para mí satisfacción el sufrir tanto o más como cualquiera de mis compañeros. El destino impuesto a cada ser es infranqueable y amargo cuando se reniega de él, pero compensación y estrella cuando se le acepta de frente y con el corazón alegre. Mi pasión y mis sentimientos son mi guía y quiera el cielo que siempre pueda tener la íntima satisfacción de poder seguirlos».

La despedida revela su grado de identificación con la destinataria de su carta y el cariño que le profesa: «Dales mis recuerdos y mis palabras a los que sabes me quieren bien. Y tú, gordita, recibe mi cariño y mi amistad de siempre. Te quiere, Frank»

Vuelve a escribirle el 14 de abril de 1957, todavía prisionero en Puerto Boniato. Es un domingo triste porque es gris y lluvioso. Mientras sus compañeros suben el volumen de sus voces y sus radios, País se encuentra solo en su rincón, «mirando a través de mi doble reja las lomas tan lejanas». ¿Encierra esta frase una doble metáfora? ¿Dos rejas? ¿Tiene la lejanía de las lomas un significado geográfico o representa su imposibilidad de estar allí a pesar de haber sido siempre su deseo? Esta es una de las pocas oportunidades en las que País aborda el tema, aunque de manera indirecta.

Le transcribe luego un poema de José Ángel Buesa y le pregunta qué le parece. Entonces se despide porque la bulla no le permite concentrarse.

No le vuelve a escribir hasta el 28 de mayo de 1957 [Ver

José Álvarez

LIBRO II, Parte 1, "Correspondencia personal"]. Apenas hace dos semanas que salió en libertad junto a la inmensa mayoría de sus compañeros. Todavía no ha recibido noticias del combate de la mañana en El Uvero, donde han caído varios miembros del primer refuerzo que ha enviado semanas atrás.

Reconoce haber recibido su carta y le agradece el cariño que desborda y la fe y confianza que de ella emanan. Aunque quisiera escribir sobre temas alegres, hoy lo consume la tristeza al recordar los que van cayendo, mencionando a cuatro de sus compañeros. Después de un triste lamento, le menciona a muchos de sus hermanos, cuyas muertes no lo dejarán "disfrutar de nuevo la risa". Más adelante le hace una confesión demoledora: "A veces me domina la apatía y la indiferencia y quisiera ser yo de los que caen para no sufrir, para no ver, para no sentir; desfallezco con el desaliento y reniego de tantas injusticias".

El final de la carta es una reiteración de su compromiso ante tanto dolor: «Pero tenemos que sufrir y seguir, triunfar o morir... Termina con un «Te aprecia, Frank».

Es en la última carta, fechada el 2 de junio de 1957, donde País escribe ideas y posibles predicciones que no parecen tener sentido alguno. Comienza diciéndole que está escuchando una melodía que le trae recuerdos de mucho tiempo atrás: las hojas muertas. Ese hecho lo pone en extremo deprimido y sentimental. Comienza con la mala noticia del combate del Uvero: «No sé por qué el dolor me viene tan junto. Ahora recibí la noticia de la pérdida de ocho compañeros, entre ellos uno que era el último hijo que le quedaba a una señora a quien ya le habían matado al otro hijo. Este, por lo menos, ha muerto combatiendo de frente y como un valiente».

Le comunica entonces la muerte de un compañero de Guantánamo, Gustavo Moll, y le pide que les dé la noticia a los amigos que él se encargará de hacerlo oficialmente a la viuda y huérfanos. El dolor es grande para Frank País y el mismo se encarga de ponerlo en actitud meditativa a tratar de predecir el

504

FRANK PAÍS

futuro:

¿Qué será nuestro camino también? Dios sabe. A veces el dolor me hace pensar que si hasta sería preferible morir y no ver malogrado tanto sacrificio, tanto esfuerzo, tanta sangre noble, tantas vidas preciosas, tantos compañeros queridos. Me aterroriza pensar que algún ambicioso un día enlodara algo tan precioso; que estos ideales, que tan caro nos cuestan, se malograran. Ojalá el destino no sea tan cruel. Quisiera terminar esta etapa tan triste e irme muy lejos, a tratar de olvidar tanto dolor, tantos recuerdos, tantos compañeros caídos. No puedo escribir más; el recuerdo me nubla los ojos y me hace temblar la pluma.

El párrafo anterior, último de la carta, es digno de al menos unos breves comentarios, tal vez en el área de la especulación. Después de 60 años de experiencia nos podemos aventurar a tratar de descifrar el significado de esas expresiones, al parecer sin base, salidas de la pluma de País.

Las primeras oraciones expresan el pensamiento de que tal vez hasta sería preferible morir y no ver malogrado el esfuerzo revolucionario. Y uno tiene que preguntarse: ¿por qué se pudiera malograr?; ¿cuáles son las posibilidades en las que piensa País? Hoy es un secreto a voces que Fidel Castro, desde su salida de México, traía la agenda oculta de comunizar (más bien, sovietizar) a Cuba y que ese secreto lo conocía un reducidísimo grupo de personas de las que Frank País no formaba parte. Cabe preguntarse, ¿se había enterado ya de los planes secretos de Fidel? Continuando el estudio del párrafo chocamos con una oración mucho más directa que la anterior: «Me aterroriza pensar que algún ambicioso un día enlodara algo tan precioso; que estos ideales, que tan caro nos cuestan, se malograran». Y uno vuelve a cuestionarse la identidad del ambicioso que pudiera malograr la idea de la revolución democrática del Movimiento 26 de Julio liderado por Frank País. Después del paso de la historia ese personaje solo tiene una identidad y todos la conocemos hoy. ¿La había descubierto Frank en aquellos días? Al final, tal es su estado, tiene que soltar la pluma porque las lágrimas no le permiten continuar escribiendo. Ese estado emocional, diría cualquiera, es la corroboración de la afirmación anterior.[71]

Hay más. Cuatro semanas después de su carta a Alina Jiménez su hermano menor Josué cae combatiendo en las calles de Santiago de Cuba. Es tal vez el golpe peor de todos los recibidos hasta ese momento. Decide volcar sus sentimientos en un poema y aparecen nuevamente esos temores expresados en la carta de referencia. Una de sus estrofas dice: «Solo tristezas me esperan/ con esta vida a cuestas. / ¡Hermano, hermano mío!/ Que solo me dejas/ viviendo esta vida triste/ de penas y desengaños». En la siguiente estrofa repite el concepto: «viviendo esta vida dura de engaños y descontento». Y otro peor: «a mí cuánto dolor me espera, de espalda dolor rastrero...»

Por último, hemos analizado el impacto que sus actividades amorosas e insurreccionales tuvieron en el ánimo de Frank País debido a la violación de sus principios religiosos. No se ha mencionado el reverso de la situación. ¿Qué hubiera pasado si su pensamiento religioso hubiera sido el motor de sus actividades revolucionarias? Por absurda que pudiera parecer esa posibilidad, no estaría muy alejada de la realidad. Sin embargo, el mismo César López no comparte la opinión de los que dicen que «Frank actuaba movido por su creencia religiosa».

Eso parecen indicar los hechos.

---

[71] Elementos de juicio adicionales se presentan en otras secciones, donde pertenecen.

3) Su relación con Fidel Castro

Introducción

No es hasta el asalto a los cuarteles de Santiago de Cuba y de Bayamo, el 26 de julio de 1953, que Frank País reconoce la factibilidad del uso de las armas para derrocar la dictadura de Fulgencio Batista. Hasta ese momento había pertenecido a organizaciones estudiantiles, algunas de las cuales había fundado, que utilizaban la propaganda y la violencia, pero el asalto a dos cuartes de manera simultánea sorprendió a todos los cubanos, incluyendo a Frank País.

Es obvio que, por la edad y la extracción social, Castro y País pertenecen a dos mundos distintos. Cuando se produce el asalto al Cuartel Moncada, País cuenta con 18 años y ha crecido en un hogar profundamente religioso donde nunca han existido excesos de recursos. Es dirigente estudiantil y se encuentra terminando su carrera de magisterio. Castro está a punto de cumplir 27 años y proviene de una familia encabezada por un terrateniente de origen gallego —como los padres de País— que puede ser catalogada de rica. Posee un largo expediente gansteril durante sus años universitarios y ha incursionado ya en la política nacional. Sus personalidades no podían ser más disímiles. Fidel Castro procedía sin medir las consecuencias; por eso era considerado irresponsable por sus conocidos en la Habana. País era todo lo contrario. En cuanto a lo físico, Castro tenía una estatura de 6 pies y 3 pulgadas, muy superior a la gran mayoría de los cubanos. País era de mediana estatura y poco peso.

Los hechos de aquel 26 de julio han impactado a Frank País, quien lo revela en dos cartas escritas apenas realizado el asalto y los asesinatos subsiguientes. El 28 de julio le escribe a su novia Elia Frómeta y le aclara que, aunque hubiera querido haber participado, era completamente ajeno a los acontecimientos. Salió a la calle junto a otros en busca de armas, pero lo que encontraron fueron cadáveres en las afueras de la ciudad. Califica de asesinos a los soldados y de héroes a los asaltantes. El contenido de la carta a Ruth Gaínza, escrita al día siguiente, es el mismo, enfatizando algo más su sentimiento de impotencia al no poder hacer algo. El único nombre que menciona es el de Renato Guitart, uno de los primeros en caer, a quien conoce y recrimina por no haberlo reclutado. Ausente en ambas cartas, de manera conspicua, es el nombre del jefe de la acción. No hay siquiera una leve mención de la persona que organizó y lideró el asalto con el que País se ha identificado. Tal vez es por eso que Gálvez Rodríguez (1991: 113-114) dice haber encontrado entre sus escritos uno que, aunque sin mencionar su nombre, data de la época y se refiera a Fidel Castro. Afirma Gálvez Rodríguez que País escribió:

> No te desalientes, amigo mío, que el triunfo es de los que se sacrifican y tú te has sacrificado bastante. Hoy te miré tan triste, con todas tus esperanzas por el suelo, con deseos de llorar tus amarguras, y tuve deseos de llorar contigo. Eres franco y leal y con un corazón de oro dispuesto a darse en cualquier ocasión.
> No has perdido ocasión de demostrarle a la patria tu grande amor por ella, y no has perdido ocasión tampoco de demostrarnos, a quienes nos honramos en llamarnos tus amigos, el firme ideal de tus sentimientos, el noble cariño y la forma y clara de tu fiel ejecutoria.
> No te desanimes, amigo mío, hazte la idea de que has llegado a una encrucijada donde se necesita respirar para poder seguir el camino con más brío.
> Muchas veces se ha dicho que la libertad cuesta sangre y sacrificios, y sé que mucho has dado, pero tu patria quiere aún más; sabe que tu reserva de amor es grande y necesita que le brindes más.
> Las almas grandes como la tuya se gozan en darse a los demás. Sin miedo, con el alma contenta, la sonrisa en los

labios y la esperanza en el corazón, que la patria te espera con los brazos abiertos, como sabe abrirlos cuando llega uno de sus mejores y más humildes hijos. No te desalientes, amigo mío, que el triunfo es de los que se sacrifican y tu triunfo está cerca.

En realidad, este pedazo de narrativa adulatoria y mal redactada no pudo haber salido de la pluma de Frank País. Es precisamente el que País ignorara a Castro lo que tal vez motivó a Gálvez Rodríguez a escribir esto que ninguno de sus colegas reproduce en sus obras. Afortunadamente ahí están las cartas de País a Ruth Gaínza y Elia Frómeta, en las que no escribió ni un elogio ni su nombre. El hecho se aclaró de manera radical cuando, dos años después, al ser liberado el grupo de Fidel Castro y fundar el Movimiento 26 de Julio, País es el primero en ser invitado a participar y demora meses en aceptar por la duda que tenía de la sinceridad y honradez de Fidel Castro.

En el LIBRO I de esta trilogía se describe el inicio del proceso de la fusión de ANR con el Movimiento 26 de Julio, proceso que tuvo lugar meses después de Fidel Castro salir en libertad el 15 de mayo de 1955. Castro convocó a una reunión en el local capitalino de la calle Factoría # 62 para fundar su organización. Era el 12 de junio de 1955. Había transcurrido menos de un mes desde su excarcelación. No hubo un gran debate durante las deliberaciones. La Dirección Nacional (DN) del ya oficial "Movimiento Revolucionario 26 de Julio" quedó compuesta por Fidel Castro, varios veteranos del Moncada y dos militantes del Movimiento Nacional Revolucionario (MNR).

Una vez establecida la DN del M-26-7, se celebraron varias reuniones para decidir cómo establecer las delegaciones provinciales y a quiénes reclutar. En una de ellas, los santiagueros Léster Rodríguez, Pedro Miret y María Antonia Figueroa fueron asignados a organizar el Movimiento en la provincia de Oriente. Fue en esa reunión que María Antonia le habló a Fidel Castro sobre Frank País. Castro le pidió que tratara de reclutarlo.

José Álvarez

Que existieron preocupaciones serias –o que Frank tuvo algunas dudas—en cuanto a fusionar su grupo con el de Fidel Castro resulta ahora obvio. Lo que no se conoce es la magnitud más que la naturaleza de esas preocupaciones y dudas. Tal vez nunca se conozcan en su totalidad. Su confidente en estos asuntos, Pepito Tey, debe haberlo sabido, pero nunca hizo un comentario al respecto. Después de la muerte de Tey, René Ramos Latour, quien murió un año después de País, tampoco lo comentó con nadie. Con el paso del tiempo, se ha vuelto evidente que País tuvo serios problemas al respecto. En Oltuski Ozacki y otros (2007), el tema se discute en forma más directa que nunca antes por un antiguo compañero de País. Afirma Ibarra que la decisión no se produjo de inmediato "como ha aparecido en algunas versiones periodísticas". No fue hasta después de reunirse con Miret, un mes después de haberse marchado Castro a México, que Frank decidió ingresar en el M-26-7. Pero aclara: "**Todavía no se conocen las discusiones y las contradicciones o capitulaciones previas que puso para ingresar** con las fuerzas revolucionarias que dirigía" (Énfasis nuestro) (2007: 111-112).

¿Por qué se demoró tanto si tanto admiraba las acciones del Moncada y Bayamo? ¿Qué había en la mente de Frank País que estaba frenando su decisión? ¿Tenía acaso algún reparo sobre el pasado de Castro como miembro de una pandilla durante sus días universitarios? Sus actividades gansteriles eran harto conocidas por País, e iban desde reyertas entre grupos enemigos a serias acusaciones de asesinatos políticos. ¿Pensó acaso que Castro intentaba organizar un partido político? Recordemos que Fidel Castro fue miembro activo del Partido del Pueblo Cubano (Ortodoxo) (PPC), fundado por Eduardo Chibás. En las elecciones frustradas por el golpe de estado de Fulgencio Batista el 10 de marzo de 1952, Castro aparecía en la boleta electoral como candidato a Representante por la provincia de La Habana.

El llamado de Fidel Castro a celebrar elecciones generales a su salida del presidio luego de "organizar un movimiento opositor de carácter nacional" (Gálvez Rodríguez 1991: 195), y su comportamiento contradictorio pocas semanas después, le debe haber causado serios problemas a País en lo concerniente a la agenda real de Castro. Hay que recordar que Frank País siempre rechazó cualquier intento de solucionar el problema nacional en las urnas porque era partidario de la insurrección armada. Tan temprano como en el año 1954, Frank País visitó a Faustino Pérez y, además de expresarle su desencanto con el Movimiento Nacional Revolucionario (MNR), le propuso un plan "para boicotear las elecciones que estaban señaladas para noviembre" (Gálvez Rodríguez 1991: 163). Cualquiera que haya sido el motivo, no parece haber sido algo trivial. Aunque, como se ha afirmado arriba, no existe mucho publicado sobre esta materia, y lo poco está repleto de contradicciones.

Los dos encuentros entre Castro y País aparecen resumidos con la poca información disponible. Leyendo entre líneas se puede sospechar que el dirigente santiaguero regresó a Cuba bastante decepcionado en ambos viajes.

Al final del primer encuentro, debido a la negativa de Fidel Castro de publicar un programa —que Castro consideraba innecesario por la existencia de *La historia de absolverá*— Frank dispone la elaboración de la «Tesis económica del 26 de Julio». Luego considera que esta no es suficiente y encarga de Mario Llerena la descripción más minuciosa que fue plasmada en «Nuestra razón». Ninguno contó con la aprobación de Fidel Castro.

La decepción del segundo encuentro fue de tipo táctico. País consideraba que las condiciones para el desembarco y el alzamiento no estaban dadas y le pidió posponer ambas acciones hasta que se sintieran más preparados. Castro se negó a acceder durante todo el tiempo que duró su estadía en la capital mexicana. Finalmente, decepcionado, País decidió regresar a Cuba.

Resulta obvio que, durante ambas visitas, País no se percató de los constantes contactos entre Castro y la dirigencia del Partido Socialista Popular que hoy se conocen por declaraciones de ambas partes. La agenda secreta de Castro, incluyendo posiblemente sus contactos con emisarios de Moscú que fueron más allá de la amistad de Raúl Castro con el agente de la KGB Leonov, continuaría oculta hasta después del triunfo. No resulta difícil la predicción sobre la reacción y el futuro comportamiento de País si hubiera descubierto en México la razón de la negativa de Fidel a publicar el programa del Movimiento 26 de Julio. Ya estaba escrito y muy pocos lo conocían. Frank País no figuraba entre los privilegiados.

Por fin se produce el levantamiento del 30 de noviembre de 1956 y el posterior desembarco de los expedicionarios del yate Granma. Una vez reagrupados, se reúnen los miembros de la Dirección Nacional y cae sobre los hombres de País el garantizar la superveniencia de la frágil guerrilla. Y lo hizo también que, sin darse cuenta, estaba fortaleciendo la facción radical de la Sierra Maestra en detrimento de los combatientes urbanos, de naturaleza democrática. En ese sentido estaba reproduciendo el viejo adagio de tejer soga para su propio pescuezo. La magnitud de la labor de País se puede medir en la actualidad al comparar su éxito con las debacles de las guerrillas de Ernesto Guevara en el Congo y Bolivia, derrotadas en gran parte debido a la ausencia de un Frank País en las ciudades.

El trabajo realizado por Frank País resultó tan efectivo que cambió (involuntariamente) la táctica de lucha no solo dentro del M-26-7 sino la de las otras organizaciones. Durante mucho tiempo todos creían que las guerrillas eran un excelente apoyo a las fuerzas urbanas que llevaban el peso de la lucha y la misión de alcanzar la victoria. Fue el propio País quien, de manera involuntaria, cambió la táctica de lucha. De un elemento de apoyo a las ciudades, la guerrilla pasó a ser el eje de la insurrección con el apoyo —ya no era dirección— de la facción urbana. País fue asesinado un mes después del fracaso del intento de crear un segundo frente guerrillero asaltando al cuartel del Central Miranda el 30 de junio de 1957, y los planes para la creación de otros frentes que pudieran haber disminuido el poder militar del grupo de la Sierra quedaron en el papel. El dicho «soga para su pescuezo» cobró una magnitud impresionante meses después del asesinato de País cuando, en la reunión en el Alto de Mompié del 3 de mayo de 1958, Fidel Castro abandona su papel de mendigo y se convierte en el jefe absoluto de toda la organización, colocándose al frente de la toma de decisiones en todos los campos, incluyendo los Comités del Exilio.

La correspondencia antagónica

De los numerosos temas tratados en las cartas de País, además de los explicados en otras secciones de esta obra, hemos elegido cuatro que consideramos de vital importancia: la falta de un programa del Movimiento 26 de Julio; la reorganización del Movimiento efectuada por Frank País; la creación de las milicias y nuevos frentes; y la independiente toma de decisiones por parte del dirigente santiaguero.

De Frank País a Fidel Castro

La falta de un programa del Movimiento 26 de Julio fue un tema recurrente en las relaciones entre Frank País y Fidel Castro al punto de aparecer en su correspondencia de las últimas semanas de su vida. En la importante carta del 7 de julio de 1957 le trata el problema basado en una decisión ya tomada:

Otro de los defectos que siempre hemos adolecido es la falta de un programa, de lineamientos claros y precisos, pero serios, revolucionarios y realizables. Ya ahora se está trabajando intensamente en ello, para unirlo a nuestro proyecto económico y hacer un Programa Revolucionario del Movimiento. El trabajo se realiza por partes, en diferentes sectores y en distintas provincias.

Le ofrece entonces la oportunidad de «colaborar en la empresa» cuando le dice: «Si tienes algunas sugerencias o algunos trabajos, mándalos; de todas maneras, cuando esté el esbozo ya completo de lo que ha de ser el Programa, te lo enviaré para que lo supervises y des tu opinión». Es decir, Castro tendrá la oportunidad de sugerir cambios, pero el documento será el definitivo. Se terminó el argumento de Fidel de la relevancia exclusiva de *La historia me absolverá*. Aunque históricamente importante, su generalidad no se ajusta a los planes de Frank País de decirle al pueblo «a dónde vamos», cosa que Castro se ha negado a hacer desde el comienzo de la lucha por razones que hoy son hartas conocidas. La apreciación de País aparece bien diáfana en la continuación de la carta:

> En estos momentos la vaguedad de pronunciamientos, así como la falta de planes y proyectos, hacen que muchos todavía recelen de nuestras intenciones y de nuestra capacidad para hacer la Revolución que se espera, porque es ya un hecho que el pueblo de Cuba no aspira ya al derrocamiento de un régimen ni a la situación de figuras, sino que aspira a cambios fundamentales en la estructura del país, y es preocupación de todos los sectores y de todos los interés del país el conocer la verdadera capacidad que pueden tener nuestros líderes y nuestra dirigencia para acometer tales cambios y si somos confiables o no para ello... Y tengo que reconocer que en este sentido hemos hecho muy poco y que la labor a realizar en estos meses es exhaustiva y urgente.

Vuelve a relucir el problema de la falta de un programa en la carta fechada el 24 de julio de 1957 en la que País le informa a Fidel Castro: «Creo que hoy hemos dado el paso más firme en lo que a relación con militares se refiere». Le informa someramente de la visita del ex oficial de la Marina de Guerra Orlando Fernández-Saborit García. Entre los muchos temas discutidos figuró de manera prominente la falta de un programa. Le dice que le entregó una copia del Programa en el que está trabajando y el ex oficial lo leyó por arriba y le agradó mucho, prometiéndole que lo entregaría a sus superiores y que haría un extenso informe de la reunión.

La reorganización del Movimiento fue, tal vez, la medida más atrevida de las tomadas por País a su salida de la cárcel. Aunque todas socavaban la autoridad total a la que aspiraba Fidel Castro, la reorganización del Movimiento fundado por Castro, sin consulta previa, tiene que haber herido el orgullo del jefe guerrillero hasta cuestionarse la peligrosidad del ahora Coordinador de la Dirección Nacional del M-26-7.

Aunque en otras cartas se refiere a este proceso, es en la fechada el 7 de julio de 1957 donde le comunica lo que ya está consumado. Sin embargo, en la del 5 de julio, le anuncia lo siguiente: «Esta carta ya es muy larga, así que dejaré para la próxima el hablarte de la reestructuración de la Dirección del Movimiento. Además, espero tener contacto antes con Jacinto [Armando Hart]». Ya ha hecho la tarea, pero no se la va a explicar hasta la próxima carta, la cual escribe dos días después:

> Cuando hablamos la última vez en México te dije que no creía en la organización existente en Cuba, en el trabajo obrero realizado para la Huelga General, ni en la eficacia de los cuadros de acción, pues estaban indefensos, impreparados y sin acoplar. Los hechos del 30 [de noviembre], en que palpamos la realidad de las circunstancias temidas, dejaron muy maltrecha nuestra organización, desorientada y casi fuera de combate.

Luego pasa a criticar el tipo de dirección que funcionaba antes del 30 pues, en una revolución, no se pueden hacer asambleas, ni se puede tampoco centralizarlo todo en una persona, ni se pueden otorgar iguales responsabilidades a un número a veces indeterminado de miembros de la Dirección Nacional ni tampoco pueden existir "zonas tabu", en las que no se pueda penetrar ni se sepa el trabajo que se realiza. Ese exceso de democracia

José Álvarez

contrastaba curiosamente con la acción caprichosa y unipersonal en ciertos campos.

Debido a todo lo anterior País le informa a Castro que entonces, junto a Armando Hart, se dio a la tarea de **replantearse el Movimiento por completo**. Y le comunica los resultados: (1) Se centralizó por primera vez en pocas manos la Dirección, se depararon y se fijaron claramente las distintas responsabilidades y trabajos del Movimiento, y nos dimos a la tarea de hacerlo más activo y pujante; (2) Logramos el reconocimiento de todos y lentamente comenzamos a hacerlo realidad.

Luego son detenidos y el Movimiento sufrió un momento de crisis. Ya Faustino Pérez estaba encarcelado y el trabajo fue demasiado para los pocos miembros que lo tuvieron que realizar. Pero las cosas se fueron arreglando. Al salir País del presidio, el estado del Movimiento era deplorable, pero ya había muchas cosas logradas que seguirían marchando adelante. Todo eso le comunicaba Frank a Fidel.

De nuevo hubo que machacar mucho sobre la organización y la disciplina. La situación del país, la presión tuya y las obstinaciones del régimen, nos han dado un espaldarazo formidable, que nos coloca hoy como eje de todas las posibles soluciones. Fue necesario en este breve tiempo obrar un poco dictatorialmente, dictando órdenes y siendo un poco estrictos, pero ya ahora podemos encauzar las cosas de acuerdo con los planes preparados y tan cuidadosamente examinados. Entonces se constituyó una Dirección Nacional Obrera; se creó el Ejecutivo Gestor de la Resistencia Cívica y ya existen núcleos provinciales en todas las provincias. Ten en cuenta que todos los organismos de que te he hablado son netamente del 26, o íntimamente ligados a él, y que **hay una serie de entidades y organismos que no desean vincularse o sectorizarse, o no pueden hacerlo a un movimiento como el nuestro** [se refiere a los comunistas], pero que están de acuerdo en realizar la paralización nacional para derrocar al régimen.

El Tesorero nacional, el Coordinador nacional de la resistencia,

FRANK PAÍS

el Coordinador nacional bélico y el Coordinador general del Movimiento, formarán el Ejecutivo en nuestra dirigencia; la Dirección Nacional estará formada, además, por los seis coordinadores provinciales. Hemos, tratado de situar en todos estos cargos a revolucionarios de pensamiento y de acción, probados a través de estos días de duras pruebas y de trabajo intenso. Esta Dirección Nacional se hará efectiva en cuanto converse con Jacinto [Armando Hart], María [Haydeé Santamaría] y demás compañeros responsables. Así mismo, queda adscrito a esta dirección un delegado de la Sierra, que es Norma [Celia Sánchez].

¡El poder radica desde entonces en Santiago de Cuba!

El distanciamiento había llegado ya mucho más lejos. De naturaleza estratégica era la creación de las milicias y otros frentes guerrilleros. Frank País, y su sucesor René Ramos Latour, vieron en la formación de las milicias y en la creación de otros frentes guerrilleros, los medios para disminuir el poderío militar de Fidel Castro. A ambas empresas dedicaron gran parte de su tiempo. Como se vio anteriormente, el intento del Central Miranda fracasó. El de las milicias, no; al menos hasta la reunión en el Alto de Mompié, celebrada muchos meses después del asesinato de Frank.

Quienes conocen, o solamente se imaginan, algo de la personalidad de Fidel Castro, tienen que justificar la oposición de este a la creación y funcionamiento de este cuerpo armado independiente de su esfera de autoridad. El reglamento elaborado para funcionar las milicias aparece bajo los Documentos Oficiales de la Parte II del LIBRO II. La gráfica a continuación indica los grados militares de los jefes junto a las insignias que deben usarse. Es conspicua la presencia de un Comandante en Jefe de las Milicias.

Después de varias décadas de conocer y ver actuar a Fidel Castro no podemos ni siquiera imaginarnos su actitud ante las decisiones independientes de Frank País sin previa consulta ni informes posteriores. Las cartas de País a Castro muestran varios ejemplos de este aspecto de su relación. Las citas a continuación son exactas:

- Quizá cuando llegue esta carta ya se habrá realizado el Plan Nacional No. 1 y el S F [Segundo Frente]; espero que ambos con buen éxito (26 de junio de 1957).
- La idea que tú nos propusiste es buena para cuando se realice un mitin de la oposición, pero no del gobierno (5 de julio de 1957).
- Sé que ustedes no deben tener uniformes nuevos y algunos que veo en fotos de los que hace Norma [Celia Sánchez] no me lucen muy buenos. Le mandaré un modelo para que los haga iguales (5 de julio de 1957).
- En una revolución no se pueden hacer asambleas, ni se puede tampoco centralizarlo todo en una persona... ni tampoco se pueden establecer «zonas tabú», en las que no se puede penetrar ni se sepa el trabajo que se realiza.

Ese exceso de democracias contestaba curiosamente con la acción caprichosa y unipersonal en ciertos campos (7 de julio de 1957).

- Así mismo, queda adscrito a esta dirección un delegado de la Sierra que es Norma [Celia Sánchez] (7 de julio de 1957).
- No puedo narrarte en detalle [lo acordado con el ex oficial de la Marina] las cosas porque sería muy largo y además peligroso (24 de julio de 1957).
- Primero me dijo [el enviado de la Marina] que tenía la misión de hablar abierta y francamente con nosotros. Me hizo historias de sus antiguas vinculaciones y el por qué de ellas, de su antipatía por el 26 de Julio y en especial por tú. Tenía informes desfavorables de tu actuación en la Universidad, cuando estudiante y de tu papel en el Moncada; además, tenían informes desfavorables de tu persona como caudillista y ambicioso. Creían que estabas de acuerdo con Trujillo y rompieron los nexos que tenían con la FEU cuando se enteraron de la carta de México.

Después de esta montaña de opiniones negativas, Frank País toma el papel de defensor de Fidel Castro, adoptando una postura condescendiente que debe haber herido muy profundamente el orgullo del líder guerrillero. Tal vez recordó que esas reservas las tuvo durante los meses que demoró en aceptar la invitación a fusionar su Acción Nacional Revolucionaria con el recién fundado Movimiento 26 de Julio. Le dice entonces que, según su interlocutor, esas cosas se han superado y Castro está por encima de todo eso, pero tenían recelos acerca del caudillismo y la falta de programa. Al final del tópico le afirma: «Le aclaré abundantemente todos estos puntos y señalé tu verdadera posición y la del Movimiento. Hubo entonces mayor confianza».

José Álvarez

Resulta inimaginable la reacción que estas palabras tuvieron en el ego de Fidel Castro. Frank País utilizaba la condescendencia y lo trataba de manera arrogante, fríamente. Eso no iba a terminar ahí.

Más adelante le informa que ha decidido unirse a los conspiradores militares, pero no considera prudente hablarle de los planes elaborados con ellos que, en definitiva, en ese momento eran solo generalidades.

Durante el proceso de envío de todas las cartas de País a Castro, las misivas del guerrillero de la Sierra Maestra brillan por su ausencia. Castro ha estado enviando cartas a los cuatro puntos cardinales del planeta, pero en la literatura solo aparece una carta mutilada a Frank País. ¿Cuál es el misterio?

La carta de Fidel Castro

Aunque a veces se menciona la existencia de dos cartas de Castro a País, en la literatura de la isla solo aparece la carta fechada en la Sierra Maestra el 21 de julio de 1957, que Frank recibió cuatro días después. Existe una versión mutilada (Portuondo 1988: 343) y otra más extensa, aunque incompleta también (Gálvez Rodríguez 1991:563-568). En manos de Fidel están ya los informes de Frank que lo muestran como el verdadero jefe del M-26-7. Interesante resulta el hecho de que el contenido de la carta revela una preocupación exagerada del jefe guerrillero por la seguridad de País. He aquí la versión mutilada:

Sierra Maestra, Julio 21 de 1957

Querido David:

A ratos, sobre la marcha, voy a intentar hacerte estas líneas... [aquí parece cortarse la carta]

La ola revolucionaria actual sobreviene en un momento en que es altísima la moral de nuestros hombres. La gente está, además, fuerte y bien alimentada. Estaremos listos para lo que sea necesario.

En hoja aparte va un sentido y emocionado testimonio de solidaridad que nuestros oficiales te hacen llegar en nombre de todos los combatientes. Nos hirió muy cerca y muy hondo el cruento zarpazo. Enardeció los ánimos y no es poco lo que ha influido en el tremendo espíritu combativo de estos días.

Te confieso que me quedo en suspenso cuantas veces escucho por radio que apareció un joven asesinado en Santiago. Hoy mismo dan la noticia del hallazgo del cadáver de un hombre joven, como de 24 años, bigotes, etc., etc., aún sin identificar. Durante horas me acompañará todavía la inquietud, hasta saber la identidad. No puede uno sustraerse a las preocupaciones, quizás absurdas, que lo asaltan. Verdaderamente que se viven horas duras.

Tal vez me falten algunos puntos, pero en lo fundamental, creo haber tratado las cuestiones que más te interesan.

Escribe lo más rápidamente posible. Recibe un fuerte abrazo de:

Alejandro

Resulta obvio que esta parece ser una versión muy mutilada del original escrito por Fidel Castro. Los temas que País ha tratado en sus cartas comenzando el 5 de julio constituyen un reto a la autoridad del jefe guerrillero. Fidel le dice que cree «haber tratado las cuestiones que más te interesan», pero Portuondo las omite, cosa que no ocurre en la versión de Gálvez Rodríguez: Después de lamentarse de no haber podido compensar los últimos reveses [en Santiago de Cuba] con un triunfo de consideración, Castro le expresa:

Único saldo: una fuerza que ya va tomando los perfiles de pequeño ejército, disciplinada, abnegada, entrenada, que cada día perfecciona más y desarrolla sus tácticas de lucha y, sobre todo, agresividad y una moral muy alta de lucha. Esto, con un respaldo del campesinado que se va haciendo absoluto, un grupo de hombres que van desarrollando sus cualidades de mando, y un crecimiento cada vez mayor del terreno, los van haciendo cada día más dueños de la situación. La Sierra no crece en extensión, pero crecen nuestros conocimientos sobre ella y es como si creciera inmensamente.

De inmediato hace referencias indirectas al número de hombres y armas que poseen y, después de exponerle lo que valúan un fusil y hasta una bala, le dice: «Me reprocho la generosidad con que te sugerí que usaras en el Segundo Frente algunas de las armas destinadas a nosotros; influyó el hecho de que en aquellos días había hombres nuestros con dos fusiles a la espalda; hoy hay hombres desarmados que son como vacíos dolorosos en nuestras filas».

A continuación, en un párrafo inconcluso, le detalla las armas recibidas y luego le hace un análisis de cómo va cambiando la correlación de fuerzas y que el costo del I Frente ha ascendido a unos 6,000 pesos mensuales y le pide un detallado encargo de uniformes, botas, víveres y medicinas y, en esta oportunidad, cincuenta cocinas de gas.

El siguiente párrafo parece contener valiosa información mutilada entre frases como «que se le entregue a Pedro [Miret] y Gustavo [Arcos] la totalidad de lo que se recaude [...] para que puedan venir lo más pronto posible. Pero eso sí, que no vayan a cometer la locura de ponerse a planear un desembarco por Santa Clara [...] Como este es un punto de consideración estratégica y no caben caprichos personales o discusiones de asambleas, sino la experiencia que tenemos derecho a conocer de esta lucha, ordénales que venga a la Sierra Maestra».

Le siguen dos párrafos también censurados y luego le da su primera opinión que le ha pedido País sobre los planes a desarrollar en los próximos meses. Elogia el trabajo realizado por el Llano y le dice que esa ha sido siempre su estrategia frente a la de un golpe militar o putsch en la capital a tal punto que preferiría una victoria un año después del alzamiento del 30 de noviembre que en aquella oportunidad. Se deshace en elogios para la labor de los campesinos y el esfuerzo de los alzados y le ratifica su fe en la victoria, utilizando una fraseología que él mismo intenta hacer sospechosa:

> Nosotros no tenemos el menor apuro. Nosotros lucharemos aquí el tiempo que sea necesario. Nosotros concluimos esta lucha con la muerte o con el triunfo de la verdadera Revolución. Esa palabra ya puede pronunciarse. Viejos temores se disipan. El peligro de un régimen militar disminuye, porque cada día es mayor la fuerza organizada del pueblo. Y si hay golpe y junta, desde aquí exigiremos el cumplimiento de nuestros postulados. Y si nosotros seguimos esta guerra, no hay junta que se mantenga.

Luego apoya la idea de la visita de un diplomático americano a la Sierra Maestra. No se deben hacen excepciones. Sobre la constitución de un gobierno revolucionario en la Sierra no cree que sea lo más positivo e inteligente en esos momentos. En su defecto, se redactó el Manifiesto de la Sierra Maestra que firmó junto a Felipe Pazos y Raúl Chibás el 12 de julio de 1957.

Le manifiesta luego estar preparados para lo que sea necesario y termina con la preocupación expresada en la versión de la carta anterior sobre la seguridad personal de Frank País.

En un artículo publicado en la *Revista Bohemia* (Marqués y González 2017), después de repetir las acusaciones contenidas en *La complejidad de la rebelión*, (Ver«Nota a la Segunda Edición» al comienzo de esta trilogía) referentes a lo mucho que se ha especulado fuera de Cuba por «aquellos que no cejan en el empeño de contraponer a Fidel y Frank País, acerca de las relaciones entre estos líderes», las dos autoras se refieran a la correspondencia entre Castro y País. Tratan de aclarar el misterio de las cartas de la siguiente manera:

> Si bien no ha sido posible aun consultar toda la documentación, apenas diez cartas de Frank a Fidel y dos dirigidas por este al primero, es evidente que la correspondencia entre ambos, así como la documentación originada en el momento histórico en que transcurre el vínculo entre estos, son la mejor prueba de la comunión de intereses, confianza y admiración que existió entre ellos y desmienten por sí solas cualquier hipótesis de **antagonismo**[72] entre estos grandes hombres.
>
> No conocemos a ciencia cierta la cantidad de correspondencia cursada, aunque evidentemente fue mucho mayor de Frank hacia Fidel que en sentido opuesto, pues solo en la carta que le hace Fidel el 21 de julio le responde, según sus propias palabras, a todas sus comunicaciones recibidas en las últimas dos o tres semanas.

Vayamos por párrafos. La oración que constituye el primer párrafo, además de contradictoria, es incorrecta. Según las autoras, sin haber consultado toda la documentación (que reconocen constituir tan solo doce cartas en total), niegan la existencia de un alegado antagonismo y afirman la comunión de intereses, confianza y admiración entre ambos líderes. En la sección de las Cartas a Fidel Castro, y en varias partes de esta trilogía, hemos probado hasta la saciedad que Frank País, «en el momento histórico en que transcurre el vínculo entre estos», no

---

[72] Interesante que las autoras utilicen el término "antagonismo" que aparece en los libros en que trato este tema. La Real Academia Española lo define como «contrariedad, rivalidad, oposición sustancial o habitual, especialmente en doctrinas y opiniones».

FRANK PAÍS

podía estar más alejado de los planes de Fidel Castro. Tan es así que se reconoce que Fidel no ha contestado a todas esas cartas donde País le informa de tantas y tantas decisiones que ha tomado sin contar con él. Eso nos lleva al contenido del segundo párrafo. En realidad, afirman no conocer «la cantidad de correspondencia cursada» aunque han afirmado ya que fueron diez de Frank y dos de Fidel. Y agregan que, en la del 21 de julio, Castro le responde a País, en sus propias palabras, «a todas sus comunicaciones recibidas en las últimas dos o tres semanas». Hemos visto que no es cierto. Ha apenas rozado las preguntas de País para concentrarse en describir la fuerza que tiene la Sierra y su actitud no negociable, aunque tengan que esperar mucho tiempo, hacia lo cual expresa su preferencia. Las respuestas ligeras de Fidel a un par de preguntas solamente se pudieran interpretar como que no le ha prestado atención a los mismos o, peor aún, lo han estremecido a tal punto que ni siquiera desea mencionar esos temas.

Muy significativo es que Fidel Castro, en vez de ahondar en sus respuestas a País, lo hace en una carta dirigida a Celia Sánchez fechada 5 de julio (Franqui 1976: 262-264).

En ella encontramos las siguientes expresiones que debió haber incorporado en su carta a David del 21 de junio anterior:

- No quiero escribirle [a David] precipitadamente, porque tengo muchas cosas que decirle. Adelántale, de mi parte, que me parecen muy correctas sus respuestas y las comisiones sobre el asunto de los militares. No tengo nada que añadir ni objetar a lo que él respondió. Yo tengo por otra parte absoluta confianza que está muy claro en el enfoque de esas situaciones posibles, interpreta cabalmente nuestro deber, y yo quiero delegar en él para que, con plenas facultades, y sin consulta, tramite todo lo referente a ese asunto. Que se limite a informarme de todo lo que vaya tratando al respecto.

José Álvarez

- Hemos admirado desde aquí el enorme impulso que adquiere el Movimiento en el resto de la isla. Y admiramos también, sobre todo, el heroísmo desplegado por nuestros hombres en la clandestinidad. A veces siente uno la vergüenza de estar en la Sierra. Estar allá tiene mucho más mérito que estar aquí.
- Aconsejo a David no demayar en el empeño del SF. Debemos perseverar en esa estrategia por encima de todos los obstáculos. No importa que el comienzo sea modesto y mucho más reducido de lo que se pensaba.
- Acepto la posibilidad de albergar el otro grupo del que habla David; además, siempre hay que tener refuerzos listos para sustituir a heridos y enfermos.

Uno tiene que preguntarse el motivo de escribirle todas esas consideraciones a Celia, utilizándola de intermediaria, en vez de hacerlo directamente a País. ¿Sería, tal vez, que el silencio era un arma de Fidel Castro en su relación con País? No sería la única vez pues, meses después del asesinato de Frank, su sustituto René Ramos Latour (Daniel) se cansó de escribirle a Fidel Castro sin recibir respuesta. Esa era la manera de mostrar su disgusto por su nombramiento y desconocer su autoridad. En el caso de Frank País pudiera darse el mismo caso. La pista parece estar oculta en una carta que País envió a Castro el 23 de julio de 1957, una semana exacta antes de su asesinato. Aunque el texto de la carta no se ha hecho público, Gálvez Rodríguez (1991: 559) expresa que País le reclama "la urgencia por la respuesta a sus cartas". Habla en plural: "sus cartas". Fidel no las contesta. ¿Por qué?

La Jefatura del M-26-7

La reorganización del aparato dirigente del Movimiento 26 de Julio revela una realidad poco conocido por los interesados en el proceso de la rebelión. Esa realidad ha sido poco difundida por razones obvias. Algunos cronistas —y la mayoría del pueblo

FRANK PAÍS

cubano y extranjeros—creen que el jefe del Movimiento 26 de Julio era Fidel Castro. Lo cierto es que lo fue al principio –cuando lo fundó—y de manera absoluta a partir de la reunión del 3 de mayo de 1958 en el Alto de Mompié, en la Sierra Maestra. El espacio del medio fue ocupado por Frank País. Fue él quien reorganizó el Movimiento en toda la isla, nombrando a los miembros de las Direcciones Provinciales y Municipales. Era él quien escribía las Circulares y las órdenes a nombre de la Dirección Nacional, las que firmaba como "coordinador general".

Y, por último, como se ha apuntado en el párrafo anterior, fue Frank País quien reestructuró, a mediados de mayo de 1957, la DN y la centralizó en Santiago de Cuba. Todas esas acciones revelan que era él quien estaba al frente de la organización mientras que Fidel Castro era el jefe del exiguo grupo guerrillero que, dicho sea de paso, era mantenida por País y su gente del Llano. En Cuba se hace énfasis en señalar a Frank País como "jefe nacional de acción y sabotaje" cuando, en realidad, era el "jefe de la Dirección Nacional" del Movimiento 26 de Julio. Una revisión parcial de documentos firmados por Frank País desde sus días en la prisión de Boniato hasta su muerte el 30 de Julio de 1957, revela que, toda la correspondencia post-Boniato lleva el nombre de "Salvador" sin especificar el cargo. Sin embargo, a partir del 15 de mayo –fecha en que reorganiza el 26 de Julio-- los trece documentos y Circulares, firmados por "David" muestran que lo hace a nombre de la DN del M-26-7 (Álvarez 2009: 201), como la que sigue a continuación designando al Dr. Mario Llerena como el

José Álvarez

Delegado en el extranjero del M-26-7.

Espín reconoce que, al momento de morir, Frank desempeñaba las posiciones de jefe nacional de acción, coordinador en Oriente, y estaba a cargo de la coordinación nacional (Miranda 1983: 83). Hart reiteró lo dicho por Espín (Portuondo 1986a: 29-30). Navarrete afirma que País era el jefe del Llano (Portuondo 1986a: 22), equivalente a la jefatura nacional (Miranda 1983: 13). El esfuerzo por disminuir el papel de País para evitar que eclipse a Castro es obvio en un libro sobre las actividades de Castro en el exilio, donde se llega a afirmar que, "bajo sus orientaciones se había preparado un aparato clandestino donde las indicaciones de Fidel funcionaban con sincronizada eficiencia" (Hernández Garcini et al. 2004: 215).

En la carta del 15 de mayo de 1957 de País a Alberto Bayo (militar republicano español que entrenó en México a los futuros expedicionarios del Granma) que se comenta en el párrafo a continuación, le informa que el campo de operaciones de Castro está solo en la Sierra y que "todo lo concerniente al Movimiento en el resto de la isla está en manos de la Dirección Nacional" y él es su responsable nacional (Gálvez Rodríguez 1991: 481).

Cerca de dos meses después, en carta que le envía a Fidel el 7 de julio de 1957 (Gálvez Rodríguez 1991), apenas tres semanas antes de su muerte, País le recrimina a Castro desde el mismo comienzo, recordándole la opinión expresada por él en su segundo viaje a México sobre la falta de credibilidad de la organización existente en Cuba, del trabajo obrero realizado para la Huelga General, y la falta de eficacia de los cuadros de acción. El tipo de dirección que funcionaba antes del 30 de noviembre de 1956 no podía nunca dar resultados. "En una revolución," le decía, "no se puede hacer asambleas ni se puede tampoco centralizarlo todo en una persona, ni se puede otorgar igual responsabilidad a un número a veces indeterminado de miembros de la Dirección Nacional... ni tampoco se pueden establecer 'zonas tabú' en las que no se pueda penetrar ni se sepa el trabajo que se realiza" (p. 543).

FRANK PAÍS

A continuación le expone lo siguiente: "El exceso de democracia contrastaba curiosamente con la acción caprichosa y unipersonal en ciertos campos". Luego de lamentar que, después del alzamiento de Santiago de Cuba, había visto con disgusto la vuelta al sistema antiguo de dirección, le informa: "Jacinto [Armando Hart]... y yo discutimos mucho sobre el giro que tomaban las cosas y nos decidimos audazmente a replantear el Movimiento completo" (pp. 543-544). País le informa (no le consulta) a Fidel los cambios que había hecho en la estructura y dirección del Movimiento: La Dirección del Movimiento nacionalmente residía en Bienvenido [Léster Rodríguez], en mí y en un pequeño grupo que hacía las veces de ejecutivo gestor. Con fecha de hoy, Bienvenido pasa a ser delegado del movimiento en el extranjero y yo ceso en mi calidad de ejecutivo único. El tesorero nacional, el nuevo encargado de propaganda, el coordinador nacional obrero; el coordinador nacional de la resistencia, el coordinador nacional bélico y el coordinador general del movimiento formarán el ejecutivo en nuestra dirigencia; la dirección nacional estará formada además por los seis coordinadores provinciales. Hemos tratado de situar en todos estos cargos a revolucionarios de pensamiento y de acción, probados a través de todos estos días de duras pruebas y de trabajo intenso. Esta Dirección Nacional se hará efectiva en cuanto converse con Jacinto y María [Haydée Santamaría] y demás compañeros responsables. Asimismo, queda adscrito a esta Dirección un delegado de la Sierra que es Norma [Celia Sánchez] (pp. 546-547).

El tópico ha despertado la curiosidad de especialistas extranjeros que han escrito sobre el mismo. Cabe preguntarse por qué lo hicieron si no existía problema alguno entre ambos líderes. Veamos algunos comentarios sin orden cronológico:

País fue uno de los miembros más brillantes y al mismo tiempo más típicos del Movimiento 26 de Julio. Visionario

José Álvarez

e idealista, también era preciso, disciplinado y tenaz, vertiendo todas sus energías en el movimiento.
Terrence Cannon (1981: 71).

Frank País –"el inolvidable Frank País," como lo llamaban sus compañeros- era un alma rara... Frank País era de veras "inolvidable" –un ser humano superior, cuya muerte fue la pérdida sencilla mayor durante la lucha pre-revolucionaria.
Herbert L. Matthews (1970: 114).

Gracias a los excelentes poderes organizativos de País, el Movimiento comenzó a experimentar un progreso real en el Llano que por sí mismo poseía el dinero y el personal para el éxito.
Clive Foss (2006: 47).

Castro reconocía las cualidades de País y su importancia para el Movimiento, pero a él no le gustaba en absoluto que lo rebotaran. Antes que una seria ruptuira pudiera desarrollarse, sin embargo, País fue apresado y muerto por la policía en Santiago.
Leycester Coltman (2003: 23).

En una serie de cartas enérgicas a Castro, País trató de convencerlo de que era necesario contar con una serie de políticos reformistas burgueses liberales en su estado mayor... País hizo hincapié en que Castro sería, naturalmente, quien tuviera la última palabra, pero el reto a su autoridad fue claro, y fue solo con dificultad que Castro contuvo su ira.
Volker Skierka (2007: 54-55).

Frank País estaba condenado a convertirse en el héroe que todos querían. Profundamente religioso, idealista y

FRANK PAÍS

de mentalidad democrática, un anti-Fidel, había pasado sus últimos días en la casa de seguridad reorganizando las fuerzas rebeldes, colocando los grupos clandestinos urbanos en condiciones de igualdad con los guerrilleros en las montañas.

Patrick Symmes (2008: 304).

Aunque el ejército guerrillero dependía de País para recibir suministros y armas en la Sierra Maestra, Castro lo consideró como un rival a su liderazgo político... Cuando la policía balaceó a Frank País el 30 de julio, el régimen de Batista retiró una vez más a un rival al liderazgo de Castro.

Thomas G. Patterson (1995: 93).

Su muerte eliminó otro rival potencial. Y en la continua lucha entre los rebeldes en las montañas y el movimiento de oposición en las ciudades -la "Sierra" y el "Llano"- las guerrillas de Castro crecieron significativamente más fuerte porque la voz apasionada de Frank País había sido silenciada.

Anthony de Palma (2006: 120).

En la mente de Fidel, Frank País era ya un "traidor", pero no podía atacarlo a las claras porque era demasiado popular... ¿Fue coincidencia? Unos días más tarde, Frank País escapó por puro milagro a una redada de la policía. La trampa era tan precisa que Frank llegó a la conclusión de que lo habían entregado. ¿Quién? El 30 de julio, nuevos datos procedentes de una fuente anónima pusieron sobre aviso a la policía. Esta vez, cogieron al jefe clandestino. Lo habían traicionado por segunda vez.

Serge Raffy (2006: 210).

José Álvarez

En muchos aspectos, la eliminación de Frank País de la escena resultó ser una bendición. Ya no se desviarían más armas del Ejército Rebelde. Y otro posible rival había sido eliminado.

Robert E. Quirk (1993: 148).

País es desmesuradamente menos conocido hoy que el Che Guevara, pero de muchas maneras fue el dirigente más extraordinario del 26 de Julio, aparte del propio Fidel... Pero, desde el principio, Frank también desafió a Fidel, lo contradijo sin vacilar en la estrategia y organización, y él lo criticó dentro de su propio movimiento. Era sólo cuestión de tiempo antes de que los dos se enfrentaran de manera irrevocable.

Georgie Anne Geyer (1991: 141, 176).

Frank País [fue] la figura más importante que surgiera de las Iglesias Bautistas de Cuba durante los 1950s y figura cimera en las luchas de liberación que fueron un aspecto tan conspicuo del siglo veinte en todo el mundo.

Paul R. Dekar (2002: 391-392).

Obviamente, Frank País no fue un "misterio" para estos autores extranjeros, que demuestran conocer más del mismo que los cubanos de la isla, debido a la censura. Durante el curso de esta larga investigación encontré una obra de un mexicano que narra sus experiencias durante sus recorridos por la isla. Sin excluir la posibilidad de que el evento haya sido un hecho aislado por razones que ignoro, me siento en la obligación de narrarlo por estar relacionado con este trabajo.

Raúl Rojas Soriano, profesor universitario, no oculta sus simpatías por la Cuba castrista. Deseaba escribir sobre esas partes de la vida de los luchadores que no se cuentan: "sus temores, sus angustias, sus pasiones, sus frustraciones, entre otras cosas" (2016: 132). En un capítulo dedicado al legado revolucionario y los

FRANK PAÍS

amores de Frank País, comparte el desencanto que experimentó cuando, en el año 2008, entrevistó a tres personajes del M-26-7 y, al parecer, chocó con el muro de la censura. Al calificar su estado de ánimo después de la experiencia, utiliza las palabras "desolado" y "apesadumbrado".

No era para menos. Las tres personas que se habían limitado a proveer una mínima información sobre esos aspectos de la vida de Frank País fueron nada más y nada menos que Armando Hart Dávalos, Wiliam Gálvez Rodríguez y Jorge Serguera Riverí. Tres personas con un caudal de información en extremo difícil de estimar. Apunta el autor que le dijeron poco porque, según los entrevistados, poco recordaban del tema. Amnesia colectiva parece ser el diagnóstico apropiado.

La agenda secreta de Fidel Castro

¿Llegó Frank País a descubrir la agenda secreta de Fidel Castro para implantar un sistema totalitario en Cuba?

Para esta pregunta no existe un «sí» o un «no» definitivo. Uno se inclina a pensar que, si no lo descubrió de manera concluyente, tuvo grandes sospechas de que Fidel Castro estaba muy lejos de ser lo que aseguraba ser. Existen varios indicios en esa dirección, de una forma gradual, producto de la acción o la inercia por parte de Fidel Castro:

- La lucha constante —desde su primer encuentro en México— para publicar un programa del Movimiento 26 de Julio, a lo que Castro siempre se opuso. No creo que, durante sus dos viajes, llegó a descubrir las reuniones secretas de Fidel Castro con la dirigencia del Partido Socialista Popular y las relaciones de varios de sus allegados con la embajada de la Unión Soviética en la capital mexicana.
- La reorganización total del Movimiento que hizo País a la salida del presidio a mediados de mayo de 1957,

convirtiendo a Santiago de Cuba en el centro del poder, sede de la Dirección Nacional, y nombrando él mismo a un solo Delegado por la Sierra, Celia Sánchez.

- El intento, a pesar de la oposición de Fidel Castro, de fundar un II Frente guerrillero que debía comenzar con un asalto al cuartel del Central Miranda y que se frustró debido a una delación el día de inicio de ese proyecto, el 30 de junio de 1957. Castro siempre estuvo opuesto a un frente alejado de su esfera de mando. En una carta de Frank País, este le dice: "Bayo escribió y le contesté, copia de la cual te mando para que sepas lo que se le ha dicho". País se refiere a la expedición enviada por Carlos Prío en el yate Corynthia que llegó por el norte de la provincia de Oriente. Frank le informa haber enviado hombres a la zona procedentes de Mayarí y Sagua "a tratar de hacer contacto con ellos y ver en qué disposición están, si quieren cooperar y subordinarse, entonces lanzaremos nuestro segundo frente por cerca de aquella zona (tenemos armas para eso) para que ellos se incorporen a nuestra gente y le surtiremos de alimentos y ropa". Entonces le escribe algo que no puede ser más directo: "Si quieren establecer un comando aparte, los dejaremos solos para que prueben un poco de la vida de la Sierra sin suministros y respaldo. Por lo pronto estamos a la expectativa a ver si logran consolidarse pues si no lo logran los dejaremos sin respaldo, como ellos hicieron con nosotros el 30 de noviembre." Parece estarle refrescando la memoria al jefe guerrillero. Ya hicimos el paralelo entre la gestión de ayuda del Llano a la Sierra y los esfuerzos de Ernesto Guevara en el Congo y Bolivia.

- Las gestiones que estaba realizando País con oficiales de la Marina de Guerra y otros militares sin explicarle los pormenores de estos.

FRANK PAÍS

- La carta a Alina Jiménez donde le habla de la posibilidad de que alguna persona sin escrúpulos pudiera enlodar lo que estaba costando tantas vidas y sacrificios.
- El compartir con Raúl Chibás el temor al caudillismo que estaba mostrando Fidel Castro.

Existe un argumento que favorece el creer que nunca se enteró. Es el hecho de que no dejó nada escrito ni lo comentó con las dos personas de mayor confianza que tenía a su lado durante el tiempo que precedió a su asesinato: René Ramos Latour (Daniel) y Enrique Canto Bory.

Posible boda y probable alzamiento

Incluída en el tema de las relaciones entre Castro y País está la última incógnita en la vida de Frank País que puede expresarse con la siguiente pregunta: ¿Planeaba Frank País contraer matrimonio con América Domitro y subir a las montañas después de una breve luna de miel en la casa de unos parientes de América en la ciudad de Holguín?

El tema consta de dos partes. La primera trata de averiguar si de veras Frank País pensaba casarse con América alrededor del día en que fue asesinado. La segunda parte es más compleja porque se trata de aclarar si los recién casados, después de una corta luna de miel en Holguín, planeaban alzarse en la Sierra Maestra o en un supuesto Segundo Frente como el que había fracasado el 30 de junio en el Central Miranda. Ambas partes están llenas de interrogantes.

¿Existían en realidad los planes nupciales? En este punto no encontramos un consenso entre quienes estuvieron al lado de ambos en aquellos difíciles días. Luis Clergé (2018) afirma que "Frank ansiaba casarse con aquella joven y esa idea jugaba en sus pensamientos y si no lo hizo entonces fue por las crecientes dificultades que le imponían las responsabilidades en la organización de todo el proyecto revolucionario." Es decir, que Clergé no creía que iba a haber boda, al menos inmediata. Frank

José Álvarez

quería, pero estaba consciente de que no podía ser en aquellos momentos. César López, el poeta convertido en confidente de País va más lejos cuando llega incluso a golpear severamente el mito del idilio "diferente" de su amigo País: "... la historia ha tergiversado mucho esa cuestión. Por ejemplo, en lo que se refiere a América Domitro, yo no creo que ella haya sido 'la novia' de Frank, sino una de las muchas novias que Frank tuvo...", le aseguró a su entrevistador (Puig 2012). Niega también la existencia de planes inmediatos para el matrimonio: "... tampoco creo que estuviera dispuesto realmente a casarse en el momento de la lucha el 30 de julio". Las razones que alega tienen que ver con el hecho de que Frank "no iba a claudicar en su decisión de que la lucha era lo primero, y mucho menos para andar organizando una boda clandestina, cuando lo más importante era conservar la vida para seguir luchando". Esas dos negaciones, sin embargo, contradicen las opiniones de otras personas tal vez más ligadas a País en aquellos días.

No existen dudas de que planes los hubo, a pesar de las declaraciones anteriores. Resulta difícil señalar en qué momento Frank País decide casarse y se lo comunica a su novia por primera vez. Los testimonios a veces no tienen fecha. Sin embargo, se puede señalar que estos hechos ocurrieron en la segunda mitad del mes de julio de 1957, días antes de ser asesinado.

Comencemos por unas declaraciones hechas a Yolanda Portuondo (1986: 125). La madre de la novia, Regina Telerbauca, le confiesa: «Estando Frank escondido, decide casarse con América. Mi hija me decía quererlo con el alma, más que a su vida». María Domitro, tía de América, es muy específica en relación con los planes: «[Frank] le había avisado a América que se casarían y que irían de luna de miel a mi casa, en Holguín, por unos días, y luego a la Sierra. Yo había preparado ya el cuarto» (*Ibidem*).

El 28 de julio, estando en la casa de Clara Elena Ramírez, en el Reparto Vista Alegre, País le pide a Luis Felipe Rosell que lleve a América al hogar de Ramírez para almorzar con ella pues desea proponerle matrimonio. Aunque ya le ha entregado el anillo de compromiso, desea formalizar aún más la relación. Enrique Canto llega más tarde para trasladar a País y a Navarrete para otro escondite. Roca Ballesta (2000: 101) describe como él, junto a su esposa Carmelina y Canto, hacen el cambio. Durante el trayecto, Carmelina Roca 57 le preguntó a País cuándo se casaba y él le respondió "no lo sé", agregando "tan pronto como pueda" asegurándole que ellos serían invitados, aunque no especificó ni dónde ni cuándo Álvarez (2017: 151, 151n90). Gálvez Rodríguez alega que la respuesta fue: "Tan pronto como pueda. Cuando termine esto, concluiré mis estudios y me casaré" (1991: 576).

Desde el hogar de los Pujol, Frank se comunicaba con América todos los días, varias veces al día en algunas ocasiones. Lo hacía con un teléfono seguro ausente de los registros; ella debía usar el de familias amigas vecinas por si el de su casa estaba intervenido. Uno era el de la casa de los Caveda, frente a su casa y en la de Pura Amador, varias casas más distantes. En una de las llamadas, Frank le anuncia a su prometida: «Prepara para casarnos».

El 30 de julio País le recuerda que comprara solo lo necesario para la boda. Y a eso salió en la tarde, acompañada de su amiga Graciela. Recorrieron varios establecimientos de la calle Enramada sin encontrar prendas de su agrado, hasta llegar a la tienda de modas «El Louvre». Al salir de allí escucharon el sonido de las ráfagas de ametralladoras proveniente del Callejón del Muro. Las campanas de la cercana Catedral anunciaban las 5:15 de la tarde cuando las dos amigas andaban Enramada abajo a enfrentar un mundo distinto.

La segunda parte de este tema se concentra en la siguiente pregunta: ¿Pensaba Frank País contraer matrimonio en medio de la vorágine de su vida en aquellos momentos y "abandonar" el Movimiento al marcharse a la Sierra? Cesar López, amigo y confidente, en la entrevista mencionada arriba, no lo cree. Y lo afirma de manera categórica: «... tampoco creo que estuviera dispuesto realmente a casarse en el momento de la lucha el 30 de julio». El motivo: «[Frank] era un muchacho muy enamorado y la historia ha tergiversado mucho esa cuestión. Por ejemplo, en lo que se refiere a América Domitro, yo no creo que ella haya sido "la novia" de Frank, sino una de las muchas novias que Frank tuvo». Sin embargo, es la única a la que le propone matrimonio, como me afirmó Agustín País anteriormente.

Cabe preguntarse varias cosas sobre los posibles motivos de esa decisión que, aparentemente, sí ocurrió: ¿que pretendía el dirigente revolucionario?: ¿Iba a abandonar la lucha urbana producto del cansancio revolucionario? ¿Iba en busca de un refugio seguro para él y su amada? Y, por último, aunque la más importante de todas: ¿Iba a confrontar a Fidel Castro porque había descubierto su agenda secreta de implantar un sistema totalitario en Cuba?

En sus palabras y sus actos, País muestra una serie de contradicciones que impiden llegar a una conclusión al respecto. En general, no parece haber realizado un balance de la situación con ninguno de sus compañeros, especialmente con René Ramos Latour (Daniel) designado luego su sucesor por sus compañeros de la Dirección Nacional. Si lo hizo, no dejó prueba escrita. En una de mis conversaciones con José Antonio Roca le hice esa pregunta y su respuesta fue que Daniel le expresó el disgusto de Frank ante la actitud caudillista de Fidel Castro, pero no pasó de ahí.

Enrique Canto comparte en su libro varias experiencias que parecen contradecir lo que se ha mencionado anteriormente. En primer lugar, al Frank decirle que se piensa casar «cuando acabe todo esto», está implicando que no habrá boda en esos momentos, a no ser que Canto no haya recordado las palabras exactas de País varios años después. Más relevante que lo anterior son dos conversaciones que Canto tuvo con País. Aunque sin precisar la fecha, afirma Canto Bory que País le dijo un día que la lucha no era para quitar a Batista y poner a Fidel. «Fidel», le dijo Frank en más de una ocasión, «es el jefe del Movimiento, pero no es el Movimiento. No quisiera que usted tuviera una idea falsa de nuestro modo de pensar. No luchamos contra la dictadura batistiana para establecer otra fidelista. Fidel es mi jefe a quien puedo discutir si le considero equivocado. No es el hombre al que tengo que aceptarle sus órdenes ciegamente. Luchamos por la libertad, no por la opresión». Se desconoce si el intercambio tuvo lugar antes o después de la reorganización del Movimiento realizada por País

Para la segunda experiencia sí ofrece la fecha: el 26 de julio de 1957, cuatro días antes de su asesinato. Canto Bory le comunica que cada día se le hace más difícil encontrarle escondites y le aconseja subir a la Sierra, al menos por un tiempo. Allí estaría más seguro y podría regresar cuando la policía se haya olvidado de él. Y continúa Canto Bory: «Sonrió. Fue una sonrisa triste, extraña. Tan extraña que me estremeció. Solo me dijo: "Lo sé y sé que usted no me lo dice por temor a lo que le pueda suceder. Mucho se ha expuesto usted ya por mí. Le preocupa solo la seguridad de mi persona. No puedo ir a la Sierra porque recibo órdenes y para hacerlas cumplir a otros, tengo que cumplirlas yo. Creo que usted me entiende"».

La posibilidad de marchar a las montañas siempre estuvo presente en la mente de País y sus cercanos colaboradores (Gálvez Rodríguez 1991: 415). Por ejemplo, discutiendo el tema de su asesinato, Infante Urivazo (2011: 286) afirma que, "para algunos Frank estaría ya en la Sierra".

No creo que pudiera ser otra que no fuera la Sierra Maestra. No existe ningún indicio de formar otro frente guerrillero en aquellos días. Debido al tiempo transcurrido todo parece indicar que la interrogante quedará sin respuesta.

José Álvarez

Un sueño y la triste realidad

¿Qué hubiera sucedido si Frank País hubiera sobrevivido hasta el día de la victoria y se encontrara en el balcón del ayuntamiento santiaguero aquella noche del 1 de enero de 1959?

He perdido la cuenta de las veces que Agustín País me ha hecho esta pregunta nostálgica. Mi respuesta aquí se hace eco de la que le he dado en todas y cada una de esas ocasiones. Yo creo sinceramente, y sin apasionamiento, que Frank País no hubiera llegado vivo al final de la lucha. Fidel Castro no podía permitirlo.

René Ramos Latour (Daniel) no llegó. Y Frank era mucho más peligroso que Daniel. En medio del proceso lo hubiera hecho desaparecer en combate como a Daniel, o lo hubiera destituido en la reunión del Alto de Mompié, como hizo con Faustino Pérez y el resto de la Dirección Nacional a cuyo frente estaba el mismo Daniel. De manera cínica, siempre le he agregado que, pudiera haberse resbalado en el balcón y caer para morir a los pies de su pueblo. Pero de una cosa podemos estar seguros: Frank País no llegaba vivo a La Habana a preparar las elecciones, ni la restauración de un régimen de derecho ni para implementar todas las medidas que tenía preparadas para el día del triunfo. Y la mayor prueba de esta predicción es que así sucedió: País fue asesinado 17 meses antes de que se produjera el ascenso de Castro al poder. Saturno no podía esperar mucho tiempo.

Apéndices

1. Intento por cambiar las ideas de Frank País

2. Lista cronológica de los escritos selectos de Frank País

Apéndice 1

Intento por cambiar las ideas de Frank País

Desde el momento en que las fuerzas leales a Fidel Castro tomaron el poder el 1 de enero de 1959, se puso en práctica un esfuerzo gigantesco de propaganda para tratar de al menos confundir a la población en el delicado tema de la ideología del Movimiento 26 de Julio durante su época clandestina. Esta trilogía ha presentado numerosas evidencias sobre los ideales democráticos abrigados por la mayoría de los combatientes, al frente de los cuales se encontraba Frank País. Los escritos que han sido incluidos dan fe de ello.

Es necesario enseñarle al lector las contradicciones que existen en el esfuerzo por cambiar la realidad histórica relacionada con las ideas de País. Lo que sigue es una relación de afirmaciones que ponen en perspectiva el conflicto ideológico entre la Sierra y el Llano.

Por ejemplo, durante la víspera del gran acontecimiento planeado y dirigido por Frank País el 30 de noviembre de 1956 en Santiago de Cuba y otros lugares, sus hombres fueron acuartelados en casas por toda la ciudad. Uno se pudiera preguntar qué tenían en su mente aquellos jóvenes que se disponían a pelear, y tal vez morir, por su patria la mañana siguiente. Se dieron numerosos testimonios años después de ocurrido el evento, cuando los vencedores estaban escribiendo la historia. Uno al menos puede estar seguro de qué era lo que no estaban pensando, como lo expresan los testimonios siguientes:

> Recuerdo perfectamente bien que las conversaciones eran sobre nuestros ideales. ¡Y mire usted lo que es la vida!, **ninguno de nosotros sabía nada de comunismo ni éramos comunistas** y, sin embargo, los ideales de que hablábamos y por los cuales íbamos a pelear, eran estas

FRANK PAÍS

cosas que estamos viviendo hoy en Cuba (énfasis nuestro) [Portuondo López (1986: 212)].

Confiesa que ninguno de ellos ni siquiera conocía el comunismo pero que estaban luchando por su instauración. Una manera torpe de torcer la verdad. El testimonio siguiente es algo nebuloso si se compara con el anterior. Uno de los militantes relata su experiencia al escuchar hablar de los objetivos durante una reunión:

[Se] nos explicó que en toda revolución hay fases: una conspirativa; otra, insurreccional, y la última, donde de verdad comienza la revolución... Una de las cosas que preguntamos en esa reunión fue el tipo de transformación que se iba a realizar. Entonces, la respuesta, más o menos, concordaba con el programa del Moncada. Se hizo mucho énfasis en que, una vez derrocado el gobierno e instaurado el poder revolucionario, se eliminarían todas las injusticias [Portuoundo López (1986: 49)].

Los hechos que respaldan la verdad, como se ha visto en muchas secciones de este proyecto, son abrumadores. La misma Vilma Espín tuvo que reconocer lo siguiente: "Frank fundaba su ideología política en el pensamiento de José Martí y lo traducía en conciencia de la disciplina de la lucha y del sacrificio" [Revista Santiago (1975: 79)] Trata entonces de confundir al público con el argumento de que, como País era una persona inteligente, tenía que evolucionar hacia el comunismo:

Frank de veras era una personalidad muy fuerte, muy inteligente; tenía unas condiciones tremendas... Naturalmente, Frank evolucionó muy rápidamente en toda aquella situación no sólo desde el punto de vista militar, del dirigente, sino incluso políticamente. Al

José Álvarez

principio de la lucha, él era bautista, claro, con unas ideas sociales muy fuertes, y con un espíritu de clase muy fuerte, y además, con un sentido de la justicia muy arraigado, de la disciplina, del orden; también se preocupó mucho de la cosa campesina; es decir, de cómo debía ser la revolución para el campesinado [Revista Santiago (1975: 78)].

El párrafo anterior contiene dos gruesas inexactitudes. La primera es que Frank País nunca dejó de ser un fervoroso bautista. La segunda radica en el hecho de que País demostró su preocupación por la clase rural con su visita al "Realengo 18" descrita en varias partes de esta obra, pero nunca se dedicó a plasmar los planes revolucionarios para el campesinado, ni jamás habló del concepto de la alianza obrero-campesina. No existe una sola prueba en ambos casos. De todas maneras, tampoco existe una relación directa entre no ser bautista y preocuparse por la clase rural y la militancia comunista. Pero hay más en el párrafo anterior. Después de haber dejado sentado antes que País era un verdadero seguidor de las ideas de José Martí, Espín introduce una afirmación confusa para engañar al lector sobre la presencia o ausencia de Frank País en el grupo que ella describe como marxista: "Claro, nosotros no podíamos hablar en términos de marxismo, porque la juventud de aquella época sólo en una minoría reducida tenía conciencia de lo que era el marxismo, el socialismo, el comunismo" [Revista Santiago (1975: 80)].

Dicha afirmación fue hecha en 1975. Más de diez años después, durante un discurso para conmemorar el trigésimo aniversario del alzamiento de Santiago de Cuba, Espín utiliza la lógica deductiva en un intento de reclamar al héroe santiaguero para la causa comunista. Frank País "tenía todas esas cualidades que nuestro Partido necesita en cada comunista. Su madurez precoz, la evolución dialéctica de sus ideas, nos hace pensar en qué excelente cuadro de nuestra revolución hubiera sido si viviera" [Espín (1990: 50-51)].

FRANK PAÍS

En otro giro, uno de sus hombres declaró: "No podría afirmar que haya llegado a ser un marxista, sin embargo, recuerdo que las conversaciones entre Rafael Rivero, Jorge Ibarra y él sobre marxismo eran realmente admirables" [Miranda (1983: 57)]. La afirmación es de José Calá Benavides y tiene sentido al conocer que Rivero era un militante de la Juventud Socialista e Ibarra un marxista teórico. Una nota aclaratoria: ningún investigador ha encontrado una relación directa entre la inteligencia y la militancia comunista.

Los falsificadores de la historia necesitaban algo más. Era necesario mostrar, aunque fuera un escrito donde País utilizara algo parecido al lenguaje marxista que pudiera llevar a pensar que, Frank también, era un comunista de armario. Como ese escrito no existía, inventaron uno. Pero cometieron dos errores. El primero es incluirlo en una Circular dirigida a los compañeros responsables del Movimiento escrita el 17 de mayo de 1957, apenas unas horas después de haber sido liberado de la prisión de Puerto Boniato el día 15 por la tarde. El segundo error es utilizar un léxico totalmente ausente de sus escritos anteriores. Sin embargo, antes de transcribir dicha Circular, Gálvez Rodríguez (1991: 483) afirma lo siguiente:

En la carta que sigue, Frank reflejaba un total convencimiento acerca del camino que debía tomar la Revolución triunfante y la importancia del movimiento obrero... El contenido de esta carta muestra una madurez política muy por encima de la mayoría de sus compañeros de lucha. Era evidente, además, su avanzada posición de izquierda a menos de seis meses de iniciada la guerra contra la tiranía.

El situar el inicio de la guerra contra la tiranía seis meses antes es una inexactitud histórica hecha para darle a Fidel Castro el honor de haberla iniciado con el desembarco del *Granma*. Veamos algunos de los párrafos que contiene dicha Circular relacionados con el debate que nos ocupa. Tal vez el principal es el siguiente, donde el supuesto autor afirma que el Movimiento 26 de Julio aspira a

> encauzar a Cuba dentro de las nuevas corrientes políticas, económicas y sociales de nuestro siglo (...) a remover, derribar, destruir el sistema colonialista que aún impera, barrer con la burocracia, eliminar los mecanismos superfluos, extraer los verdaderos valores e implantar, de acuerdo con las particularidades de nuestra idiosincrasia, las modernas corrientes filosóficas que imperan actualmente en el mundo (...)

Fidel Castro hubiera estado en extremo feliz si País hubiera sido el autor del párrafo anterior. Como se ha visto, Castro estuvo siempre renuente a satisfacer la demanda de Frank de decirle al pueblo hacia dónde se encaminaba la revolución. De haber sido País el autor, Fidel hubiera estado muy complacido de saber que lo tenía de su lado porque Frank País, dos meses y dos semanas antes de ser asesinado, había declarado su decisión de abandonar la posición del Llano y pasarse al minúsculo grupo radical de La Sierra. Guevara y los hermanos Castro hubieran aplaudido los nuevos conceptos del jefe de la Dirección Nacional donde encasillaba aparentemente al marxismo dentro del grupo de «modernas corrientes filosóficas que imperan hoy en el mundo».

El debate —si algún lector considera que existía uno—está resuelto. Los Documentos y otros escritos incluidos en esta obra han presentado suficientes pruebas que retratan la ideología y el programa de Frank País, como líder del Movimiento Revolucionario 26 de Julio, conteniendo «esas cualidades» que son la antítesis de la doctrina comunista y su praxis. Finalmente, un Frank País marxista no hubiera sido asesinado en Callejón del Muro.

Apéndice 2
Lista cronológica de escritos selectos de Frank País

FECHA	TÍTULO O CONTENIDO	FUENTE(S)	LUGAR [a]
1946-1947			
Sin fecha	"Noche guajira"	Monroy (2003: 77-78); WGR[b] (1991: 37)	I – LP
Sin fecha	"Dulce sombra". Poema de amor	Monroy (2003: 78-80); WGR (1191: 37-38)	I – LP
Sin fecha	"Pies de Cristo". Poema religioso	Monroy (2003: 80-81); WGR (1991: 125)	I – LP
Sin fecha	Comentario de un fragmento en prosa de Rubén Darío titulado 'Acuarela'"	WGR (1991: 38-39)	I – LP
1949			
Sin fecha	Ante el mausoleo de José Martí en el cementerio "Santa Ifigenia".	WGR (1991: 40)	I – AD
1952			
Enero	Final del sermón "A un alma que escucha"	Monroy (2003: 101)	I – AD
Sin fecha	"La cruz". Poema religioso	Monroy (2003: 81)	I – LP
1953			
Enero 28	En el Rincón Martiano de la Escuela Normal. (Publicado luego en "El mentor")	WGR (1991: 77-79)	I – AD
Febrero 16	Palabras pronunciadas en honor a Rubén Batista.(Publicadas luego en "El Mentor")	WGR (1991: 82)	I – AD
Marzo 1	Editorial inaugural	WGR (1991: 84)	I - AD

José Álvarez

	Revista "El Mentor" de la Escuela Normal		
Marzo (primeros días)	Palabras pronunciadas en la asamblea de dirigentes de centros de segunda enseñanza orientales, Gtmo	WGR (1991: 84-87)	I - AD
Marzo (días después)	Fragmentos de entrevista durante una asamblea nacional en la capital	WGR (1991: 88)	I - AD
Marzo 19	"Cobardía". ("El Mentor").	WGR (1991: 91)	I - AD
Julio	Verso libre al terminar su carrera	WGR (1991: 96)	I - LP
Julio 28	Carta a Elia Frómeta con motivo del ataque al Cuartel Moncada	WGR (1991: 102)	I - CP
Julio 29	Carta a Ruth Gaínza con motivo del ataque al Cuartel Moncada	WGR (1991: 102-103)	I - CP
Julio	"El deber". Poema.	WGR (1991: 124)	I - LP
Julio (después del Moncada)	Parece que escribió un artículo titulado "Asesinato" por lo cual lo detuvieron	WGR (1991: 107)	NO DISPO- NIBLE
Septiembre	"República Escolar Democrática". Una constitución redactada para su aula en Colegio El Salvador en el curso 1953-1954	WGR (1991: 116-117)	I - AD
1954			
Marzo 22	Carta a César López en la que le abre su corazón contándole cosas de su vida privada	WGR (1991: 176-178)	I - CP
Junio	"Cinco estudiantes y el monte", artículo	Miranda (1983: 163-179)	I - AD

FRANK PAÍS

	publicado en *El Mercurio*, que describe su viaje al Realengo 18.		
1955			
Marzo (fines)	Carta a Elia Frómeta, rompiendo su compromiso amoroso	WGR (1991: 178)	I – CP
Julio 28	Entrevista para la "Revista Taíno" al salir de la cárcel por los sucesos del Caney	WGR (1991: 212-213)	I – AD
Agosto 3	Carta a César López compartiendo sentimientos personales	WGR (1991: 214-215)	I – CP
Agosto 12	Carta a César López compartiendo sentimientos personales	WGR (1991: 215-216)	I – CP
Agosto 17	Carta a César López compartiendo sentimientos personales	WGR (1991: 216-217)	I – CP
Octubre 4	Carta a César López	WGR (1991: 223-224)	I – CP
1956			
Sin fecha	"Arrepentimiento". Poema religioso	Monroy (2003: 82)	I – LP
Abril 22	Respuesta a las declaraciones de Río Chaviano aparecidas en *Prensa Universal* el 21 de abril de 1956	WGR (1991: 281-282)	II – DO
Abril 22	Circular a todos los mandos del M-26-7 en la provincia de Oriente	WGR (1991: 283)	II – DO
Verano	"A todos los responsables". Circular con motivo de la detención en	Miranda (1983: 181-182)	II – DO

	México de Fidel Castro y un grupo de sus hombres.		
Sin fecha	Carta a Arturo Duque de Estrada desde México	Miranda (1983: 183)	II - CO
Diciembre 24 o 25	Circular interna del Movimiento analizando los hechos del alzamiento y desembarco y dando instrucciones	WGR (1991: 403-405)	II - DO
Sin fecha	Carta a los dirigentes oposicionistas	WGR (1991: 405-407)	II - DO
Diciembre	Tesis económica del Movimiento 26 de Julio	Boti y Pazos (1958)	II - DO
1957			
Enero 1	Respuesta al Bloque Cubano de Prensa	WGR (1991: 412-413)	II - DO
Enero 6	Carta al *The New York Times*	WGR (1991: 413-414)	II - DO
Enero 31	Circular de orden interna No. 2 (Solo para responsables del Movimiento)	Miranda (1983: 183-184)	II - DO
Febrero	Estatutos de la fundación del Movimiento de Resistencia Cívica	Cuesta Braniella (1997: 317-322)	II - DO
Sin fecha	Reglamento de las Milicias del 26 de Julio	Rodríguez Téllez (1998: 199-211)	II - DO
Sin fecha	"Nuestra razón"	Llerena (1978; 1981)	II - DO
Abril 6	Carta a su amiga guantanamera Alina Jiménez desde la prisión de Boniato	WGR (1991: 457)	I - CP
Abril 14	Carta a Alina Jiménez	WGR (1991: 458-459)	I - CP
Abril 17	Carta a Manolo	WGR (1991: 464)	II - CO

FRANK PAÍS

	[Carlos Iglesias Fonseca – "Nicaragua"], desde la prisión de Boniato		
Abril 18	Otra carta y una nota a Manolo	WGR (1991: 465)	II - CO
Sin fecha	Comunicación enviada desde la cárcel de Boniato	Miranda (1983: 184-187)	II – CO
Mayo 4	Carta a "Chucho" [Arturo Duque de Estrada]	WGR (1991: 469-470)	II - CO
Mayo 14	Carta a Gloria Cuadras ya salido del presidio	WGR (1991: 477-478)	I – CP
Mayo 15	Carta a María Antonia Figueroa	WGR (1991: 478)	I – CP
Mayo 15	Circular enviada a los miembros de la Dirección del 26 de Julio en toda la isla	Miranda (1983: 187-189); WGR (1991: 479-480)	II – DO
Mayo 15	Carta respuesta a Alberto Bayo	WGR (1991: 481-482)	II – CO
Sin fecha	Circular a todos los responsables de propaganda	WGR (1991: 480)	II – CO
Mayo 17	Circular enviada a los responsables del M-26-7	Miranda (1983: 189-196); WGR (1991: 483-488)	II – DO
Mayo 23	Carta a Pedro Miret	Portuondo (1986a: 218-222)	II – CO
Mayo 26	Varias comunicaciones cortas a las distintas direcciones de las provincias	WGR (1991: 490-491)	II – DO
Mayo (fines)	Carta a Pedro Miret en México	WGR (1991: 492-493)	II – CO
Mayo 28	Carta a Alina Jiménez	WGR (1981: 493-494)	I – CP
Mayo 30	Carta de pésame a los padres de Guillermo Domínguez	WGR (1991: 495)	II – CO

José Álvarez

Junio 2	Carta a Alina Jiménez	WGR (1991: 498-499)	II – CO
Junio 3	Circular a los responsables del M-26-7 con motivo de la victoria rebelde en El Uvero	WGR (1991: 499-500).	II – DO
Junio 6	Circular a los responsables del M-26-7	WGR (1991: 502)	II - DO
Junio 6	Carta de pésame a los padres de Nano Díaz, caído en El Uvero	Portuondo (1986a: 226-228)	II - CO
Junio 7	Circular a los responsables del M-26-7	Portuondo (1986a: 229)	II - DO
Junio 8	Carta a Faustino Pérez y Armando Hart en presido	WGR (1991: 503-504)	II - CO
Junio 18	Carta denuncia enviada a toda la República	Miranda (1983: 198-199)	II - DO
Junio 18	Carta a los compañeros del 26 de Julio en Holguín	Portuondo (1986a: 230-231)	II - DO
Junio 18	Carta a los compañeros del 26 de Julio en Matanzas	Portuondo (1986a: 231-232)	II - DO
Junio 19	Carta a Norma, Sierra, Agitado y otros	Portuondo (1986a: 232-236)	II - CO
Junio 21	Carta a Mario Llerena designándolo encargado de relaciones públicas del Movimiento fuera de Cuba	Llerena (1978: 123)	II - CO
Junio 21	Circular a todos los miembros del 26 de Julio: "A quien pueda interesar"	Portuondo (1986a: 236-237)	II - DO

FRANK PAÍS

Junio 22	Carta a Pedro Miret, comunicándole la apertura del II Frente	Portuondo (1986a: 237)	II - CO
Junio 25	Carta a Celia Sánchez	WGR (1991: 514-515)	II - CO
Junio 26	Circular a todos los miembros del M-26-7 en Cuba	Portuondo (1986a: 238)	II - DO
Junio 26	Carta a Fidel Castro	WGR (1991: 515-516)	II - CFC
Junio 27	Carta a Fidel Castro	WGR (1991: 517-518)	II - CFC
Junio 27	Nota a Chucho [Arturo Duque de Estrada]	WGR (1991: 518- 519)	I – DO
Junio 27	Carta a Celia Sánchez	WGR (1991: 519-520)	II – CO
Junio (finales)	Exhortación al pueblo dc Santiago de Cuba para que se abstenga de asistir al mitin del 30 de junio	Portuondo (1988: 329-330)	II – DO
Junio 29	Circular interior No. 3 a los responsables de los departamentos: obreros-resistencia cívica-finanzas-propaganda-brigadas y sabotaje	Miranda (1983: 196-197); WGR (1991: 520-521)	II – DO
Julio 1	Poema "A mi hermano Josué"	Miranda (1983: 179-181)	I – LP
Julio 5	Carta a Fidel Castro informándole de los sucesos del 30 de junio en Santiago de Cuba y el fracaso de la apertura del II Frente.	Miranda (1983: 201-206); Portuondo (1986a: 330-335); WGR (1991: 535-540)	II – CFC
Julio 5	Carta a Celia Sánchez	WGR (1991: 540)	II – CO
Julio 5 o 7	Circular Plan no. 2 a todos los mandos de acción y sabotaje del M-26-7	WGR (1991: 541-542)	II – DO
Julio 7	Carta a Fidel Castro anunciándole la	WGR (1991: 542-549)	II – CFC

	restructuración que ha hecho del M-26-7		
Julio 8	Carta a Celia Sánchez	Portuondo (1986a: 254-255)	II – CO
Julio 9	Carta a Fidel Castro	WGR (1991: 549) (No disponible)	II - CFC
Julio	Carta a Léster Rodríguez	Portuondo (1986a: 255-256)	II – CO
Julio 11	Carta a Fidel Castro	WGR (1991: 550-551)	II - CFC
Julio 11	Carta a Fidel Castro	WGR (1991: 551)	II - CFC
Julio 12	Carta a Ayán Rosell	WGR (1991: 552-553)	II - CO
Julio 14-16	Circular a los responsables obreros del MRC acerca de un paro laboral	WGR (1991: 553)	II - CO
Julio 17	Carta a Fidel Castro y dos a Celia Sánchez.	WGR (1991: 554-555)	II - CFC
Julio 19	Carta a Fidel Castro sobre el personal que sube de las ciudades a la Sierra	WGR (1991: 555-556)	II - CFC
Julio 20	Carta a Fidel Castro	WGR (1991: 557-558)	II - CFC
Julio 23	Nota a Fidel Castro	WGR (1991: 559-560)	II - CFC
Julio 23 o 24	Carta a Celia Sánchez	WGR (1991: 563)	II - CO
Julio 24	Carta a Fidel Castro sobre recientes contactos con militares	WGR (1991: 560-563).	II - CFC
Julio 25	Carta a Celia Sánchez	WGR (1991: 569-570)	II - CO
Julio 26	Carta a Fidel Castro	Miranda (1983: 206-208); WGR (1991: 570-571)	II - CFC
Julio 27	Carta a los delegados del Movimiento 26 de Julio en el extranjero	Portuondo (1986a: 263-265)	II - DO

[a] Denota la sección del libro donde se encuentra la publicación en el LIBRO II:
I (PARTE I): LP (Literatura y Poesía); AD (Artículos y discursos);
CP: (Correspondencia personal).
II (PARTE II): CFC (Cartas a Fidel Castro); DO (Documentos oficiales);
CO (Correspondencia oficial).
[b] WGR: William Gálvez Rodríguez.

Referencias

Almeida Bosque, Juan. 2002. *La aurora de los héroes*. Habana: Ediciones Verde Olivo.

Álvarez, José. 2008. *Principio y fin del mito fidelista*. Vancouver: Trafford Publishers.

Álvarez, José. 2009a. *Frank País: Architect of Cuba's betrayed revolution*. Boca Raton: Universal Publishers.

Álvarez, José. 2009b. *Frank País y la revolución cubana*. Denver: Outskirts Press.

Álvarez, José. 2017. *Frank País y la revolución cubana*. Columbia: CreateSpace, 2da. ed.

Álvarez, José. 2018. *Asesinado en combate: La historia del comandante Daniel*. Madrid: Hypermedia Ediciones.

Álvarez Estévez, Rolando. 1999. *Un día de abril de 1958*. La Habana: Editorial Letras Cubanas.

Ameijeiras Delgado, Efigenio. 1984. *Más allá de nosotros – Columna 6 "Juan Manuel Ameijerias, II Frente Oriental "Frank País."* Santiago de Cuba: Editorial Oriente.

Anderson, Jon Lee. 1997. *Che Guevara – una vida revolucionaria*. Barcelona: Emecé Editores.

Barredo Medina, Lázaro. 1992. *Mi prisionero Fidel – Recuerdos del teniente Pedro Sarría*. Habana: Editorial Pablo de la Torriente, 2da. Ed.

Batista, Fulgencio. 1960. *Respuesta...* México, DF: Editorial Botas, Imprenta Manuel León Sánchez.

Beltrán, Ángel L. 2007a. "Frank País García: tan intransigente como Maceo." *Sierra Maestra Digital*, Santiago de Cuba, 2 de febr. (http://www.sierramaestra.cu/noticias/historia/frank.htm).

Beltrán Calunga, Ángel Luis. 2007b. "Si ocurre algo, muero contigo." *Sierra Maestra*, 28 de julio, p. 5.

Blanco Castiñeira, Katiuska. 2011. *Fidel Castro Ruz: Guerrillero del Tiempo. Conversaciones con el líder histórico de la Revolución Cubana,* 1ra. Parte, tomo II. Ciudad de la Habana: Ediciones Abril.

Bonachea, Ramón L. y Marta San Martín. 1974. *The Cuban insurrection, 1952-1959.* New Brunswick: Transaction Books.

Borges Betancourt, Rafael A. 2006. "El movimiento estudiantil: catalizador de la lucha contra Batista en Santiago de Cuba." En Borges Betancourt, Rafael A. y Reynaldo Cruz Ruiz (Comp.) *Santiago insurreccional 1953-1956.* Santiago de Cuba: Ediciones Santiago, pp. 41-54.

Borges Betancourt, Rafael A. y Reynaldo Cruz Ruiz. 2006. "En torno a los criterios de Frank País sobre el brote insurreccional." En Borges Betancourt, Rafael A. y Reynaldo Cruz Ruiz (Comp.) *Santiago insurreccional 1953-1956.* Santiago de Cuba: Ediciones Santiago, pp. 73-83.

Boti, Regino G. y Felipe Pazos. 1958. "Algunos aspectos del desarrollo económico de Cuba – Tesis del Movimiento Revolucionario 26 de Julio." *Revista Bimestre Cubana* 75 (julio-diciembre), pp. 249-282.

Buch Rodríguez, Luis M. 1999. *Gobierno Revolucionario Cubano:*

FRANK PAÍS

Génesis y Primeros Pasos. Habana: Editorial de CienciasSociales.

Cabrera, Luis Rolando. 1959. "Doña Rosario, la madre de los hermanos País." *Revista Bohemia.* Edición de la Libertad.

Caner Román, Acela. 2002. *La tía.* Habana: Ediciones Verde Olivo.

Canto Bory, Enrique. 1993. *Mi Vida: Autobiografía.* Hato Rey, PR: Ramallo Bros. Printing.

Carela Ramos, Rafael. 2007. "Frank era la conminación de la inteligencia, el valor y la firmeza. – Conversación con el general de brigada Demetrio Montseny Villa, el último combatiente que habló con Frank País." *Sierra Maestra*, 28 de julio, p. 4.

Castañeda Márquez, Alejandro. 2006. "Casa Museo Frank País García. Recinto sagrado de héroes" (www.santiago490.blogspot. com/ 2006/12/casa-museo-frank-pais-garcia-recinto.html)

Castilla Mas, Belarmino. 2004. *Imborrable srecuerdos – memorias del comandante Aníbal.* Habana: Ediciones Verde Olivo.

Castro, Fidel. 1981. *La historia me absolverá.* Habana: Editorial de Ciencias Sociales.

Casuso, Teresa. 1961. *Cuba and Castro.* New York: Random House.

Chester, Edmund A. 1954. *Un sargento llamado Batista.* Habana: Editorial Arocha.

Clergé Fabra, Luis A. 2018. "El Frank que conocí". *CUBADEBATE, julio 30.* (http://www.cubadebate.cu/especiales/2018/07/30/el-frank-que-conoci/#.XH7Zq6B7 ntQ).

Coltman, Leycester. 2003. *The real Fidel Castro*. New Haven y Londres: Yale University Press.

Comisión de Historia de la Columna 19 "José Tey". 1982. *Columna 19 "José Tey."* Habana: Editorial de Ciencias Sociales.

Corbitt, Duvon C. 1939. "Mercedes and realengos: A survey of the public land system in Cuba." *The Hispanic American Historical Review* 19:3 (agosto), pp. 262-285.

Cruz Ruiz, Reynaldo. 1998. "Frank País García: Tras la huella de un testamento político", *Revista Santiago* 83, pp. 154-163.

Cruz Ruiz, Reynaldo. 2012. "Algunosi ntentos biográficos sobre Frank País García: una crítica historiográfica". En Fernández Carcassés, Manuel e Israel Escalona Chádez (Coord.) *Frank en la memoria*. La Habana: Editora Historia.

Cruz Ruiz, Reynaldo y Rafael Borges Betancourt (Comp.) 2006. *Santiago insurreccional 1953-1956*. Santiago de Cuba: Ediciones Santiago.

Cuesta Braniella, José María. 1997. *La resistencia cívica en la guerra de liberación de Cuba*. La Habana: Editorial de Ciencias Sociales.

Cuza Téllez Girón, José Luis. 2014a. "La novia de Frank País, fue eso y más", *Cubadebate*, 24 septiembre 2014. http://www.cuba debate.cu/especiales/2014/09/24/la-novia-de-frank-pais-fue-eso-y-mas/#.WYjYGlFKLIU).

Cuza Téllez Girón, José Luis. 2014b. "Un testimonio excepcional: el día que mataron a Frank País". *Cubadebate,* 2 de agosto de 2014 (http://www. cubadebate.cu/noticias/2014/08/02/un-testimonio-excepcional-el-dia-que-mataron-a-frank-pais/#.WXfOglFKLIU).

de la Torriente Brau, Pablo. 1979 (1934). *Realengo 18*. Habana: Editorial Gente Nueva.

De Palma, Antony. 2006. *The man who invented Fidel – Castro, Cuba, and Herbert L. Matthews of The New York Times*. New York: Public Affairs.

Espín Guillois, Vilma. 1990. *La gesta revolucionaria: acciones y héroes –discursos, entrevistas, documentos*. Habana: Editorial de la Mujer.

Espín Guillois, Vilma. 2006. *Inolvidable Frank*. Habana: Editorial de la Mujer.

Fernández Carcassés, Manuel e Israel Escalona Chádez (Coord.) 2012. *Frank en la memoria*. La Habana: Editora Historia.

Fernández León, Julio. 2007. *José Antonio Echeverría – vigencia y presencia*. Miami: Ediciones Universal.

Figueras Pérez, Luis y Marisel Salles Fonseca. 2002. *Guantánamo Insurrección – apuntes para una cronología crítica 1958*. Guantánamo: Editorial El Mar y La Montaña.

Foss, Clive. 2000. *Fidel Castro*. Stroud, UK: The History Press.

Franqui, Carlos. 1976. *Diario de la RevoluciónCubana*. Barcelona: Ediciones R. Torres.

Franqui, Carlos. 1977. *El libro de los doce*. México: Ediciones Era, 3ra. Ed.

Franqui, Carlos. 1981. *Retrato de familia con Fidel*. Barcelona: Editorial SeixBarral.

Franqui, Carlos, 2006. *Cuba, la revolución, ¿mito o realidad? Memorias de un fantasma socialista*. Barcelona: Ediciones Península.

Gálvez Rodríguez, William. 1991. *Frank: entre el sol y la montaña*. Habana: Unión de Escritores y Artistas de Cuba, 2 Vols.

García Oliveras, Julio A. 1979. *José Antonio Echeverría: la lucha estudiantil contra Batista*. Habana: Editora Política.

Garrido Nápoles, Jorge (Comp.) 1981. *Frank País*. Santiago de Cuba: Editorial Oriente.

Gastón, Melchor W., Oscar A. Echevarría y René F. de la Huerta. 1957. *¿Por qué reforma agraria?* Serie B, Folleto no. 23, Buró de Información y Propaganda, ACU, Habana, Cuba.

Guerra, María Julia. 2017. "América, la novia de Frank País fue inscripta en el Registro Civil de Sao Arriba, en Holguín," 11 de febrero (https://aldeacotidiana. blogspot.com/2017/02/america-la-novia-de-frank-pais-fue.html).

Geyer, Georgie Anne. 1991. *Guerrilla Prince – the untold story of Fidel Castro*. Boston: Little, Brown and Company.

Guevara, Ernesto. 1963. "Discurso en Minas del Frío" (http://pca.org.ar/libros prop/PDF/che-obrasescogidas%5B1%5D. pdf), pp. 275-278.

Guevara, Ernesto. 1990. *Obras 1957-1967*. Habana: Casa de las Américas.

Gutiérrez, Enrique. 1959. "Los sangrientos sucesos de Oriente." *Revista Bohemia,* Edición de la Libertad, Vol. II, p. 98.

FRANK PAÍS

Hart Dávalos, Armando. 1998. *Aldabonazo*. Madrid: Ediciones Libertarias.

Hart Dávalos, Armando. 2007. "Frank País: un cubano de la estirpe de Mella, Villena y Guiteras". *Sierra Maestra*, Año L, No. 30, 28 de julio, p. 2.

Hernández Garcini, Otto, Antonio Núñez Jiménez y Liliana Núñez Velis. 2004. *Huellas del exilio: Fidel en México, 1955-1956*. Habana: Ediciones Abril.

Ibarra, Jorge. 2007. "Frank País y los orígenes del movimiento revolucionario en Santiago de Cuba." En E. Oltuski Ozacki, H. Rodríguez Llompart y E. Torres-Cueva (Coord.) *Memorias de la Revolución*. Habana: Ediciones Imagen Contemporánea, pp. 92-114.

Infante, Enzo. 2007. "La reunión de Altos de Mompié." En E. OltuskiOzacki, H. Rodríguez Llompart y E. Torres-Cueva (Coord.) *Memorias de la Revolución*. Habana: Ediciones Imagen Contemporánea, pp. 323-340.

Infante Urivazo, Renaldo. s/f. "Historia. En la memoria radial," (http://www.radiocubana.cu/historia/la_memoria_ radial/Renald o_infante_urivazo. asp).

Infante Urivazo, Renaldo. 1975. "Frank y su ámbito estudiantil". *Verde Olivo*, Vol. XVI, No. 48, noviembre, pp. 18-23.

Infante Urivazo, Renaldo. 2011. *Frank País: leyenda sin mitos*. La Habana: Editorial de Ciencias Sociales.

Llerena, Mario. 1978. *Tue unsuspected revolution - The birth and rise of Castroism*. Ithaca: Cornell University Press.

José Álvarez

Llerena Rodríguez, Mario. 1981. *La revolución insospechada – origen y desarrollo del castrismo*. Buenos Aires: Editorial Universitaria.

López, César. 2005. *Silencio en voz de muerte*. La Habana: Letras Cubanas.

Lorente Ferrera, Orlando. 2003. *El Cristo: pueblo heroico*. Santiago de Cuba: Ediciones Santiago.

Lupiáñez Reinlein, José. 1985. *El movimiento estudiantil en Santiago de Cuba, 1952-1953*. Habana: Editorial de Ciencias Sociales.

Malo de Molina, Gustavo F. 1979. *Frank País: Apuntes sobre un luchador clandestino*. Habana: Editorial Gente Nueva.

Martí, José. 1979. *La edad de oro*. Habana: Editorial Letras Cubanas.

Martín, Lionel. 1978. *The early Fidel: roots of Castro's communism*. Secaucus: Lyle Stuart.

Masetti, Jorge Ricardo. 2006. *Los que luchan y los que lloran (El Fidel Castro que yo vi). Y otros relatos inéditos*. Buenos Aires: Editorial Nuestra América.

Matos, Huber. 2002. *Cómo llegó la noche*. Barcelona: Tusquets Editores.

Matthews, Herbert L. 1970. *Fidel Castro*. NY: Simon and Schuster.

Matthews, Herbert L. 1975. *Revolution in Cuba – an essay in understanding*. New York: Charles Scribner's Sons.

Mencía, Mario. 2007. "El golpe de estado del 10 de marzo de

FRANK PAÍS

1952." En E. Oltuski Ozacki, H. Rodríguez Llompart y E. Torres-Cueva (Coord.) 2007. *Memorias de la Revolución*. Habana: Ediciones Imagen Contemporánea, pp. 12-32.

Miranda, Caridad (Comp.) 1983. *Trazos para el perfil de un combatiente*. Santiago de Cuba: Editorial Oriente.

Monroy, Juan Antonio. 2003. *Frank País: líder evangélico en la revolución cubana*. Terrassa: Editorial Clie.

Morán Arce, Lucas. 1980. *La revolución cubana: Una versión rebelde*. Ponce: Imprenta Universitaria, Universidad Católica.

Marqués, Odalys y Yanina González. 2017. «Fidel y Frank: Comunión de intereses, confianza y admiración». *Revista Bohemia*, 21 de julio. pp. 68-73(bohemia.cu/wp-content/uploads/2017/07/Pags-68-73-historia-ya.pdf) y reproducido en la edición del 30 de julio de 2017 por Redacción Digital en Historia (bohemia.cu//historia/2017/07/comunion-de-intereses-onfianza-y-admiracion/).

Oltuski Ozacki, E., H. Rodríguez Llompart y E. Torres-Cueva (Coord.) 2007. *Memorias de la Revolución*. Habana: Ediciones Imagen Contemporánea.

Pacheco Águila, Judas M., Ernesto Ramos Latour, y Belarmino Castilla Mas. 2003. *Daniel: comandante del llano y de la sierra*. Habana: Editorial Política.

País de Molina, Sara. 1959. *Instrumento escogido*. Habana: Roger A. Queralt, Artes Gráficas.

Patterson, Thomas G. 1995. *Contesting Castro*. New York: Oxford University Press.

José Álvarez

Pérez, Faustino. 1959. "Yo vine en el Granma". *Revista Bohemia*, Año 51, no. 2, enero 11, pp. 36-38, 178.

Pérez-Stable, Marifeli. s/f. "Reflection on political possibilities: Cuba's peaceful transition that never was, 1954-56".

Portuondo, Yolanda (Comp.) 1986a. *Frank: Sus últimos treinta días*. Habana: Editorial Letras Cubanas.

Portuondo López, Yolanda (Comp.) 1986b. *30 de noviembre: El heroico levantamiento de la ciudad de Santiago de Cuba*. Santiago de Cuba: Editorial Oriente.

Portuondo, Yolanda (Comp.) 1988. *La clandestinidad tiene un nombre: David*. Habana: Editorial Política.

Portuondo López, Yolanda. 2006. *José Tey Saint-Blanckard: su última cita de honor*. Santiago de Cuba: Editorial Oriente.

Puig, Oscar. 2012. "El Frank que conocí. Entrevista a César López". *Revista Caminos – Revista cubana de pensamiento socioteológico*, abril 9 de 2012.

Quirk, Robert E. 1993. *Fidel Castro.*New York: W.W. Norton.

Raffy, Serge. 2006. *Castro, el desleal*. Doral: Santillana.

Roca Ballesta, José Antonio. 2000. *Recuerdos: una autobiografía*. Oviedo: KRK Ediciones.

Rodríguez Téllez, Eloy. 1998. *Un guerrillero del primer refuerzo*. Habana: Ediciones Verde Olivo.

Rojas Soriano, Raúl. 2016. *Cuba: Apuntes de un viajero mexicano*. México: Mil Libros Editorial.

FRANK PAÍS

Rubiera, Daysi and Miguel Sierra (Comp.) 1978. *Testimonios sobre Frank*. Santiago de Cuba: Editorial Oriente.

Sansó Fernández, Maricel. 2003. "Historia de la Universidad de Oriente: pasado, presente y futuro." *Revista Santiago* 100 (2003): 192-202.

Skierka, Volker. 2004. *Fidel Castro, a biography*. Malden: Polity Press.

Smith, Earl E. T. 1962. *The fourth floor: an account of the Castro communist revolution*. New York: Random House.

Smith Mesa, Jorge. 2012. "Frank País: Leyenda sin mitos", CubaDebate, agosto 9. (http://www.cubadebate.cu/opinion/2012/08/09/frank-pais-leyenda-sin-mitos-una-esperada-biografia/#.XINPwqB7ntQ).

Solar Cabrales, Frank Josué. 2017. "Fidel: las encrucijadas de la libertad". *La Tizza Cuba,* febrero 21 de 2017 (https://medium.com/la-tiza/fidel-las-encrucijadas-de-la-libertad-9dccf6a46db4).

Suárez Suárez, Reinaldo. 2001. *Un insurreccional de dos épocas – con Antonio Guiteras y con Fidel Castro*. La Habana: Editorial de Ciencias Sociales. También en http://www.lajiribilla.cu/pdf/libro_villena.html.

Suárez Suárez, Reinaldo. 2007. "Frank País, ni de mármol ni de bronce." *Revista Caminos* (http://www. walterlippmann.com/docs1736.html), 25 de mayo

Suárez Suárez, Reinaldo y Oscar Puig Corral. 2010. *La Complejidad de la rebeldía*. La Habana: Ediciones La Memoria, Centro Cultural Pablo de la Torriente Brau.

José Álvarez

Symmes, Patrick. 2008. *The boys from Dolores – Fidel Castro's schoolmates from revolution to exile.* New York: Vintage Books.

Szulc, Tad. 1986. *Fidel –a critical portrait.* NY: William Morrow.

Velázquez Fuentes, Francis. 1979. *Josué País García.* Santiago de Cuba: Editorial Oriente.

Velázquez Fuentes, Francis. 2004. *El cañón: una historia entre montañas.* Santiago de Cuba: Ediciones Santiago.

Vicet Gómez, Yuzdanis. 2007. "El jefe al que queríamos y respetábamos." *Sierra Maestra*, Año L, No. 30, 28 de julio, p. 2.

"Vilma Espín – Déborah" (Entrevista). 1975. *Revista Santiago*, Nos. 18-19, pp. 57-97.

Xiqués, Delfín. 1975. "Nervio de hombre en cuerpo joven; coraje y valor en temple acerado", *Granma*, 30 de junio, p. 4.

Cuadros y Figuras

CUADROS

FIGURAS

José Álvarez

Ilustraciones

FRANK PAÍS

José Álvarez

Siglas

ACU	Agrupación Católica Universitaria
AL	Acción Libertadora
ANPP	Asamblea Nacional del Poder Popular
ANR	Acción Nacional Revolucionaria
ARO	Acción Revolucionaria Oriental
BANFAIC	Banco de Fomento Agrícola e Industrial
BNC	Banco Nacional de Cuba
BRAC	Buró de Represión de Actividades Comunistas
CEPAL	Comisión Económica para América Latina y el Caribe
CIA	Central Intelligence Agency (Agencia Central de Inteligencia de los Estados Unidos)
CTC	Confederación de Trabajadores de Cuba
DN	Dirección Nacional (del Movimiento 26 de Julio)
DR	Directorio Revolucionario "13 de Marzo"
DRE	Directorio Revolucionario Estudiantil
ER	Ejército Rebelde
FAR	Fuerza Aérea Revolucionaria
FCR	Frente Cívico Revolucionario
FEU	Federación Estudiantil Universitaria
FEUO	Federación Estudiantil Universitaria de Oriente
FMC	Federación de Mujeres Cubanas
FOMN	Federación Obrera Marítima Nacional
FON	Frente Obrero Nacional
ICAIC	Instituto Cubano de Arte e Industria Cinematográficos
ICRT	Instituto Cubano de Ratio y Televisión
INAV	Instituto Nacional de Ahorro y Vivienda
INIT	Instituto Nacional de la Industria Turística
INRH	Instituto Nacional de Recursos Hidráulicos

JLN	Junta de Liberación Nacional
JUCEPLÁN	Junta Central de Planificación
M-26-7	Movimiento 26 de Julio
MINFAR	Ministerio de las Fuerzas Armadas Revolucionarias
MNR	Movimiento Nacional Revolucionario
MRC	Movimiento de Resistencia Cívica
OA	Organización Auténtica
PC	Partido Comunista
PCC	Partido Comunista de Cuba
PPC	Partido del Pueblo Cubano (Ortodoxo)
PRC	Partido Revolucionario Cubano (Auténtico)
PSP	Partido Socialista Popular
SAR	Sociedad de Amigos de la República
SIM	Servicio de Inteligencia Militar
SIR	Servicio de Inteligencia Regimental
UH	Universidad de la Habana
UIR	Unión Insurreccional Revolucionaria
UNEAC	Unión Nacional de Escritores y Artistas de Cuba

Seudónimos

Luis Buch Rodríguez	Roque
Julio Camacho Aguilera	Jordán (Santiago); Jacobo (Las Villas); Gastón (La Habana)
Belarmino Castilla Mas	Aníbal
Fidel Castro Ruz	Alejandro; Alex
Carlos Chain Soler	Gustavo
José de la Nuez	Basilio
Vilma Espín Guillois	Déborah; Mónica
Marcelo Fernández Font	Zoilo
Felipe Guerra Matos	Guerrita; Agitao
Armando Hart Dávalos	Jacinto
Carlos Iglesias Fonseca	Nicaragua
Demetrio Montseny	Canseco
Frank País García	Salvador; David; Cristián
Javier Pazos	Carlos
Faustino Pérez Hernández	Fausto
René Ramos Latour	Daniel
Léster Rodríguez Pérez	Bienvenido; Gordito
Ayán Rosell	Hipólito
Celia Sánchez Manduley	Norma, Aly
Haydée Santamaría Cuadrado	María; Yeyé

Biografías

Agramonte Pichardo, Roberto: Santa Clara (1905). Filósofo, sociólogo, político, catedrático y decano de la Universidad de la Habana. Fundador del PPC (Ortodoxo), heredó la candidatura de Eduardo Chibás a la presidencia en 1952. Combatió la dictadura de Batista, marchando luego al exilio. Ministro de estado del primer gabinete revolucionario, renunció en junio de 1959. Se dedicó a la docencia en Puerto Rico, donde falleció en 1995.

Aguiar Cardosa, Graciela: Santiago de Cuba (1936). Cursó estudios en la Escuela de Comercio de su ciudad natal. Militó en los grupos fundados por Frank País y luego en el Movimiento 26 de Julio. Trabajaba con Se tuvo que alzar en el II Frente Oriental. Ha desempeñado posiciones en el Ministerio del Trabajo y en los planes genéticos. Jubilada en la actualidad realiza tareas voluntarias en el municipio Plaza de la capital.

Almeida Bosque, Juan: Habana (1927). Cursó la escuela primaria al tiempo que trabajaba. Se relacionó con Fidel Castro en la Universidad de la Habana. Asaltante al Cuartel Moncada, presidiario en Isla de Pinos, exiliado en México y expedicionario del Granma. Fundador del III Frente Oriental "Mario Muñoz" con el grado de comandante. Ha desempeñado cargos militares. Designado "comandante de la revolución". Falleció en La Habana el 11 de septiembre de 2009.

Alomá Serrano, Antonio (Tony): Santiago de Cuba (1927). Abandona los estudios de bachillerato para trabajar en el distrito de Obras Públicas junto a su padre. Ingresa en varias organizaciones revolucionarias. Militante del Movimiento 26 de Julio, es elegido para el asalto al edificio de la Policía Nacional en el que encuentra la muerte el 30 de noviembre de 1956.

FRANK PAÍS

Amat Forés, Carlos: Banes (1930). Ingresó en el M-26-7 en sus comienzos. Desempeñó un importante papel en el cargo que tenía en la compañía telefónica, monitoreando llamadas oficiales. Ha sido ministro de justicia, representante diplomático, decano de la facultad de humanidades de la Universidad de La Habana y rector de la Universidad de Oriente. Falleció en La Habana el 26 de agosto de 2015.

Arcos Bergnes, Gustavo: Caibarién (1926). Estudiante de ingeniería. Es herido grave en el asalto al Moncada. Cumple prisión y va a México pero su condición física lo excluye de la tripulación del Granma, donde perece uno de sus hermanos. Se mantuvo activo en el Movimiento hasta el triunfo. Es asignado al cuerpo diplomático. Cuando regresa a la isla en 1964 protesta del rumbo tomado por el gobierno. Es encarcelado dos veces. Funda en 1983 el CCDH y se convierte en su secretario general hasta que fallece en la Habana el 8 de agosto de 2006.

Babún Selman, Teófilo: Empresario de Santiago de Cuba, junto a su hermano Ibrahin. Dueños de la maderera Babún, S.A. y de la fábrica de cemento Titán. Colaboradores de Frank País y el Movimiento 26 de Julio, al punto de transportar las armas a su embarcadero de El Uvero, cuyo cuartel atacaron los rebeldes días después. Ambos negocios, y el resto de sus propiedades, fueron confiscadas después del triunfo de la revolución, marchando al exilio.

Batista Rubio, Rubén: Cacocúm (1931). Su familia se traslada siendo niño a la ciudad de Guantánamo, donde termina sus estudios de bachillerato. Matricula arquitectura en la Universidad de La Habana, y luego ingeniería eléctrica. Participa en manifestaciones estudiantiles y el 15 de enero de 1953 es herido en una protesta callejera, muriendo el 13 de febrero. Se le considera el primer mártir de la lucha contra la dictadura de Batista.

José Álvarez

Batista Zaldívar, Fulgencio: Banes (1901). De jornalero pasó a ingresar en el ejército a los 20 años. Se graduó de la escuela de periodismo y obtuvo una posición de sargento taquígrafo en el campamento de Columbia. Actor en los sucesos que derrocaron a Machado en 1933, participó en los gobiernos posteriores. Electo presidente en 1940, entregó el poder en 1944. Elegido al Senado en 1948. Lanza su candidatura presidencial en 1952, pero dio un golpe de estado tres meses antes, negándose a celebrar elecciones honradas. Fue derrocado el año nuevo de 1959. Murió en Madrid en 1973.

Bayo Giroud, Alberto: Camagüey (1892). De padre español y madre cubana. Estudió en Estados Unidos y se graduó en Madrid de piloto militar en 1915. Defendió al gobierno republicano español hasta el final, saliendo al exilio en 1939. En México entrenó a los hombres de Fidel Castro. Regresó a Cuba en 1959 y le fue concedido el grado de comandante. Falleció en La Habana el 4 de agosto de 1967.

Boti León, Regino: Guantánamo (1923). Hijo de un prestigioso poeta. Después de graduarse de economía en la Universidad de la Habana, completó una Maestría en la Universidad de Harvard. Fundador de la CEPAL en 1949. Se unió al Movimiento 26 de Julio y participó en la redacción de varios documentos encargados por Frank País. Regresó del exilio en México y fue nombrado ministro de economía. Luego ocupó posiciones en la JUCEPLÁN y el CIMEX. Murió en la capital cubana en 1999.

Buch Rodríguez, Luís M: Santiago de Cuba (1913). Abogado y joven luchador anti-machadista. Perteneció a Joven Cuba. Cuando Batista tomó el poder por la fuerza en 1952, Buch conspiró desde el comienzo. Ocupó posiciones importantes en el M-26-7. Viajó con el magistrado Urrutia desde Venezuela a la Sierra Maestra y fue actor principal en la formación del primer gabinete. Fue el primer secretario del consejo de ministros y de la presidencia. Murió en la Habana el 13 de noviembre de 2000.

Camacho Aguilera, Julio: Santa Lucía (1924). Dirigente del M-26-7 en Guantánamo y jefe del levantamiento del 30 de noviembre de 1956 en el Central Ermita. Tenía fuertes vínculos con Frank País y la DN, quien lo envió a Cienfuegos como su representante durante el alzamiento del 5 de septiembre de 1957. Como representante militar del Movimiento, se movió entre ellos hasta el triunfo de la revolución. Fue ministro de transporte y ha dirigido varios cuerpos militares.

Canto Bory, Enrique: Santiago de Cuba (1909). Hombre de negocios y organizador y dirigente de grupos de Acción Católica, estrechamente vinculado al Arzobispo de Santiago de Cuba. Muy relacionado con los consulados de Estados Unidos y España. La ayuda a los revolucionarios se convirtióen militancia, trabajando bajo Frank País, quien lo nombra tesorero nacional y lo pone al frente de su seguridad y búsqueda y traslado de escondites. Al ser País asesinado, Canto es perseguido y se asila en España, donde lo sorprende el 1 de enero. Regresa luego a Cuba pero es detenido en 1962 y condenado a 20 años de prisión. En 1973 es enviado a Madrid y de ahí se traslada a Puerto Rico, donde fallece en 1962.

Carrillo, Justo: Economista. Revolucionario anti-machadista. Fundador y primer presidente del BANFAIC durante el gobierno de Carlos Prío. Creía en la tesis de que no podía haber una revolución contra el ejército ni sin el ejército. Por eso mantuvo contactos con elementos honrados de los cuerpos armados a través de su "Agrupación Montecristi". Después de trabajar un tiempo en la burocracia castrista, se exilió en Estados Unidos en enero de 1960, y allí murió.

José Álvarez

Carvajal Solás, Orlando: San Luis (1933). Nació en un hogar humilde. Tiene que abandonar los estudios de primaria para trabajar la tierra. Su familia se traslada a Santiago de Cuba y Orlando se dedica a vender frutas. Ingresa muy joven en la Juventud Ortodoxa y luego en el Movimiento 26 de Julio. El 19 de abril de 1956 sale en un comando a cumplir una misión y es herido junto a Carlos Díaz, llevados al Hospital Militar donde son rematados.

Castellanos, Baudilio: Natural de Marcané, Oriente. Compañero de Castro en la Universidad de la Habana. Sirvió de abogado defensor en numerosas causas de personas acusadas de actividades subversivas. Ayudó a redactar varios documentos de contenido ideológico para el M-26-7. Después de 1959, ocupó la presidencia del INIT, fue embajador en Francia y consejero en el Ministerio de la Industria Básica, cuando murió en La Habana el 14 de abril de 2002.

Castilla Mas (Aníbal), Belarmino: Santiago de Cuba (1934). Militó en varias organizaciones hasta ingresar en el Movimiento 26 de Julio. Durante la huelga del 9 de abril de 1958, una grupo de militantes, al mando de René Ramos Latour , atacó el cuartel de Boniato. Cuando se retiran, se convierten en una Columna independiente. Cuando Daniel baja a Santiago a conferenciar, deja a Castilla al mando de la tropa rebelde. Llega la orden de entregar la columna a Raúl Castro y es Castilla quien la cumple y pide disculpas y expresa sus deseos de luchar bajo las órdenes de Raúl Castro. Ya en el poder, desempeñó posiciones en el Ministerio de las Fuerzas Armadas, ministro de educación y vice-presidente del Consejo de Ministros. Falleció en La Habana el 20 de febrero de 2015.

Chaín Soler, Carlos. Palma Soriano. Realiza sus primeras actividades revolucionarias en su ciudad natal, pasando luego a formar parte de la dirección del Movimiento 26 de Julio,

FRANK PAÍS

ayudando a Frank País en su organización. Detenido el 30 de noviembre de 1956 es enviado a la cárcel de Boniato y luego a la de Isla de Pinos. Al salir, es enviado como Coordinador a la provincia de Camagüey. Luego sube a la comandancia hasta el triunfo de la revolución. Desempeñó posiciones en el exterior, el Ministerio del Interior, la industria ligera y la aduana general de la república. Falleció en La Habana el 15 de junio de 2012.

Chibás Rivas, Eduardo (Eddy): Santiago de Cuba (1907). Comenzó sus luchas políticas en la Universidad de la Habana en 1926. Dirigente del DRE. Electo miembro de la Asamblea Constituyente en 1940 y luego representante a la cámara. Su programa radial dominical era muy popular. Se separó del PRC(A) para fundar el PPC (Ortodoxo), quien lo postuló para presidente en 1948, perdiendo frente a Carlos Prío. Elegido senador por la Habana en 1950. Las encuestas lo daban como ganador de la presidencia en 1952 pero, al no poder presentar las pruebas de corrupción que involucraban al ministro Aureliano Sánchez Arango, se hizo un disparo el 5 de agosto de 1951 frente a los micrófonos. Su sepelio fue multitudinario.

Chibás Rivas, Raúl: Santiago de Cuba (1916). Dirigente del PPC (Ortodoxo). Optó por la línea insurreccional contra Batista, uniéndose al 26 de Julio. En la Sierra firmó el "Manifiesto de la Sierra" junto a Felipe Pazos y Fidel Castro. Antes de salir a representar la organización en el exilio, fue detenido y torturado durante varios meses. Tesorero del Comité del Exilio del M-26-7. Regresó a las montañas en agosto de 1958 con un cargamento de armas. Declinó la oferta de convertirse en presidente provisional y de pertenecer al primer gabinete. Escapó de la isla por mar en agosto de 1960. Murió en Miami en 2002.

Chomón Mediavilla, Faure: La Habana (1929). Dirigente estudiantil de la FEU y fundador del DR. Asaltante al palacio presidencial el 13 de marzo de 1957. Después de un breve exilio en Miami, regresó en una expedición en 1958, estableciéndose en el Escambray. Coordinó sus acciones con las columnas guerrilleras del M-26-7 de Cienfuegos y Guevara. Al triunfo de la revolución Castro reconoció su grado de comandante. Fue el primer embajador del gobierno revolucionario en la Unión Soviética. Luego desempeñó cargos en la administración y el PCC. Reside en la Habana.

Cienfuegos Gorriarán, Camilo: Lawton (1932). Al terminar sus estudios de primaria ingresó en la escuela de San Alejandro, trabajando de sastre al mismo tiempo. Tal vez el más popular de los comandantes rebeldes. Participó en actividades clandestinas hasta que marchó a México a ingresar las fuerzas expedicionarias. Aguerrido combatiente, Castro lo puso al frente de una columna invasora y logró alcanzar la provincia de Las Villas. Al escapar Batista, ocupó el campamento militar de Columbia. Cuando los hermanos Castro decidieron crear un Ministerio de las Fuerzas Armadas, Cienfuegos mostró su disgusto. Castro lo envió a detener a Huber Matos cuando renunció a fines de octubre de 1959. En uno de los viajes a Camagüey desapareció en la avioneta que lo transportaba y nunca se encontró.

Cowley Gallegos, Fermín: La Habana (1907). El 10 de marzo de 1952 se encontraba de teniente en el Cuartel Moncada. Se pasa al lado de los conspiradores y es ascendido de inmediato. Lo trasladan para el Regimiento de Holguín en mayo de 1956. Allí se pone al frente de la represión. Además de los crímenes esporádicos en el municipio, se le acusa de ser el responsable de las Pascuas Sangrientas de 1956 y los asesinatos de los expedicionarios del yate Corynthia el 25 de mayo del año siguiente. La Dirección del Movimiento 26 de Julio envió órdenes de que se ajusticiara, hecho que ocurrió el 23 de noviembre de 1957.

FRANK PAÍS

Crespo Arias, Abelardo: Cienfuegos (1924). Temprano opositor a la dictadura de Batista. Asaltante al Cuartel Moncada. Herido y hecho prisionero, fue juzgado junto a Fidel Castro y condenado a 10 años de prisión. Después de ser amnistiado, permaneció en Cuba realizando actividades revolucionarias hasta que, debido a sus viejas heridas, salió al extranjero a fines de 1958. Regresó para ocupar diversas posiciones, incluyendo la Marina de Guerra Revolucionaria y en el servicio diplomático. Ya jubilado, falleció en La Habana el 30 de octubre de 2007.

Cuadras de la Cruz, Gloria: Santiago de Cuba (1911). Nació en una familia pudientes, aunque padeciendo del mal de Pott por la cual tuvo que someterse a numerosas intervenciones quirúrgicas. Luchadora incansable contra la dictadura de Gerardo Machado y luego dirigente del Movimiento 26 de Julio. Amiga de Frank País, participó en el levantamiento del 30 de noviembre de 1956 y, ya muerto, en la huelga del 9 de abril de 1958. Sufrió prisión y, al ser puesta en libertad, marchó con su esposo a la Sierra Maestra. La derrota de la dictadura la sorprende en el II Frente Oriental. Ocupó diversas posiciones y falleció en su ciudad natal el 26 de agosto de 1987.

de la Nuez (Basilio), José: Santiago de Cuba. Dirigente del sindicado de trabajadores telefónicos. Ingresó en el Movimiento 26 de Julio y llegó a ocupar la posición de responsable nacional de la sección obrera. Se encontraba reportando a Frank País el resultado de un recorrido por las distintas secciones provinciales cuando fueron sorprendidos en casa de Raúl Pujol, siendo este asesinado junto a País. de la Nuez se exilió en Ecuador y regresó a Cuba al triunfo de la revolución. Nunca fue nombrado a cargo alguno. Regresó al exilio, muriendo en la ciudad de Miami.

de los Santos Tamayo, Asela: Santiago de Cuba (1929). Graduada de pedagogía en 1954, ya incorporada a la lucha contra la dictadura de Batista. Estrecha colaboradora de Frank País, realizó numerosas tareas bajo sus órdenes. En agosto de 1958 se incorpora a las guerrillas del II Frente Oriental, donde se encontraba al triunfo de la revolución. Desempeñó posiciones relacionadas principalmente con la educación, tanto en la rama civil como en la militar. En la actualidad reside en La Habana y labora como analista de la Oficina de Historia de las FAR.

del Río Chaviano, Alberto: Participa activamente en el golpe de estado de Batista en 1952. Al frente del cuartel Moncada de Santiago de Cuba cuando el asalto de 1953. Ha sido responsabilizado de la matanza que ocurrió después con los prisioneros. Al final de 1958, participó en actividades conspirativas. Se escapa hacia Santo Domingo y luego hacia Estados Unidos, donde vivió hasta su muerte.

Despaigne Noret (Mano Negra), Enrique. Uno de los más crueles asesinos de la dictadura batistiana, acusado de participar en 53 crímenes. Juzgado junto a 72 de sus compañeros fueron fusilados en la madrugada del 12 de enero de 1959.

Díaz Fontaine, Carlos: Santiago de Cuba (1935). Hermano de Nano Díaz. Cursa hasta el octavo grado. Ingresa muy joven en la Juventud Ortodoxa, luego en el Movimiento 26 de Julio. Junto a su hermano, son inseparables compañeros de los hermanos País. Participó en el asalto al Club de Cazadores y a la estación de policía del Caney. El 19 de abril de 1956 es herido junto a Orlando Carvajal y trasladado al Hospital Militar donde fueron asesinados.

Díaz Fontaine (Nano), Emiliano Alberto: Santiago de Cuba (1936). Nació en humilde hogar. Desde temprano se opuso a la dictadura de Batista y fue, tal vez, el compañero de Frank País más identificado con él pues lo llevó al asalto al Club de Cazadores, a la estación de policía de El Caney, al levantamiento del 30 de noviembre de 1956 y, por fin, a la Sierra Maestra como integrante del primer refuerzo enviado por País. Murió en el combate de El Uvero el 28 de mayo de 1957.

Díaz-Balart Gutiérrez, Mirta: Banes (1928). Hija del alcalde de la ciudad, cursaba estudios en la Universidad de la Habana cuando contrajo matrimonio con Fidel Castro. El matrimonio se disolvió cuando ya el hijo Fidelito había nacido y el esposo guardaba prisión por los sucesos del Moncada. La ex esposa contrajo nuevas nupcias con Emilio Núñez Blanco, hijo del antiguo embajador cubano ante Naciones Unidas Emilio Núñez Portuondo. Reside en Madrid.

Domitro Terlebauca, América. Guanabacoa (1935). Hija de inmigrantes ucranianos que trasladaron su familia al poblado de El Caney, cercano a Santiago de Cuba. En la Iglesia Bautista conoció a Frank y se comprometieron solo para verlo asesinado meses después. Su trayectoria revolucionaria fue larga: participó en el secuestro de Juan Manuel Fangio; en el acuartelamiento de la huelga del 9 de abril; planeó atentados y fue detenida en diversas ocasiones. Finalmente subió al II Frente Oriental, donde la sorprendió la huida del tirano. Después desempeñó numerosas posiciones en los ministerios de Defensa y Relaciones Exteriores hasta que falleció el 3 de marzo de 1971.

Domitro Terlebauca, Taras. Hermano de América, desempeñó un importante papel durante la lucha clandestina al lado de Frank País. Después del triunfo formó parte del gobierno provincial de Oriente en calidad de tesorero y más tarde ingresó como oficial en las Fuerzas Armadas Revolucionarias. Su muerte parece fue causa de suicidio.

Duque de Estrada, Arturo. Manzanillo (1928).Compañero de Frank País en el magisterio. Es maestro desde una escuelita en la Sierra Maestra hasta el Colegio Dolores de Santiago de Cuba. Se une a las dos organizaciones que funda País, pasando luego al

José Álvarez

Movimiento 26 de Julio, convirtiéndose en su secretario. El telegrama anunciando la salida de los expedicionarios llega a su nombre y dirección. Sufrió un derrame cerebral y estando hospitalizado se produce el asesinato de Frank País. Continuó en sus tareas revolucionarias hasta el triunfo. Luego ejerció varios cargos administrativos relacionados con la reconstrucción y preservación de lugares y obras históricas hasta morir en Santiago de Cuba el 5 de noviembre de 1994.

Echeverría Bianchi, José Antonio: Cárdenas (1932). Estudiante de arquitectura en la Universidad de la Habana. Revolucionario desde el 10 de marzo. Presidente de la FEU desde 1954 hasta su muerte. Detenido, golpeado y encarcelado en varias oportunidades. A finales de 1955, funda el DR. En agosto de 1956 firma con Fidel Castro una declaración de unidad de principios y esfuerzos en derrocar a la dictadura. El 13 de marzo de 1957 dirige la toma de la emisora Radio Reloj para anunciar la muerte de Batista y muere en un enfrentamiento con la policía al regresar a la Universidad.

Espín Guillois, Vilma: Santiago de Cuba (1930). Se gradúa de ingeniería química con calificaciones brillantes en la Universidad de Oriente. Sus padres la envían al Massachussets Institute of Technology (MIT) a realizar un post-grado de un año, que no termina. A su regreso a Cuba, en el verano de 1956, pasa por México, donde conoce a Castro y su grupo, recibiendo mensajes para entregar en Cuba. Se dedica por entero a labores del M-26-7. Sirve de enlace con las guerrillas. Se alza en el II Frente Oriental de Raúl Castro, con quien contrae matrimonio en enero de 1959. Fue nombrada presidenta de la FMC y en altos cargos en el PCC. Murió en la Habana en 2007.

Fernández Font, Marcelo: Cárdenas (1932). Primer expediente de bachiller en su curso en el Instituto de su ciudad natal. Miembro de la DN del M-26-7, responsable nacional de

FRANK PAÍS

propaganda y coordinador nacional después de la reestructuración del 3 de mayo de 1958. Después del triunfo revolucionario ocupó altas posiciones como ministro presidente del Banco Nacional y vice-ministro de comercio exterior. Murió en La Habana el 3 de enero de 2005.

Fernández-Saborit García, Orlando. Cursó y terminó sus estudios en la Academia Naval del Mariel. Licenciado después del golpe de estado de Batista, trabajó en la marina mercante. Se encontraba conspirando con otros ex oficiales de la Marina de Guerra cuando fu designado para entrevistarse con Frank País y unir sus fuerzas a las del M-26-7. País y él tuvieron una fructífera reunión en Santiago de Cuba, pero la segunda no pudo realizarse debido al asesinato de Frank. Condenado a prisión por el alzamiento del 5 de septiembre de 1957, fue enviado al Presidio Modelo de Isla de Pinos, donde permaneció hasta el triunfo de la revolución. Al salir en libertad fue asignado a la Marina pero luego se desaparece de la vida política. Reaparece como testigo en la causa 20/1962 al estar infiltrado en un grupo subversivo, contra los que declara y son fusilados dos ciudadanos. Después de jubilarse se dedicó a escribir sobre literatura y poesía en el periódico Juventud Rebelde. Falleció en La Habana

Figueroa Araujo, María Antonia: Santiago de Cuba (1918). Maestra, activista de la Ortodoxia desde muy joven. Fundadora del M-26-7; le habla a Fidel Castro de Frank País y se le indica ir con Léster Rodríguez a organizarlo en Oriente. Participa activamente en el Movimiento en Santiago. El 30 de noviembre está con la DN en el cuartel general. Desempeña la tesorería nacional hasta el verano de 1957. Ha ocupado varios cargos relacionados con la educación en el gobierno de Fidel Castro. Murió en la capital a fines de marzo de 2017.

Figueroa Araujo, Max Enrique: Santiago de Cuba (1913). Se crió en un hogar de educadores. Estudió y ejerció el magisterio.

José Álvarez

Luego desempeñó posiciones administrativas en la Escuela Normal y la Universidad de Oriente. Protestó contra el golpe de Batista y se tuvo que exiliar en Honduras. Fue uno de los designados por Frank País para redactar la Tesis Económica del 26 de Julio. Después del triunfo revolucionario trabajó en la reforma del sistema educacional y representó a Cuba en numerosos eventos internacionales. Falleció el 8 de septiembre de 1996.

Franqui, Carlos: Cifuentes (1921). Escritor, periodista, poeta, crítico de arte y activista político. Ingresó muy joven en la juventud socialista para romper luego con la organización. Dirigente del M-26-7. Fue encarcelado y torturado, marchando al exilio mexicano cuando Castro aun se encontraba allí. Regresa a Cuba y desarrolla lazos estrechos con Frank País. Es detenido de nuevo y enviado al Castillo del Príncipe en la capital. Al abandonar la cárcel, se alza en la Sierra Maestra y le asignan la propaganda, incluyendo la radio rebelde y la publicación del periódico clandestino *Revolución*, que dirigió hasta después del triunfo. A mediados de los años 60 le permitieron ir a residir en Italia, pero rompió con el régimen en 1968. Se mudó a Puerto Rico en 1990, donde falleció el 16 de abril de 2010.

Frómeta, Elia. Guantánamo. Conoció a Frank País el primer día de clases en la Escuela Normal de Santiago de Cuba, cuando País le cedió su asiento en el aula completamente llena. Luego se comprometieron y tuvieron una larga relación. Ella vivía en Guantánamo, a donde Frank viajaba por motivos de la Iglesia Bautista y la causa revolucionaria. La relación se rompió porque ella demandaba el tiempo que País no tenía. Después del derrocamiento de la dictadura, Frómeta ocupó varios cargos, incluyendo la membresía en la Asamblea Nacional del Poder Popular (ANPP).

Gálvez Rodríguez, William: Holguín (1933). Cursó la primaria en su ciudad natal, luego se trasladó a Santiago de Cuba donde se matriculó en la escuela nocturna del Instituto de Segunda Enseñanza. Se vincula a las luchas estudiantiles y sufre prisión. Ingresa en el M-26-7 y es designado jefe de acción y sabotaje. Estando en la clandestinidad, planea y co-ejecuta el atentado que le costó la vida al coronel Fermín Cowley Gallegos. Se alza y alcanza el grado de comandante. Después del triunfo de la revolución desempeñó posiciones militares y luego se dedicó a escribir pasajes de la lucha revolucionaria. Reside en La Habana.

García Aspurú, Armando. Florida (1926). Se traslada con su madre a Santiago de Cuba donde cursó sus estudios de primaria para luego dedicarse a trabajar. Se integra al M-26-7 después del 30 de noviembre de 1956, llegando a convertirse en un aliado cercano de Frank País. Participa en casi todas las acciones y se convierte en jefe de célula, es ascendido luego a capitán y colocado al frente de una compañía de las milicias. El 22 de octubre de 1957 los esbirros tocaron a su puerta. Fue torturado y asesinado ese mismo día.

García Bárcena, Rafael: Güines (1907). Profesor de filosofía de la Universidad de la Habana y de la Escuela Superior de Guerra. Poeta y escritor. Miembro del DER. En 1952-53 fundó el MNR, compuesto por estudiantes y militares. Su intento de tomar sin violencia la fortaleza militar de Columbia el 5 de abril de 1953 fue delatado y los complotados encarcelados. Al desintegrarse su organización, muchos de sus dirigentes ingresaron en el 26 de Julio. Formó parte del cuerpo diplomático del gobierno revolucionario. Falleció en La Habana en 1963.

Gómez Ochoa, Delio: Cacocúm (1929). Sube a la Sierra Maestra en 1957 y es ascendido a capitán. En mayo de 1958 es enviado a hacerse cargo del Movimiento en la Habana. Cuando regresa, casi al final de la contienda, lo hacen comandante jefe del IV Frente Oriental, donde lo sorprende la victoria. Con el apoyo oficial, organiza una expedición para derrocar a Trujillo en

José Álvarez

República Dominicana. El 14 de junio de 1959 sale rumbo a la isla caribeña, pero sólo sobrevivieron unos pocos y Gómez Ochoa es hecho prisionero y devuelto a Cuba años después. Aunque es general pasivo de las FAR, reside en República Dominicana, donde recibe una pensión del estado.

Grau San Martín, Ramón: La Palma (1889). Médico, político y profesor de fisiología de la Universidad de La Habana. Participó en la lucha contra Machado. Presidente de la República entre 1933 y 1934, año en que fue depuesto por el coronel Fulgencio Batista. En 1940 aspiró por el PRC (Auténtico), pero la victoria la obtuvo Batista. En 1944 fue elegido presidente por el partido AR, y desempeñó este cargo hasta 1948. Su administración acabó con la censura y realizó importantes mejoras sociales, pero permitió el aumento de la corrupción y las bandas gansteriles. En 1948 le sucedió en la presidencia Prío Socarrás. En 1956 volvió a presentar su candidatura, pero luego eligió el retraimiento. Fue un opositor tenaz al régimen de Castro y el único de los políticos tradicionales que permaneció en la isla hasta su muerte en 1969.

Grillo Longoria, José Antonio: Santiago de Cuba (1919). Militó y dirigió organizaciones de izquierda en la Universidad de la Habana mientras cursaba los estudios de Derecho. Una vez graduado, defendió obreros y campesinos, luego a los militantes del Movimiento 26 de Julio. Sufrió persecución y presidio. Al triunfo de la revolución fue profesor de la escuela de derecho de la Universidad de la Habana. Entonces cambió las ciencias jurídicas por la literatura y produjo numerosas obras. Falleció en La Habana el 4 de agosto de 2000.

Guitart Rosell, Renato: Santiago de Cuba (1930). Estudió en la Escuela Profesional de Comercio de su ciudad natal. Se une al PPC de Chibás. Se enfrenta al golpe de estado de Batista del 10 de marzo de 1952 y es uno de los que fueron al cuartel Moncada a pedir armas para resistir el golpe. Co-fundador de AL. Conoce a

Castro en el entierro de Rubén Batista, estudiante asesinado en una manifestación y se une al grupo de "la juventud del centenario". Viaja en el auto vanguardia a tomar la posta 3, pero al fracasar el elemento sorpresa, no llegó a entrar y muere disparando en la misma posta.

Guiteras Holmes, Antonio: Filadelfia (1906). Ingresó en la Universidad de la Habana. Trabaja luego como viajante de productos farmacéuticos en Cuba. Participa en la lucha contra la dictadura de Machado. Fundó "Unión Revolucionaria" y fue nombrado Ministro del Interior durante el gobierno del Dr. Grau San Martín a la caída de Machado. A él se deben muchas de las reformas implementadas durante esa época. Después se radicalizó aún más y fundó "Joven Cuba", una organización inspirada en el anti-capitalismo y el nacionalismo de José Martí. Perseguido por las autoridades, fue sorprendido cuando trataba de salir de la isla en la playa del Morrillo, Matanzas, muriendo junto a su compañero Carlos Aponte el 8 de mayo de 1935.

Guerra Matos, Felipe: Natural de Manzanillo. Ingresa en el M-26-7 desde su fundación, trabajando junto a Celia Sánchez en los preparativos del recibimiento del Granma. Luego formó parte del grupo que sostuvo a la incipiente guerrilla. Era guía, mensajero, militante, organizador. Condujo al campamento rebelde a la DN en su primera reunión, al periodista Matthews, a los jóvenes del primer refuerzo enviado por País, y a muchos más. Se alza definitivamente meses después, alcanzando el grado de capitán. Al triunfo de la revolución fue puesto al frente de un nuevo instituto de deportes. Luego ha desempeñado distintas posiciones administrativas. Reside en la Habana.

Hart Dávalos, Armando: Habana (1930). Joven abogado, hijo de un miembro del Tribunal Supremo, es de los fundadores del MNR, pasando luego a integrar el 26 de Julio. Formó parte de la DN desde el principio. Participó en la coordinación de los sucesos del 30 de noviembre de 1956. Contrajo matrimonio con Haydée Santamaría en la clandestinidad. Detenido en 1957 protagonizó una fuga espectacular en la Audiencia de la capital. Apresado de nuevo cuando bajaba de la Sierra fue enviado a la prisión de Isla de Pinos hasta el 1 de enero de 1959. Formó parte del primer gabinete con la cartera de educación, luego cultura, y ha desempeñado también posiciones partidistas. Falleció en la Habana el 26 de noviembre de 2017.

Haza Grasso, Bonifacio: De un puesto de guardajurado en una empresa minera saltó a la policía nacional al producirse el golpe de estado del 10 de marzo de 1952. Los servicios prestados le ganaron un ascenso a capitán y el nombramiento de segundo jefe de la policía santiaguera. La familia todavía mantiene que Haza no cometió ningún crimen. Si llegó a apretar el gatillo o no es irrelevante ante el hecho de que estuvo a cargo de la policía nacional durante una época donde reinaba el terror en la ciudad debido a lo que estima fueron más de 300 asesinatos, Haza estuvo entre los 72 fusilados en la Loma de San Juan el 13 de enero de 1959.

Hernández Rodríguez del Rey, Melba: Cruces (1921). Graduada de Derecho. Acompañó al grupo que tomó el hospital civil cuando el asalto al cuartel Moncada. Fue condenada a prisión en la cárcel para mujeres de Guanajay, donde cumplió seis meses. Desde entonces, ella y Haydée Santamaría se convirtieron en las representantes del grupo preso en Isla de Pinos. Fundadora y activista del M-26-7. Casi al final de la contienda se une a las tropas del III Frente Oriental, entrando en Santiago de Cuba el 1 de enero. Ha ocupado diversos cargos administrativos y en el cuerpo diplomático. Falleció en La Habana el 9 de marzo de 2014.

Ibarra Cuesta, Jorge Ramón. Santiago de Cuba (1931). Cursó la primaria en el Colegio De la Salle y el bachillerato en Estados Unidos. Se graduó de abogado en la Universidad de Oriente.

FRANK PAÍS

Participó en la lucha contra la dictadura de Batista en su ciudad. Después del triunfo de la revolución desempeñó cargos en el Consejo Nacional de Cultura, las Fuerzas Armadas Revolucionarias, el Instituto Cubano de Radio y Televisión y el Instituto de Historia. Es en esta última rama donde se destaca publicando una serie de obras que ayudan a comprender el proceso de formación de la nación cubana. Falleció en La Habana en junio de 2017.

Ibarra, Laureano: Abogado santiaguero que adquirió renombre durante la dictadura de Batista. Fue director de la Escuela Normal, administrador de la Zona Fiscal, y candidato a gobernador de Oriente en las elecciones que no se celebraron. Era también abogado del Regimiento militar. Se comentó que una supuesta amante había denunciado el escondite de Frank País, lo cual se desmiente en el primer libro de esta trilogía. Escapó de Cuba al derrocamiento de la dictadura.

Iglesias Fonseca (Nicaragua) , Carlos. Milita junto a Frank País. Participa en numerosas acciones y es detenido. El 12 de agosto de 1958, cuando era trasladado en tren de La Habana a Santiago de Cuba para ser juzgado, fue liberado por un comando que asaltó al tren en un puente cercano a San Luis, donde perecieron 11 militares y 5 de los asaltantes. Se alzó en el II Frente Oriental obteniendo el grado de comandante al frente de la columna 16 "Enrique Hart". Al triunfo de la revolución fue miembro del segundo tribunal que juzgó a los aviadores del régimen anterior. Luego desempeñó posiciones en las fuerzas armadas. Reside en La Habana.

Infante Urivazo, Enzo Alfonso: Victoria de las Tunas (1930). Se traslada pronto para Santiago de Cuba, donde luego ingresa en la Escuela Normal, trabajando como maestro en varios planteles. Ingresó en el Movimiento 26 de Julio junto a Frank País y Pepito Tey. Participó en el alzamiento del 30 de noviembre de 1956.

José Álvarez

Ocupó un puesto en la Dirección Nacional, además de la propaganda en Oriente, coordinación en Camagüey y el comité de huelga del 9 de abril de 1958. Al triunfo de la revolución fue nombrado jefe del Departamento de Asistencia Técnica, Material y Cultural al Campesinado, adscrito al Ministerio de Defensa. Ha ocupado otras posiciones en el área de la enseñanza. Reside en Cuba.

Jiménez, Alina: Guantanamera. Confidente de Frank País, a quien conoció en eventos de la Iglesia Bautista. País le escribió cartas que reflejaban su estado de ánimo por la carga inmensa que pesaba sobre sus hombros. Desafortunadamente, no parece que se hayan publicado las cartas de Jiménez a País.

Llerena, Rafael Mario Ramón: Placetas (1913). Asistió al Princeton Theological Seminary, pero luego cambió de carrera y trabajó como profesor en la Universidad de Duke antes de regresar a Cuba, donde recibió un doctorado en filosofía y letras. Conoció a Fidel Castro durante la organización del 26 de Julio. Llegó a ocupar posiciones altas en el Comité del Exilio. Fue uno de los representantes en la firma del Pacto de Miami. Renunció al Movimiento antes del triunfo por razones ideológicas. Regresó a Cuba después del 1 de enero de 1959 pero se volvió a exiliar en 1960. Murió en Miami en 2006.

César López: Santiago de Cuba. Confidente de Frank País. Se conocieron en la Iglesia Bautista. Cuando López matricula medicina en la Universidad de la Habana ambos comienzan un intercambio epistolar que conmueve. En España recibió el futuro famoso poeta la noticia de su asesinato. Regresó a Cuba y ocupó varios cargos en el servicio exterior y el área de la cultura. Ya siendo famoso padeció el exilio interno al prohibírsele publicar durante 15 años por haber condenado los campos de trabajo forzados existentes en la capital. Ya reincorporado a la vida cultural del país tuvo a su cargo la apertura de la Feria del Libro de

FRANK PAÍS

2007 sorprendió a los presentes, entre ellos Raúl Castro y el ministro de cultura Abel Prieto cuando recordó a varios escritores del exilio. Ha sido acreedor a numerosos premios, entre ellos, el Premio Nacional de Literatura. Reside en La Habana.

Lucero Moya, Oscar: Central Miranda (1928). Estudió el bachillerato en Santiago de Cuba. Conoce a Frank País, con quien alterna la presidencia de la juventud bautista. Se rebela contra el golpe del 10 de marzo e ingresa en la Ortodoxia. Fundador de AL, ARO y ANR. Se gradúa de bachiller y matricula Derecho en la Universidad de Oriente. Participa en el frustrado alzamiento del central Miranda. Es enviado a Holguín para reorganizar el Movimiento y planear un atentado al jefe de la plaza militar. Luego pasa a la capital como jefe de acción. Participa en el secuestro de Juan Manuel Fangio y en la huelga del 9 de abril de 1958. Es detenido el 30 de abril y torturado durante 20 días hasta morir el 19 de mayo de 1958. Sus compañeros le llamaron "el mártir del silencio".

Maceo Grajales, Antonio (1848-1896): Nació en Santiago de Cuba, en una familia mestiza. Fue de los primeros en acudir al llamado de Céspedes en la guerra de los diez años. Cinco años más tarde ya había alcanzado el grado de general. Cuando la mayoría de los combatientes quería terminar la guerra, Maceo se alzó en la "Protesta de Baraguá" resistiendo un tiempo más. Al dejar las armas, marchó al extranjero. Regresó al comienzo de la última guerra en 1895 como segundo al mando, donde escenificó la invasión de oriente a occidente, cubriendo más de 1,500 kilómetros en tres meses y librando 72 combates en el recorrido. Murió el 7 de diciembre.

Machado Morales, Gerardo: Camajuaní, Las Villas (1871). Se unió a los alzados de 1895. Su audacia le valió el grado de general. Fue presidente por el Partido Liberal. Sirvió en la administración liberal de José Miguel Gómez. Electo el quinto presidente de Cuba

José Álvarez

de 1925-1929. No quiso abandonar el poder y se re-eligió de manera anti-constitucional. Quería modernizar el país, pero se había convertido en un déspota. Fue derrocado el 13 de agosto de 1933. Marchó al exilio, radicándose en Miami donde murió en 1939.

Martínez Sánchez, Augusto: Mayarí (1923). Abogado. Se alza en el II Frente Oriental y es nombrado en posiciones administrativas. Aunque no combate, baja con el grado de comandante. Cuando renuncia el primer ministro del trabajo, Martínez Sánchez ocupa su puesto. Luego escenifica un frustrado intento de suicidio en 1964. Después de ese incidente, apenas aparece en los medios de difusión. Murióen La Habana en 2013.

Masferrer Rojas, Rolando: Holguín (1918). Descendiente de generales mambises. Al principio de su juventud fue un militante de izquierda que lo llevó a pelear en España por la República. y a militar en el Partido Socialista Popular. Derivó entonces hacia la derecha. Trabajó en periódicos de la capital. Al ser expulsado del PSP, fundó el Movimiento Socialista Revolucionario, convirtiendo la organización en una pandilla y a él en un gánster. Aunque se opuso al golpe de Batista, luego se unió a la dictadura para servirla como el jefe de una pandilla de matones que asesinaron personas en toda la isla. Logró huir de Cuba a la caída de la dictadura. En Miami se dedicó a actividades contra el gobierno cubano hasta que murió víctima de una explosión intencional en su auto el 31 de octubre de 1975.

Matos Benítez, Huber: Yara (1918). Al graduarse de maestro normalista se matricula en pedagogía en la Universidad de la Habana. Dirigente sindical en el ramo de la educación. Se opone al golpe de estado y comienza a conspirar, lo que lo obliga a exiliarse en Costa Rica. Regresa en un avión cargado de armas para la Sierra Maestra. Castro lo asciende a comandante y lo pone al mando de la columna 8 "Antonio Guiteras". Participa en numerosos combates y en el cerco a Santiago de Cuba. Va al lado de Fidel Castro en la Caravana de la Libertad. Nombrado jefe de la plaza de Camagüey, se disgusta por la influencia de los comunistas y envía su carta renuncia. Fidel lo manda a detener y le celebras un juicio donde es condenado a 20 años, los cuales cumple hasta el último día. Muere en el exilio de Miami el 27 de febrero de 2014.

Matthews, Herbert L. (1900-1977): Neoyorkino de nacimiento. Reportero y editorialista famoso del New York Times, cuya notoriedad aumentó con su entrevista a Castro en la Sierra Maestra en febrero del 57. Su serie de tres artículos impactó el mundo. Luego continuó escribiendo sobre Cuba y muchos de sus colegas lo consideraban parcializado en favor de Castro.

Mella, Julio Antonio. La Habana (1903). Dirigente estudiantil y fundador de la Federación Estudiantil Universitaria (FEU) y del Partido Comunista de Cuba. Fundador de revistas y escritor de estas y otras publicaciones. Luchador incansable contra la dictadura de Gerardo Machado. Marchó al exilio en México donde fue asesinado el 10 de enero de 1929.

Miret Prieto, Pedro: Santiago de Cuba (1927). Estudiante de ingeniería civil en la Universidad de la Habana. Se unió al grupo de Castro y formó parte del asalto al cuartel Moncada, donde fue herido. Fundador del M-26-7 en 1955, ocupó altos cargos desde el principio. No participa en la invasión, pero llega a Cuba en 1958 y es ascendido a comandante en diciembre de 1958. Ocupó el cargo de sub-secretario de defensa nacional en el primer gabinete de la revolución. Ha desempeñado altos cargos militares y civiles y en el PCC, siendo miembro de la ANPP y vicepresidente del Consejo de Ministros desde 1994. Falleció en La Habana el 15 de enero de 2016.

José Álvarez

Montseny Villa (Canseco), Demetrio: Guantánamo (1930). De origen humilde, trabajó de niño como mensajero de farmacia. Fue viajante de productos farmacéuticos y, después de muchos esfuerzos, logró ingresar en los ferrocarriles como retranquero. Conoció a Frank País en una visita a Guantánamo cuando se formó la primera célula en su ciudad. Se dedicó a las tareas revolucionarias. Era uno de los presentes en la casa de Raúl Pujol cuando este y País fueron asesinados. Luego se alzó en el II Frente Oriental y participó en numerosos combates. Al triunfo de la revolución desempeñó varios cargos en las fuerzas armadas y el ministerio de industrias. Más tarde fue jefe de fronteras en el área de la Base Naval de Caimanera. Fue agregado militar en dos embajadas en el extranjero. Falleció en La Habana el 27 de junio de 2011.

Morán Arce, Lucas: Baire (1919). Graduado de abogado en la Universidad de La Habana. Se traslada a Santiago de Cuba donde ejerce su profesión e imparte docencia en la Universidad de Oriente. Tuvo posiciones de liderazgo en el M-26-7 y el MRC, obteniendo el grado de capitán del Ejército Rebelde en la Sierra Maestra. En Miami participa en la firma del Pacto de Miami. Regresa al II Frente Oriental y es perseguido y degradado. Lo expulsan del territorio rebelde. Después del triunfo revolucionario se marcha de Cuba a Miami en 1969, muriendo en Puerto Rico en 1999.

Navarrete Sarlabús, Agustín. Santiago de Cuba (1933). De origen obrero, cursó sus estudios en su ciudad natal. Opuesto al golpe de estado desde el principio se incorporó a la lucha junto a Frank País, Dentro de las filas del Movimiento 26 de Julio participó en numerosas acciones yfue nombrado en posiciones de responsabilidad en varias provincias. Al triunfo de la revolución ocupó varios cargos en el Ministerio de Industrias y el servicio exterior. Fue fundador del Partido Comunista de Cuba. Falleció en La Habana el 3 de mayo de 2008.

FRANK PAÍS

Núñez González, Pastora: Marianao (1921). Fundadora del PPC Ortodoxo con Chibás. Activista política durante toda su vida. Militó en el 26 de Julio y se alzó en la Sierra Maestra. Fidel Castro la puso al frente del cobro del impuesto a la industria azucarera casi al final de la guerra, misión que cumplió exitosamente. En 1959 fue nombrada directora del recién creado INAV, organismo encargado de reemplazar la lotería nacional. Falleció en La Habana el 26 de diciembre de 2010.

Oltuski Ozacki, Enrique: Nació en la Habana en 1930. Estudió ingeniería arquitectónica en la Universidad de Miami, Florida. El empleo que obtuvo en una firma norteamericana cuando regresó a Cuba le valió para ocultar sus labores en el clandestinaje del M-26-7, en el que llegó a la posición de coordinador provincial de Las Villas. Fue el enlace del Movimiento con las columnas de Cienfuegos y Guevara al llegar al Escambray. Durante esa época sostuvo serias polémicas con Guevara por su honradez (Guevara quería que se robaran bancos para obtener más fondos) e ideología (Oltuski era un ferviente anti-comunista). Fue nombrado ministro de comunicaciones en el primer gabinete de Castro, luego pasó a trabajar como vice-ministro de Guevara y ha ocupado otras posiciones. Reside en la capital cubana.

Parellada Hechevarría, Otto: Santiago de Cuba (1928): Se opone al golpe de estado de 1952. Realiza diversas actividades políticas y subversivas. Desarrolla una estrecha amistad con Renato Guitart. Perteneció a AL. En 1954, planeó con varios compañeros un atentado contra el dictador, excavando un túnel. Descubiertos, fueron detenidos y enviados a prisión. Al salir de Boniato, Otto ingresa en el M-26-7. Frank lo designa jefe de grupo y su objetivo es el asalto al cuartel de la policía nacional el 30 de noviembre de 1956. Allí murió combatiendo.

Pascual Salcedo, Salvador: Santiago de Cuba (1934). Su padre era comerciante y su madre maestra. Logró estudiar derecho

José Álvarez

administrativo en la Universidad de La Habana. Trabajó en la tienda "La Francia" propiedad de los hermanos Canto. Ingresó en el Movimiento 26 de Julio, participando en numerosas acciones. La última tuvo lugar el 30 de junio de 1957 cuando, junto a Floro Vistel y Josué País se enfrento a la fuerza pública y perdió la vida.

Paz, Esperanza. Poco se sabe de esta señora sobre la que recae la acusación de Vilma Espín y algunos de sus allegados de haber denunciado el paradero de Frank País. Una discusión detallada aparece en el primer libro de esta trilogía.

Pazos, Felipe: Habana (1912): Economista de relieve internacional, fue miembro de la delegación cubana a la conferencia de Bretton Woods en 1944 cuando se crearon el Fondo Monetario Internacional y el Banco Mundial. Fundador y primer presidente del BNC de 1950 a 1952. Se opuso al golpe de estado de Batista y se enfrascó en actividades revolucionarias. En julio de 1957, junto a Raúl Chibás, subió a la Sierra Maestra para firmar el "Manifiesto de la Sierra" con Castro. Ocupó de nuevo la presidencia del BNC al triunfo de la revolución pero rompió con el régimen y marchó al exilio. Murió en Venezuela el 26 de febrero de 2001.

Pena Díaz, Félix L.: Santiago de Cuba (1930). De humilde cuna. Estudiante y dirigente de la Escuela de Comercio. Luchador incansable contra la dictadura y amigo de Frank País. Manifestaciones y huelgas, sabotajes y propaganda. Dirige las brigadas juveniles del 26 de Julio en el alzamiento del 30 de noviembre. Luego es elegido para integrar el primer refuerzo enviado a la Sierra Maestra. Participa en el combate de El Uvero. Marcha en la tropa de Raúl Castro a formar el II Frente Oriental, donde se distingue y es ascendido a comandante. Presidente del tribunal que juzgó a los pilotos de la dictadura, es criticado cuando los absuelve al no poder distinguir inocentes de culpables. Fidel Castro ordena un nuevo juicio y Pena es llamado a La

FRANK PAÍS

Habana. Nada se supo de las discusiones que se produjeron. El 14 de abril de 1959 se suicida en una de las oficinas de Ciudad Libertad.

Pérez Hernández, Faustino: Las Villas (1920). Se gradúa de medicina en la Universidad de la Habana. Sus estudios no le impiden fundar el MNR en Cabaiguán y luego el M-26-7 en el que integra su primera DN. Se marcha a México en 1956 y regresa en el Granma. Al sobrevivir, lo designan para organizar las fuerzas del Llano. Es destituido en la reunión del 3 de mayo de 1958 en Altos de Mompié, y se le ordena permanecer en la Sierra Maestra, donde lo sorprende el 1 de enero de 1959 con el grado de comandante. Perteneció al primer gabinete con la cartera de Recuperación de Bienes Malversados y luego, casi durante el resto de su vida, la dirección del INRH. Murió en la capital en 1992.

Piñeiro Losada, Manuel (Barba roja): Matanzas (1934). Cursó estudios en la universidad de Columbia en New York del 53 al 55. Ayuda a fundar el M-26-7 en Cárdenas. Es detenido y fichado por las autoridades. Se traslada a la Habana y luego se une a la columna de Castro en la Sierra Maestra. Marcha con Raúl Castro a establecer el II Frente Oriental, donde es nombrado jefe de la Dirección de Personal e Inspección, que incluía los servicios de policía e inteligencia. Recibe la estrella de comandante durante el cerco a Santiago de Cuba. De jefe de la plaza militar de Santiago en 1959, pasa a la capital a ayudar a formar los cuerpos de seguridad del estado. Ocupó durante muchos años la dirección del Departamento América del PCC, encargado de la subversión internacional. Muere en un accidente conduciendo su auto en la Habana en 1998.

Prío Socarrás, Carlos: Bahía Honda (1903). Luchó como presidente del DRE contra Machado. Miembro de la Asamblea Constituyente de 1940. Senador, ministro del Trabajo y Primer

José Álvarez

Ministro durante el gobierno de Grau San Martín (1944-48). Presidente en 1948, fue derrocado por el general Batista el 10 de marzo de 1952. Aunque durante su administración continuó la corrupción, se fundaron instituciones que pudieron ser pilares de una democracia estable. Marchó al exilio y se dedicó a combatir la dictadura. Fue fuente inagotable de recursos financieros para empresas insurrectas. Volvió a Cuba al triunfo de la revolución, pero regresó a Miami en 1960, done se suicidó el 5 de abril de 1977.

Pujol Arencibia, Raúl: Palma Soriano (1918). A temprana edad sus padres se trasladaron a Santiago de Cuba, donde realiza sus estudios de primaria. Desde joven comienza a trabajar de mensajero y aprendiz de dependiente de ferretería. Opuesto desde el comienzo a la dictadura de Batista, militó en varias organizaciones antes de ingresar en el Movimiento de Resistencia Cívica del 26 de Julio. Albergó a Frank País y a otros dirigentes revolucionarios y celebró reuniones en su hogar. El 30 de julio de 1957 la policía registraba su barriada en busca de País y Pujol acudió al lugar para tratar de salvarlo. Ambos fueron asesinados.

Ramírez, Clara Elena. Santiago de Cuba. Su mundo fue el de la danza. Lo inició en la Escuela de la Sociedad Pro-Arte Musical de su ciudad natal, continuando en la academia de Alicia Alonso en La Habana. Luego regresó a Santiago donde dirigió el Ballet de Bellas Artes en el Conservatorio. Su otra ocupación fue apoyar a la dirigencia del 26 de Julio encabezada por Frank País, a quien dio albergue en numerosas ocasiones. Al triunfo de la revolución, desencantada, marchó al exilio en Santo Domingo donde triunfó en sus campos antes de morir el 20 de febrero de 2007.

Randich Jústiz, Luis Mariano: Antiguo asistente al Instituto de Segunda Enseñanza de Santiago de Cuba conocía a Frank País y a otros revolucionarios que comenzaron su militancia siendo estudiantes. La policía lo reclutó y el teniente coronel Salas

FRANK PAÍS

Cañizares (quien no era de Santiago) lo mantenía junto a él para que lo reconociera e identificara. Eso fue lo que hizo la tarde del 30 de julio de 1957 en el barrio de San Germán. Murió víctima de un atentado que le hicieron en su hogar dos militantes del M-26-7 de apellidos Pichardo y Barthelemy el 8 de marzo de 1958.

Roca Ballesta, José Antonio: Odontólogo santiaguero, compañero de Fidel Castro en el Colegio Dolores. Los asesinatos después del asalto al Moncada le hicieron comenzar a colaborar con la causa insurrecta. Amigo de Enrique Canto, llegó a convertirse en su mano derecha en la búsqueda de escondites y el traslado a ellos de Frank País y otros dirigentes del M-26-7. Llegó a ocupar la tesorería del Movimiento. Se decepcionó cuando vio el rumbo del gobierno de Castro. Marchó al exilio donde ejerció su profesión en el área de Washington, DC, y en la actualidad vive con su esposa y compañera en sus actividades revolucionarias en el estado de Virginia.

Rodríguez Pérez, Léster: Santiago de Cuba (1927). Al terminar el bachillerato matricula ingeniería civil en la Universidad de La Habana. Participa en las luchas estudiantiles. Es reclutado por Fidel Castro y participa en la acción del Cuartel Moncada como jefe del grupo que ocupa el Palacio de Justicia. No es detenido y logra escapar. Regresa a Cuba para organizar y dirigir el Movimiento 26 de Julio, siempre al lado de Frank País. Es detenido cuando se dirigía a cumplir su misión la mañana del alzamiento del 30 de noviembre de 1956. Luego es liberado junto a la mayoría de los acusados. País lo envía al extranjero con varias encomiendas. Luego regresa al II Frente Oriental donde permanece hasta el 1 de enero de 1959. Desempeñó funciones en el servicio exterior y ministerios hasta su muerte ocurrida en 1998.

Rosell Soler, Luis Felipe: Santiago de Cuba (1939). Militante del Movimiento 26 de Julio desde su fundación. Era dueño de una

José Álvarez

florería y una pequeña finca cercana a Santiago de Cuba, y ambos negocios estuvieron siempre a disposición de Frank País. Después del triunfo revolucionario permaneció en su ciudad, donde reside aun en la actualidad.

Salas Cañizares, José María: Militar al que se le atribuyen numerosos crímenes durante la dictadura de Batista. Fue enviado a Santiago de Cuba como inspector general de la Policía pero vestía uniforme del Ejército. Fe el principal responsable del asesinato de Frank País. Logró escapar a la caída de la dictadura.

Sánchez Manduley, Celia: Manzanillo (1920). Hija de un médico a quien le apasionaba la política. En 1940 la familia se mudó a Pilón y Celia se impacta con la pobreza de los vecinos. Junto al padre, trabajó en el PPC. Se enfrentan a la dictadura de Batista e ingresó en el 26 de Julio. Junto a País, estructuró el recibimiento del Granma pero las condiciones no fueron propicias. Sirvió de enlace con la incipiente guerrilla y tuvo a su cargo su mantenimiento. Era la máxima representante femenina del Llano y no poseía cargo alguno en la organización. Luego se quedó en la comandancia, sirviendo de secretaria de Fidel Castro, entrando en Santiago de Cuba el 1 de enero de 1959. Fue secretaria de la presidencia y del consejo de ministros y trabajó en el departamento de servicios del consejo de estado. Murió en la Habana en 1980.

Santamaría Cuadrado, Haydée: Encrucijada (1922). Fue la hermana más afín a Abel. Con él estaba en el hospital civil el 26 de julio. Luego cumplió prisión en Guanajay, Pinar del Río. Al ser liberada junto a Melba Hernández, se dedica a hacer las gestiones de los moncadistas presos en Isla de Pinos. Fue una de las encargadas de sacar de la cárcel en forma clandestina el alegato de Castro. Miembro de la DN del Movimiento, estaba presente en el cuartel general el 30 de noviembre de 1956. Viajó varias veces a la Sierra en misiones especiales. Luego la envían al extranjero.

FRANK PAÍS

Regresa a Cuba al triunfo revolucionario. Fundó y dirigió la Casa de las Américas, a la que dedicó el resto de su vida. Se suicidó en la capital cubana el 26 de julio de 1980.

Sarría, Pedro: Primer teniente del ejército de Cuba. Se le acredita haberle salvado la vida a Fidel Castro después de apresarlo en las montañas cuando los sucesos del Moncada. Esa acción le acarreó problemas durante el resto del gobierno de Batista, hasta que fue detenido y sometido a juicio. Estuvo detenido en la Cabaña en 1957. Luego fue sancionado a prisión domiciliaria en 1958, donde lo sorprende el 1 de enero de 1959. Fidel Castro lo hizo jefe de su escolta ese mismo día.

Serguera Riverí, Jorge: Palma Soriano (1932). Abogado defensor de los revolucionarios santiagueros, incluyendo a Frank País. Fue Serguera el que reclamó el cadáver de País la tarde de su asesinato. Comandante del II Frente Oriental. Fue fiscal de los tribunales revolucionarios a la caída de la dictadura de Batista. Desempeñó misiones diplomáticas, siendo embajador en Argelia. Es más recordado por su represión al frente del Instituto Cubano de Radio y Televisión (ICRT) entre 1967 y 1974, cuando impuso la más férrea censura. Murió en La Habana en 2009.

Smith, Earl T. Rhode Island (1903). Estudió en la Universidad de Yale y comenzó a trabajar en la bolsa de New York. Fue alcalde de Palm Beach y embajador. Llegó a Cuba en junio de 1957 y, durante su recorrido por la isla, coincidió en Santiago de Cuba con el asesinato de País y Pujol, siendo testigo de la brutalidad policial contra un grupo de mujeres congregadas frente al ayuntamiento para darle a conocer la situación imperante en el país. Renunció el 20 de enero de 1959 y luego testificó en el congreso de Estados Unidos sobre la amenaza comunista en el Caribe. Falleció en Palm Beach el 15 de febrero de 1991.

José Álvarez

Soler Ledea, William: Jiguaní (1941). Al terminar la enseñanza primaria su familia se traslada a Santiago de Cuba. Estudia comercio y comienza a trabajar a los 14 años en una imprenta. Se une a los grupos formados por Frank País. Militando en el 26 de Julio, junto a Froilán Guerra, coloca una bomba en el estadio de béisbol. Son sorprendidos y detenidos, apareciendo torturados y asesinados el 30 de diciembre de 1956 en la carretera a Ciudamar. Acababa de cumplir 15 años.

Sotús Herrero, Jorge: Santiago de Cuba. Es de los primeros en unirse a Frank País en su ciudad natal. Participó en los comandos del 19 de abril de 1956, jefe del asalto a la Policía Marítima durante el alzamiento del 30 de noviembre de 1956, jefe del primer refuerzo enviado por País a la Sierra Maestra, héroe del combate del Uvero. Castro la envía a una misión al extranjero y participa en el Pacto de Miami, denunciado luego por Castro. Regresa a Cuba al II Frente Oriental y percibe la infiltración comunista. Se enfrente al nuevo régimen, es detenido y enviado a la Isla de Pinos, de donde escapa a Miami. Allí muere al producirse una falla en la electricidad de una lancha que preparaba para una nueva incursión a la isla el 1 de enero de 1964.

Tey Saint Blanckard, José (Pepito): Santiago de Cuba (1932). Termina la primaria en el colegio De La Salle. Tiene vocación de maestro y para ello se prepara. Dirigente estudiantil y amigo y compañero de Frank País desde temprana edad. Tras el golpe del 10 de marzo, funda el DER. Luego, junto a Frank, fundan otras organizaciones antes de pasar al 26 de Julio. Es detenido en varias ocasiones. Lo eligen presidente de la FEU oriental mientras trabaja de maestro en la escuela De la Salle. Asalta la estación de policía de El Caney en julio de 1955. Dirige el grupo que intenta tomar la sede de la policía santiaguera el 30 de noviembre de 1956, donde murió combatiendo.

Tró, Emilio: Nació en 1917. Veterano de la guerra civil española y del ejército de Estados Unidos durante la segunda guerra mundial. Funda la UIR, basada en la violencia como método. A ella se unió Fidel Castro, quien admiraba a su fundador. Este grupo le disputaba el control de la Universidad de la Habana a la FEU dirigida por Manolo Castro quien, al ser asesinado, Fidel Castro es señalado como uno de los perpetradores. Tró murió en la famosa "matanza de Orfila", durante un encuentro con la policía en Marianao en 1947. Se le considera un "gánster político".

Trujillo, Rafael Leónidas: San Cristóbal, República Dominicana (1891). Comandante de la Guardia Nacional, dio un golpe de estado y se proclamó presidente en 1930. Gobernó con mano férrea durante 31 años. El nepotismo y la corrupción enriquecieron a una estrecha oligarquía encabezada por su familia. En su delirio de grandeza, llegó a cambiar el nombre de la capital, rebautizándola "Ciudad Trujillo". Construyó obras públicas enormes para perpetuar su memoria. Intervino en otros países del Caribe. Ante tales excesos, los Estados Unidos promovieron un golpe de Estado militar, muriendo víctima de un atentado en 1961.

Urrutia Lleó, Manuel: Yaguajay (1901). Abogado. Luchó contra la dictadura de Gerardo Machado; luego ingresó en el Poder Judicial. Emitió un voto particular en la causa 67 de 1956 por el alzamiento del 30 de noviembre y el desembarco del Granma, lo que le valió el nombramiento de presidente provisional por Fidel Castro a la caída de la dictadura de Batista. Fue llevado en avión a la Sierra Maestra en los finales de la lucha guerrillera. Tomó posesión en Santiago de Cuba el 1 de enero de 1959. Castro lo acusó de ser un problema para la promulgación de leyes revolucionarias y lo presionó para que renunciara, cosa que hizo el 17 de julio de 1959. Obtuvo asilo en la embajada de

José Álvarez

México marchando a Estados Unidos, muriendo en New York el 5 de julio de 1981.

Valdés Menéndez, Ramiro: Artemisa (1932). Se unió al grupo de Fidel Castro en el asalto al cuartel Moncada. Luego vinieron el presidio en Isla de Pinos, el exilio en México y el desembarco del Granma. Hizo el recorrido de Oriente a Las Villas como capitán ayudante de Guevara en la columna 8. Terminó la insurrección con el grado de comandante. Desde la llegada al poder ha ocupado cargos militares, como ministro del interior, relacionados con la seguridad y la represión. Ministro de comunicaciones e informática. "Comandante de la revolución" reside en La Habana.

Vecino Alegret, Fernando: Banes (1938). Su familia se traslada a Holguín, donde asiste al Instituto de Segunda Enseñanza. Participa en manifestaciones estudiantiles y se gradúa en el curso 1955-56. Lo envían a estudiar ingeniería a la Universidad de Alabama pero sólo permanece allí unos meses. Regresa a Cuba para alzarse en la Sierra Maestra antes de la ofensiva de verano de 1958. Ascendido a capitán. Ayudante del comandante Daniel y testigo de su muerte. Después de 1959, desempeñó varios cargos militares. Fue ministro de educación superior durante casi 30 años hasta 2006. Reside en la Habana.

Vistel Somodevilla, Floro Emilio: Santiago de Cuba (1934). Después del sexto grado tiene que trabajar. Se vincula al M-26-7. Participa en el alzamiento del 30 de noviembre, es detenido y juzgado, pero absuelto. Junto a Salvador Pascual y Josué País ocupan un auto de alquiler para provocar disturbios durante un mitin del gobierno el 30 de junio de 1957. Se enfrentaron a una fuerza superior y, al final de una balacera infernal, solo País sobrevive hasta llegar al hospital donde murió.

Índice de materias

FRANK PAÍS

FRANK PAÍS

José Álvarez

LIBRO II: Escritos Selectos de Frank País

José Álvarez

Acerca del autor

José Álvarez (Antilla, Cuba, 1940). Militó en las filas del Movimiento Revolucionario 26 de Julio desde su fundación en 1955 hasta su disolución en 1960. Asistió a la escuela de derecho en las Universidades de Oriente y La Habana pero interrumpió sus estudios al romper con el gobierno cubano a finales de 1961. Después de un largo período de espera logró salir hacia los Estados Unidos con su esposa e hija en febrero de 1969. Obtuvo un Ph.D. en economía de alimentos y recursos en la Universidad de la Florida, donde realizó toda su carrera académica. En 1999 recibió el Premio de Honor Nacional por Servicio Superior del Departamento de Agricultura de los Estados Unidos —el mayor galardón que confiere dicho Departamento a un investigador agrícola: «Por su servicio excepcional a la agricultura de los Estados Unidos y de la Florida al investigar los retos y oportunidades económicas asociados con una reanudación del comercio con Cuba». Al jubilarse le fue conferido el título de profesor emérito. Aunque ya venía trabajando en el mismo, fundó el proyecto «Repensando la rebelión cubana de 1952-1959» con el objetivo de investigar la historia oculta o tergiversada de ese proceso y las acciones de la facción radical de Fidel Castro en su esfuerzo por conquistar el poder absoluto. De ese proyecto han sido publicadas dos decenas de libros, recibiendo muchos de ellos premios y reconocimientos nacionales e internacionales. El autor reside en Wellington, Florida, con su esposa, hijos y nietos.

Made in United States
Orlando, FL
24 November 2021

10711808R10371